U0548500

| 80年纪念版 |

# 步兵攻击

［德］埃尔温·隆美尔 ◎ 著    刘勇军 ◎ 译

# ATTACKS

只为优质阅读

好
读
Goodreads

# 出版者序 | Publisher's Note

《步兵攻击》（Attacks）是一部经典的军事作品，于 1937 年在德国首次出版，书名叫 Infanterie Greift An。本书在"二战"前曾引起轰动，隆美尔也因此声名鹊起。到 1944 年前，这位戎马一生的传奇将军因卷入暗杀希特勒事件而被迫自杀时，本书至少印刷了 18 次。

美国陆军于 1943 年翻译了本书，巴顿将军对本书的内容如数家珍，据说被其"震惊"到了，曾反复研读直到烂熟于心。其他的美国军官也对本书饶有兴趣，1944 年，《步兵杂志》以《步兵攻击》（Infantry Attacks）为书名出版了本书的删节版。

本书充分体现了隆美尔丰富的想象力和卓越的战斗领导能力，时至今日，本书首次出版后 35 年仍被人津津乐道。战时出版的英语版极具收藏价值，不过，国会图书馆和五角大楼陆军图书馆的所有藏书都神秘失踪了。

此次出版的《步兵攻击》（Attacks）是美国第一个未删节的完整版。早期的版本省略了大量令我们的盟友尴尬的段落，以及大量的插图。而陆军的翻译版本是在战时出现的，因为可以理解的原因，完成得比较仓促。

在本书的出版过程中，J.R. 德里斯科尔重新翻译了德语原文，并修订了陆军版本的几百个段落。鲍勃·黑特曼根据德国战时的英译版辛勤地修订了不少插图和地图，与该地区的大比例地图做比较，尽可能地完善了许多细节，并让地图接近真实比例。我们还在一些插图中加入了额外的细节补充。图中的一些素描可能来自德语原版，也可能是隆美尔本人所绘。

《步兵攻击》作为一部带有自传性质的伟大的上尉回忆录，极具历史价值，其重要性不言而喻。本书记录了隆美尔从一名青涩的中尉，一步步成长为充满自信、经验丰富、战功赫赫的指挥官的过程，从中可以更好地了解隆美尔的思想和性格。

　　本书还是一部有关战争领导力、战争心理学的巨著，书中的战例对陆军的训练和管理极具参考价值，最重要的价值是提醒世人：人才是战争中最重要的组成部分；赢得战争的是在才能出众、勇气非凡的军官领导下的士兵的意志、精神和战术素养；高昂的士气来源于能够完成艰巨的作战任务。

　　今天，距离书中所写的这些历史事件的发生时间已经过去了61年，距离本书的完成也有42年时间，然而不可否认的是，埃尔温·隆美尔在书中描写的一切仿佛就发生在昨天。

李·艾伦  
1979

# 历史背景 | Historical Setting

　　1914年初，欧洲表面上波澜不惊，风平浪静，实际上却暗潮汹涌，现存的国家结构很快就将土崩瓦解，不复存在。

　　地处欧洲大陆的德国因为1870年普法战争的胜利，以及工业的迅速发展，一跃成为欧洲顶级强国。1914年，德国建立了一个海外帝国以及一支保护它的强大海军，顺理成章地成为了一个世界强国，与欧洲诸国的冲突日益加深。

　　此时的法国人也从1870年的战争中恢复过来了，但当年战争失利的耻辱，再加上丢了阿尔萨斯和洛林地区，他们一直耿耿于怀。1914年，法国的势力在欧洲大陆仅次于德国，时刻准备复仇。

　　英国也越来越担心德国海军的日益强大，势必会威胁到他们的帝国。

　　在东方，俄国和处于强弩之末的奥匈帝国之间的摩擦由来已久。在巴尔干地区，尤其是塞尔维亚，他们渴望建立自己的国家，希望能获得奥匈帝国的部分领土。而俄国的势力已经扩展到巴尔干地区，甚至远至达达尼尔海峡和地中海，他们跟塞尔维亚结成了同盟，共同对抗奥匈帝国。

　　俄国也希望肢解土耳其帝国。1913年，巴尔干地区的几个国家逼迫土耳其放弃了于1913年在欧洲大陆占有的所有领土，他们得到了俄国人的支持。因而，土耳其人对俄国恨之入骨。

　　1914年，德国、奥匈帝国和意大利建立了"三国同盟"，英国、法国、俄国则建立了"三国协约"。战争一触即发。

　　这些国家之间的局势非常紧张，可谓剑拔弩张，只需一根导火索就能"引爆"

整个欧洲。1914年6月28日，一名塞尔维亚青年刺杀了奥匈帝国皇储弗兰茨·斐迪南大公及他的妻子，最终点燃欧洲的战火。

最后通牒、战前动员宣战等一系列行动过后，先是奥匈帝国向塞尔维亚宣战，德国要求俄国停止战争动员，俄国对这个要求自然是置若罔闻，而后德国向俄国及其同盟国法国宣战。紧接着，德国入侵比利时（本书开篇），也让英国卷入了战争。

8月4日，德国和奥匈帝国（同盟国）向协约国——比利时、英国、法国、俄国和塞尔维亚宣战。意大利仍然保持中立，声称他们只会在三国同盟的其他成员受到攻击时才会出兵。后来，土耳其和保加利亚也加入了同盟国，而意大利、罗马尼亚和美国则相继加入了协约国。

隆美尔在战争中的经历极具传奇色彩，他先后在比利时、法国、罗马尼亚、奥地利和意大利作战，跟法国人、俄国人、罗马尼亚人、意大利人都交过手。他的故事开始于1914年7月31日，也就是战争爆发的前夕。

# 1937年版前言 | Foreword to the 1937 Edition

  本书描述了我作为步兵军官在"一战"中经历的大大小小的战争，为了从某次作战行动中提取有价值的经验教训，我在描述战争进程的同时加入了一些自己的见解。

  这些我在战斗结束后发表的评论将展现德国年轻士兵，特别是步兵出众的战斗能力、大无畏的自我牺牲精神，以及非凡的勇气。他们在四年半的时间里为祖国浴血奋战，我描述的战例充分展现了德国步兵超强的战斗力，即使在面对敌人的优势兵力和装备时，他们也毫不示弱。本书的一些图例更是证明了，跟敌人相比，德国基层指挥官的能力更胜一筹。

  最后，本书旨在让人们永远记住战争的苦难，记住那些年代因物资极度匮乏，做出巨大牺牲的士兵。

埃尔温·隆美尔中校

一战时的隆美尔（中尉）

二战时的隆美尔（陆军元帅）

## 目 录

第一章　1914年在比利时和法国北部的运动战 / 001

第二章　1915年阿戈讷之战 / 061

第三章　1916年在孚日山的阵地战，1916—1917年在罗马尼亚的运动战 / 089

第四章　1917年8月喀尔巴阡山东南部的战斗 / 133

第五章　1917年进攻托勒敏 / 195

第六章　1917—1918年穿越塔利亚门托河和皮亚韦河追击敌军 / 271

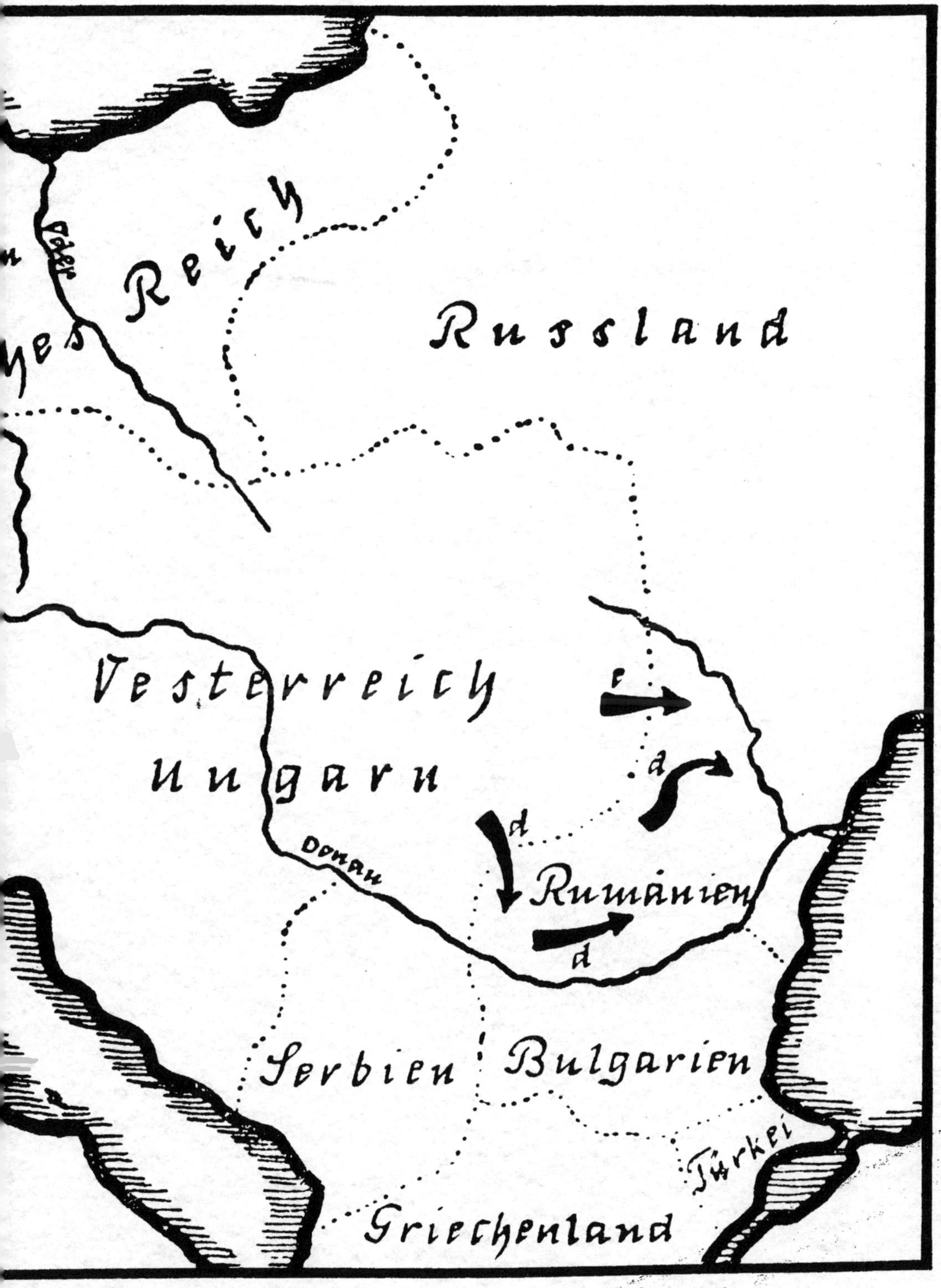
Reich
Oder
Russland
Oesterreich
Ungarn
Donau
Rumänien
Serbien
Bulgarien
Türkei
Griechenland

## Chapter I
*War of Movement—Belgium And Northern France,1914*

第一章

# 1914年在比利时和法国北部的运动战

# 出征

1914年7月31日，乌尔姆，战争的黑云不祥地笼罩在德国上空，到处人心惶惶！一些看似天方夜谭的谣言以最快的速度蔓延开来。每天清晨，布告牌前都围满了人。报纸的号外一张接着一张。

一大早，第49野战炮兵团所属第4炮兵连匆匆穿过这座古老、威严的城市。《守卫莱茵》①的歌声响彻狭窄的街道。

自3月以来，我开始担任福克斯炮兵连中尉排长一职，每天早上，我都会骑马行进在明亮的阳光下，例操完成后，我们会在数千热情群众的簇拥下回到营房。

下午，马儿系在营房院子里的时候，我不用再执行任务，总算可以松口气了。因为局势急转直下，我一心盼着回到我的团——国王威廉一世步兵团，即第124步兵团（符腾堡第6团）第7连，那个连的士兵可以说是我过去两年一手带出来的。

我和二等兵汉勒匆匆收拾行装，那天深夜，我们终于赶至驻地魏因加藤。

团部驻扎在魏因加藤一幢老旧的修道院中，1914年8月1日，营地里一点也不平静，大家都在检查各种野战装备。我一边向总部报告，一边向即将跟我一起进入战场的7连官兵致以问候。年轻人的脸上洋溢着喜悦和活力，心中满怀期待。还有什么比带领这样一群士兵迎敌更美好的事情呢？

下午6点，哈斯上校仔细检查了我们这群身穿灰色军装的士兵，然后又发

---

① 一首德国爱国颂歌，流行于普法战争和第一次世界大战期间，歌词内容植根于历史上的法德敌意。

表了热情洋溢的讲话，就在我们即将解散的时候，动员令到了。尘埃落定。这幢古老、灰色的修道院里响彻着德国年轻人急于求战的呐喊声。

8月2日是个不同寻常的安息日！团部的礼拜仪式在清晨明媚的阳光下进行，傍晚，伴随着嘹亮的歌声，光荣的符腾堡第6团搭乘火车前往拉芬斯堡。川流不息的军列一路往西，朝受到战争威胁的前线驶去。在一片欢呼声中，我的团也在黄昏时出发了。然而我却倍感失望，因为我必须留守几日，带领预备队上去。我担心赶不上第一场战斗。

8月5日，我终于踏上了征程，将祖国大好河山尽收眼底，在祖国人民的欢呼声中，这段旅程竟然如此美妙。部队一路唱着歌，每到一个站点，迎接我们的都是数不尽的水果、巧克力和面包卷。经过科恩韦斯特海姆时，我还和我的家人短暂地见了面。

晚上，我们渡过了莱茵河。探照灯的光柱在天空交错，搜寻着敌人的飞机或飞艇。我们的歌声渐渐平息。士兵们东倒西歪地睡着了。我待在火车头里，时而盯着锅炉炉膛，时而望着叽喳作响、闷热难耐的夏夜，不晓得接下来的几天会发生什么事。

8月6日傍晚，我们抵达了迪登霍芬附近的科尼斯马赫，终于不用再待在拥挤的军列里了，我们都很高兴。部队穿过迪登霍芬，向卢斯瓦勒行进。看到迪登霍芬那脏兮兮的街道和房舍以及沉默不语的人们，我实在没什么好印象。跟我的家乡斯瓦比亚相比，这里的一切都是截然不同的。

我们继续行军，夜幕降临时，瓢泼大雨从天而降。不一会儿，我们全身都湿透了，被雨水浸透的行囊格外沉重。多好的开始！我们还能听见远处零星的枪声。午夜时分，经过6个小时的行军，我所在的排终于完好无损地抵达了卢斯瓦勒。连长巴默特中尉已经恭候多时。接下来，我们就睡在铺着稻草的拥挤营房里。

## 在前线

接下来的几天，艰苦的训练把我们这个颇具战斗力的连队紧紧地融合在一起。在连排训练之余，我们还被要求强化使用铁锹等各种工具，一刻也没有放松。碰上下雨的日子，因为没办法训练，我们排还被安排到了临近的波林根执行警戒任务。在这次任务中，我和我的几个部下因为吃了油腻的食物和刚出炉的面包导致胃不舒服。

8月18日，部队开始向北挺进。我骑着连长的备用马，大家兴高采烈地唱着歌，穿过德国—卢森堡边境。那里的人相当友好，给行军的部队带来了水果和饮料。部队最终抵达布德斯堡。

8月19日晨，我们开始往西南方向推进，全程都处于法国在隆格维布置的炮兵阵地的火力下，部队在达黑姆安营扎寨。第一场战斗一触即发。而我的胃特别难受，连巧克力和烤面包片都无法缓解胃部的不适。我不想告诉战友我生病了，不想被人当成懦夫。

8月20日，部队在闷热的天气下抵达了比利时的梅勒蒂日。1营驻扎在前哨，2营则负责维护当地的治安。当地人非常保守，不爱说话。有几架敌机冲我们开火却一无所获。

## 对隆格维周边的侦察及首次战斗准备

第二天是个休息日。一大清早，我和几个军官便向哈斯上校报告，他命令我们带领一个五人侦察组越过巴朗西和戈尔西，朝隆格维方向的科什纳靠近，侦察敌人的兵力和火力部署。这段路程有 8 英里[①]，为了节省时间，我们获准乘坐马车前往前沿阵地。但在梅勒蒂日的时候，马车撞在一堆肥料上，散了架，拉车的比利时役马也跑了，我们只得步行前往那里。

一上战场上便是关乎生死，我们格外谨慎，比对待和平时期的演习要谨慎得多。我们是沿着马路边的沟渠离开镇子的。弯弯曲曲的马路穿过庄稼地，一路往巴朗西延伸，据说那里在前几天就被一小股敌人占领了。到达那里后，我们发现巴朗西并没有成为敌占区，跟着，我们离开公路，再次经过庄稼地，穿过法国边境，来到穆松树林的南边，然后往下朝戈尔西而去。科恩中尉带领的另一个侦察小分队跟在我们后头，在一个小山顶为我们作掩护。

在戈尔西通往科什纳的公路上，我们发现敌人的步兵和骑兵正往科什纳方向移动。我们迅速离开公路，以马路两边浓密的植被为掩护继续前进，终于抵达距科什纳 500 码[②]的一块林地。我用望远镜观察了那里的地形，并没有发现法军的踪迹。我们几个人从一片开阔地往科什纳走的路上，发现一个上了年纪的女人正安静地干着活。她用德语告诉我们，法军早在一个小时前就离开科什纳前往隆格维了，科什纳并没有驻军，也不知道老妇人的话是否可信。

我们端着上好刺刀的步枪，手指放在扳机上，穿过庄稼地和果园，死死地盯着周围的门窗，生怕被敌人伏击。不过，这里的居民很友善，由此可见老妇人没说假话。村民给我们带来了食物和饮料，但我们仍然没有放松警惕，先让他们吃了我们才敢吃。为了尽快把情报报告给总部，我们给军需官打了收据，征用了六辆自行车。有了新的交通工具，我们一路朝隆格维的方向骑了 1 英里，隆格维的外围阵地曾遭大规模的炮击，周围并没有发现敌军的行踪。我们的侦察任务算是圆满完成了。侦察小分队快速通过戈尔西，一路往巴朗西行进。一路上大家保持着相当大的距离，荷枪实弹，随时准备战斗。到了巴朗西后，我走在队伍的最前面，以便尽快回去报告。

---

① 1 英里 =1.609344 千米。

② 1 码 =0.9144 米。

回到梅勒蒂日的街上，我遇见了团长，把侦察的情况向他做了汇报。这会儿，我又累又饿，便动身前往营地，希望能休息几个小时。不过我却没有这样的运气。全营正在营地前面整装待发。汉勒还跟以往一样，做什么事情都很利索，他已经把我的行李打点好了，还装好了马鞍。出发前，我们连口饭都没顾得上吃。

我们来到圣莱杰东南方 0.75 英里的一个山丘上。天色灰蒙蒙的，从西南方能听到步枪的声音，间或还有炮声。我们布置在维朗库前沿阵地的 1 营已经在下午跟敌人交上火了。

夜幕降临的时候，全团（1 营除外）在圣莱杰南部 2 英里的地方露营，担任警戒的部队安排在前方 0.75 英里处。我正准备睡觉，却偏偏来了电话，叫我

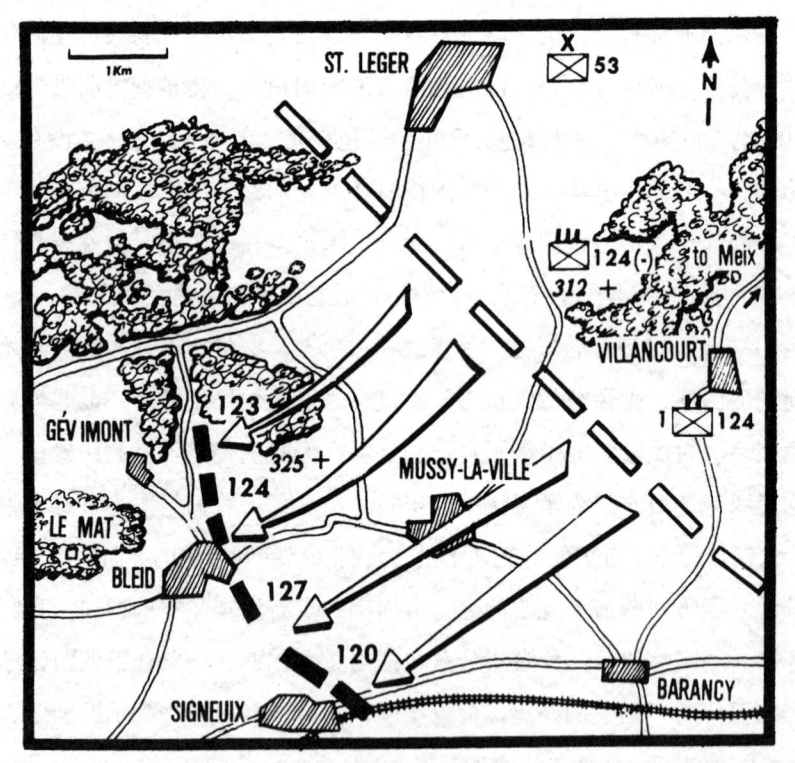

图 1　进攻布莱德

ST.LEGER 圣莱杰　GÉVIMONT 热维蒙　to Meix 去往梅勒蒂日　VILLANCOURT 维朗库
BARANCY 巴朗西　SIGNEUIX 希格涅克斯　LE MAT 勒马　BLEID 布莱德
MUSSY-LA-VILLE 米西拉维尔

前去位于我们排宿营地大约 50 码的团部报到。哈斯上校问我是否愿意穿过小树林，以最短的距离前去 1 营所在的维朗库。我的任务是把团部的命令传给 1 营，让他们撤到 312 高地休整，并且担任 1 营的向导。（图 1）

我带着戈尔兹中士和 7 连的两名士兵出发了。我们拿着指南针，趁着夜色穿过 312 高地东南方的草地。在此期间，我们在右侧听到了哨兵询问口令的声音，还能听到零星的步枪声。我们很快爬上一个树木茂盛的陡峭山坡，不时停下来听夜里的动静。我们费尽千辛万苦摸黑登山，传令小组终于来到了维朗库西面的山顶。

从这里我们看到了东南方的隆格维阵地被炮火轰炸后燃起的熊熊大火，跟着，我们往下穿过浓密的灌木，朝维朗库方向走去。这时，附近有名哨兵突然喊道："站住，谁？"是德国人还是法国人？我们知道法国人经常会用德语发问，几个人迅速趴在地上。"口令！"我们哪里知道什么口令。我报出了自己的名字和军衔，幸好被认出来了。1 营的部分岗哨被安排在林子边缘。

我们在离维朗库不远处，也就是距离镇子 500 码远的地方找到了 1 营的部队：官兵们排着密集的队形，在维朗库的米西拉维尔公路旁休整。

我向营长考夫曼少校传达了团长的命令。不过这个命令没能被执行，因为 1 营现在仍然隶属于朗格尔旅。我被带到朗格尔将军位于维朗库西南方半英里处一个山头上的指挥所。朗格尔将军命令我回团部复命，在该旅的剩余部队到达维朗库之前，他没办法放走 1 营。因为没有完成任务，我和三个同伴非常沮丧，筋疲力尽地回到了 312 高地。

我回到团部指挥所的时候已经过了午夜。我叫醒了团部副官沃尔特，并向他做了汇报。哈斯上校也听到了。他不是很高兴，命令我绕路去驻扎在圣莱杰的第 43 旅，不管是步行也好，骑马也好，亲自向旅长默瑟将军报告朗格尔将军不愿放走第 124 步兵团的第 1 营。我真想告诉哈斯上校，我实在没办法完成这项任务了，那时候我已经在外面跑了 18 个小时，早就已经筋疲力尽，但我还是忍住了，任务虽然艰巨，但我必须完成。

我摸索着找到连长的备用马，勒紧缰绳，一路往北疾驰而去。终于在离圣莱杰东南不远的一座小山上找到了默瑟将军的营帐。他听了我的报告后也很不高兴，命令我立即返回团部复命，然后再通知朗格尔将军，1营必须在破晓前听候124团的命令。

我又是骑马，又是步行，在黑暗里翻山越岭，穿过浓密的树林，走了大约6英里后终于回到维朗库，还带去了旅长的指示。等我回到312高地时天已破晓。部队集结完毕，早餐也已经吃完了，战地厨房车什么的都落在了后方。我的勤务兵还真不赖，早就替我装了满满一壶水。天色大亮，我们被团团浓雾包围。这时，团部的作战命令也下来了。

### 战地观察

面对敌人时，侦察小组的指挥官必须充分意识到自己责任重大。每次犯错都会造成很大的损失，甚至危及部下的生命。因此，必须提前做好准备，谨慎应对。尽量利用所有可能的掩护，侦察小组绝不能待在大路上，要反复用望远镜观察地形。小分队成员必须拉开一定的纵深。在穿过开阔地之前，须配备火力掩护。进入村庄时，须在房舍的左右两边安排士兵，严阵以待，随时准备开火。及时报告侦察到的情况，如若延迟，情报的价值将大打折扣。

应在和平时期加强用夜光指南针指引方向的训练，并尽量在无路可寻的树林这种条件艰苦的环境下进行。战争对士兵的意志力和勇气有着极为严苛的要求。所以，在平日的训练中，必须从严要求士兵。

## 布莱德的战斗

大约在凌晨 5 点，2 营开始向布莱德东北方向约 1.5 英里的 325 高地进发。大雾弥漫，地上满是露水，能见度顶多 50 码。营长巴德少校派我前去侦察前往 325 高地的那条路。我外出执行任务的时间加在一起将近 24 小时，我在马鞍上几乎快坚持不住了。乡间道路两边的草地上有不少篱笆和栅栏。我拿着地图和指南针找到了 325 高地，全营随即也到达了，部署在东北面的斜坡上。

不久，我们部署在 325 高地西、南两侧的先头部队在大雾中跟敌军撞上了。好几个方向都能听到零星的枪声，偶尔还会有步枪子弹从我们头顶呼啸而过。多么奇妙的声音！一名军官骑着马往敌军的方向跑了几百码，被近距离射中。我们的士兵端着步枪冲上前去，击中一名穿红裤子的法国人，并将他俘虏了。

我们随即听到我军指挥官正向左后方发出命令："一半部队往左，前进！拉大间距！"这时，一条散兵线突然在大雾中出现，原来是 1 营的右翼。连长命令我的排呈战斗队形展开，跟 1 营的右翼呼应，往布莱德的东南方推进。

我掉转马头朝汉勒跑去，用我的手枪换了他的步枪，命令全排展开队形，然后，我们朝布莱德方向继续推进，穿过 325 高地斜坡上的一片马铃薯地和卷心菜地，那里仍然浓雾弥漫，能见度顶多有 50 到 80 码。

突然，一排子弹近距离朝我们射过来。我们立即扑倒在地，躲到马铃薯地里。紧接着，更多的子弹从我们头顶"嗖嗖嗖"地飞过。我立即用望远镜观察了一下周围的地形，却连一个敌人都没瞧见。但敌人显然就在附近，我带领我的排冲了过去。但是等我们发现那个法国佬的时候，他早就脚底抹油溜了，卷心菜地里留下了几个明显的坑。因为我们的行军速度太快，结果反而没有跟 1 营的右翼联系上。

大雾中，又有几排子弹"嗖嗖"地朝我们射过来，但每次只要我们冲过去，敌人就立马撤退了。接下来，我们继续前进了半英里，一路没有遇到什么麻烦。

突然间，大雾中出现了一道高高的篱笆，我们在右后方看到一个农场的轮廓。同时，我们还能在雾中看到一簇高高的树木。敌人的脚印朝右边的斜坡上去了。布莱德就在我们前方吗？我让我的排留在灌木的阴影下，然后派出一支全副武装的侦察小分队去跟我们左侧的友邻部队联系。到目前为止，我的排尚无伤亡情况。

我和奥斯特塔格中士以及两名测距员继续观察前方的农场。既没看见也没听见附近有敌人出没。我们来到一幢建筑物的东面，发现一条狭窄的泥土路通往左侧的公路。我们在大雾中发现远方又有不少农舍。一准错不了，我们肯定是在布莱德的米西拉维尔一侧。跟着，我们小心翼翼地往公路走去，我仔细地观察着建筑物的一角。有敌人！在距离我们不到20步的地方，我发现15~20名法国兵正站在公路上喝咖啡、闲聊，松松垮垮地把步枪夹在胳膊下。他们并没有发现我，后来我才知道这些士兵是法国101步兵团拉普拉斯营5连的，奉命镇守布莱德东南方的出口。

我很快撤到建筑物后，我要把整个排拉上来吗？用不着！我们四个人就足以应付眼下的局势。我很快通知部下，先下手为强。我们悄悄地拉开保险，从建筑物后面跳了出来，站直身子，朝附近的敌人开火，好些个敌人不是马上被打死就是被打伤了，但大部分都利用后面的台阶、花园的墙和木头堆作掩护，朝我们开火。一场近距离的激烈战斗打响了。我站着瞄准一堆木头，敌人离我大概20码的距离，躲在房子的台阶后面，掩护得不错，只是脑袋探出来一点。我们两个几乎同时瞄准对方，扣响了扳机，但都没有打中。子弹擦着我的耳朵飞了过去。我必须飞快地将子弹上膛，迅速冷静地瞄准敌人。用标定440码的步枪射击20码开外的敌人不是件容易的事，尤其是我们平常也没有进行过这方面的训练。枪响后，敌人头朝前倒在台阶上。对面差不多还有十名法国士兵朝我们开枪，好几个人隐藏得很好，完全看不到，我示意手下的士兵朝他们冲过去。我们大喊一声，冲过村子里的街道。这时，几个法国兵突然在门口和窗口出现，朝我们开火。他们的优势太明显，我们只得迅速撤到篱笆那儿，幸好没有人员伤亡，我的排正准备前去支援。因为我们已经安全撤离，现在没必要再上去，我便命令所有人隐蔽起来。街道远侧的敌人仍在朝我们开枪，不过子弹高高地从我们头顶飞过。我用望远镜观察，发现敌人距我们大约70码远，从屋顶和农舍的地上朝我们开火，有几根步枪的枪管从屋顶的瓷砖里伸了出来。这样的射击方式让前后方的视野受阻，所以子弹才会高高地从我们头顶飞过。

我应该等待其他部队上来，还是带着我的排冲进布莱德？第二种方案似乎更合适。

战斗力最强的一股敌人位于马路远侧的一幢建筑物里。我们必须先拿下那幢建筑物。我的作战计划是利用第二分队向地面和屋顶的敌人开枪，然后让第一分队从那栋房子绕到右侧，强攻拿下。

突击小分队很快在近处找到了几根圆木用来破门。我们还找了几捆稻草，好把隐蔽的敌人熏出来。第二小组趴在树篱下准备随时开火。担任突击任务的小分队也已经找到非常不错的掩护，万事俱备，只欠东风。（图2）

一声令下，第二小组开火了。我冲到右边，跟第一小组穿过街道，那是几分钟前我刚刚走过的路线。房子里的敌人火力很猛，但大部分是对着篱笆后面的第二小组。担任攻击任务的小分队躲在建筑物旁，敌人的火力够不着那里，我们很快用大圆木撞开门，点燃稻草，从门槛扔进满是谷物和饲料的建筑物里，然后把建筑物封死，任何人想逃出来，都会撞在我们的刺刀上。不一会儿，火苗蹿上屋顶。幸存的敌人都放下武器投降了。我们只有几个士兵受了轻伤。

我们从一幢建筑物冲向另一幢建筑物。第二小组也被叫了上来。每次我们和敌人遭遇，他们要么投降，要么龟缩在建筑物的隐蔽处负隅顽抗，但很快会被我们干掉。2营余部正冲过四处着火的村子，与1营混在了一起。步枪的子弹四处横飞，伤亡逐渐增大。

我朝小巷子里一座有围墙的教堂冲去，教堂里的法军火力很猛，正朝我们射击。我们充分利用现有地形，从一栋房子冲到另一栋房子，很快接近了敌人。我们正准备进攻时，敌人却往西边逃了，一下就消失在浓雾里。

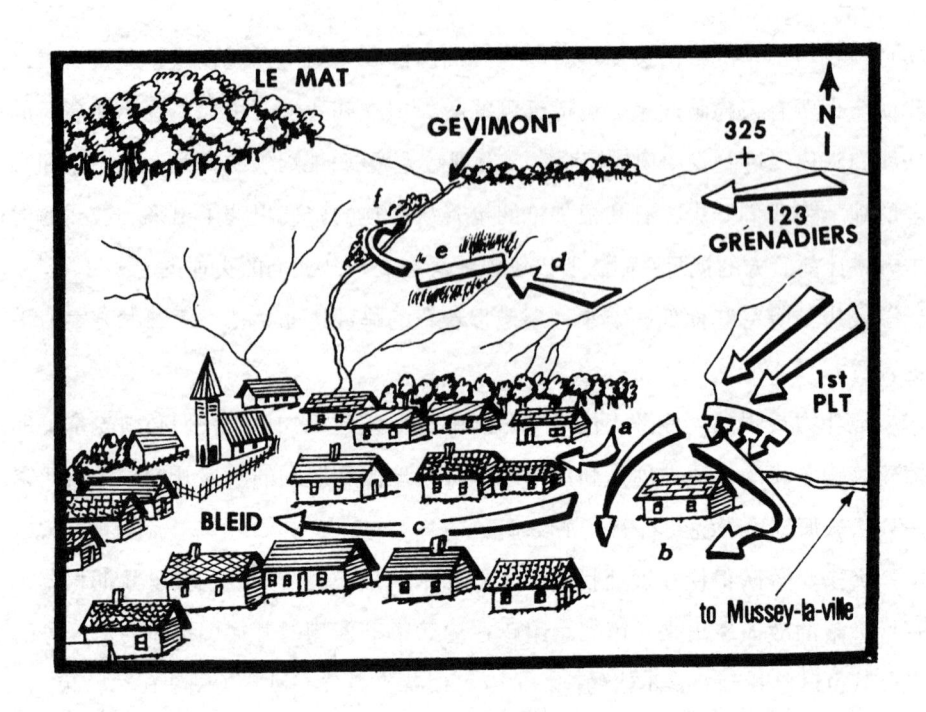

图 2　在布莱德的战斗

LE MAT　勒马　　GÉVIMONT　　热维蒙　　GRENADIERS　　掷弹兵团　1st PLT　1 排
BLEID　布莱德　　to Mussey-la-ville　　去往米西拉维尔
a 第一排的攻击　　　　　b 突袭第一栋农舍　　　c 镇子里的战斗
d 对布莱德北方高地的攻击　　e 火攻麦田里的敌人
f 俘虏布莱德至热维蒙沿线灌木丛里的敌人

　　我们的左翼正受到来自布莱德南侧火力的猛烈攻击，伤亡开始上升。四面八方都能听到医护兵惊慌失措的喊叫声。洗衣房后面临时建了一个急救站。所见之处触目惊心，大部分人的伤势都很重。有的士兵痛苦地大叫着，有的人看起来像是已经死了，眼神里带着视死如归的平静。

　　布莱德的西北和南部地区仍在法军的控制下。我们身后的镇子燃起了大火。这时，太阳已将大雾驱散。现在即使留在布莱德也没什么用了。于是，我尽可能把所有人都召集过来，为伤员安排好担架，然后朝东北方向出发。我想离开这个是非之地，重新跟兄弟部队取得联系。熊熊燃烧的大火、令人窒息的烟雾、仍在燃烧的木头、摇摇欲坠的房子，眼前都是这样的景象。在着火的建筑物里四散逃窜的牲口挡住了我们的去路。最后，我们差点没被呛死，但总算来到了开阔地。首先，我们把许多伤员照料好，然后召集一支大约100人的部队朝布莱德东北方约300码的一块洼地走去。我把我的排部署在西侧，再带领小分队的队长一起去附近的一处高地进行侦察。

我们的右侧是仍被大雾笼罩的325高地，没办法确认南坡庄稼地里的人是敌是友。在我们右边大约0.5英里处有一块洼地，远处是一片黄色的麦田，我们在麦田的边缘看到法国步兵特有的红裤子，前面是他们刚垒的土方工事，大约有一个连（他们隶属于法国第101步兵团7连）。我们左下方的洼地里，布莱德的战斗仍激战正酣。我们连和2营去哪儿了？莫非只有一部分官兵在布莱德，大部队还在后面？我现在该怎么办？我不希望我的排消极待命，于是我决定攻击我们对面本属于2营负责的敌人。我将我的排部署在山脊后面，大家迅速进入阵地，全排齐齐开火，一切就像平时训练一样有条不紊。部队很快形成梯形编队，一部分士兵隐藏在马铃薯地里，一部分士兵则隐藏在橡树后面，就跟和平时期的训练一样，大家瞄得很准，一点也不急躁。

先头班刚进入阵地，敌人的步枪子弹便如同雨点般地打过来。但子弹弹道仍然很高。只有为数不多的子弹打在我们前面和旁边的地上，我们很快便摸清了敌人的火力，敌人足足射击了15分钟，唯一的战果只是在一名士兵的餐盒上打了个洞。在我们后方0.5英里处，我看到我们的散兵线正往325高地推进。这样，我们的右翼也能得到有效支援了，我们排可以放手一搏了。部队分成几个小组，互相呼应，朝前推进，这种作战队列我们在平时的训练中经常用到。我们穿过一片处在敌人火力范围之外的洼地。不到一会儿，我跟全排一起挤在这个地方，这是对面斜坡上敌人的火力死角。幸亏敌人的枪法不准，部队到达这个位置仍是零伤亡。我们迅速上了刺刀，往高地上前进，很快来到可以向敌军冲锋的距离。在整个行动中，敌人的火力并没有给我们造成麻烦，因为他们的射击目标是离先头部队还有很远的剩余部队。就在这时，敌人的火力突然全都停了，我怀疑敌人准备向我们冲过来，于是便抢先向敌军阵地冲过去，可是除了发现几具尸体外，阵地上并无一个敌人。我放眼放望去，敌人正往西边的庄稼地撤退，那里的庄稼得有一人高。我和我的排再次充当了急先锋的角色。

我决定等到我的右翼部队上来，先占领了刚刚获得的敌军阵地。我和第一分队的队长，一名6连的上士，以及本特勒中士前往西侧，也就是敌人逃窜的方向侦察敌情。期间，我的排一直跟侦察小组保持联系。我们来到布莱德北面约400码，那里有一条连接热维蒙和布莱德的马路，一路没有遇到一个敌人。那条马路越往北地势越高，穿过一条渠道后，马路两边灌木丛生，遮住了西北和西侧方向的视野。我们将其中一簇灌木丛当成观察哨。说来也怪，四处都没有看到逃窜的敌人。就在这时，本特勒突然指着右边（北侧）不到150码远的一片庄稼地，里面有动静，我们在庄稼地里看到了法国士兵背包上的餐具反射的太阳光。这会儿，我们的火力正在山脊的最高点和325高地的西侧之间来回射击，法军则在我们的火力扫射下撤退。我估计大约有100个法国人正鱼贯朝我们的方向过来。敌人（这些士兵隶属于法国第101团第6连，他们在325高地的西坡上遭到123掷弹兵团的攻击，现在正往西南方向撤退）隐藏得很好，谁也没把头从庄稼地里探出来。

我要把排里的其他士兵都叫上来吗？不用！他们现在所处的位置正好能支援我们。我突然想到，我们的步枪子弹穿透力不错，在这么近的距离下穿透两三个人不成问题！我迅速朝前面排成纵队的敌人开枪，队列很快从庄稼地里消失了。过了一会儿，敌人继续以相同的队列朝同一个方向过来。法国人谁也没抬头寻找突然离他们近在咫尺的敌人。现在，我们三个人同时朝相同的方向开枪，队列再次短暂消失了一会儿，然后分成几个小队，迅速向西朝热维蒙-布莱德公路方向逃窜。我们立马向逃走的敌人开火。说来奇怪，尽管我们都是笔直地站在那儿，所处的位置能轻而易举地被敌人发现，可是谁也没向我们还击。溃逃的敌人在我们所处灌木丛的左侧，正沿着公路逃命。我们就躲在灌木丛中，隔着大约10码的距离向敌人开枪，这个距离很容易把他们撂倒。我们分散火力，尽管只有三把步枪，几十个法国人很快被我们干掉了。

第 123 掷弹兵团正沿着右边的斜坡往上，我向我的排招了招手，示意他们往热维蒙—布莱德公路两侧前进。我们在沿途吃惊地发现一些法国人就躲在路边的灌木丛里。我们费了好一番功夫才说服这些法国兵离开隐藏的地方，放下武器，因为他们听说德国人抓了俘虏就会杀掉。最后，我们从灌木丛中和庄稼地里找到了 50 多个俘虏，都是法国第 101 团 6 连和 7 连的士兵，包括一名上尉和一个胳膊受了轻伤的中尉。我的部下给俘虏发了烟，这才解除了他们的戒心。

我们右侧的第 123 掷弹兵团，现在已经到达了斜坡顶端的热维蒙—布莱德公路。这时，敌人从到处都是树林的勒马山坡向我们开火，那是位于布莱德西北方向的一处高地。我很快将我的排拉到右边的沟渠里，总算找到了掩护，还可以从那里朝勒马的敌人开火。但就在这时，我眼前突然一黑，昏了过去。过去的一天一夜里，我连一口气都没有歇，又在布莱德北部山头进行了激烈战斗，还有我的胃本来就不舒服，现在，我耗尽了最后一丝力气。我肯定昏迷了很长时间。等我醒来，就见本特勒中士仍在我身边照料我。法军的炮弹和弹片不时在周围的地上开花。我们的步兵正从勒马树林的方向朝 325 高地撤退。到底怎么回事，他们怎么会撤退呢？我立马召集了一部分正在撤退的步兵，让他们沿斜坡占领了热维蒙—布莱德公路部分地段，命令他们挖战壕。我总算从这些士兵那里打探清楚了，他们在勒马树林遭到重创，指挥官也牺牲了。总之，法军的炮火让他们伤亡不小。15 分钟后，号手吹响了集结号。我们团的士兵从四面八方朝布莱德的西侧集结。所有的连也陆续赶到了这里。部队的指挥系统出现了断层。在第一次战斗中，整个团就损失了 25% 的军官，士兵的伤亡、失踪率也达到了 15%。我的两个最好的朋友也在战斗中牺牲了，这让我非常伤心。部队重整好后，我们营通过布莱德的南部向戈梅里进发了。

布莱德随处都是满目疮痍的景象。士兵、平民和牲畜的尸体横七竖八地躺在冒烟的废墟中。我们的部队被告知，德国第 5 军全线败退，正在撤军。虽然我们初战告捷，但胜利的喜悦却被失去同袍的悲痛冲淡了。我们继续向南进军，但总要时不时地停下来，因为我们老远就能看到敌军排着纵队在行军。第49炮兵团的炮兵连一路小跑，很快占领了公路右侧的阵地。等我们听到他们的第一声炮响后，敌人的纵队早就消失在了远处。

夜幕降临，我们困得要死，部队终于来到了吕埃特村，那里已经被我们的部队挤得满满当当。我们就在开阔地上露营。到处找不到稻草，我们的人都累坏了，也懒得去找。地上潮湿、冰冷，躺在上面，我们睡意全无。临近早上的时候，天气变得越发寒冷，所有人都冻坏了。早上，我的胃病又犯了，被它折腾得片刻不得安静。天终于亮了。浓雾再次笼罩在地上。

### 战地观察

在浓雾中跟部队保持联系并不容易。布莱德一战就起了大雾，在跟敌人遭遇后，部队不久便跟友军失去了联系，不可能重新建立联系。所以部队必须进行雾中使用指南针的训练，因为敌人也会经常拿烟雾做文章。如果两军在大雾中相遇，火力更猛的一方将占据先机，所以在推进过程中务必让机关枪保持待发状态。

在居民区的战斗往往都发生在极短的距离内（也就几码远），手榴弹和手枪作用明显。在进攻前应该用机关枪、迫击炮和突击炮提供火力掩护。攻击村庄的战斗往往会造成大量人员伤亡，须尽量避免。尽可能利用烟、火把敌人赶到村镇外。高大的农作物可以为部队提供很好的掩护，但是闪亮物件如刺刀和餐具则容易暴露部队的位置。法军在布莱德的警戒措施根本没有做好。与此同时，他们在撤退以及跟我军在野外的遭遇战中也缺乏必要的防范措施。在初次跟法军遭遇后，德国步兵就成竹在胸。

## 横渡默兹河，在蒙特和杜尔孔树林的行动

　　隆格维战斗结束后，我们先向西南方向，然后再向西追击敌人。在谢尔夫和奥坦防区，我们跟敌人短暂接触后，战斗打得非常激烈。在此期间，法军用密集和隐秘的炮火掩护他们的步兵撤退，他们甚至没顾得上自己的士兵也在炮火的攻击下。在8月28日—29日夜，124步兵团7连在雅梅特南部执行前哨任务。所有的哨所都构筑了壕沟。8月29日晚上，部队继续推进到默兹河。在休整期间，走在队伍最前面的第13工兵连在雅梅特西侧遭到了附近树林里敌人的突袭，敌人的火力很猛，工兵连的官兵随即跟敌人展开了激烈的肉搏战，用铁锹和斧头攻击敌人。两边的伤亡都很大。123掷弹兵团、3营和124步兵团也参加了战斗。最后我们俘虏了蒙梅迪要塞的守将和200名驻军，敌人当时本想抄近路去凡尔登。我们正巧赶上了这场血腥的战斗。

　　法军在默兹河西岸阵地上用炮弹向身处马尔沃东部的我军问候，不过，敌人的炮火犹如隔靴搔痒，没造成什么损失。他们的引信被设置得太高了。临近中午时，我们顶着火辣辣的太阳，经默兹河向敦村进发。法国人的炮火越来越猛烈。我们营部署在敦村东面一英里左右的树林里，各连遍布在高高的林木间。不久，法国人的炮火朝这边倾泻而下。我们先是听到远处的枪声，然后听到炮弹声呼啸而至。几秒钟后，炮弹飞过我们头顶的树枝，发出恐怖的爆炸声，有的直接打中了树，有的钻进很深的地下。弹片尖叫着飞过空中，草皮和树枝纷纷落到我们头上。炮弹有时就落在我们身边，有时又落在很远的地方，每次爆炸的时候，我们都会紧紧地抱作一团，趴在地上，谁也不知道有什么危险在等着我们。我们营一直在树林里待到晚上，伤亡却极低。

　　第49野战炮兵团第4连驻扎在我们前面的林子边缘，离敦村也就半英里远，一个月前，我还曾在该连服役过。他们在半隐蔽的阵地跟法军交战，法军在装备上占据优势，炮兵连无法抵挡敌人的炮火，在装备和人员伤亡上损失惨重。

2营在暮色中回到了马尔沃。我们在开阔地上过夜。我的胃病又犯了，整整一天，除了一些谷物外，我什么也没吃。现在部队急缺面包。

8月30日晨，法军的炮火打断了我们的礼拜仪式。敌我双方在默兹河上的炮火交锋变得异常激烈。令大伙高兴的是，装备橡胶轮胎的马车拉着我们的210毫米重炮进入了阵地，不一会儿，我们的重炮便呼啸着朝敌人的脑袋上招呼过去。

8月30日和31日，我们都待在马尔沃拥挤的营房里宿营。早上，2营利用

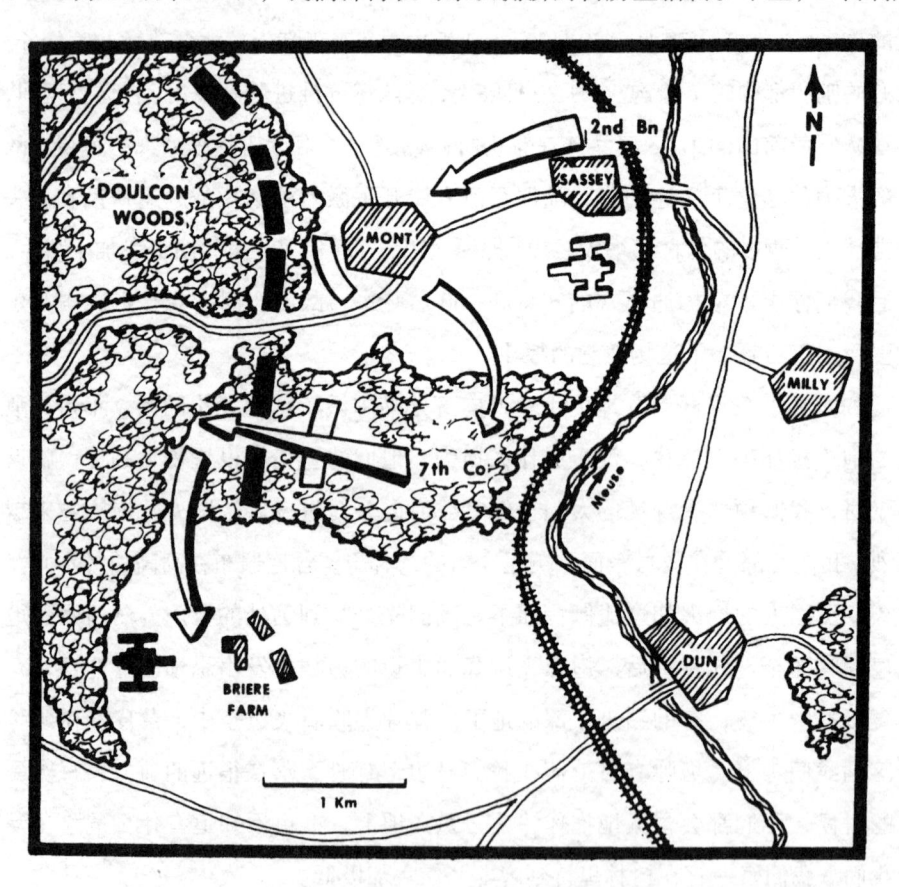

图3 在蒙特和杜尔孔树林的行动

DOULCON WOODS 杜尔孔树林　MONT 蒙特　SASSEY 萨塞　BRIERE FARM 布里耶尔农场
MEUSE 默兹河　MILLY 米利　DUN 敦村　2nd Bn 2营　7th Co 7连

工兵在默兹河上搭建了浮桥，经米利向萨塞出发，作为 53 旅的先头部队，2 营行至蒙特旺萨塞后不久，搜索了所有的地下室，俘虏了 26 名法国步兵。这些士兵隶属于 124 团，无巧不成书，他们居然跟我们团的番号一样。（图 3）

在蒙特的西南入口，我们的步兵遭遇蒙特西面树林敌人的伏兵攻击，居高临下的敌人火力非常猛。没过多久，我方位于萨塞西南方山头的炮兵也向蒙特开炮，结果反而造成了我方人员的伤亡。原来，半个小时前，我们的侦察小分队在蒙特遭到伏击，炮兵正是根据侦察小分队的报告发动攻击的。我们的炮兵连过了好一会儿发现大水冲了龙王庙，这才停止炮击。7 连的一个排奉命前去攻击蒙特西面山头的敌人，但敌人的火力很猛，他们无法突破防线。我军又增加了一个排，但局面仍旧没有改观。敌人占据地形优势，兵力远超我方，坡度又陡，我军损失惨重，只有挨打的份儿。

我们的进攻受阻，7 连被迫撤退，奉命去支援第 127 步兵团，该团在蒙特南边 1.25 英里处的杜尔孔树林被敌人狠狠压制。7 连穿过蒙特村，往东南方向推进，隐蔽在树篱后，以纵队深入。敌人没有发现他们，7 连爬上了 297 高地。部队即将到达蒙特树林的时候，法军的大炮迫使我们不得不卧倒在地。幸好我们在树木后面、洼地里和平地上都找到了掩体，但怎么也没发现第 127 步兵团的踪迹。

在连长的命令下，我带着两个人往杜尔孔树林南侧的边缘地带走去，以便和 127 团取得联系，在到达目的地之前，我们好几次遭到敌军的袭击，却始终没有发现友军的踪迹。在默兹山谷下方，敦村正遭到法军猛烈的炮击。通过对敌人火力的分析，我们估计法军的炮兵应该部署在默兹河西岸的山丘后面。我们所处的位置既看不到己方的步兵，也看不到敌人的步兵。我们连穿过一条林间小路，往西南方向去了。来到一个大约 100 码宽的空地时，我们在各个方向都安排了岗哨，部队则保持行军队形休息。为了找到 127 步兵团的下落，连长朝四面八方都派出了侦察兵。结果，那些侦察兵还没走出我们的视线（我们也就休息了 5 分钟左右），整块空地就遭到了法军猛烈的炮火攻击。像是天空突然出现了雷暴，炮弹如雨点般地往下落。我们试图躲在树木后面，用背包临时当成应急工事。猛烈的炮击让我们动弹不得。虽然炮击持续了数分钟，但幸好没有造成人员伤亡。我们的背包挡住了几枚弹片，一名士兵的刺刀流苏被炸得粉碎。法军炮兵为什么能这么快就发现我们在林子里，还能在这么短的时间里向我们开炮，我们百思不得其解。难道只是巧合吗？

就在这时，侦察小组的一个人带着127步兵团的一名重伤员回来了。那名伤员说127团在几个小时前已经撤离了，前面的林子里除了阵亡的将士和一些伤兵再没人了。两个小时前，法军的几个营从他面前经过，往北边去了，他认为这些部队仍在林子里。

要是情况真是这样，那我们这个连孤军深入怕会羊入虎口。我们应该撤回去吗？就在这时我们的营在后面出现了，这个问题迎刃而解，在和营长商量之后，我们连作为先头部队向西行进，我们排则充当连里的尖兵。

5分钟后，我们听到小型武器"嗒嗒嗒"的射击声，一时喊声大作。声音来自我们的右方，我估摸大概离我们2/3英里。我们朝枪声传来的方向走去，穿过一条狭窄的小路，小路两边布满了浓密的灌木，走过一段笔直的路面时，我们发现前面100码的地方有几团黑色的物体。子弹"嗖嗖"地从我们耳边飞过，看来我们判断得没错。我们很快以灌木为掩护，连队布置在小路的两边。敌人的火力很猛，但多是一阵乱射，反而是一些跳弹让部分战士受伤了。我们在浓密的灌木里匍匐前进，直到离敌人的位置只有150码左右的时候才开火。因为灌木实在太浓密了，我只能看到我的几个手下，更别说指挥全排了。这时，光线逐渐明亮起来了，原来我们正靠近一块空地。从前方的声音判断，我们现在距离敌人大约100码，我领着排里的弟兄朝前面的空地冲去，结果发现那里长满了黑莓，根本过不去。敌人的炮火很猛，我们只能卧倒在地。部队索性跟对面空地上的敌人互相射击，尽管距离很近，敌人却被浓密的树叶和灌木遮住了。留在后面的两个排也上来了，部队呈散兵队形，保持2到3步的间距。这时，连长命令道："继续射击、挖战壕。"我发现我们的连长巴默特中尉就趴在前面一棵大橡树旁边,根本就动弹不得,幸好敌人的弹道很高。即便如此,我们的人也会被跳弹打中。

我们的步兵偶尔也会用步枪射击,掩护正在挖战壕的弟兄。这个地方的土质并不好,挖起来很不轻松。树枝和树叶纷纷落下。这时,有人突然从新的方向朝我们开枪,就在我们身后!子弹在我周围开花,溅得我一脸都是土。我左边有个人突然大叫起来,痛苦地在地上滚来滚去。他被子弹打穿了,痛得嗷嗷直叫。"救命啊!医护兵!我要死了,血快流光了!"我爬到这名伤员旁边,但已经回天乏术。他的脸痛苦地扭曲着,手紧紧地抠着地面,最后,他的全身一阵战栗,随即咽下了最后一口气。这样,我们又失去了一位勇敢的战士。由于我们所处的位置几乎无遮无拦,敌人前后的火力让我们疲于应付。我们营的一部分官兵一进入敌人的火力圈就迅速向他们开火,但浓密的灌木让我军的反击难以奏效。我们右边的战斗越发激烈,敌人的炮火也更猛了。这时,一颗子弹击中了我用来挖战壕的铁锹。没过多久,连长巴默特中尉的腿上也中了一枪,因此,只得由我来指挥全连。不久,我军在右翼向敌人发起了攻击,一时战鼓声、军号声、叫喊声四起,外加法军有规律的机枪声。终于可以松口气了。我命令第7连从空地左边绕过去攻击敌人。部队向前冲去,很高兴能离开这个糟心的地方,我们决定突围出去。敌人决心阻止我们和右翼的部队会师,不时朝我们开几枪,但是,等我们到达空地远端时,敌人却消失在了灌木丛里。我们紧追不舍,眼下的任务是抢占杜尔孔树林的南部边缘,因为到了那里后,我们可以趁敌人从开阔地撤走时再痛打落水狗。想到整个连都在我身后,我急忙领着几个班的先头部队前往那里,可是,等我们到达杜尔孔树林的南侧时,却没能追上敌人。我们前面有个高地,高地的南面和远端有一块宽阔的牧场,旁边就是布里耶尔农场。我们在同一个高地的后面和右侧发现法军的炮兵连正朝敦村方向的默兹山谷开炮。说来奇怪,我们并没有看到敌人的步兵。从现有的迹象判断,他们应该撤到西边的林子里了。我们现在和连队失去了联系,我手下总共才12个人。127步兵团的一个侦察小分队从左侧上来告诉我们,127团准备从布里耶尔的林子方向发动攻击。不久，我们便看到散兵线从左翼往前推进。现在我面临的问题是，是等连里其他的弟兄跟上来，还是用这12个人袭击敌人的炮兵连。我决定带领12个人先上，希望连里的其他部队能及时跟上来。我们以迅雷不及掩耳之势冲到一片洼地里，在距离布里耶尔农场700码左右的距离，我们开始往法军炮兵连的方向匍匐前进。从炮声判断，我们距离敌人也就数百码了。在我们的左侧，127步兵团正向农场靠近。天渐渐黑了，这时，我们自己的部队突然从农场向我们开火，127团准是把我们当成法国人了。

火力越来越猛，大家只能卧倒。我们挥动头盔和手帕，试图让他们知道我们的身份，可是没用。我们附近连个掩护的地方都没有，步枪子弹打在周围的草地上，我们只能紧紧地趴在那里，动也不敢动，任凭自己人朝我们开火数个小时，这是第二次遭遇这样的尴尬事了，真是度日如年，子弹朝我们呼啸而过，我的手下也开始骂骂咧咧。现在只能祈祷早点天黑，这是我们活下去的唯一希望。后来终于停火了，为了不吸引更多的火力，我们暂时待在原地不动，等了好几分钟才爬到后面的洼地。要说我们真是大难不死，12个人居然安然无恙。

现在再去攻击法军炮兵为时已晚，我的胃也撑不住了。我们回到下午的营地杜尔孔树林时，月光从稀薄的云里照射过来。现在哪里还有连队的影子。后来我才得知，一名士兵告诉军士长我在这片林子里牺牲了。于是那名军士长集合队伍，回到蒙特附近跟营部会合了。在经过杜尔孔树林时，我们听到周围到处传来伤员的呻吟声，听起来就叫人害怕，我听见附近的灌木丛里有人叫"朋友，朋友①"，那是127团的一名小伙子，胸部受了伤，躺在冰冷的碎石地上。我们弯腰站在他面前，可怜的孩子啜泣着——他不想死。我们用大衣将他裹起来，给他喂了些水，让他尽可能舒服点。伤员的声音从四面八方传来。有个人在呼唤他的妈妈，听着叫人心都碎了。还有一个人在祈祷，不少人在痛苦地叫喊，其中还夹杂着零碎的法语："我们受伤了，朋友。"看着这些人在这里受尽折磨，听到马上就要死的人发出的声音实在不好受。我们没有区分敌友，把最后一点

---

① 一般指德国士兵投降时喊出的声音。

面包和水分给了他们。因为没有担架，我们没办法把一些重伤员从地形复杂的地方转移走。如果背他们走，只会加重伤情，说不定在路上就死了。这会儿，我们又累又饿，临近午夜时才到达蒙特。村子受损严重，为数不多的几间房子也被炮弹炸得面目全非。狭窄的街道上到处都是死马。我在一间房子里遇到了医务连，便向其介绍了杜尔孔树林的伤员情况，连长决定去救治他们。我的一个手下自告奋勇充当向导。我想为大家找个过夜的地方，目前跟营部的联系仍然中断。

我看到灯光从一幢房子关闭的百叶窗里透了过来，我们便走了进去，十几个女人和女孩看到我们都吓坏了。我用法语跟她们交流，找她们要了些食物，希望能有个地方让我和我的部下睡觉。吃和住的问题都解决了，我们很快就在干净的床垫上呼呼大睡。天亮后，我们继续寻找2营，终于在蒙特东边找到了部队。

我们回到部队让他们大吃一惊——他们，还以为我们早就牺牲了。现在由艾希霍尔茨中尉指挥7连。我们当晚就在蒙特宿营，我们连在西南入口处安排了岗哨。我从一个法国人开的商店里为我和汉勒搞了两瓶酒，我睡在一张豪华的大床上，尽管享受了王子一般的待遇，但虱子的叮咬却叫我一辈子都忘不了。

### 战地观察

我们从大部队休息时工兵连遇袭事件得出教训，部队中的所有单位都必须为自己的安全负责。尤其是在身处密闭地形，敌人的机动能力又强的情况下。

在敦村东部的林子中，7连在相当长的时间内遭到了法军炮火的攻击。只要有一颗炮弹落在队伍中，至少会损失两个班的兵力。随着现代武器火力的升级，分散队形，挖散兵坑对任何部队的安全都至关重要。须在敌人炮轰之前挖好战壕，多多益善，战前多流汗打起仗来才能少流血。

蒙特的战例充分说明，我们有必要对敌人占领过的地方进行彻查。那26名法国士兵有可能是逃兵，也有可能是特地留在后方，只等我军穿过镇子时伏击我们。骑兵侦察分队报告说，半小时前蒙特方向曾遭遇炮击，导致我军在第124步兵团占领该区域后仍然朝那里开炮，造成了不必要的损失。因此炮兵和步兵必须保持必要的通信联系。炮兵也需时刻观察战场形势。

我们连在杜尔孔树林驻扎时遭到炮击的战例表明，在敌人炮火范围内，无论是行军还是驻扎都是错误的决定。现代炮兵的强大火力有可能给部队造成重大人员伤亡。杜尔孔树林的战斗更是突显了丛林战的难度。在那种环境下，根本看不清敌人。子弹打中树枝和树干时会发出很大的声响，跳弹乱飞，很难辨明敌人火力的方向。而且很难了解自己部队所在的方位，也很难跟前面的部队取得联系。指挥员只能控制身边的人，有时候会鞭长莫及。在树林里挖战壕也相当困难，因为林子里到处都是树根。杜尔孔树林的战例表明，如果我们自己的部队在后方开火，前面又有敌人，我们夹在中间，难以构筑防线。无论在推进还是在丛林战斗中，最好在前沿部署大量机枪，无论是遭遇战还是攻坚战，机枪都是必不可少的武器。

## 在热斯内的战斗

1914年9月2日的凌晨，我们营到达了一座名为维莱德旺敦的村庄，在那儿做了短暂的休整后，部队又立即在炎炎烈日下穿过了昂德维尔、罗蒙维尔，一直到达朗德雷才顺利地同团部会师。此时敌人早已撤退，默兹河已成为我军后方。尽管在过去的几天里我们经历了大大小小的战斗，遇到了一些麻烦，但部队士气依然高涨。军乐队兴高采烈地敲敲打打，好似在搞演习。在南边的凡尔登方向，我们可以清楚地看到火炮发射时的闪光，听到轰隆的炮声。我们就这样顶着热浪和漫天飞扬的尘土向西挺进。

当天下午，我们团突然在朗德雷转向，开始朝着东南方前进。因为第11预备师遭到敌方阻击，我们第124步兵团必须前去支援，一路上道路崎岖，丛林密布，部队在距离热斯内西北方向0.75英里的树林里进入了法军炮弹的射程，炮火铺天盖地朝我们头上招呼下来。

我只好同一位士官穿过了茂密的灌木丛，到了树林的南部边缘。在那儿，我们遭到了来自右翼的火力攻击，不得不寻找掩护。接着，我们继续向左边前进，发现一条较为隐秘的安全道路。可当我们返回时，却发现营部已经转移了，只有汉勒和马仍在原地。他告诉我全营已经向右转移。

前方敌人的炮火仍在不断地朝森林边缘轰炸。我、汉勒和士官三人只得骑马前往热斯内，但离开林子后，我们并没有发现己方部队的踪迹。可能他们已经翻过山头向热斯内进发了吧。接着，我们遇到了第11预备师的一支连队，因为其连长阵亡，他们希望我能够暂时指挥作战。后来，又有三支群龙无首的连队先后划到我的麾下。于是，我便带着这支规模不小的部队向热斯内进发。在距离热斯内西北方向1300码的一处山坡上，我们暂作休整后发现局势相当严峻。前方的山脊遭到敌军猛烈的火力攻击，步枪、机枪和大炮混在一起，响声大作。看来我们的部队似乎就在那个地方。趁着部队休整的空当，我骑马走到防线后的反斜面，把马匹拴在了灌木丛中。在那座山脊上，我果真发现了第124步兵团第1营的部队，同时还有第123步兵团的人马，他们正跟盘踞在热斯内南部和西南部山头上的敌军激烈交战。在敌人密集的炮火下，我方进攻迟迟不见效果，只得选择挖壕沟暂守。

对面的敌人隐蔽位置极佳，即使用望远镜，我们也很难确定他们的确切位置，而且他们的炮火更是让我们苦不堪言。到现在我们仍没能发现2营的踪迹。他们是去了我们身后的树林吗？在骑马返回的路上，我遇到了一位第123步兵团的上校，向他报告了前方焦头烂额的作战态势，并告知了我暂时带领的那几支连队的所在位置。这位年长的军官接管了我的指挥权，说实话，我确实有些失落。但这样一来，我就可以放心地去寻找 2 营了。但我始终没能找到他们，无奈之下只得骑马回到了我们原先驻扎的山头。在那儿，我把那些仍然留在阵地中战斗的第 124 步兵团第 1 营的残部集合起来，整顿过后组成了一支大约 100 多人的队伍。

接着，法军炮兵开始向我们发起猛烈轰击，短短几分钟内就把我们打得七零八落。好在不久之后，敌方的炮火终于停了下来。我继续在热斯内西边的山头上搜寻 2 营的踪迹，一直到天黑才停止寻找，但仍然没有任何进展，最后只得打道回府。现在队伍里所有人都已疲惫不堪，而且从早晨到现在都没怎么吃过东西，真是又饥又渴。对此我也无能为力，因为带着战地厨房车穿过热内斯森林的可能性太小。我打算明天一早西行前往艾克塞蒙特，团部说不定就在那儿。

一夜相安无事。凌晨，气温剧降，胃痛像闹钟一样准点叫醒了我。

黎明将近，法军的枪炮声又开始在漫长的战线上喧闹起来。我们动身朝着艾克塞蒙特方向撤退。在距离艾克塞蒙特东北方 2 英里的一处洼地中，我如愿以偿地找到了团部。顺藤摸瓜，我又找到了第 124 步兵团第 2 营的弟兄，他们现在是团里的预备队。团部听了我的汇报之后，给我指派了新任务，让我接替营里受伤军官的职务。这边的伙食跟前方一样糟糕，但为了隐隐作痛的胃，我也忍着吃了些麦片粥果腹。

随后，我听到了轻武器射击的声响，但此时炮兵已经不再开火。大约 9 点多时，营长带着我去侦察。过去的一天里，1 营和 2 营顺利拿下了艾克塞蒙特和热内斯之间的山脊。侦察过程中，我们亲眼目睹了昨天战斗过后的惨状：真是尸横遍野。我的老熟人莱茵哈特上尉和霍尔门中尉也在其中。到了前线后，我们发现那儿的士兵都挖了散兵坑，盘踞在特龙索农场的敌军也暂无动静。就这样，我们返回了营部。

我的下一个任务便是寻找营里的战地厨房车，让他们顺利跟部队会合。这个任务相当重要，毕竟部队里食不果腹的情况已经持续 30 多个小时了。更糟糕的是，根本没人知道战地厨房车到底在什么地方！我打算先在热斯内和罗马涅的树林中搜寻它们的踪迹。到了罗马涅后，我发现那边停着的都是第 2 预备师的车辆，接着又去了热斯内，因为我大约记得战地厨房车会经由艾克塞蒙特前往热斯内，可是同样一无所获。因此，我又朝这两条战线之间的艾克塞蒙特去了。当时，两边高地上的士兵都已经熄火。我终于在距热斯内西南 1 英里的地方有了发现，找到了 2 营包括战地厨房车在内的辎重队。如我所料，他们已经越过了战线。随后，几个侦察兵告诉我团部已经在 15 分钟前出发。这样一来，我只得暂时将战地厨房车留在原地。

盘踞在特龙索农场附近山头上的敌军早已向南撤退，因此，我们并没有遭到激烈的抵抗，只是碰到了敌军遗留下的尸体和伤员。全团在农场附近扎营，我的坐骑也舒舒服服地待在了畜棚里。经过了几天的风餐露宿后，它也需要好生休息一番了。

## 穿越阿戈讷，在普雷兹的战斗

9 月 4 日，我们沿着艾格里斯方丹—维里—谢皮—瓦雷纳这一路线向布勒伊莱前进。一路上都是敌军狼狈撤退留下的痕迹，步枪、背包和车辆被扔得到处都是。炎炎烈日下，烟尘漫天飞舞，我们的行军速度大大降低，直到晚上才到达布勒伊莱。当天，胃痛又把我折腾得够呛。第二天，我们经由阿戈讷向布莱斯奥克斯前进，途经克莱蒙和雷伊莱特。虽说没有正面遭遇敌军，但我们判断，对方的后卫部队距离我们也就 1 个小时左右的路程。到了布莱斯奥克斯后，我们终于得到了休整。这边的条件还好，至少有床垫睡觉，饭也是热的。能有这样的条件，我们已经心满意足了。当天，乌利希上尉接管了 2 营。9 月 6 日，天刚刚破晓，我们派出一队骑兵前去侦察。在布莱斯奥克斯偏南方向的树林中，他们遭到了伏击。9时左右，我们从布莱斯奥克斯出发，准备向西南方向发起进攻。先锋队在隆居埃斯树林遭遇敌军，第1营随即发起攻击，快速占领了特维安库到普雷兹的公路，俘虏了几个法国兵。

2营紧随其后，沿公路向普雷兹进发。公路两边长着高大的树木，在左侧树林里，激烈的战斗仍在继续。在树林南部边缘，1营遭到了敌军优势兵力的阻

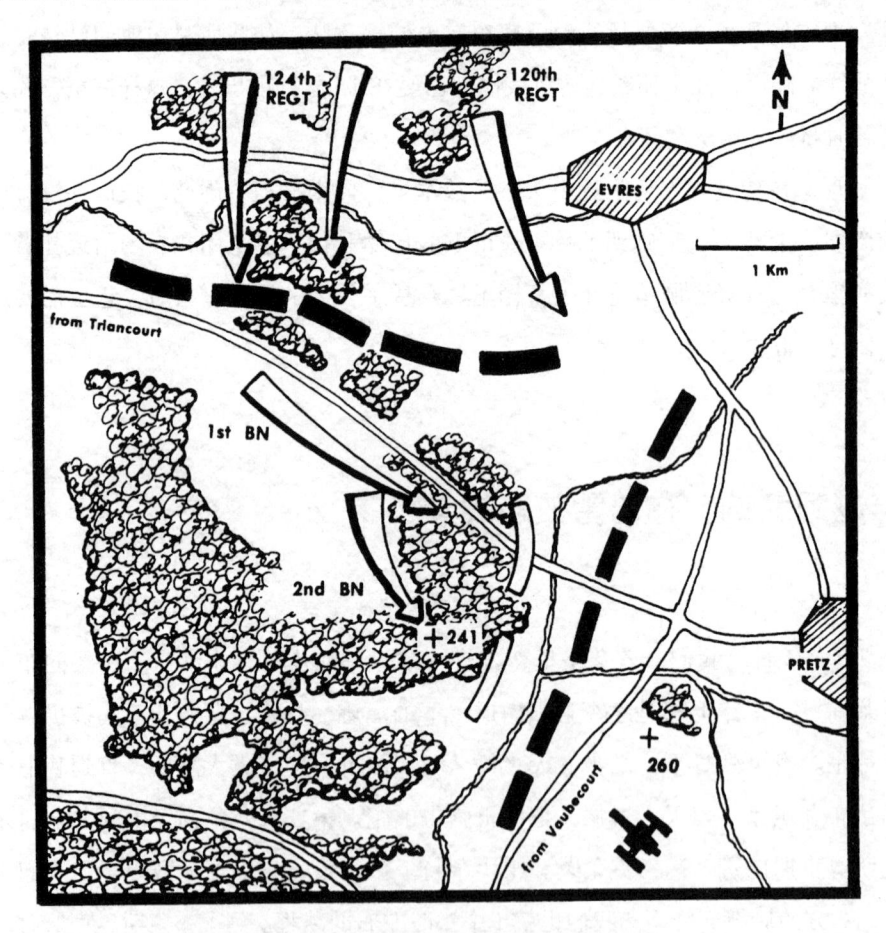

图4 对普雷兹附近的攻击

124th REGT 第124步兵团　120th REGT 第120步兵团　from Triancourt 从特维安库方向
1st BN 第1营　2nd BN 第2营　EVRES 塞夫勒　PRETZ 普雷兹　from Vaubecourt 从沃贝库尔方向

击，双方在不到100码的距离里展开激烈交火。敌方炮兵的轰击再次让我们的推进受阻。很明显，敌军不仅弹药充足，火力输出也非常高效，绝不盲目。尽管2营进入林子躲避炮火，但在法军的轰击下，树林眼看就守不住了。（图4）

时近正午，2营接到命令，要沿树林向西南方向前进，占据普雷兹西面两英里处的进攻位置，然后从1营右翼发起进攻，意在夺取260高地。

我们同担任先头部队指挥的基恩少尉一起出发，顺利抵达241高地，途中未遭遇敌人。当时，我们从狭窄的小路穿过茂密的树林。在距离树林边缘约100码处，突然发现一支装备精良的敌方侦察部队。双方近距离交火后，法军撤退，我方并无人员伤亡。

但战斗结束后，我们却发现跟营部失去了联系。为了恢复同营部的联系，我独自骑马原路返回寻找部队，却意外地发现全营都隐藏在道路左侧的树林中。我汇报了最新战况后，部队便继续向着241高地进发。但刚刚前进了不到几百码，敌军的炮火再次来袭，我们只得停止行动。这一停又是几分钟。所有人都在不遗余力地寻找掩体，树干、洼地，甚至是成堆的背包都成了临时的避难所。好在最后只有一人受伤。

等到敌人的炮火没那么猛烈的时候，我立即跳上马背，想从左侧穿过树林和第1营取得联系。但树林里的地面太过泥泞，我骑着马没办法过去，只得返回，沿树林的东面徒步前进。在树林东面350码外的一座高地上，敌军不断地向我开火。好在我最终找到了1营3连。当时，他们已经停止进攻，正等着2营发起攻击再做行动。

我带回消息后，营部立即组织6连和8连向260高地同时发起进攻。敌军放弃阵地后撤，一度给我军造成巨大威胁的炮兵也消失不见了，我们只看到一个废弃的炮兵阵地，还有堆成小山的弹壳。拿下260高地后，我们对撤退的敌人紧追不舍，直到日落之后才停止战斗。之后，各连队派出侦察兵，其余人员开始挖掘工事。我则返回团部汇报战况，顺便把战地厨房车带回来，毕竟兄弟们自从离开布莱斯奥克斯之后就一直忍饥挨饿。

团长哈斯上校得知战报后，对第 2 营的作战表现大加赞赏。

我在普雷兹—特维安库的公路上发现了战地厨房车。他们当晚 9 点到达我们的营地，饥肠辘辘的士兵们终于能够吃上热腾腾的饭菜了。

我们现在有了一条直通团指挥所的电话线，但当我们接收到第二天的作战命令时，已经是午夜过后了。派出的侦察兵们在营地里进进出出，不断地上报战地情况。尽管并没有敌人前来骚扰，可我们的休息时间仍旧少得可怜。

## 对德福依树林的攻击

我军侦察部队在当晚顺利地完成了任务。按照他们的情报，敌人就在大约 2 英里外的德福依树林中构建防御工事。根据团部的指示，我们第 2 营要在凌晨 6 点经由沃贝库尔到普雷兹的公路，前去占领那片树林，第 123 步兵团的所属部队会在我们右翼配合进攻。（图 5）

中午 11 点，我们营以两个连（6 连和 7 连）为第一梯队向目标发起攻击；另外两个连（5 连和 8 连）跟在左后侧，他们向树林的西北角推进，我们的右侧没有部署兵力。我骑马在第 6 连和第 7 连之间穿梭。就在此时，我们突然收到团部的命令："停止进攻，原地待命。"

传达完命令后，我立即骑马前往位于 260 高地的团指挥所，想要弄清楚到底怎么回事。原来，按照哈斯上校的打算，在第 123 步兵团到来之前最好不要发动进攻，可他并不确定后者确切的到达时间。但这个时候，敌军的炮火再起，朝处在开阔阵地中的第二梯队（5 连和 8 连）宣泄炮火。按照推测，敌方一定是在森林北面布置了炮兵观察所，才能对我们的行动了如指掌。

在这种情况下，团部命令我们保持当下的进攻队形，在马铃薯地和蔬菜地里挖壕据守。我当即返回，却让敌军的炮兵给盯上了，他们的炮弹逼得我只能

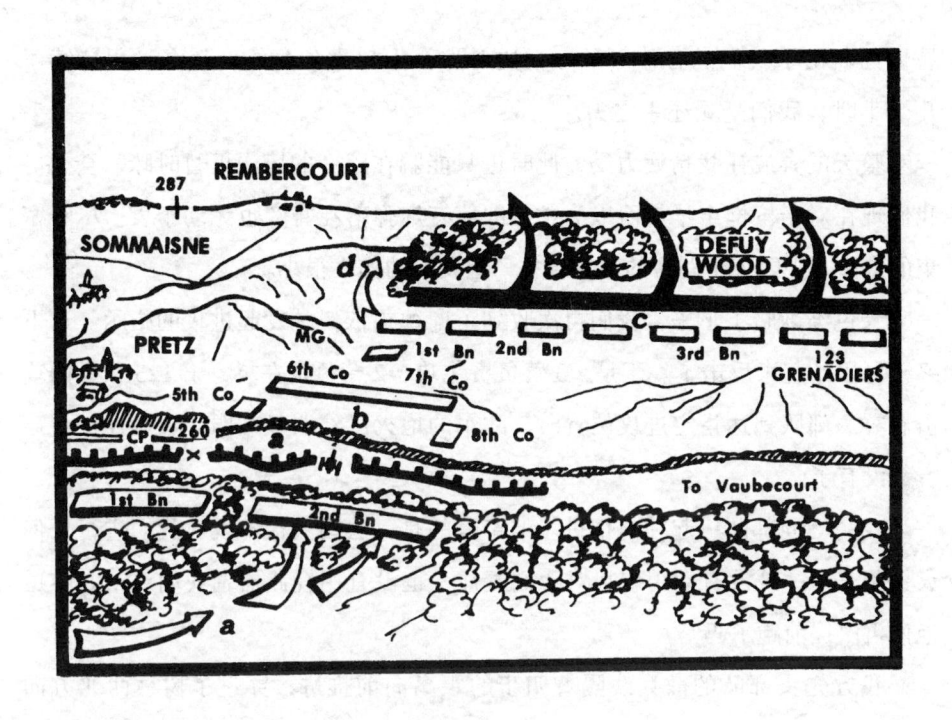

**图5 对德福依树林的攻击**

a 8月6日普雷兹附近的战斗　　b 8月7日进攻停止的位置
c 德福依树林的狂风暴雨　　　d 隆美尔切断法军撤退的行动

REMBERCOURT 朗贝尔库尔　SOMMAISNE 索麦斯纳　PRETZ 普雷兹
To Vaubecourt 去往沃贝库尔　123 GRENADIERS 第123掷弹兵团　1st Bn 1营
2nd Bn 2营　3rd Bn 3营　5th Co 5连　6th Co 6连　7th Co 7连　8th Co 8连

按"之"字形路线躲闪前进。

接着，中口径火炮也来凑热闹，火力变得越发猛烈。由于5连照着密集队形就地卧倒，敌人一颗炮弹打过来，两个步兵班的战士全都牺牲了。好在前线的攻击部队已经挖好散兵坑，才没有重蹈5连的覆辙。

我军在260高地附近部署了第49炮兵团，其中一个连想对敌军炮火进行压制，却遭到对方的猛烈反击。

我方营部和团部指挥所都设在沃贝库尔东北1.25英里处的公路和山口的交叉处，由于两者之间距离过近，又有通信兵和骑兵来来往往，这让法军轻易地判断出了我们的方位。敌方很快对那个山口猛烈轰炸，整个过程持续了几个小时，我们毫无还手之力。

整天的奔波让我精疲力竭，此时也只能躺在路旁的壕沟里暂时眯一会儿。我们现在对于枪炮声早就习以为常，即使有炮弹落在身旁也无动于衷。尽管密集的炮火几乎毁掉了路旁的整片树林，但我们的伤亡很小。

天色渐渐暗了下来，我们再次收到了向德福依树林发起进攻的指示。这下终于可以站起来反击了。于是，3营负责主攻，2营负责左翼，第123步兵团攻击右翼。部队到达指定进攻位置时，敌军的炮火已经明显减弱，最后连一点声音都没有了。

我骑马同部队一起往前推进。但奇怪的是，法国人根本没对我们进行任何火力阻击——既没有动用炮兵对我们轰炸，也没有用轻武器朝我们射击。难道他们再次提前跑了吗？

我方先头部队的散兵线隔着四步的距离向前推进，穿过了树林西北方向600码处的低地，继续向山坡推进。右侧的3营和进攻部队保持同样的推进速度。预备队（第124步兵团第1营和机枪连）在进攻部队后面保持着几百码的距离。我骑马跟着最左翼的7连。这时，天色已经暗了下来。

我们推进到距树林不到150码时，仍没有遇到任何阻击。但就在这时，敌军出人意料地向我们开火，战斗随即打响。预备队急忙上前支援，但在敌人猛烈的火力下，也只能随着进攻部队就地卧倒。所有人都在寻找掩体，但周围根本没什么可以躲避的地方。机枪手手忙脚乱地架起机枪，朝着对方一通乱射。但前方传过来的喊叫声说明他们的火力打在了自己人身上。整个进攻尚未展开，就匆忙结束了。

当时我正骑马走在部队的最左边，我从那里快马加鞭地向机枪阵地奔去，让他们立即停火。我跳下马，把缰绳给了旁边的一个士兵，然后抽调了一个排的人前往部队左翼，把他们安排在合适的位置，向敌人发起攻击。有了火力压制，我们和右翼的部队才重新发起攻击。此时哪里还顾得上辛劳，所有的疲惫都一扫而空了，我们斗志昂扬地冲向敌人。尽管他们试图用步枪火力压制，但根本无法阻止我们的冲锋。我们冲进树林，却发现敌人再次溜了。树林里全是炸得七零八落的树木，令打扫战场的工作十分艰难。我觉得现在可以趁机绕过树林，将敌人一分为二，逐个消灭。下定决心后，我带着两个班和机枪排前去执行任务。因为没有灌木阻挡，我们很快爬上了树林左边的山坡。敌人在树林里的前进速度肯定赶不上我们。一番狂追之后，我们终于赶到了树林东边的一个角落。这个时候尚未天黑，开枪瞄准还不成问题，而且我们的火力也能控制住几百码外树林南边的出口。大家迫不及待地将重机枪部署好，步兵则隐藏在树林里，等待着可能随时在眼前出现的敌人。我们可以清楚地听到从右后方传来的我军发号施令的声音。

苦等了几分钟后，连敌人的影子都没瞧见。天色变得越发昏暗，我们左边的朗贝尔库尔建筑物燃起了熊熊大火，染红了大半个天空。因为调动重机枪排时没有征得团长的同意，此时的我有些担心。从周围的诸多迹象来看，这边应该不会有什么战斗了，因此我决定让机枪排重新归队。但就在他们离开后不久，一位士兵在朗贝尔库尔火光的照耀下，发现30~40码外有一波人马，他们正要翻过光溜溜的山脊。是法国人！拿着望远镜就可以辨别出他们特有的钢盔和刺刀。显然，敌人正在以密集队形撤退。我后悔几分钟前让机枪排离开的决定，可是现在叫他们也来不及了。

于是我们利用手中的16支步枪向敌人迅速开火。大大出乎我们意料的是，敌人并未仓皇逃离，而是一边高喊"冲啊！"[①]，一边向我们发起冲锋。根据声音判断，他们至少有一两个连的兵力。我们拼了命地开火，但对方仍然不断地冲上来，我立即把几个本来就想撤走的士兵叫了回来。好在我们的火力最终压倒了他们的攻势，迫使敌人就地卧倒。可如此一来，想要射击隐藏在草地中的敌人也就更加困难了。此时，对方的先头部队跟我们只有三四十码的距离了。我下定决心守住阵地，即使是拼刺刀也毫不犹豫。好在肉搏战并未出现，我们的火力削弱了敌人的斗志。敌人的冲锋声逐渐平息了下来。最后，我们在树林

---

① 原文为法语，"en avant！"

边缘缴获了5匹驮着重机枪的马。显然，敌人当时正朝着朗贝尔库尔方向撤退。侦察兵在打扫战场时俘虏了十几名敌军士兵，发现大约有30名死伤的士兵躺在地上。

2营在什么位置呢？他们显然没有按照指示穿过德福依树林。为了联系上营部，我带着两个人押着俘虏和马匹回到树林的东北角，其余的人留守阵地。

回去的路上我遇到了团长哈斯上校，便向他报告了先前的情况。他对这次战斗并不满意，认为我们开枪射击的对象不是法国人，而是第123步兵团的部队，即便是我们押过来的俘虏和马匹也不能让他打消疑虑。

**战地观察**

1914年9月7日，进攻德福依树林的行动不得不在宽达2英里，且没有隐蔽物的地形上展开。因为右翼部队无法及时到达预定进攻位置，团部决定暂停行动。然后，敌军开始朝我方进行猛烈炮击。好在2营及时用工兵铲在农田里挖掘了工事，在法军炮火下保存了实力。尽管敌人的炮击持续了整整一天，但我们并未遭受严重伤亡。可担任第二梯队的预备队因为采取密集队形前进，在法军炮火下伤亡惨重。这个教训告诉我们，在敌方炮兵射程内，部队应该避免过分集中，此次战斗也突显出了工兵铲的重要性。

团部和营部指挥所都设在公路和山口的交叉位置，彼此间距离又近。不断出入的通信人员暴露了指挥所的位置，导致敌军炮兵迅速对该区域进行了狂轰滥炸。因此，以后所有的行军路线，包括步行和骑马，都要选择那些不容易为敌人所发现的隐蔽道路。天黑后，敌军炮火停止，部队开始向后方撤离。他们采取了打几枪就跑的游击战术，直到我们的步兵进入150码以内的距离时，他们才会发起攻击。交火几分钟后，他们就开始借着树林和夜幕的掩护完成撤退。如此来来往往数次后，我们损失惨重。9月7日战斗结束时，团部的伤亡名单上已有5

名军官和 240 名士兵。

因为急于战胜对手，机枪连一味朝着 600 码开外树林边缘的敌人射击，却误伤了 400 码外山坡上的己方士兵。

我们错误地估计敌军已经失去了抵抗意志，贸然改变了原先纵深梯次的作战队形，把预备队和火力支援部队全都调上了前线。结果，敌人在距我们 150 码的地方开枪射击，把我们当成了活靶子，我们才意识到这一失误带来的沉重代价。

在类似情况下，士兵们有可能会乱作一团，四处奔逃寻找掩体，甚至会丧失战斗意志。这个时候，指挥官必须掌控住局面，如有必要，可以使用非常规军事手段维持局面的稳定。

## 在德福依树林的战斗

团部命令 3 营沿德福依树林南部边缘构建防御阵地，2 营则驻扎在 3 营的左侧，这样的部署将战线拉长至整个树林。1 营在德福依树林北侧建立了预备阵地，团指挥所就安排在其左侧。

2 营的防御地段是一道贫瘠荒凉的狭长山脊，因此我们的阵地完全暴露在法军的炮火之下，这实在叫人沮丧。要是有的选，我们宁愿跟 3 营交换阵地。

最近的战斗让我们牢记一条诀窍："深挖战壕把命保。"各连部的防御地段分配好之后，三位年轻的中尉连长显然都认识到了这一诀窍的重要性。所有阵地的主工事必须在深夜前完成，这样才能确保我们能在天亮之前有几个小时的休息时间。太阳出来后，仍要继续修建工事。所有工事的深度都要达到 5.5 英尺。

整个营都全身心地开始构筑工事。前天敌人猛烈的炮火让我们意识到了防御工事的重要性，所以即便是营长、副官和 4 名通信兵都为自己挖掘了长达 20 英尺的隐蔽战壕，要知道他们可是位于战线右翼 8 连正后方的营部，这个地方可没那么危险。不幸的是，我们那块阵地的地面像花岗岩一样坚硬，铁锹休想挖得动，非得用十字镐才行。这样高强度的劳动让人筋疲力尽，而且十字镐总共没几把，所以挖掘进度十分缓慢。

当天，士兵们从早晨 5 点开始就没吃过东西，晚上 10 点，营长让我到普雷兹把战地厨房车带来。午夜时分，我成功地带回了信件和热腾腾的伙食。这也是开战后我们第一次收到信。

数个小时之后，散兵坑的深度掘到了大约 18 英寸，但肯定无法抵御敌人的炮击。所以，在日出之前，我们还有大量的工作要做。但在连续工作到午夜之后，士兵们都已疲惫不堪，应该好好填饱肚子，然后稍作休息才行。战地厨房车为大家提供了果腹的食物，我顺便把信件分发下去。在局促狭窄的战壕中，士兵们就着昏暗的烛光反复读着数周前寄来的家信。虽然我们参战不过数周而已，但恍若已过数年，这些信件也仿佛来自另一个世界。饱餐之后，我们马上挥动起手中的铁锹和十字镐。到了早上，战壕的深度终于到了 40 英寸左右，我们才稍有喘息的空当。9 月初的早晨异常凉爽，在极度疲乏的状态下，我们顾不得手上隐隐作痛的水泡，在又硬又凉的石头地上倒头就睡。

短暂休息后，各连又开始忙活起来。第 49 野战炮兵团的一个连队正从前线阵地后方 30 码左右的地方转移至半隐蔽阵地，位置在第 2 营和第 3 营之间。显然，这个阵地还需要进一步强化。

9 月 8 日凌晨最初的几个小时里万籁俱寂。在山谷另一面，我们用望远镜看到敌人正在修建 267 和 297 高地上的工事（分别位于朗贝尔库尔的西面和东北面）。往德福依东北方向 1 英里处望去，我们可以清楚地看到左翼的友军，正是部署在 285 高地的第 120 步兵团。我们已经做好对 600 码防线外的目标进行射击的准备，阵地上早已布置好一个重机枪排。5 连和 8 连位于最前线，作为第二梯队的 6 连和 7 连分别部署在他们后方。营长带着我去各个阵地巡视，检查战备进程。显然，士兵们干活相当认真，有些地方的战壕深度甚至达到了 4 英尺半。

凌晨 6 点左右，敌军开始炮击，密集的炮弹扑面而来，整个阵地笼罩在阴影之中，空气中充斥着爆炸的巨响和弹片呼啸而过的声音。敌军炮兵将大多数炮弹的引信都设成了定时引信，炸弹在我们头顶爆炸，杀伤范围巨大，让人猝不及防。还有一些炸弹设定成触发引信，落到地面后才引爆。我们都团身隐藏在战壕里。在这种猛烈的炮火下，临时抱佛脚挖掘的战壕很难确保我们的安全。高强度的炮击一直持续了数个小时。在此期间，有一颗炮弹落在我们前方的斜坡上，又顺势滑到战壕中，把我们吓出一身冷汗，好在最后发现是颗哑弹。所有人继续深挖战壕，士兵们把所有能弄到手的工具——十字镐、铁铲、铁锹、刺刀、饭盒等等都派上了用场，当然还有双手。炮弹在身边爆炸时，士兵们惊恐地蜷缩在战壕中。大概到了中午，敌人的炮火才逐渐回落，我们才有机会统计各连的伤亡情况。在这轮炮击后，我方的伤亡率比先前预测的少了 2% 到 3%，要说还真是幸运。因为我军仍掌握着阵地，敌方步兵也就无法借机进攻。很快，对方再次加强了炮击的强度，他们的弹药供给可真是充足。这一次，他们不仅轰击了树林南部的阵地，也把 8 连和 5 连的阵地捎带上了。与之相反的是，我军炮兵弹药匮乏，所以几乎沉默了一整天。

此次炮击又持续了一个下午。但我们也借此机会将战壕的深度挖到了 7 英尺。一些士兵甚至给战壕的前壁挖了散兵坑，这样就能避免定时引信炮弹的伤害了。同时，有了头顶上 20 英寸硬土的保护，触发引信炮弹的杀伤力也大大减小。

到了傍晚，敌人的火力简直到了丧心病狂的程度，用各种武器向我们发起攻击。敌人的大、中口径火炮产生的黑色烟雾飘过来，将我们的阵地遮得昏天黑地，炮弹把山坡炸得坑坑洼洼，一时间泥土和石块齐飞。这都是在给他们的步兵开路吧。让他们放马过来，干等了一天，我们早已跃跃欲试了。

敌人的炮火来得快去得也快，但其步兵并没有及时跟进。我们从战壕中爬出来，发现伤亡小得出乎意料（全营才 16 个人）。尽管战士们心有余悸，但依旧斗志满满。在炮击前和炮击过程中的土工作业总算是得到了应有的回报。

夕阳的余晖洒满了整个战场。在部队右翼的第49炮兵团配置给我们两门火炮，但如今，炮组人员不是阵亡就是重伤。机枪排阵地也受损严重，根本无法继续战斗。处在我们右侧树林中的3营看起来同样损失惨重。茂密的灌木丛加大了他们修建工事的难度，在敌军密集炮火尤其是侧面火力的攻击下，他们遭受了极大的损失。除了炮弹的直接伤害，大量炸断的树木也砸伤了不少士兵。

我前往团指挥部接受命令，顺便领取食物。哈斯上校对3营的严重损失十分忧虑，只能让他们从树林里撤退。这样一来，在失去两翼支援的情况下，2营仍要继续坚守德福依树林的东侧山头。哈斯上校最后强调，第124步兵团誓要同阵地共存亡！我回到营里传达了团部的命令。右翼的8连随即重新部署，6连也按照指示沿德福依树林东侧加筑战壕。其他部队则进一步加固已有阵地。战地厨房车在午夜时分到达，也再次带来了士兵们期待已久的信件。同前一晚一样，士兵们又在坚硬的地面上凑合了几个小时。第二天，敌军炮兵开始攻击的时间点几乎同9月8日一样。不过，深藏在战壕中的我们并没有过分担心。在相当长的时间内，尽管炮击经常炸断电话线，但我们一直同团部保持电话联系。当天，我在第5连待了很长时间，又同第7连的班特勒中士一起侦察了敌人的阵地。结果，我们发现法军炮兵大多部署在开阔阵地上，完全忽略了隐蔽工作的重要性，其步兵同样缺乏必要的警觉。我立即起草了一份带有简要地图的报告，经由营部转呈给团部，请求派遣炮兵联络员到2营前沿阵地来，制订对敌军露天炮兵阵地的打击计划。

第120步兵团的左翼处在285高地南侧的山坡上。他们600码外有一段铁道，铁道对面就是敌军。对方的预备队集结在沃克斯·马里车站西面半英里处的一个山口附近。倘若我们把机枪排布置到阵地左侧的小山丘上，或许就能给敌方沉重打击。我跟机枪排排长详述了计划，但他经过一番仔细思考后却拒绝执行该任务。我只得越级指挥，接管了该机枪排。为了避免法军炮兵的反击，我们必须速战速决，不能拖延。几分钟后，我们的机枪对集结中的敌方预备队进行了射击。这次行动把对方打了个措手不及，也造成了一定的伤亡。任务完成后，我们立即撤离到有掩体的隐蔽之处。尽管机枪排无一伤亡，但排长还是向团长申诉了我的越权行为。听了我的解释后，团长认为行动合理，也就不再追究责任。

白天，炮兵联络官先后数次来到我们前沿阵地。我们为其详细描述了敌军炮兵阵地的位置，但我军炮兵弹药供给过于匮乏，根本无法对敌军发起有效反击。虽然如此，在我方炮兵连的努力下，还是迫使对方的炮兵连转移了阵地。

当天晚上同前一晚如出一辙，对方炮兵对着我军阵地一阵猛烈炮击，像是为我们演奏安眠曲，然后便没了动静。据推测，他们应该是再一次趁着夜色悄然转移了。

为了抵御敌方炮击，我们继续加固战壕，几个小组负责去树林里砍树。幸运的是，我们的伤亡再次降低。战地厨房车到来时已经是22点左右了，7连的士官长罗滕豪斯勒还弄了一瓶葡萄酒和几捆麦秆。在临近午夜时，我在营部不远处的地方躺下，枕着麦秆进入了梦乡。

## 战地观察

因为阵地太接近树林，第3营伤亡很大，被迫在夜间撤离阵地。敌方密集的炮火对处在树林边缘的驻防部队造成了毁灭性的打击，我军因此伤亡惨重。同时由于林子里有不少灌木，这些部队的工事修建相当艰难。如果他们处在荒凉的山脊上，敌方的炮弹根本不会造成太大的损失。但因为身处树林，大量炮弹因为树枝的缘故而提前引爆，炮弹在空中爆炸让我军猝不及防。而且，炸倒的树木直接砸在士兵身上，对我军造成了不必要的伤亡。这片树林就是一个巨大的死亡陷阱，敌人能够轻而易举地对我们造成巨大威胁。而且现在敌人的引爆技术更加的成熟，下次遇到类似的情况，我军的伤亡可能比现在还要严重。

相对3营，2营的情况则完全不同，因为驻守在山脊上，而且对阵地进行了多次加固，所以尽管敌军炮击不断，阵势也很大，2营的伤亡却很小。真正有威胁的是那些定时引爆的炸弹，因为会有相当多的弹片直接飞进战壕。

坚硬的地表让 2 营阵地的工事修建困难重重。尽管如此，在 9 月 7 日到 8 日期间，我们还是督促着饥肠辘辘、筋疲力尽的士兵不断加固阵地。若是没有切实有效的指挥和以身作则的指挥官，这一切也不可能如此顺利。

从 9 月 7 日到 9 日，法军朝我们头顶招呼了不少炮弹。因为附近有弹药补给点，所以他们的攻击一直没有间断。而我们的炮兵却一直缺少弹药，根本无法为步兵提供充足的支援。

现代的阵地防御体系同 1914 年相比早已大相径庭。原来，我们只有一道简单的一线阵地，其余部队都镇守在第二道防线。而当下（1937年），一个营的阵地通常由前哨阵地和主体阵地共同构成，这样的部署方式具有更好的防御纵深。在正面和纵深都有 1100 码到 1200 码的防御面上，数十个互相支援的步枪、机枪、迫击炮和反坦克武器火力点组成了十分严密的防御网络。这样的部署既能确保自身火力集中，又能迫使敌人分散火力。而且，由于各个火力点之间互为依托，防守部队的机动性也就大幅提升。即使敌人攻破了主阵地，防御部队也能迅速组织反击。如此一来，敌人突破防线的难度就大大增加了。

## 1914 年 9 月 9 日到 10 日的夜袭

半夜，我枕着麦秸酣睡之际，却陡然惊醒。战斗在我们正前方和左翼的高地上打响。当时还下着瓢泼大雨，我整个人都湿透了。身体左侧信号灯在不断地闪烁，步枪也在剧烈的交火中发出嘈杂的声音。通信兵告诉我营长正在团部听命。

交火的声音越来越近，我怀疑是法国人发动了夜袭。为了搞清楚情况，我带着一名通信兵向战斗发生的地方走去。突然间，我发现前方 50 到 60 码处有人以双人队形向我方靠近，应该就是法国人。他们大概是从第 124 和 120 步兵团阵地中间的结合地带渗透过来的，想要攻击 2 营的后方和侧翼。敌人越来越近，而我还在思考如何应对。在此千钧一发之际，我果断跑向右翼阵地，将情况告知了 6 连连长兰巴尔迪上尉，请求他给我一个排的兵力。得到许可后，我立即部署好这一个排的兵力，准备迎击来犯之敌。当天空中的火光照亮了对方的大致轮廓后，我让士兵们进入战斗位置，打开步枪保险。我当时仍然无法断定对方身份，为了以防万一，我在相距 50 码时，向对方询问口令。结果发现他们竟然是 7 连的人！该连年轻的中尉连长正带着士兵从全营左后侧的位置转移，大约行进了 0.25 英里后，停在了全营的正后方。他解释说马上就会有战斗，虽

图 6　夜袭朗贝尔库尔

NIGHT ATTACK　夜袭　to Sommaisne　去往索麦斯纳　to Verdun　去往凡尔登　124th CP　第 124 连
2nd BN　2 营　2nd CP　2 连　REMBERCOURT　朗贝尔库尔　DEFUIS WOODS　德福依树林

然他们连是二线部队,但也要做好进攻准备。我对他冒失的举动相当不满,把他好好地训了一顿。一想到差点对着友军开火,我心里就禁不住打了个寒战。

很快,营长从团部带回了发起夜袭的命令。我们营作为第一梯队要拿下287高地,后者位于朗贝尔库尔北面500码处。配合作战的友军部队(右翼的第123步兵团和左翼的120步兵团)一同展开进攻。尽管准确的进攻时间尚未确定,但全营立即投入了战斗准备。团部认为我们不会受到法军炮火的侵扰,因为目标距我们并不远,法军炮兵也来不及做出调整。我们真心希望团部能把位于朗贝尔库尔周围山头上的敌方炮兵也考虑在内。(图6)

天上下起了瓢泼大雨,一片漆黑,全营在主阵地左侧整装待发。士兵们都上好了刺刀,打开了保险栓,我们的口令是"不成功便成仁"。左翼部分一直不大安宁,步枪射击声此起彼伏,产生的火光时隐时现。

1营的部队已经上了战场,团长亲自带领2营作战。但我们对于敌人当下部署情况的了解实在有限,只知道他们驻守在铁路沿线、南侧的山口和索麦斯纳—朗贝尔库尔的公路沿线。我的士兵早就迫不及待地等着发起进攻,现在,他们已经浑身湿透,冻得瑟瑟发抖。凌晨3点左右,我们接到进攻命令,战斗立即打响。

我们营以密集队形冲向铁路沿线的敌人,击退对方,并占据了索麦斯纳—朗贝尔库尔公路沿线的隘口,随即向287高地发起进攻。敌人在我们的刺刀下不堪一击,其余的部队也只是遇到了零星的抵抗。在全营四个连的配合下,我们顺利拿下了287高地。因为左右两侧的友军没能同我们保持同步,无法提供掩护,我们只能自己抽调兵力守卫两翼,组成一道向后侧弯曲的弧形防线,以确保两翼和后方的安全。战斗中,部队的编制早已混乱不堪,重新调整花费了我们不少时间。天渐渐亮了,雨也慢慢停了。为了应对敌人即将发起的炮击,士兵们拼了命地挖掘战壕。因为雨水连绵,土地泥泞不堪,修建工事变得相当困难,铁锹上沾满成团的泥土,清理起来十分费事。

在晨光的照耀下,朗贝尔库尔周围的山头逐渐显露在我们眼前。敌人居高临下地俯瞰着我们的阵地，突然，我方前哨阵地发出警报，发现大批敌军出现在朗贝尔库尔北面的洼地中。

当时我还在营地的右翼，同兰巴尔迪上尉率领的 6 连在一起。敌军密密麻麻从西北方向朗贝尔库尔前进。6 连和 7 连首先同敌人交火，双方在 300 到 400 码的距离内打得十分激烈。一部分敌人想要在朗贝尔库尔的街道上寻找斜坡作掩护，但大部分法军都在拼命反击。我方士兵看到暴露在眼前的敌军十分兴奋，干脆冒着危险站起来射击。约一刻钟过后，敌人的火力逐渐减小。在我们前方的朗贝尔库尔北侧入口处，有大量的法军士兵或死或伤，而我们伤亡同样不小，主要原因便是士兵们杀红了眼，忘了寻找掩护。据统计，早晨的战斗伤亡情况竟然比昨夜的袭击还要惨重。

我们开始后悔在没有得到上级许可的情况下，就对朗贝尔库尔及其附近的高地发起进攻的决定。虽然战斗了一夜，但士兵们的作战情绪仍旧激昂。我们渴望同敌军肉搏，因为根据敌方在众多战斗中的表现来看，他们的训练和技术水平同我们相去甚远。

战斗渐渐停了下来，士兵们又开始修筑工事。但是，我们挖了还不到 1 英尺深时，敌军故技重演，又对我们一阵炮击，就是不让我们在开阔地带修筑工事。

到目前为止，营里的官兵根本没有时间挖掘掩体。在攻占 287 高地和朗贝尔库尔北部入口处的战斗中，我们一刻也没有停下来。当下，一支处在朗贝尔库尔西面山头的敌军炮兵连，开始从他们无遮无拦的阵地向我方炮击，距离约为 1100 码。幸运的是，由于下雨而泥泞不堪的土地这个时候起了作用，相当多的炮弹到了泥里都没爆炸。我们都躲进了刚挖的战壕中，上面还铺了不少树枝作伪装，祈祷这样能够骗过敌方炮兵观察哨的眼睛。猛烈的炮火把战场炸得天翻地覆，我们的战壕也成了一条条小河。因为泥土总是黏在铁锹上面，趴在战壕里躲避炮火的我们根本无法继续修筑工事。而且，士兵们从头到脚都被一层厚厚的泥巴裹着，更是冻得瑟瑟发抖。在这种恶劣的环境下，我的胃又痛得要命，害得我只得每隔半小时换一次弹坑。

我们部署在两翼的部队进攻停止了，这么一来，我们2营就成了整条战线的尖兵。10点左右，位于阵地后方的第49野战炮兵团的一个榴弹炮连，想要为我们提供火力压制，结果却适得其反，因为敌方的火力占据绝对优势，所以受到挑衅的法军对我们发起了更为猛烈的炮击。就像前几天一样，好在法军步兵几乎没怎么露面，为我们省去了更多的麻烦。

时间像是停滞了一般！要放在几个月前，若是有人告诉我们有可能处在这样痛苦的境地，所有人肯定都会嘲笑他。但眼下，为了能够摆脱困境，我们使出了浑身解数。当然，主动发起进攻才是上策。

当天，法军朝着287高地上的我军阵地倾泻了一天的炮弹。天黑之前，敌

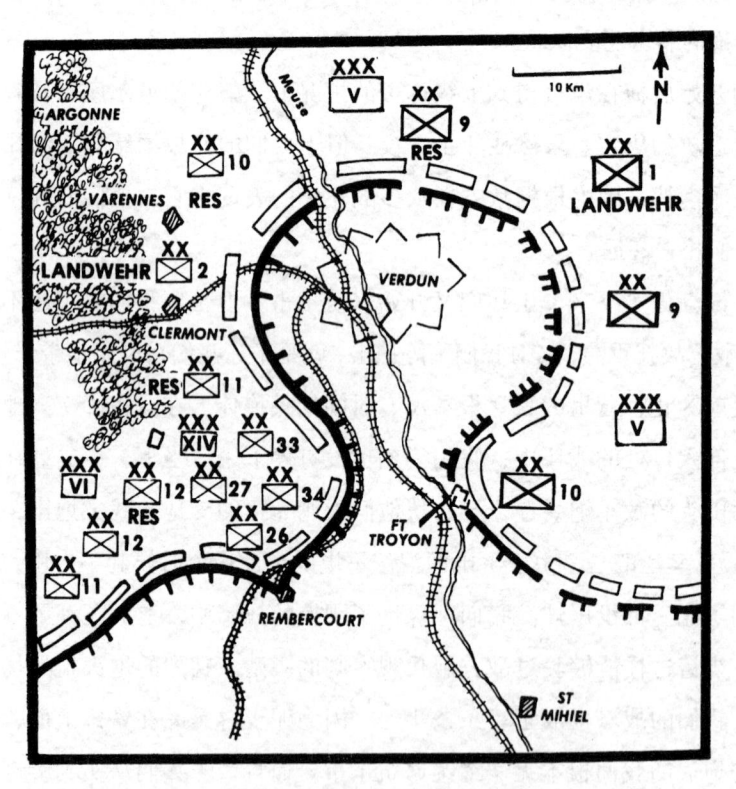

图7　1914年9月10—11日夜袭之后凡尔登的情形

ARGONNE　阿戈讷　　LANDWEHR　后备部队　　RES　预备队　　VARENNES　瓦雷纳　　VERDUN　凡尔登
CLERMONT　克莱蒙特　　FT TROYON　特洛永堡　　REMBERCOURT　朗贝尔库尔　　ST MIHIEL　圣米耶

军又照例用炮弹给我们道了晚安。之后,我们可以清楚地看到他们将火炮挂上车拉到后方去了。敌人肯定是想最大限度地保证其炮兵的安全,防止我军夜袭。

9月10号,我们损失惨重,共有4名军官、40名士兵不幸阵亡,还有4名军官、160名士兵负伤,8人失踪。

夜袭之后,我们把敌军在凡尔登的要塞围了个水泄不通。但在凡尔登南部,敌军还固守着一条长达9英里的狭窄地带,将驻扎在特洛永堡以东的我军第10师和从西部进攻的第13、14军团的几个师分割开来。唯一一条通过默兹河谷同凡尔登连通的铁路也掌握在我军手中。(图7)

夜幕降临,我们再次着手修筑工事。午夜时分,战地厨房车终于来了。贴心的汉勒给我带来了干爽洁净的外套、内衣和一条毛毯。因为胃痛,我几乎咽不下饭,但只要还能站起来,我绝不会告病离开。换上干爽的衣服后,我昏昏沉沉睡了几个小时,噩梦不断。天一拂晓,我们又立即着手修筑工事。

9月11日,敌军继续坚持不懈地对我军展开炮击,但我们已经挖好了战壕,所以损失微乎其微。可接连降雨的恶劣天气让我们在战壕里的日子也相当难熬。午夜,战地厨房车再次如期而至。

### 战地观察

夜间战斗极易误伤自己人,我们2营差一点就因此铸成大错。

9月9日的夜袭后,2营推进到了本师前线半英里处,我们以极小的伤亡到达指定区域。在持续的运动战中,我们几乎没有遇到敌人的抵抗。大雨为我们的袭击提供了良好的掩护。大批敌军撤退进入朗贝尔库尔,我军在炮击下忙着修筑工事的时候,发生了严重的伤亡情况。若是敌军步兵借此机会,趁着我们的战壕深度仅有1英尺时发动攻击,那么我方伤亡数目会更大。因此我们可以得出合理的结论:夜袭时,进攻方必须在黎明前修筑好工事。

因为弹药匮乏,我军炮兵在9月10日和11日几乎没给我们提供像样的支援。而法军则靠着弹药充足的优势，在开阔的阵地上肆意地对着我们狂轰滥炸。

因为敌军炮火太过密集，战地厨房车也只能在天黑以后才敢前来为我们提供伙食。白天，他们为了保证安全，只能躲到战线后方几英里的地方。虽然这样一来，伙食供应成了问题，但士兵们很快就适应了这一状况。

## 经阿戈讷撤退

9月12日凌晨2点，我向团长汇报工作并接到新的命令。团部就在2营后面几百码处一个用门板和木头搭成的简易工事里。哈斯上校在烛光下签发了最新的作战命令："全团在拂晓前撤离阵地，向后转移到特维安库；2营殿后，以两个连的兵力驻守在索麦斯纳南侧1100码的高地上，坚持到11点后再寻找大部队。"

一想到能够离开这个鬼地方，我们就十分开心，不过，我们却搞不清楚为何要突然撤离。显然，敌人对我军战线造成的压力不是主要原因。在我军后方20英里处的凡尔登要塞早已经被我们切断，他们同法军其他部队失去了联系，如今我军一旦撤退，无疑是放虎归山，这未免太可惜了！但是上级高瞻远瞩，一定有他们的理由和考量，或许其他战场更需要我们的援助[①]。

天亮之前，2营终于摆脱敌人，完成转移。我们军服上的泥土早已结成了硬块，再加上疲惫不堪的身体状况，使行军过程变得十分艰难。我们在朗贝尔库尔北侧1.25英里的山头处留下了两个连队，让他们负责断后。凌晨，法军仍旧对着

---

① 隆美尔说凡尔登的铁路运输被切断了是他自己弄错了。按照地图显示（图7）以及之前的叙述，这段铁路只是处于危险的境地。

我们空无一人的阵地来了一通猛烈的炮击，这让兄弟们乐不可支。我们在戏弄对手中获得了巨大的满足感，之前的困惑也一扫而光。

我们在普雷兹西面的树林里集结，然后进入特维安库的前哨据点。乌利希上尉带我骑马前去察看周围环境。瓢泼大雨再次席卷而来，好在这次骑着马，身上不会被污泥弄脏了。第5连和第7连担任前哨，其他部队在特维安库担任预备队。下午检查完各个前哨据点后，我返回营部好好睡了一觉，结果这一睡就是山崩地裂也吵不醒了。营长曾试着叫醒我，让我写一份完整的报告，但没能如愿。9月13号，因为这件事营长特地训了我一顿，可我当时睡得太死了，实在记不起来有人叫过我。

9月13号早上6点，我们走在返回团部的路上。穿过布莱斯奥克斯之后，部队前往阿戈讷。连续几个雨天之后，我们终于迎来了太阳，但沉重的补给车队把路面轧得坑坑洼洼。因为大多数火炮和车辆都陷在泥土里动弹不得，结果都堵在了阿戈讷入口处1英里附近的布莱斯奥克斯。为了让这些车辆顺利通过，我们抽调了两倍于车队成员的人手前去拉车。好在敌人没有趁这个机会追杀过来，或者用远程大炮轰炸我们。否则，后果不堪设想。

部队耽误了整整三个小时。我们一直跟在炮兵车队的后面，只要车队陷进泥里，就要上前帮忙，把大伙累得半死。一路上就这样走走停停，我们到达雷伊莱特时，天早就黑了。士兵们在那儿做了短暂的休息，吃了些东西，然后继续向阿戈讷北进。12个小时的行军和糟糕的路面让人疲惫不堪，但我们仍要彻夜不停地前进，而目的地距我们仍旧那么遥远。如此一来，因体力耗尽而掉队的士兵越来越多。每一次停下来休息的时候，都会有一部分人直接倒头就睡。我们再次前进时，又要把他们挨个儿叫醒。就这样，我们走走停停，停停走走。我也因为总是打瞌睡而从马上摔下来几次。

午夜过后，我们到达了瓦雷纳。那儿的市政厅成了一片火海——真是一个又可怕又美丽的场景。我接到命令，骑马前去蒙特布兰威尔给部队寻找落脚点。但是这种小城除了几张破烂不堪的床，连可以拿来当床垫的稻草都没有。

9月14号早上6点半，士兵们累得连话都说不出来了，无精打采地走进了阴暗的街道。分配营地的工作几分钟就搞定了，之后整个蒙特布兰威尔又变得死气沉沉。所有人都呼呼大睡，哪里顾得上床硬不硬。

同一天，萨兹曼少校负责接管2营。下午，我们到了艾格里斯方丹，在那儿找了些拥挤破烂的住处。营部的人挤在一个满是跳蚤的屋子里，但是总比露宿街头强，更何况外面又开始下起了倾盆大雨。胃痛又折磨了我一整天，有时候甚至痛得我失去了知觉。

在接下来的几昼夜里，法军炮击了我们战线后方的所有村庄，也包括当下落脚的艾格里斯方丹，但我们在小城附近挖掘了战壕。9月18日，我们顺利到达索梅朗斯，在那儿休整了几天。我幸运地分到一间有床铺的屋子，终于可以好好调理一下可怜的胃了。当然，也可以趁此机会好好洗个澡，刮刮胡子，换掉身上的内衣，这一切对我们而言已是奢侈之极。

19日凌晨4点，2营再次集合，前往费勒维尔担任军团的预备队。我们在瓢泼大雨中傻站了3个小时后，却又收到了返回原处的命令。9月20日，我们真正有了一整天的休息时间。士兵们借此机会好好保养了武器装备。

**战地观察**

9月11日到12日的夜晚，我们在敌人不知情的情况下悄然撤离。即使是13号，敌人也没有前来追赶。倘若他们真来追击，我们肯定会溃不成军。在13号的撤离中，我们按照前夜指定的27英里的任务行军。但是，在此期间却因为各种车辆陷入泥地，老是堵塞交通，士兵们更是要不停地帮助车辆脱困，令这次行军过程雪上加霜。士兵们连续行军长达24个多小时。

## 蒙特布兰威尔附近的行动，突袭博松树林

9月21日，部队再次紧急集合，向阿普雷蒙行军，前去支援第125步兵团的一个营，当时他们正位于蒙特布兰威尔西面1英里处的一道山脊上。救援行动计划在天黑之后进行。新阵地乏善可陈。"面朝敌人的斜坡，一举一动都在敌人的眼皮子底下，壕沟十分潮湿，敌人的枪炮给我们造成很大的伤亡。联系后方也只能在晚上才有可能。"

夜如浓墨般漆黑，我们在接应小组的引导下，踩着松软的泥土，顶着倾盆大雨，穿过田野终于到达目的地，于午夜成功地完成了增援任务。我们负责接管的防御地段全都是断断续续、满是积水的战壕。原来在此驻防的士兵们这会儿正在后方不远处的帐篷里裹着大衣休息。据他们描述，敌人就在前方不足几百码的地方。

部队很快就适应了这边的状况。他们用饭盒把战壕里的水舀到外面，然后开始加深完善工事。在德福依的战斗让他们意识到了战壕的重要性。在松软的土地上，挖掘工作进行得很顺利，我们很快就将断断续续的战壕连成了一线。2营终于可以安安稳稳地期待明天的来临了。

9月22日，我们终于迎来了灿烂的阳光。虽然敌人就躲在距我们有五六百码远的阿戈讷森林边缘，但早上整个阵地异常安静。我们面前的蒙特布兰威尔到赛尔翁的公路上并无敌人的踪迹。敌人占据了左侧公路旁的一小片树林。尽管距离相对较近，但在战壕中的我们还是可以任意移动，不用担心遭到敌人射击。这下好了，靠近我们阵地附近的梅子树上熟透了的梅子很快被士兵们摘了个干净。9点左右，敌人的加农炮开始向我们的新战壕展开攻击。好在我们昨夜辛苦挖掘的工事派上了用场，我方伤亡极小。半个小时后，炮击就停止了。接下来的几个小时里，敌人只是偶尔开火骚扰我们。直到中午，我们仍然没看到敌军步兵，便派出了一个侦察小分队前去刺探右侧敌人的阵地和兵力部署。

在距离树林边缘 50 码处，侦察部队遭到了敌军火力的袭击，只能留下重伤员被迫后撤。我们也立即开火掩护，停火后，几个法国士兵和紧急救援队开始向我们落在前线的伤员靠近。

他们看起来是要救助我们的伤员，但是这些人在靠近后竟然向这些已无反抗能力的伤员痛下杀手。这种卑鄙的行为让我们愤怒异常，当即向他们开火还击。可是要想救下我们的战友，只能直接向树林发起攻击。

下午，战地厨房车来到我们阵地后方 800 码左右的一处洼地。尽管敌军火力不断地骚扰我方，但炊事员们还是把热气腾腾的饭菜送到跟前。

下午 3 点左右，我前往位于蒙特布兰威尔西北方向 1 英里附近的 180 高地，团指挥所就在那儿附近。我从上级那儿了解了情况，接受了下达给第 2 营的战斗命令。在博松树林后方，一大股敌人正沿着蒙特布兰威尔到赛尔翁的公路部署工事。位于我们右侧的第 51 旅对敌方发动的所有攻击都以失败告终。在阿戈讷东侧和我方左翼，第 122 步兵团第 1 营在第 124 步兵团第 1 营的帮助下，正通过蒙特布兰威尔向城南 1100 码的敌军山头发起攻击，好在他们的进展相当顺利。

黄昏，2 营按照计划向蒙特布兰威尔到赛尔翁的公路附近树林中的敌人展开攻击，重点进攻其右翼，将他们赶向西侧。我们的任务完成得很漂亮，但过程却没有那么简单。

回去的路上我一直在勘察地形，琢磨最有效的进攻方式。从我们现在的阵地直接向蒙特布兰威尔到赛尔翁的公路发起进攻并不理想，因为这达不到出其不意的效果。同时还容易受到树林中敌军的侧翼攻击，如此一来，我们尚未靠近公路就会损失惨重。最重要的一点，这样做我们根本不能顺利到达法军的侧翼。

传达了团部命令后，我向营长提出了以下建议：首先，我们撤出蒙特布兰威尔西侧 1 英里山头上的阵地，然后在该山头北侧有掩体的斜坡上重新整队。然后，以纵深战斗队形向当下阵地的右翼挺进，拿下蒙特布兰威尔西面 700 码附近的小树林。（图 8）

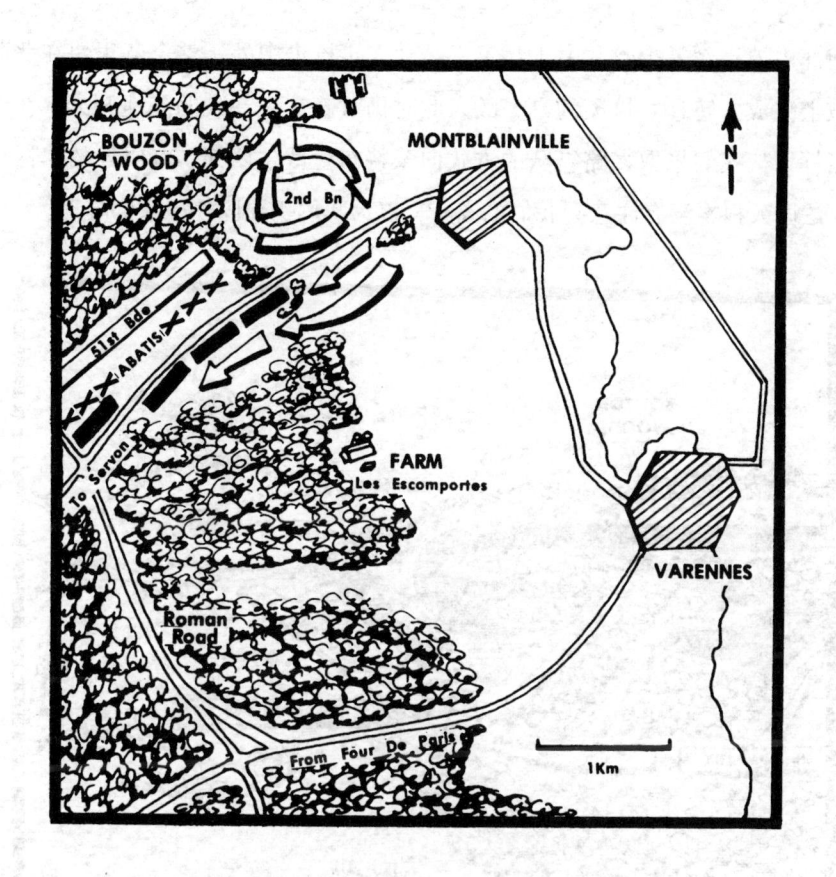

**图 8　从前线到蒙特布兰威尔西面侧翼的转移**

BOUZON WOOD　博松树林　　MONTBLAINVILLE　蒙特布兰威尔　　2nd Bn 2 营　　51st Bde 51 旅
ABATIS　防御工事　　To Servon　去往赛尔翁　　FARM Les Escomportes　雷埃斯康波特斯农场
Roman Road　罗马公路　　From Four De Paris　从巴黎方向　　VARENNES　瓦雷纳

不久前，这片小树林受到我方炮兵的轰击，从种种迹象来看，敌人已经放弃了那里。因此，从地形方面考虑，敌人应该不会注意到我们的隐蔽行动。

一旦进入树林，我营就可以部署在西侧，伺机从公路南部向阿戈讷东部边缘的敌军发起进攻。这样才能有效打击敌人沿蒙特布兰威尔到赛尔翁公路建立的阵地。如果我们行动足够迅速的话，黄昏时就能发动攻击。

我的提议被采纳了。营部采取一次一人的转移方式，各个战斗排先后撤出了南部山坡。除了少数几名士兵不幸被敌人步枪击中外，整个营很快在北面的山坡上完成了转移。搞笑的是，敌人此时仍对着空无一人的阵地开火。在营部的指挥下，我们采取多路纵队的方式向蒙特布兰威尔西面700码处的小树林开进。法国人根本没有注意到我们的离开，以为我们仍在固守原来的阵地。

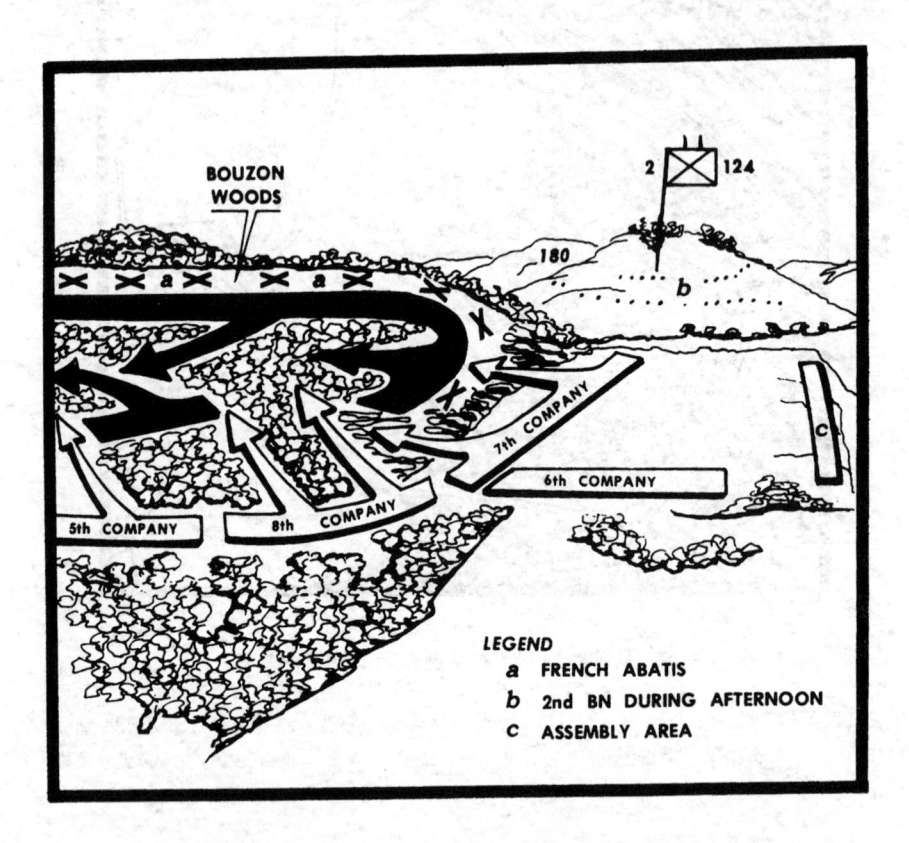

图9　沿着蒙特布兰威尔—赛尔翁公路对敌侧翼的攻击（南侧视野）
　　　　a 法军防御工事　　　b 下午时分2营位置　　c 集合区域
　　　BOUZON WOODS　博松树林　　7th COMPANY　7连　　8th COMPANY　8连
　　　　　　6th COMPANY　6连　　5th COMPANY　5连

成功抵达小树林后，我们在树林北边发现了一条步兵战壕，里面满是丢弃的背包、水壶、步枪之类的装备。看来原先驻守此地的敌人应该是在下午我军炮火的轰炸下放弃了阵地。我们在西面做了部署，准备向树林西侧的敌人发起攻击。看起来他们仍没有注意到我们的行动；至少我们从没有遭受到来自那个方向的攻击。

此次的攻击目标是 0.25 英里开外的一片山坡。在公路南侧 600 码左右的地方，我们发现了一条隐蔽性不错的路线，可以直接向敌人发起突袭。第 5 连在距离树林边缘 100 码左右的地方待命，与此同时，7 连和 8 连也在公路附近做好了布置，准备随时为主攻的 5 连提供火力支援。6 连则充当营里的预备队，营部人员都跟随 5 连前进。命令已经下达给各个连队。我们的计划是包围沿公路部署的敌人。整个部队向左构成梯队阵型。（图 9）

萨兹曼少校发出攻击信号时，天色已经相当暗了。我们悄然无声地靠近了敌人，担任先头部队的 5 连很快就推进到了森林边缘。7 连和 8 连离树林尚有 300 码左右的距离。直到现在，我们还没有发现敌人的踪迹。他们的注意力显然仍旧集中在我们原先的阵地之上。

5 连继续穿过灌木丛前进，营里其他的部队也很快就消失在树林之中。但 7 连在沿公路前进的过程中突然撞到了敌人，双方在 100 码左右的距离内交上火了。5 连和营部人员向右侧移动，第 8 连和第 7 连左翼向左侧展开，整个营向敌人发起了总攻。

敌军前线的工事显然毫无用处。我们对其阵地侧翼和后方的突然袭击让对方一下就乱了阵脚，很快溃不成军。那些没有倒在子弹和刺刀下的敌人都开始向西侧逃窜。这一次，我们终于让敌方为他们残忍杀害伤员的行为付出了代价。直到深夜，战斗才告一段落。最后，我们俘虏了 50 个敌人，缴获了数挺机枪、10 辆炮兵弹药车，还有一顿热气腾腾的露天法式晚餐。当然，我方也略有损失，帕拉特中尉和 3 名士兵阵亡，1 名军官和 10 名士兵受伤。

我们的攻击产生了连锁反应，右翼法军恐慌的气氛影响了整个防线的士气，导致他们仓促地放弃了本来十分坚固的战略工事。当晚，我军第 51 旅在蒙特布兰威尔—赛尔翁公路和罗马公路的交会处俘虏了大批法军逃兵。（图 8）

那天晚上，我们营就在野外露营。九月的夜晚相当寒冷，我们只有大衣御寒，连稻草都没有，在潮湿的地面上冻得瑟瑟发抖。但我们的马匹却可以敞开肚皮大嚼缴获的法军燕麦。

9月23号破晓，我陪着哈斯上校前往罗马公路察看敌情。之后，2营收到命令，全营沿着阿戈讷树林东侧边缘向南移动到雷埃斯康波尔农场。当我还在团部时，2营就已经行动了，但并没有严格执行命令，而是贸然深入树林，我一时找不到他们的踪迹。我沿着树林东部边缘前进，想要到雷埃斯康波尔农场等他们，却发现法军仍然控制着农场，那里甚至装备了机枪。直到中午，我才找到2营，当时他们早已绕过了农场，在其南面1100码外的山头上修筑了工事。我们会合时，敌人又开始了炮击。这下彻底把我们弄糊涂了，法军为什么能够及时确定我军在树林中的位置呢？他们怎么一打一个准呢？

饥饿疲惫的士兵们躺在树下或者法军遗留的用树枝搭建的临时掩体中休息。从大早上出发到现在，他们都没能吃到东西，我骑马去找位于阿普雷蒙附近的战地厨房车，最后在蒙特布兰威尔北面半英里的地方找到了他们。但他们的马匹无法通过两地之间的沼泽地带。结果，战地厨房车被困在了雷埃斯康波尔农场东面半英里左右的地方，士兵们直到午夜到凌晨3点这段时间内才陆续吃上饭。

同时我们收到了团部的命令，要在凌晨5点到达雷埃斯康波尔农场。因此，我们几乎没多少时间休息了。

### 战地观察

夜间增援前线的作战营需要带路的人。整个行动不能弄出半点动静，否则敌人会轻而易举地破坏此次行动，而且会给我方带来巨大的伤亡。

2营的士兵们在黎明前再一次发挥了铁锹的重要作用，靠着工事才扛过了敌人接二连三的炮击，伤亡率极低。

在9月22日的战斗侦察行动中，我军火力支援十分到位，把战斗伤亡降到了最低。有时，使用轻机枪作为火力支援是个不错的选择。

> 9月22日，尽管敌人就在前方600码外的地方，但2营顺利地在白天撤离了阵地。在我看来，这样的策略在以后仍有示范意义。
>
> 当然，如今我们可以利用炮兵和步兵重武器压制对方，同时适量的烟幕弹也能让行动更加顺利。
>
> 夜间，2营突袭了阿戈讷树林中负隅顽抗的敌人的侧翼和后方，以极小的损失取得了巨大的成功。由于占据了地形优势，在同敌人交火时，我们的进攻队形起到了作用，能够同左翼部队共同攻击敌军的正面和侧翼。这次行动直接让整条战线的法军人心惶惶，溃不成军的敌人将阵地拱手相让。
>
> 9月23到24日夜晚的遭遇充分说明了运动战中后勤补给的难度。

## 罗马公路附近树林中的战斗

2营按照命令在凌晨5点抵达了雷埃斯康波尔农场。我们在一个阴暗狭小的农舍里做了短暂的休息。团长命令2营穿过森林，夺取并坚守巴黎—瓦雷纳公路同罗马公路的交会处。（图10）

新的任务让我们期待不已，完全忘记了身上的疲倦，我甚至也将胃痛抛到了九霄云外。

全营整装出发时，初升的太阳穿过晨雾，像大火球从地平线上钻了出来。正是靠着指南针，我们才能顺利地穿过浓密的灌木丛，朝着交会点前进。幸好在战争之前，第124步兵团的军官就已经接受了指南针定向训练，帮我们顺利解决了当下的难题。我走在队伍前面，路上总是碰到让人不得不绕行的灌木丛。一个小时后，我们到达了距离目的地2/3英里的位置。我们继续向南搜索前进，营部人员骑马跟在先头部队的后面。

我们在林中小路上的交叉口发现了一间荒废的小屋，里面躺着一个重伤的法国士兵，看到我们的到来，他的身体因为寒冷和恐惧而瑟瑟发抖。据他交代，在蒙特布兰威尔战役打响时，他就已经在这里了，部队撤退后，他被扔在了这里。我方医护人员给他做了检查，并处理了他的伤势。

一支骑兵侦察队从巴黎—瓦雷纳公路侦察后返回，他们报告说敌人已经沿公路修筑好了工事，我们必须步步小心。5连和6连都各自派出了先头部队开路，照着不同的路线向公路方向前进。高大的树木清晰可见，但是灌木丛仍跟之前一样非常茂密。我继续随着6连前进，营长仍然同7连和8连留在木屋附近。路上看到几具敌人的尸体。突然，我们听到了前方马蹄的"嘚嘚"声，有人往这边疾驰而来。这些人到底是敌是友？在这条灌木丛生的小路上，最大的可视距离不过80码，因此我们完全无法判断远处的情况。先头部队都爬进了道路两旁的灌木丛中藏起来。接下来，我们才发现原来是一群无主战马，它们一看到我们就停了下来，然后朝着右侧跑开了。

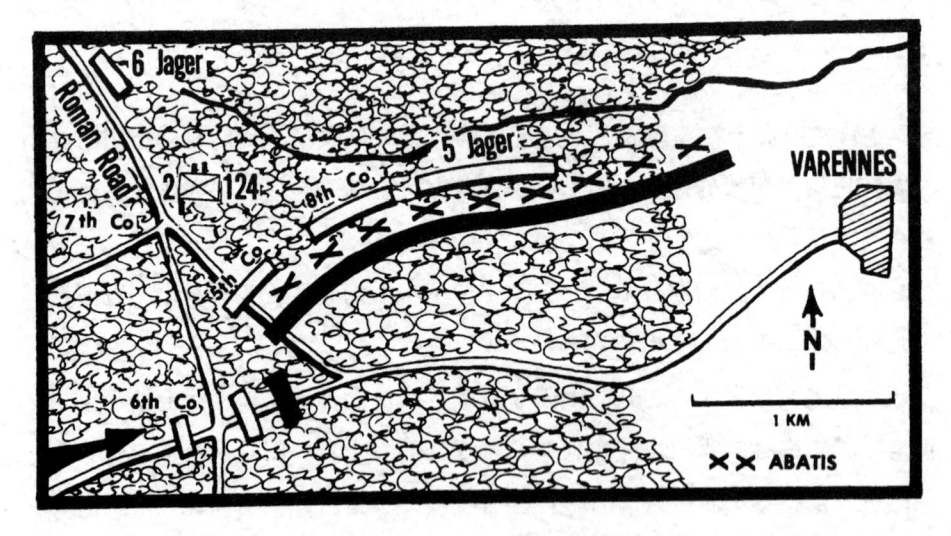

**图10　1914年9月24日沿罗马公路附近树林中的战斗**

| Roman Road | 罗马公路 | 5 Jager | 第5山地营 | 6 Jager | 第6山地营 | 7th Co | 第7连 |
| 8th Co | 第8连 | 6th Co | 第6连 | VARENNES | 瓦雷纳 | ABATIS | 防御工事 |

在此之后，6连一路顺利地到达了公路附近，而左翼的5连则跟敌人交上火了。我立即骑马返回营部报告情况。这个时候，5连也报告说他们在木屋南侧500码外的地方遭遇了敌人，需要立即支援，否则无法继续前进。不久，5连两位身受重伤的军官被抬了回来。该连遭遇的敌方火力越发猛烈，即使是远处的6连也能听得清清楚楚。子弹"嗖嗖"地穿过树林，我们无法判断到底是不是法军狙击手在偷袭。（图10）

萨兹曼少校安排8连前往5连左翼，两个连同时向敌人发起攻击，想要把敌人赶回到巴黎—瓦雷纳公路的另一侧。

8连前脚刚走，5连和6连的先头部队就到达了小屋附近。我们了解到，他们的任务竟然同我们一样。经过一番协商后，萨兹曼少校将第5山地营安排在5连和8连的左翼，让其协助我们的连队将敌人赶往公路对面。

攻击行动持续了45分钟后不得不停下来。据许多受伤士兵反映，敌人据点火力很猛，部署了不少机枪。受了轻伤的6连连长兰巴尔迪上尉也被迫撤离，他们在距离其阵地以东200码左右的巴黎—瓦雷纳公路附近遭遇了敌方的一个连，同时其西面的树林中还有敌人的残部。我到6连的阵地观察战况，同6连的一个侦察小分队一起前往巴黎—瓦雷纳公路南侧侦察，在6连阵地东侧60码处遭遇了敌人。但根据侦察结果，我认为前面只是敌军一个较为牢固的前哨据点。

一回到营部，我就建议部队沿公路两侧向瓦雷纳发动攻击，6连直接沿公路推进，7连和第6山地营各自负责公路的一侧。这次行动的目的就是要消灭对我军侧翼造成威胁的敌人。

但还没等行动，我们就收到了来自团部的命令，要求我部扫清瓦雷纳公路的敌军。第5和第6山地营配合我们参与此次行动。同时，根据6连报告，一支敌军成密集纵队正从巴黎公路方向朝我军进犯，所以我们更加应该扫清东侧的敌人。

我们以最快的速度做好了战斗准备。第6山地营沿公路南侧前进，7连则负责公路北侧。在留下足够兵力驻守巴黎公路后，6连跟在7连左翼负责掩护。

各连都准备妥当后，我们当即出发。营部人员跟在第 7 连后面。在距离敌人阵地 100 码的地方，我们遭到了敌人强大的火力压制，只得卧倒在地。由于茂密灌木丛的阻挡，我们的有效观察距离只有 25 码左右，根本找不到敌人的踪迹。我方借着灌木丛向隐藏的敌人发起了攻击。因为各种武器的声音响个不停，我们根本无法估计敌人的确切位置。敌人的火力越发猛烈，我方进攻只得暂停。

为了让 7 连顺利推进，萨兹曼少校带我一同到前线察看。我从一位伤员身上拿了步枪和补给弹药，接管了几个班的指挥权。在这片树林里根本不可能有效地指挥规模更大的部队。我们连续几次向着想象中距离不远的敌人发起冲击，但都没能成功地靠近敌人，反而不断遭到他们的火力压制。周围呼叫医护兵的声音此起彼伏，可见我们的伤亡数量也在不断增加。

在敌人强大的火力下，我们要么俯卧在地，要么蜷缩在高大的橡树后面，也只有在火力间隙，才能趁机推进些距离。整个部队的推进变得越发困难，我们的行动进展缓慢。从战场上传来的声音判断，我方其他部队的情况也差不多。

我们再次朝着前方灌木丛中的敌人发起冲击，跟在我身边的是刚刚纳入战斗班的几个士兵。敌人不甘示弱，疯狂地朝我们开枪。突然，在前方不到 20 步远的地方，我看到了 5 个站立射击的法军士兵。我立即把枪架到肩头上瞄准了敌人，枪响之后，两个背靠背站在一块的敌人应声倒地。但我的眼前仍有 3 个敌人。现在我已经深入敌后，隐蔽在后方的手下也帮不上忙，我立即再度开火，但步枪却没反应。拉开枪栓一瞧，竟然没有子弹了。

距离敌人太近，哪里还有时间重新装弹，附近更是连个掩体也没有，逃是不可能的了。拼刺刀成了我唯一的选择。和平时期，我非常喜欢训练拼刺刀，对拼刺刀的技术掌握得相当娴熟。即使是一对三的情况，我也有信心应对。但在我冲过去的时候，敌人开枪了。我不幸中枪，踉跄走了几步便倒在了敌人跟前。子弹打穿了我的左大腿，鲜血从拳头大的伤口中喷涌而出。敌人只要再打一枪或捅一刀我就命丧黄泉了，我心想这下肯定完了，但他们并没有继续攻击。我尝试着用右手压住伤口，并顺势滚到了一棵橡树附近躲了起来。我就这样躺在两军交火的中间地带。也不知过了多久,我方士兵冲出灌木丛,顺利击退敌人。

准下士劳赫和二等兵鲁斯曼负责照顾我。没有止血带,他们就用武装带给我包扎了伤口。随后又用担架把我送到了阵地后方。

随后,我从上级的通告中了解到,敌人在留下200多个俘虏后,仓皇逃离了树林。我军的伤亡情况也不容乐观,仅仅是2营,就有30人阵亡,其中包括2名军官;还有81人受伤,其中包括4名军官。团部报告记载,这是第2营在3天之内第3次立下大功了。

离开这些勇敢的家伙真的很难过。太阳落山时,两名士兵用简易担架将我送回了蒙特布兰威尔。我没怎么感到疼痛,却因为失血过多晕了过去。

我在蒙特布兰威尔的一个粮仓中醒来时,营里的军医施尼策尔正在处理我的伤口,是汉勒将他请过来的。清理完伤口后,我被送上了救护马车,旁边还有三位受伤的战友,他们痛得不停地呻吟。我们要去战地医院休养,道路被炮弹炸得坑坑洼洼,马车颠个不停,这也加剧了伤口的疼痛。我们在午夜时分抵达目的地时,一位战友已经牺牲了。

战地医院早已人满为患。裹着毛毯的伤员沿着公路成排躺着,两名医生在这里忙得不可开交。他们再次检查了我的伤势,把我安排在一间铺了稻草的屋子里。

黎明时分,一辆救护马车把我送到了斯特奈的后方医院。几天后,我得到了一枚二级铁十字勋章。后来我又经历了一次手术,之后,大约在10月中旬,我乘坐一辆被军队征用的车回到了家中。

## 战地观察

巴黎—瓦雷纳公路沿线驻守了很多敌人,这让2营的任务更加艰难。在三个营连续加入对树林的攻击后,我们才将敌人赶了出去,但付出了很大的代价。

战斗一开始,伤亡率就居高不下。我们还损失了3名军官,很难断定这是否是法军狙击手所为,因为并没有发现或掌握相关的证据。

因为伤亡惨重,我们很难再让士兵拼命冲锋。在树林作战时,只有指挥官以身作则、英勇冲锋,才能够带动周围的士兵。

在近身肉搏时,笑到最后的总是那个弹夹里多一颗子弹的人。

## Chapter II
### Combat In The Argonne, 1915

第二章
# 1915年阿戈讷之战

## 夏洛特山谷的战斗

圣诞节将至我才出院，然而伤口尚未痊愈，走起路来十分困难。我受够了在猎兵营服役的日子，所以又回到了部队。

1915年1月中旬，我在阿戈讷西部找到了我的部队。从比纳尔维尔到部队团指挥所一路走来，到处都是弹洞深坑，阿戈讷森林形势险峻可见一斑。我受命接管群龙无首的第9连。团指挥所外面有条树干铺成的小径向前延伸了约半英里。偶尔会有步枪子弹从林中飞出，有时，还会有炮弹从头顶呼啸而过。我时不时得卧倒在满是黏土的交通壕中。最后到达连部时，军服上的军功章早就不见了踪影。

我接管了二百来个胡子拉碴的士兵和一条长440码的防线。法军"接待委员会"用一连串密集的炮弹欢迎我的加入。我们的阵地是一排用胸墙加固的连续战壕。几条交通壕与后方相连，不过没有铁丝网，阵地前方无法设置任何障碍。总而言之，我们的阵地布置得十分简陋，地表水还影响了战壕的深度，有些地方只有3英尺深，甚至更浅。容纳8至10个士兵的掩体也同样很浅，掩体顶板凸出，无疑是上好的靶子。顶板不过是几层细原木，最多也不过挡挡炮弹碎片而已。在我接管连队的第一个小时里，就有一颗炮弹击中了其中一个掩体，重伤了9名士兵。我随即下达了第一道命令，无论何时，只要炮兵向我方开火，士兵必须从掩体中撤离，在战壕里寻找适当的掩体。我同时下令，加固掩体顶板，使其至少能够抵御野战炮火的攻击。这一工作在天黑时开始。我还发现，阵地附近的几棵大橡树是个隐患。一旦它们被击中，弹片会直接反弹到我们的战壕。

所以，我下令把树砍倒了。

几道命令布置下去之后，我很快找到了曾经的自己。对于一个23岁的军官来说，还有什么比指挥连队更好的工作呢？要赢得士兵的信任，指挥官需要具备很多素质。他必须谨小慎微、照顾好自己的部下、跟他们同甘共苦，除此之外，还必须严格要求自己。一旦取得士兵的信任，他们便会死心塌地追随长官，赴汤蹈火在所不惜。

我们每天的工作都十分繁重，物资匮乏，连木板、钉子、夹板、铁丝网、防水纸，甚至各种工具都没有。我和手下的排长挤在只有4.5英尺高的连部，陈设简陋，除了用一张桌子和一根绳子缠绕而成的榉木床外别无他物。墙壁是光秃秃的泥土，成股的水不时从墙壁流出。两层橡树树干混着一层泥土搭成的屋顶，赶上下雨的日子，雨水便会渗漏下来。为了不被水冲走，我们每隔4个小时就得往外舀水。我们只在晚上生火，而这潮湿的冬季，每时每刻都十分寒冷。

灌木丛十分茂密，我们很难观察到敌人的情况。法国人的情况则比我们好得多。他们的后勤仓库供给充足，不需要就地砍树取材。他们所处位置的树木格外密集，而我军弹药不足，很少会向他们进行干扰性射击。敌人所处位置在山谷另一侧，离我们大概300码的距离。为了扰乱我们的行动，他们频繁使用轻武器向我们射击。这令我们十分恼火，但炮击更叫人头疼，因为炮弹从发射到爆炸的间隔很短。为了不被弹片所伤，无论谁在开阔地上，只要遭到袭击，都必须立刻趴在地上。

1915年1月底，雨雪交替着下个不停。从1月23日到26日，连队撤到距前线150英尺的阵地进行休整。然而那里的情况更糟，敌人的炮火叫我们苦不堪言，我们每天的损失与在前线阵地并无二致。在那里，连队的任务就是做好后勤工作：搬运材料、修建掩体、修缮交通壕、用树干铺路。再次接到上前线的命令时，大家都高兴坏了。我们士气高昂，上到军官，下到普通士兵，不畏任何艰难险阻，只为保家卫国，取得战争的最后胜利。

1月27日，两名士兵随我从阵地左侧出发，沿着通向敌军的交通壕去执行侦察任务。1914 年 12 月 31 日的交战中，我们占领了法军阵地。此时，部队正驻扎在法军的这个旧阵地上。我们搬开障碍物进入战壕，一路谨慎前行。大约走了 40 码的距离，我们碰到了一些阵亡的法军士兵。他们极有可能在开战之初就不幸阵亡了，双方一直在交火，一直没人给他们收尸。战壕左侧有个小小的坟冢。离我们几百码远的战壕末端有一个废弃的医疗站。医疗站嵌在双方前线之间的最低处，能够容纳 20 个士兵，不但工事挖掘得好，防护也很到位。敌人像往常一样，不时向我方阵地射击，骚扰我们，可是一路走来，我们连敌人的影子都没发现。听声音，敌人的炮火是从距离这里大约 500 英尺的山谷那头发射过来的。我决定把这个医疗站变成我们的战略要点，改建工作从当天下午随即展开。站在这里，我们甚至能够听到山谷那头法军说话的声音。再让侦察兵向前去打探情报并非明智之举，在茂密的灌木丛中穿行极易被发现，说不定还没来得及获得任何重要的情报反而先把命给送了。

## 1915 年 1 月 29 日的战斗

为了尽可能牵制住阿戈讷的敌军，1915 年 1 月 29 日，上级下令向阿戈讷进行小型牵制性攻击。这一任务落在了 27 师各团身上。按计划，我们首先要在侦察到的敌军雷区清理出一条路来，之后全团从 2 营右翼强行突击。突袭时，炮兵用火力牵制 3 营右前方的敌人，继而牵制 9 连左前方的敌人。为了达到这一目的，第 49 野战炮兵团的榴弹炮连也将参加战斗，并于 27 日及 28 日做好战备工作。战斗中，10 连需深入敌军，9 连虽要固守阵地，仍需切断敌军从侧翼逃脱的路线。

1 月 29 日的黄昏十分寒冷，地面都结了冰。战斗伊始，我带领 3 个步兵班隐藏在新改建的前线据点里。部队所处的位置距身后阵地 100 码。我们听到我方炮弹从头顶呼啸而过，有的击中了树木，有的落在了我们身后。接着，炮弹击中了雷区，一时间，泥土、树枝、石子四处迸射。爆炸过后，我们右侧传来了手榴弹爆炸以及小型武器密集射击的声音。一个法国士兵孤身向我方阵地跑来，随即中弹身亡。

几分钟后，3营的副官上来告诉我们，右翼进攻一切顺利，并代营长询问我们9连是否愿意加入他们乘胜追击。真是求之不得！只要能够让我们离开这些战壕，不再没完没了地负责掩护任务，让我们干什么都行。

我发现部队无法采用战斗队形从战壕中出去。我们正处在敌人炮火和机枪的射程之内。我们的任何行动都逃不过树顶上敌方观察员的眼睛。为了不被发现，我让士兵们从阵地右侧，沿着一条通往前线的交通壕匍匐前进，并在交通壕尾端的左侧位置待命。大约一刻钟的工夫，连队在阵营前100码的斜坡上集结完毕。我们小心翼翼地在光秃秃的灌木丛中爬行。可是还没有到达凹地，敌人的步枪和机枪就一齐向我们开火了，让我们无法前进。这里无遮无拦，我们能够清晰地听到子弹射入冻土发出的声音。头顶上，几棵橡树遮住了我的几个士兵。我无法用望远镜观察到敌人所处的位置。我知道，如果一直待在这里，我们的伤亡怕是会十分惨重。即便敌人只是盲射，他们密集的火力也足以弥补精度的不足。我绞尽脑汁，希望想出个万全之策，不至于蒙受重大损失，还能带领士兵们脱离险境。在这千钧一发之际，士兵们的生死都掌握在指挥官的手里，让我倍感压力之大。

我刚刚决定冲到前方60码处的凹地当中，因为那里比现在的地方更好藏身。就在这时，右侧隐约传来了冲锋号。我的号手正好在身旁，于是，我也让他吹响了冲锋号。9连的战士们一跃而起，呐喊着向前冲去，丝毫不去理会敌人强大的火力。我们跨过凹地，冲到法军前线的铁丝网前。只见敌人慌忙逃窜，放弃了他们坚守的阵地。灌木丛中，随处可见法军红色裤子与蓝色燕尾服的残片。我们无暇顾及法军仓皇逃跑后遗落的战利品，仍对敌人紧追不舍，又闯过了两道牢固的铁丝网。每次我们冲破防线时，法军早已逃之夭夭。由于法军几乎没

有抵抗，我们没有遭受任何损失。（图11）

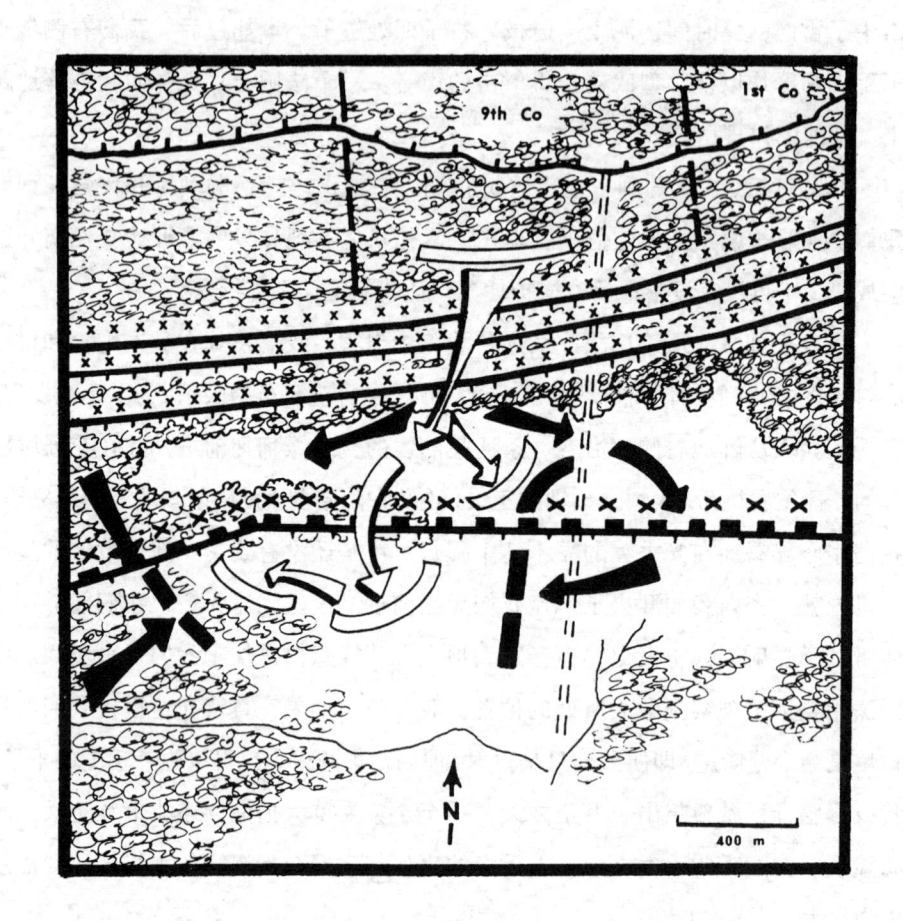

**图11 进攻"中央"阵地，1915年1月29日**

9th Co　9连　　1st Co　1连

我们越过一座高地，森林的树木变得稀疏了，一下子就看到了跑在前面的敌人，他们乱作一团，我们乘胜追击，边追边向他们开火。连队里一部分人留下来消灭掩体当中的敌人，余下的则继续追击敌人，直到沙尔姆泉以西600码的森林边缘。此时，我们已经离开阵地向南追击半英里了。从这里开始，地势渐低，仓皇而逃的敌人跑进低矮的灌木丛里便没了踪迹。我们同两翼及后方也都失去了联系,但是能够听到各处激战的声音。我集结连队,占领了沙尔姆泉以西的森林边缘,并试图与友邻部队取得联系。一个士兵从掩体里找到了些女人穿的衣服,逗得大家哈哈大笑。

连预备队赶到后,我将联系的任务交给他们,带领士兵继续穿过稀疏的灌木林,下山向西南方向追击敌人。我派遣先头部队担任警戒任务,其他人在后面成纵队前进。一越过凹地,一股强大的火力从左侧向我们袭来,我们不得不卧倒在地,敌人却不见踪影。为了继续追击敌人,我们向西侧转移,绕过敌人强大的火力,穿越广阔的森林一路南行。

我们在森林边缘突然遇到了带刺的铁丝网。其防护范围之广,我们还是头一次遇到。这铁丝网的纵深高达几百码,向两侧延伸,一眼望不到头。法国士兵几乎砍光了这里的树木,把铁丝网架在了一个缓坡上。从这里望去,我看到二等兵马特和另外两个士兵正在给我们打信号。马特是整个连队中年龄最小的志愿兵。看样子,敌人已经放弃了这块坚固的阵地。我突然想到,占领这块阵地,在后备部队赶来之前守住它有重要的战略意义。我试图从铁丝网当中的窄路向下移动,可是敌人从左侧向我们开火,我不得不趴在地上。敌人离我们差不多0.25英里,铁丝网十分密集,他们不可能看到我。但是我匍匐前进时,子弹一直在我身边乱飞。我命令整个连队随我成单列前进,可先头排的排长吓破了胆,一动都不动。其他士兵也像是被他传染了,全都静静地趴在铁丝网后面。无论我怎么喊叫挥手都无济于事。

这个阵地俨然是个堡垒,仅凭三个人的力量根本守不住,全连的士兵必须都过来。我向西侦察,发现还有条通道可以穿过铁丝网,便匍匐回到连队。我告诉先头排排长,他要么服从我的命令,要么就地正法。他选择了前者。我们没有理会左侧的敌人,尽管他们不断用小型武器向我们射击,我们还是匍匐穿越铁丝网,到达阵地。

为了守住阵地,我将连队依半圆形部署,随即加强工事。这块阵地是法军口中的"中央"地带,展现了其最新的设计理念。然而它不过是法军防御体系的一部分而已，法军的整条防线贯穿整个阿戈讷。每隔60码，法军便建起一座碉堡，并以此为中心，将大片铁丝网与侧翼及正面的机枪火力连接在一起。一排胸墙将碉堡连接起来，胸墙修筑得很高，使得踏台上的火力能够覆盖射程范围内的所有铁丝网。胸墙与铁丝网之间有一条15英尺宽的深沟，里面注满了水，不过一年当中的这个时候，深沟里的水早已冰冻。胸墙后是很深的掩体，其后11码的地方有条窄路与胸墙平行。胸墙的高度刚好能够掩护窄路上行驶的车辆不被敌人发现。

阵地左侧，敌人不断用轻武器向我们射击，然而右翼并没有法军驻防。9点左右，我给营长发出了书面报告："9连已占领位于我方战线以南1英里的法军阵地，我连坚守在森林一端的阵地上，请求立即支援，并补给机枪弹药与手榴弹等武器。"

与此同时，连队也在努力用铁锹开凿冰面，但是没什么进展，仅有的几把镐和鹤嘴锄还能稍微起些作用。我们大约挖了30分钟，左翼的警戒哨发现敌人正在东侧600码处集结，试图穿过铁丝网撤退。我命令一个排向他们开火。部分敌人慌忙寻找掩体，另外一些仍然在铁丝网北部的士兵则转移到离我们更远的东部阵地。他们应该是到了胸墙后面的窄路上，因为就在我们开火后不久，就遭到了来自那个方向的射击。

尽管我们想要加强工事，但这项工作依然毫无进展，我只得重新为连队选择阵地。要在敌人工事中安插桥头堡的话，离我方右翼200码的弯曲地带是绝佳位置。连队一路冲杀，到达了这个叫作"拉波代尔"的地方。在这里，我们很快用四处散落的树干搭起了临时的防御工事，孤军与右翼的敌人展开激战，迫使其在距我军300码处停了下来。他们就地修筑工事，很快便停止了射击。

我安插的桥头堡由4个碉堡组成，我命令全连依半圆形部署，并在铁丝网与阵地之间的隐蔽处，安排了一个50人的排作为预备队。这里还有条穿过铁丝网的之字形小径。时间一分一秒流逝，部队始终没有得到上级的支援与补给，我们开始变得焦躁起来。这时，右翼警戒哨突然发现距我军50码处，有更多的法军正在穿过铁丝网撤退。负责该阵地的排长请示我是否可以阻击敌人。这是眼下唯一的选择吗？我们即将陷入一场恶战，让法军毫发无伤地撤离，对我们一点好处都没有。我们一旦开火，法军便会转向西侧逃跑，畅通无阻地返回阵地。他们还极有可能穿过我们的交通壕将我们包围。最终，我还是下令开火。（图12）

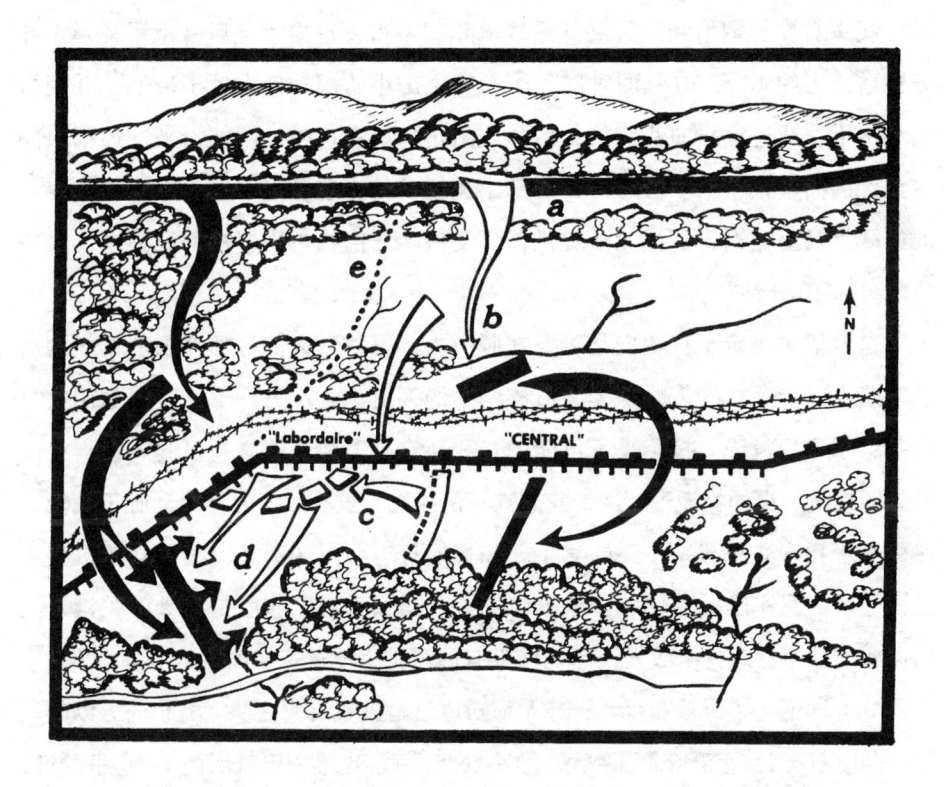

**图12　1915年1月29日进攻"中央"阵地的作战态势（南侧视野）**
a 法军第3阵地　b 9连突袭成功，趁势向"中央"阵地潜行
c 9连固守"中央"阵地及拉波代尔部分阵地　d 作战结束之前的进攻　e 撤退路线

子弹从高高的胸墙后面"嗖嗖"地射向附近的敌人，法军顽强抵抗，真是一场苦战。果然不出所料，大约一个营的敌军向西转移，在距我军350码的地方穿越铁丝网，从西面浩浩荡荡地向我们冲过来。9连被包围了，唯一一条通向营部的生命线也处在敌人的东西火力夹击之下。我军右翼火力将敌军死死按在

地上，但左翼敌军正在向我们逼近，情况十分危急。我们的弹药逐渐耗尽，预备队的大部分弹药也被搜罗一空。我下令拉长射击时间，尽可能地保存弹药。可是左翼的敌人离我们越来越近。要是没有弹药，我们该怎么办？我仍然寄希望于营部的支援。真是度日如年。

我军右翼的碉堡和敌人展开激战，我们不得不投出了最后一批手榴弹。几分钟后，大约10点30分的时候，法军的突击小队成功地占领了碉堡，并用机枪和步枪，通过枪眼向我们的背后猛烈射击。就在这时，营部派来的通信兵隔着铁丝网向我报告："营部已在北部半英里的地方驻扎，并展开工事。隆美尔的连队须马上撤退，营里无法提供任何支援。"前线再次要求补充弹药，我们只能再撑10分钟了。

是时候做决定了！我们是否要摆脱敌人，冒着敌人的枪林弹雨从铁丝网后的窄路逃走？这样的策略至少会造成一半的人员伤亡。另一个方案则是用完最后一颗子弹后投降。投降是不可能的。我还有个办法：那就是发起进攻，扰乱敌人的战线后再伺机撤退。这是我们唯一的生路。虽然敌人的兵力远胜于我们，然而其步兵未必是我军步兵的对手。如果能打退西翼的敌人，我们就有机会穿过铁丝网，我军唯一忌惮的是东翼较远处的敌军火力。速度是制胜的关键，我们需要出其不意地打击敌人，趁他们没有回过神来便迅速撤离。

我立即下达了进攻命令。所有人都知道已是破釜沉舟之势，决心全力以赴。预备队向右突袭，重新夺回了碉堡，敌军气势大减，攻势一下就崩溃了，仓皇西逃，此时，摆脱敌军的机会来了。我们迅速向东撤离，以最快的速度穿过了铁丝网。东翼的敌人向我们射击，但要想在300码以外的距离射中移动的目标并非易事。即便如此，连队里还是有几个人受了伤。当西翼敌人回过神来，重新向我们发动进攻后，我们的大部队已经转移到了铁丝网另一面的安全地带。除了5名重伤士兵无法带回营部外，其他人都安全回到了阵地。

3个已经被我部占领的法军阵地正南面林木茂盛，2营就驻扎在这里。我的连在2营西侧。这时1营却遇到了麻烦，无法与我军左翼取得联系。我们通过通信兵设法联系到了其右翼。我的连队则在距森林边缘几百码的地方忙着挖筑战壕。不过这冰冻的地面可真是让我们伤透了脑筋。

眼下，法军炮兵把注意力集中在我军旧阵地和后方。他们之所以没有发现我们的进攻，很可能是步兵与炮兵之间的联络出了问题。敌军及时做了修正。现在，敌人开始用猛烈的炮火报复我们，火力集中锁定在森林前缘，干扰我们修筑工事。我详细写下了早上的战报，并附上了一张"中央"阵地与拉波代尔阵地的态势图。

不久，1月29日下午，法军准备好了充足的炮弹后，向我们发起了反击。嘹亮的军号声、口号声不绝于耳，法军新集结的士兵越过灌木丛，浩浩荡荡地向我们冲来，正好撞上我们轻武器的枪口。有的纷纷倒地，有的四下躲藏，有的顽强反击。随处都有小股法军试图接近我们，但都无功而返！我们坚固的防御让法军损失惨重，我军战线附近随处可见伤亡的法军士兵。借着夜色，法军退回森林边缘100码的地方驻扎，开始修筑工事。

我们的战壕只有20英寸深，战斗刚一平息，我们便开始修筑工事。还没来得及挖得更深些，法军的炮弹就落在了我们中间。法军用的是美国设计的榴弹炮，炮弹在我们四周爆炸，锯齿状的钢壳碎片四下乱飞，咆哮着划破冬日的夜空，炸断粗壮的树干，就像折断火柴一般轻松。

我们的阵地掩体不足，除了少数间隙，敌人不断朝我们开炮，骚扰我们，大家彻夜难眠。我们只得裹着大衣、单人帐篷和毯子，靠在浅浅的战壕里瑟瑟发抖。每当敌人集中火力向我们附近炮击时，我都能听到有士兵跳起来的声音。那晚，我们失去了12个战友，比在这次攻坚战中牺牲的战友加起来还多。而且我们一晚上连口饭都没吃上。

黎明时分，敌军火力减弱，我们开始继续加深战壕，不过留给我们的时间并不长。早上8点，敌军再次向我们开炮，我们不得不停了下来。紧接着，敌军派步兵发起攻击，被我们轻松击退。不久，敌军又再次发起攻击，与第一次进攻如出一辙。当天下午，我们的战壕挖得差不多了，不用再担心敌人的炮击了。

我们没有交通壕，去不了后方，等到天黑了才能吃上今天的第一顿热乎饭。

### 战地观察

1915年1月29日的进攻充分展示了德国步兵优秀的单兵素质。9连的突袭并无过人之处，很难理解法国步兵为何会吓破胆，将阵地拱手相让，要知道法军阵地十分坚固，铁丝网、三线纵深、机枪火力一应俱全。敌人觉察到开战在即，便用火力封锁我们，试图阻止我们的进攻。我们能够成功突破敌人防线，并从拉波代尔冲出重围，足以显示我军的战斗能力。

可惜，9连所在营部及团部都没能抓住机会扩大战果。当时有3个营部署在一线阵地，部队预备队的兵力严重不足。我军轻武器弹药及手榴弹匮乏，使得拉波代尔防御战更加严峻。祸不单行，以下几个因素让我们的处境越发艰难：敌军占领了我军右翼的碉堡，但我们却接到了营长的撤退命令，然而敌军火力将铁丝网团团围住，我们并无退路。若非当机立断做出选择，势必造成严重的人员伤亡，甚至有可能全军覆没。最重要的是，我们根本等不到天黑，11点前，我们的弹药便会消耗殆尽。东翼敌军虽力量薄弱，但我们先攻打东翼收效甚微，我军主要的威胁还是西翼的敌军火力。一旦我们攻打敌军东翼，西翼敌军便会趁机攻打我军后方。拉波代尔之战，我军能顺利脱险，正印证了《野战勤务教范》当中的那句话：成功的进攻是全身而退的保证。

我们进攻前做的准备十分仓促，压根儿没想到携带重型挖掘工具。铁锹挖不动坚硬的冻土，不过它们可是我们的战斗武器，如同步枪一般重要。

尽管森林边缘能为我们提供更好的射击视野，我们还是将阵地设在了距边缘100码的森林之中。我们不想重蹈德福依树林之战的覆辙，将我军暴露在敌军的炮火之下。况且现在这个阵地的视野也不错，击退、

> 重创敌军不在话下。
> 　　1月29日到30日的那晚，敌军炮火猛烈，我军损失惨重，这主要是战壕深度不足造成的。

## "中央"阵地和巴加泰勒的战斗

　　新阵地的情况有所改善。这里地势较高，不会受到地下水的影响。地面也松软了许多。我们在进攻中夺取了不少避弹坑，还有13到20英尺深的掩体，能够有效防止法军炮弹的轰炸。我和一名枪骑兵军官共用一个避弹坑，他同我一样，也是个连长。在这里，我们只能匍匐着与连队联系。白天，因为不敢点火，我们冻得够呛。哪怕是一缕青烟也足以引来法军猛烈的炮火。

　　我们采用10天轮班制度：每隔10天，士兵在前线、预备阵地与补充营之间相互轮换。尽管法军火力一天比一天猛，得益于坚固的阵地和战壕，我军前线的损失甚微。很明显，法军炮兵的弹药补给十分充足，而我们弹药匮乏，只能偶尔发射几炮。

　　我听说1月29日重伤被俘的5个士兵现在情况不错。几周后，我因为那场战斗被授予了一级铁十字勋章。我是团里第一个获此殊荣的中尉军官。

　　接下来的3个月里，我们忙着调整与友邻部队交界的战线。与1月29日的行进路线相比，右翼第120步兵团的阵地向前推进了一些。左翼第123榴弹兵团向"中央"阵地东侧的西默蒂埃靠近。我们修筑的坑道一点点向前延伸，彼此连在了一起。就这样，我们的前线离法军越来越近，直至其主阵地前的铁丝网处。

　　敌军炮兵不断向我军发射炮弹，加之迫击炮的轰炸，我们的工事时断时续，开战以来，迫击炮还是头一次出现，击中了战壕中的不少士兵。法军炮兵还不时向我军交通壕、后方通道、指挥所以及补给点发射炮弹。连队终于挨到休整的日子，到了后方营地，大家总算松了口气。不过这时，我们时常需要亲手埋葬牺牲的战友。前方补给越来越少，伤亡士兵却越来越多，宁静的森林里一处处坟冢悄然隆起。

5月初起，法军开始用中小口径迫击炮攻击我军位于"中央"阵地的前沿地段。

阿戈讷的老兵对迫击炮弹发出的轻微声响再熟悉不过了。尽管迫击炮的声音比以往的炮声都要小，也足以让我们从熟睡中匆匆起身跑出掩体。白天，我们能够看到炮弹从空中飞过，也来得及寻找掩体。晚上我们最好还是待在敌人炮弹够不到的地方。即便敌人向我军炮击，我们也不用时常从睡梦中惊醒逃出掩体躲避。

尽管每天都有伤亡，战事也愈发棘手，我们的士气仍然高涨，人人临危不乱，按部就班地履行自己的职责。我们甚至觉得自己已经与阿戈讷这个沾满鲜血的角落融为一体了。最难的事莫过于和牺牲或重伤的战友告别。我永远也忘不了那个士兵，他的一条腿被迫击炮的炮弹炸飞，黄昏，他躺在半幅血淋淋的帐篷上，几个人沿着我们面前狭窄的战壕把他抬了下去。看到一个优秀的年轻人就这样离开了我们，我说不出心里是什么滋味，只能握着他的手安慰他。他却说："中尉，我还好。即使我不得不装假肢，也会尽快回来的。"这个勇敢的年轻人再也没能看到第二天的太阳，他在送往医院的路上牺牲了。他的责任感就是我们连队的精神象征。

5月初，我们收到了第一批坑木，我们用它们在战壕前壁上修筑了可供一到两名士兵使用的掩体。换岗的士兵终于有地方可待了。我们的前线离敌军阵地很近，只要法军向我们开火，也有可能伤及自己。因此，敌军的火力转向了我军后方，集中打击我们的供应线、预备队、指挥所和营房。就在这时，一个没有任何作战经验的高级中尉受命接管9连。团长打算让我接管另外一个连，但是我推辞了，继续与同我出生入死的士兵在一起。

5月中旬有10天的时间，9连被列入第67步兵团，驻扎在第123榴弹兵团以西阿戈讷中部的巴加泰勒附近。这支斗志昂扬的部队经历过许多断断续续的战斗之后，战斗力已大不如前。在这里，一种全新的战壕战成了主要的战斗形式。阵地上遮挡炮弹的掩体已失去意义。整场战斗都是在手榴弹投掷距离内展开的。战士们藏在浅浅的战壕里、躲在沙袋堆成的掩体后向敌人发起攻击。在巴加泰勒，很难看出阿戈讷曾是片茂密的森林，法军的炮火几乎把这里的树木炸平了，周围几英里范围之内，只有残缺的树干孤独地伫立在荒芜的土地上。就在我手下的军官为占领敌军阵地进行站前侦察时，广阔的正面阵地又爆发了激烈的手榴弹战，好在时间不长。战斗尚未结束，我们已经伤亡惨重。未来的战斗也是一样。我们怀着复杂的心情终于挨到了喘息的时间。

像往常一样，我们立刻加深战壕、修筑掩体。法军炮兵及迫击炮突然向我们开炮，火力凶猛。手榴弹大战随即在整条战线上展开，顿时，整个战场热闹异常。在这温暖的日子，尸体腐烂所散发的恶臭飘至阵地，令人作呕。不少法军士兵的尸体还躺在我们面前，夹在双方阵地之间，敌人的火力过于凶猛，我们无法过去给他们收尸。

夜晚着实令人兴奋。手榴弹战在广阔的战线上几个小时都不会停息。我们时常感到困惑，不知道敌人是否已经突破了我们其他什么地方的阵地，或是直接绕到我们后方去了。法军侧翼的炮兵也会掺和进来，给我们捣乱。这样的情景每个晚上都会重演，让我们的神经高度紧张。

我从前任指挥官手里接管的指挥所位于我连左后侧。与战壕底部平行，大约在地下 6 英尺的战壕前壁上有一组只能容纳一人上下的狭窄台阶。再往下 6 英尺，也就是地面以下 12 英尺的地方，是一个如同棺材大小的水平隧道。软木铺成的地板，墙壁上还掏了些洞，放着粮食和其他各种杂物。墙壁和天花板仅靠黏土支撑。一旦洞口附近被炸塌，人一定会被活埋在里面。只要有炮弹在附近爆炸，我都会立刻钻出地洞和我的战士们在一起。无论如何，这也比被手榴弹轰炸要好得多，手榴弹战总是让我们大半夜都无法安生。

那几天酷热难耐。一天，一个优秀的士兵来找我，此人名叫恩塞因·莫瑞克。

我恰巧在指挥所里，我们不得不隔着台阶喊话，因为指挥所小到只能容纳一个人。我告诉莫瑞克，我很清楚，即便是 12 英尺深的地下，那群该死的苍蝇也不会让我们安生的。莫瑞克说，这也难怪，就连战壕的边缘都已经爬满了苍蝇。他随手拿起把镐挖了起来，刚挖了一下，一名法国士兵半腐烂的黑色手臂就露了出来。我们撒了些石灰粉，把尸体埋了，希望逝者能够安息。

好不容易挨了 10 天，部队终于回到了团队，随即又被派往前线。我们发现，敌人想尽一切办法不让我们在战壕里过上安生日子，他们加大了炮兵及迫击炮的火力，除此之外，地雷也开始派上用场。敌人的警戒哨离我们仅有几码的距离，其所在的坑道由铁丝网严密防护，呈半遮盖状态。每到夜晚，手榴弹爆炸的声音此起彼伏，所有人都不得不严阵以待。我们双方都试图去破坏对方的战壕和阵地，爆炸声四起，几乎从没断过一天。

一天，法军切断了我军的一条坑道，10 名士兵被困其中。由于其中几个完全被埋在了土里，我们与敌军激烈战斗的同时，还要努力挖掘想把他们扒拉出来，最终花了几个小时的时间才把他们救出来。

我们试图占领附近的法军哨所，均以失败告终，且损失惨重。法军的哨所以及与其相连的战壕都被带刺的铁丝网牢牢围住。哪怕是一点风吹草动，也能引发碉堡内法军的一阵扫射。这种情形激怒了我们，我们要猛攻"中央"阵地摆脱这种不利的局面。

## 进攻"中央"阵地

我们打算先用大炮和迫击炮轰炸敌军 3 个半小时，然后夺取拉波代尔、"中央"、西默蒂埃以及巴加泰勒等坚固的法军阵地。自 1914 年 10 月起，敌人就在这些阵地上活动。一连几个星期，我们一直在为这次进攻作准备。中、重型迫击炮部署在了紧邻前线的防弹阵地上。预备队夜以继日地通过狭窄的交通壕向前线输送给养、迫击炮和弹药。法军加大了炮击火力，试图扰乱我们的进攻，击中了我们不少运输队。临近6月底，9连在休息营稍事休整后，又被派往了前线。我们惊讶地发现，比纳尔维尔周边居然已经部署了数量庞大的大、中口径火炮，且弹药储备充足。这一次，大家都以饱满的精神状态投入了战斗。

团里制订了下面5个连队的详细作战计划。备战阶段，我的连队仍然在距"中央"阵地2/3英里的北部地区担任预备队。进攻即将开始，我们要紧随突击队，为他们提供手榴弹、弹药和挖掘工具。

6月20日5点15分，炮兵拉开了进攻的帷幕，包括210毫米以及305毫米迫击炮在内的所有火炮一齐发射，场面相当震撼。每次炮弹落地时，泥土便如同喷泉般向空中飞溅，我们面前瞬间出现了一个个深坑。炮火像把大锤子，把法军坚固的工事炸得粉碎，士兵、木头、树根、铁丝网和沙袋都被抛到空中。真想知道法军对此作何感想，反正我们还是第一次见到如此猛烈的炮火。

进攻前1个小时，我们的中、重型迫击炮已经向敌人的碉堡、铁丝网以及胸墙开了火。法军加大了炮兵火力，试图瓦解我们的进攻，不过收效甚微。我军前线守兵少，距离敌军阵地近，法军的炮弹只是在我军后方很远的地方爆炸，溅起些泥土。一颗炮弹在我前方100码处爆炸，击中了一名1月份战死的法军尸体，他被瞬间抛到树上。我不停看表，还有15分钟。双方火力不断加强，炮弹爆炸散发的灰色烟雾越来越浓，阻挡了双方的视线。

我连所在的交通壕暴露在敌人强大的火力下，我决定稍微调整上级的命令，将连队向一边移动大约100码的距离。我们冒死在开阔的阵地上奔跑穿越，在低洼处寻求防护，冒着法军的枪林弹雨，沿交通壕冲到了前线。突击部队并排趴在阵地上，法军的炮弹不断向我们倾泻。

8点45分，我们的攻击部队在前线浩浩荡荡地向前推进。法军的枪林弹雨向我们袭来，大家跳过弹坑，越过障碍，冲进敌人的阵地。敌人从右侧向我们的攻击部队射击，几个人倒下了，不过大部队继续冲锋，随时在弹坑和路堤处寻求防护。我的连队紧随其后。每个士兵都身负重物，不是铁锹，就是装满手榴弹和子弹的袋子。右侧的法军仍然不停地向我们射击。我们穿过敌人的火力，爬过1月29日曾占领的阵地。这里一片狼藉，四下散落着死伤的法军士兵，他们身上压着护坡和木头的碎片，甚至还有连根拔起的大树。这些护坡要了不少法军士兵的命。

我军右侧和前方的手榴弹战仍在继续。法军机枪从后方阵地向我们一通扫射，我们不得不寻找掩体。炎炎烈日下，我们弯着腰向左侧转移，紧随突击梯队向通往第2阵地的交通壕逼近。（图13）

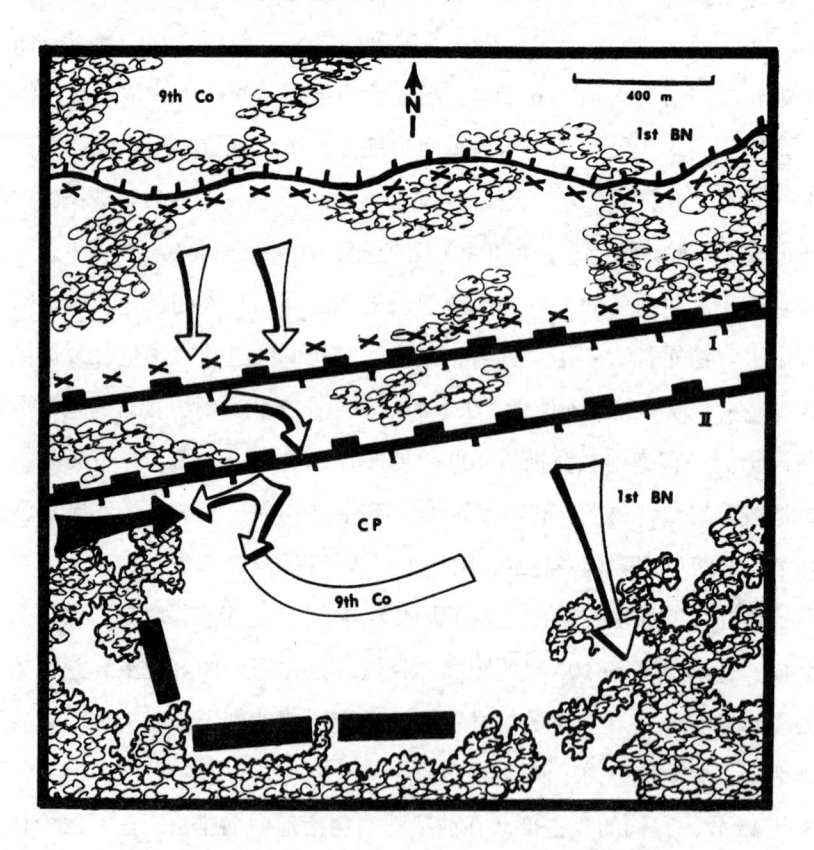

图13 进攻"中央二号"阵地，1915年1月30日

9th Co　9连　1st BN　1营　CP　指挥所

我们的炮兵已将火力转向法军"中央二号"阵地。该阵地位于我军以南160码处。我们的炮兵与迫击炮不断攻击"中央二号"阵地，终于在7月1日拿下了它。按照计划，突击队并未参加"中央一号"阵地的进攻，而是直接向"中央二号"推进。

我军前方30码处，一场手榴弹鏖战打响了。更远处，我们能够看到90码外"中央二号"阵地的轮廓。法军机枪火力很猛，我们根本无法离开交通壕到外面活动，而我军前方突击组却似乎偃旗息鼓了。年轻的突击组组长，恩塞因·莫瑞克骨盆受了重伤，躺在战壕中动弹不得。我想把他背回来，但是他却让我们不要为他担心。担架手过来后，我和他最后一次握手，然后接管了前线。第二天，恩塞因死在了医院里。

突击队袭击了"中央二号"阵地的守军。我们的炮兵没有参加战斗，一通手榴弹扔过去，便顺利拿下"中央二号"阵地。有的法军士兵沿战壕逃跑了，有的穿越开阔的阵地逃窜，剩下的全部投降了。我留下几个人继续巩固战果，带着大部队一路向南追击敌人。我们沿着10英尺深的交通壕前行，意外抓获了一名法军营长和他的手下，他们没有做任何抵抗。我们继续向南走了大约100码，到了战壕出口，这里是一大片空地。站在这里，我们发现地势急剧倾斜，一直延伸到维也纳勒堡山谷，山谷中树木茂盛，根本看不清里面的状况。我们与两翼及右侧的部队失去了联系。我们在森林边缘大约200码以外的地方发现了很多敌人，随即向他们射击，激烈交战后，敌人退入森林。就在这时，1营小股部队朝我们走来，我与他们取得了联系。3营也跟了上来。我调整了作战计划，命令所有人在"中央二号"以南350码的防御阵地固守待援。我军右翼完全暴露在法军面前，身后敌我双方正陷入苦战，战场上的声音不绝于耳，此时若继续向南推进无疑会伤亡十分惨重。1月29日我们远离前线孤立无援深入敌后，如今这一幕还历历在目。

**插图 "中央二号"阵地的法军营地指挥所**

  侦察小分队向我报告，我军右侧部队无法消灭"中央一号"阵地上的所有敌人。这意味着我们必须封锁阵地，防止敌人从西侧向我军进攻，夺回我们刚刚到手的阵地。为了加强防御，我选派了久经沙场的老兵到前线，十分庆幸自己做了这样的决定。因为在接下来的几个小时当中，法军果然向我们发起了猛烈的反击，试图夺回他们的阵地。我及时向营长汇报了最新战况。

  在我们左侧，1营的几个连向山谷推进，到达了胡耶特峡谷。据前哨报告，林子330码以外的斜坡上有大股敌人。我与1营营长乌利希上尉讨论了当前的形势。他决定让1营在9连左侧修筑战壕。

我们立刻投入这项工作，随后安排了一个排作为预备队，负责运送弹药和手榴弹，修筑"中央二号"侧翼的工事。法军侦察小分队试图窥探我军前线，被我们轻松地驱逐了。

修筑工事进展顺利，不一会儿工夫，我们的战壕就已经有3英尺深了。自战斗伊始，法军的炮兵异常安静，不过现在，他们不顾一切地轰炸"中央二号"阵地。显然，法军认为我们是以优势兵力夺取的阵地，他们的火力十分猛烈，然而敌人不过炸毁了自己曾经的阵地，切断了我们通向后方的战壕而已。我们的补给线暴露在敌人的火力之下，唯一的铁丝网也被炸毁了。尽管如此，我们还是成功地将重机枪排部署在了阵地上。

到了晚上，我们的战壕已经有5英尺深了。法军的炮火依旧不时地在我们身后爆炸。就在这时，森林中突然响起了冲锋号，大批法军从1/8英里以外的地方向我们冲来。不过我们的火力很快让他们全都趴倒在地。由于地面凹凸不平，我们只得在敌人距离战壕90码处才能够开枪射击。如果我们向后退到"中央二号"阵地附近，也许射击条件会好很多，不过，法军火力却会让我们吃不少苦头。法国人气势汹汹，即便在深夜，阵地各处手榴弹爆炸的声音仍此起彼伏。我们的手榴弹数量有限，多数时候，我们都是用步枪与重机枪与敌人鏖战。夜色很暗，手榴弹爆炸产生的烟雾削弱了我军照明弹的效果。敌人距离我军阵地不到50码，他们的手榴弹不断在我们周围爆炸。整晚的战斗十分胶着，不过我们还是击退了敌人的所有进攻。直到天亮，我们才看到了50码以外的沙袋墙。从周围的动静判断，敌人正忙着在简易掩体后面修筑战壕。整个晚上，法国步兵让我们不得安宁。到了早上，炮兵又接班了。幸运的是，敌人的炮弹大都落在了"中央一号"和"中央二号"阵地上，只有一小部分落在了我们附近，落在前线的炮弹更是寥寥无几。这样一来，我们相对比较安全，不用羡慕我们后方的运输队，他们正搬运着粮食和其他补给，在饱受炮击的交通壕里来回穿梭。

就这样过了几天，我们一直在加固阵地。战壕马上就有6英尺深了。我们用树干修筑了小型掩体，安装了钢板防护，搭建了沙袋火力点。敌人的炮火对前线影响不大，而通往后方的交通壕饱受炮击，每天都有人死在里面。

为6月30日进攻而集结的炮兵转移到了其他战线。由于弹药不足，炮兵无法为我们提供有效支援。不过，有炮兵观察员坐镇，我们心里还是踏实不少。

7月初，敌人每天从他们的阵地向我们纵向发射尾翼稳定的迫击炮弹，试图破坏我们的战壕。这类迫击炮构造简单，横向扩散力小，因此，命中率极高。一旦遭到迫击炮袭击，我们很难及时撤离到安全地带。仅一颗100磅的炮弹就足以要了好几个士兵的命，因此，我们伤亡惨重。

7月，我受命担任10连的代理连长，任期5周。10连所在区域，由4连及5连提供补给。我们几个连长决定在地下26英尺处修筑一个多通道防弹掩体。修筑工作夜以继日地进行，几个小组分别从不同方向同时动工，我们几个军官也没闲着。大家发现同士兵并肩工作能够有效提高他们的士气。

不出一小时，法军炮火就能将我军阵地夷为平地。每当这时，我们只能眼睁睁地看着几块原木修筑而成的掩体像纸板一般坍塌下来。幸运的是，法军的炮击模式固定不变。总是先从左侧开炮，而后再向右转移。长时间待在敌人强大的火力覆盖范围内，无疑会付出惨重代价，一旦敌人开炮，我们便从战壕撤出来，等待他们将炮火移到右侧或是后方阵地。如果法军步兵随即发起进攻，我们会奋力反击，把他们赶出我们的阵地。这对我们来说轻而易举，因为在白刃战中，敌人不是我们的对手。

我们一直在"中央一号"阵地上修筑工事，利用坑道和地下隧道，不断向敌人的阵地靠拢。8月初，我连接管了12连在马丁的阵地。一天前，法军炸毁了我军一处地下隧道，12连在这次爆炸中损失惨重，急需休整。黎明时分，交接工作顺利完成。可是我们还没进入阵地法军就开炮了，大家不得不趴在四下散落的法军尸体上，度过这难熬的时光。只要法军的炮火稍微没那么猛烈，我们就会拿起铁锹，开始加深战壕。只有当战壕达到8英尺深，前壁上布满小型掩体时，我们才不用去担心法军的大炮。无论如何，我希望我们能够一个不少地离开这里。

修筑战壕的工作很艰苦，但我们的功夫总算没有白费。尽管敌人不断向我们射击，扰乱我们的工事修筑，两天后我们还是全身而退了。快到8月中旬的时候，我将连队移交给接替我的人，开始了14天的假期。开战以来，我还是第一次享受假期。

### 战地观察

6月30日，我军用火炮和迫击炮朝敌人的阵地轰炸了三个半小时，这期间还故意留出了火力间隙，就是为了不让敌人察觉我们的进攻时间。尽管我军火力凶猛，却并未完全摧毁敌军阵地。进攻时，敌人仍有机枪火力负隅顽抗。

此役，德军强大的战斗力再一次得以展现，进攻中，我们并没有在取得既定目标后裹足不前，而是继续战斗，夺取下一个法军阵地。我们作战迅猛，出其不意，虏获了法军的1名营长及其手下参谋部。我们的进攻战与防御战转换迅速。由于法军对其旧阵地了如指掌，我们虽夺取阵地却弃之不用。用预备队运送弹药和工具的做法可谓深谋远虑，战斗中，法军为报复我们，不断向我军射击，一度切断了我军突击队的后勤供给及通信联络达数小时之久。

7月1日，法军从附近森林向我军发起反击，我军利用步枪和机枪将其击退。

天亮之前，在沙袋墙的掩护之下，法军步兵居然修筑起战壕，将工事推进到距我军前线大约50码处。显然，其中不少沙袋是法军在进攻当中夺取的，还有些是后方部队趁战斗间隙运送过来的。

在我们发起进攻的几个星期里，一旦遭到敌人的炮击，我们就会迅速撤出阵地，以降低人员伤亡。根据现行的《野战条令》，在遭到敌人猛烈炮火攻击时，连长有权将部队撤离到附近安全地带。

## 1915年9月8日的战斗

休假回来后，我便担任4连连长一职。几天后，我们将在全团右翼完成进攻任务。4连驻扎在夏洛特山谷的预备阵地。我亲自侦察了集结地区及进攻区域的地形，并在山谷阵地上搞了几场演习，确保连队能有十足的信心战而胜之。遗憾的是，我这个4连连长只当了几天，由于资历尚浅，还不足以担任常务连长。

9月5日黎明前，我带领连队信心十足地沿交通壕前进。我们从第123榴弹兵团那里接手了一个连的阵地，不过法军正在这片阵地下面挖掘隧道。在不少地方，我们甚至能够清晰地听到法军不停挖掘的声音。我们希望在开战之前，敌人会一直在下面忙个不停。我们宁可和敌人肉搏，也不愿意被炸飞到天上去。接连3天，地下的"鼹鼠"一刻不停地挖掘着。

9月8日早上8点，我们的重型火炮与迫击炮向前方40到60码处的敌军阵地开火了。火力强度与进攻"中央"阵地时不相上下。法军炮兵随即利用各口径大炮向我阵地还击。我们三四个人挤在一个岌岌可危的掩体中，任凭敌人的炮弹从我们头顶呼啸而过。大地在猛烈的炮火打击下不停晃动。草皮、碎片、断枝如同雨点般纷纷落下。粗大的阿戈讷橡树被连根拔起，重重摔在地上。这会儿，我们完全听不到法军的挖掘声，难道他们已经完工了？

我不时地在阵地上奔走，想了解战士的状况。前线附近炮弹爆炸的气浪有时会将我掀翻在地。我越过胸墙，瞄了一眼敌人的方向。像是有无数巨大的喷泉在阵地上此起彼伏地喷发，泥土、烟雾、柴束①、草皮、沙袋和木头搅在了一起。大树在炮火中纷纷倒下，一层蓝灰色的浓烟笼罩在敌人后方。

这次交火持续了3个小时，我们趴在像大熔炉一样的阵地上，实在是种煎熬。终于，手表的指针指向10点45分。我们三个突击组弯着腰从掩体里跳了出来，在攻击发起线处集合。大家对了表。炮击一停，我们准时于11点发起攻击。工

---

① 战争中作加固战壕、埋填沟壑等用。

兵班与弹药物资运输队也已就位，我给每个班长安排了攻击目标。这些目标大都位于敌军前线225码以外的地方。我向他们强调，我们只需紧盯目标，身后的二线部队将负责目标以外负隅顽抗的敌人。我们还详细讨论了攻击完成后的行动、战果的巩固、与友邻部队的联系以及部分地段的封锁问题。

与此同时，我们集中火力，利用各口径大炮轰炸敌人的阵地。很难想象，当我们的步兵穿过敌军阵地时，还能遇到什么活的东西。还有30秒！蜷缩在弹坑里的步兵已经蓄势待发。还有10秒！最后一批炮弹在我们前方不远处炸响。浓烟消散之前，我们三支突击部队已然悄无声息地从战壕中爬起，向280码以外的目标冲去。士兵们就跟几天前演习一样，穿过浓烟弥漫的喧嚣战场。这是一幅多么美妙的画卷呀！

惊恐的法军士兵高举双手从最近的阵地爬出来，我们无暇顾及他们，只给他们指了指我们出发的地方。突击组继续冲向他们的目标，连里的军士长带领的二线部队会照顾好这些战俘。

我从右侧加入了突击部队。我们冲过敌人的战壕，几秒钟后便攻克了预定目标。工兵、负责挖掘工事的小分队、投弹组随后赶到，到目前为止，部队还无一人受伤。我们进攻时，并没有像往常一样高声呐喊，而是悄无声息地占领了法军后方阵地，打他个措手不及。法军一定觉得大势已去，压根儿都没抵抗便投降了。这时，一挺机枪突然向我们开火，我们不得不寻找掩护。大家转移到战壕左侧，与中央突击组取得了联系，几分钟后，我们又同左翼部队及友邻连队（2连）联系上了。

我们马不停蹄地加固占领的阵地，很快便用沙袋、弹药箱封死了敌人的交通壕。法军炮兵向我军后方猛烈开火，完全切断了我们和后方的联系。他们还用机枪将我们困在阵地上动弹不得，我们无法立即得到增援和补给。法国步兵发起了反击，虽然我们和敌人之间的距离仅有100码远，还是不费吹灰之力便击退了他们。双方在阵地上的交通壕附近展开了激烈的手榴弹战，不过，像其他任何地方的战斗一样，法军仍一无所获。我们占领的阵地地势稍高，投掷的

插图　1915 年 9 月 8 日的战斗

手榴弹要比他们的远得多。

进攻过程中，由于误投了手榴弹，突击组中 5 名士兵负伤退出了战斗。占领预定目标后，法军的火力让我军付出了 3 人阵亡、15 人重伤的代价。补给成了下一个难题。要运输弹药、物资和粮食，势必要穿过开阔的阵地，可法军的机枪大炮还在不断向这里开火。当务之急，需要修筑一条通往后方的交通壕，设法与我军右翼部队取得联系。

在我的建议下，营长决定从预备队抽调 8 名士兵，挖一条 100 码长的战壕，从当前阵地一直延伸到出发阵地。这项任务由我负责。我们的工事距离法军阵地只有 50 码，我命令运送物资的小组给我们运来了大批沙袋和钢板。这是我在 6 月 30 日的战斗中从法国人那里学来的经验。

我们从晚上 10 点开始挖掘工作。敌人依然亢奋，照明弹无休无止地在我们周围爆炸。想要一个晚上就完成工事，我们必须立刻开始。起初，我命令大家在准备挖掘的战壕前堆起一排 16 英尺高的沙袋墙。构筑这道沙袋墙就像闯过了鬼门关。我们一个个平躺在地上连成人墙，将一个个沙袋传到堆墙士兵的手里。敌人的轻武器根本伤不到躲在沙袋后的我们，不一会儿，开阔的阵地两端就出现了长达 50 英尺的沙袋墙。可是沙袋用完了，中间留下了 200 码的缺口。我命令士兵用钢板堵住缺口，建成了一条散兵线。士兵一就位，立即将钢板安放好，躲在后面开始修筑工事。以防万一，步枪和手榴弹也放在触手可及的位置。尽管敌人的照明弹无休无止地向我们袭来，各式各样的步兵武器不断向我们扫射，我们依旧悄无声息地行动着。敌人的步枪不过击中了钢板，还伤不到我们。即便如此，我们的散兵线也不那么舒服。9 月 9 日破晓，一条深达 6 英尺，通向后方旧阵地的交通壕完工了。晚上挖掘时，我们发现了 1 营一名士兵的尸体，从 6 月 30 日开始，他就一直躺在这片无人区。

辛苦了一整天，我刚要倒在干草堆上睡一觉，营长和团长前后脚赶来视察我们的新阵地。他们对 9 连和 2 连取得的成功感到欣慰。我们占领了预定目标，还俘虏了几名法军军官、140 名法军士兵，缴获了 16 门迫击炮、2 挺机枪、2 台挖掘机和 1 台发电机。不过，4 连胜利后的喜悦被预备役中尉史杜威的阵亡蒙上了一层阴影。史杜威中尉是我们和第 123 榴弹兵团之间的联络官，他阵亡时，口袋里还塞着一张休假令。

进攻开始后不久，我再次交出了 4 连的指挥权，在接下来的几个星期继续指挥 2 连。我与 4 连感情深厚，离别时心情沉重。我带领 2 连在太子堡驻扎了一段时间。太子堡距前线 160 码，由防弹掩体与阻击阵地构成。在那里，我被提拔为一级中尉，并调往明辛根的山地部队任职。对我来说，要告别我曾经浴血奋战的土地、告别曾经并肩作战的英勇战友、告别阿戈讷这个血淋淋的战场并非易事。9月底,我离开比纳尔维尔森林时,尚帕涅战役激战正酣。

> **战地观察**
>
> 　　我率领新接管的连队反复演练9月9日的进攻。火炮攻击准备一结束,3个突击队立刻出击,不费一枪一弹横穿附近敌军阵地,占领220码以外的预定目标。战场则留给身后的二线部队打扫。
>
> 　　一个突击队违背了我的命令,进攻时投掷手榴弹,误伤5名战友(这是进攻过程中我们遭受的唯一损失)。原则上:进攻中切忌投掷手榴弹,以免误伤战友。这次进攻极具突然性。在敌人拿起步枪前,我军已穿过敌军前线阵地。我们突然出现在敌军后方,到达掩体入口,敌人还以为见到了鬼。结果,我军俘获了大批法军士兵。
>
> 　　进攻结束后,我们迅速转为防御。利用占领的敌军阵地,轻松击退敌军的反击。进攻完成后,我连通向后方的交通壕再一次被敌军的炮火与机枪火力切断,时间长达数小时之久。我们利用沙袋和钢板构筑交通壕,轻松与后方取得联系。

**Chapter III**
*Positional Warfare In The High Vosges -1916; War of Movement In Rumania 1916-1917*

## 第三章
# 1916年在孚日山的阵地战，
# 1916—1917年在罗马尼亚的运动战

## 新部队

10月初，符腾堡山地营（下辖6个步兵连和6个机枪排）在明辛根成立了，斯普罗瑟少校担任营长。我担任2连的连长，该连由200名从各兵种抽调的士兵构成，这些士兵虽然年轻，但都身经百战。我们只用了几个星期就把他们训练成了一支战斗力十足的队伍。我们都穿着不同款式、颜色各异的衣服。部队从第一天起就士气高涨。无论是军官还是士兵都对训练科目十分投入，我们的严格训练很快就有了效果，后来配发的新山地服十分合身。

11月末，全营进行了阅兵，我们踢着正步，向来一丝不苟的营长对我们进行了检阅。12月，我们奉命前往阿尔堡，在那里接受了严格的滑雪训练。

第2连驻扎在阿尔堡隘口附近的圣·克里斯托弗疗养院。我们有时背着背包，有时不会背，起早摸黑地在陡峭的山坡上练习滑雪。晚上，我们则会坐在临时设立的休息室里听音乐，所谓的音乐大多是连里的神父休格尔指挥的山中小调。这种日子跟数月前在阿戈讷时相比真是千差万别。这样的娱乐活动不仅让我熟悉了手下的士兵，也增强了战友之间的凝聚力。

我们对配发的奥地利口粮十分满意，里面甚至包含了烟酒，不过大伙都觉得这是我们艰苦训练的最好回报。我们兴高采烈地过完了圣诞节。

开心的日子总是非常短暂，圣诞节后4天，我们原本以为会向意大利前线进发，结果却登上了前往西线的军列。在风雨交加的新年前夜，我们从巴伐利亚预备役部队手里接管了希尔森山脊南部的阵地。

我们的新阵地有1000码长，左右两边的高度相差了500英尺。前沿阵地上设置了坚固的铁丝网和别的障碍物,其中一根铁丝晚上是通上电的。当然,我们没办法在正面设置连续防御阵地,于是,我们加强了对几个制高点的控制,将它们变成了小型堡垒,并在四周布置了防御工事,在里面储备充足的弹药、干粮和水。我们很好地总结了在阿戈讷的教训,确保每个掩体都有两个出口,还特别加固了顶盖。

不过跟阿戈讷不同的是,敌人的阵地并不在手榴弹投掷的范围内,只有我们的右翼和中间一段被称为"法国瘤"的地方,双方的距离才在100多码以内。其余部分都相当远,中间还隔着茂盛的树林。除了偶尔几发炮弹和机枪的骚扰外,敌人那边很少有动静。事实上,这次最大的困难还是恶劣的天气。在春夏两个季节里,我们熟悉了各阵地的名称:小南方、鞭子、腌菜头、小草地。而且,在这段时间里,我们还花了不少时间训练后备军官。

## 突袭"松树瘤"

1916年10月初,山地营的几个连(包括2连)接到命令,准备突袭敌人,抓些俘虏回来。阿戈讷的经验告诉我,这种任务很危险,不容易组织,通常会导致很高的伤亡率,所以我并不希望手下的士兵进行这种突袭任务,但命令一旦下达,我只有无条件接受,准备作战方案。

首先,为了确保能够进入敌方阵地,我在参谋军士巴特勒和科尔马的陪同下前去侦察敌情。我们匍匐爬过一片高大、浓密的杉树林,摸向法国的观察哨,该哨所设置在一条通往敌军阵地的林间小路的上方。小路上杂草丛生,我们穿越时必须打起十二分精神,因为现在距离敌军仅有50码。穿过这条小路后,我们偷偷爬到一条小沟里,缓缓地向前挪动着。用钳子剪断铁丝网真不是一件容易的事,要特别小心才行。夜幕降临后我们听见法国哨兵在岗哨里移动的声音,不过看不见人。穿过铁丝网费了不少时间,尤其是我们只能把最下面的铁丝网剪掉。最后,我们爬到铁丝网的中间时，感觉法国哨兵突然变得不耐烦，清了清嗓子，还咳嗽了几声。他是害怕，还是听见我们了？要是他往沟里扔一颗手榴弹，那我们三个可就全完了。这个时候，别说自卫了，我们连动都不敢动。三个人屏住呼吸，只希望这紧张的时刻早点过去。这时，天已经黑得伸手不见五指了。我们往回爬，途中折断了几根树枝，这种无意的举动立马引起了敌人的警觉。敌人的整个阵地都警戒起来，各种轻武器朝我们阵地的间隙一齐开火，持续了好几分钟。我们只得紧紧地贴在地上，任由子弹从我们头顶飞过。等到再也听不见任何声响后，我们这才往回爬，总算有惊无险地回到了自己的阵地。我们这次的侦察任务充分证明了穿过林地突袭敌人有相当大的难度。

　　第二天，我开始反复推演袭击敌人松树瘤阵地的可能性，发现情况对我们有利。我们可以在夜色的掩护下，神不知鬼不觉地从草地爬到铁丝网所在的位置，不过，障碍区由三道独立的铁丝网构成，剪断这些铁丝网都要几个小时。我们的战壕同敌人的阵地之间只有500英尺。我们又连续侦察了几天几夜，这才确定松树瘤阵地两个岗哨的确切位置：一个位于空地中央隐蔽处；另一个在岩架左侧200英尺处，在这个位置，火力可以覆盖整个地区，观察视野极佳。敌人的机枪火力很少会覆盖这段阵地。

　　要在这种无遮无拦的草地上行动，只能选择没有月光的晚上进行。在接下来的几天几夜里，我们仔细研究着如何进入松树瘤阵地的方案，观察了两个岗哨守卫的活动规律。在侦察行动中，我们做得非常小心，生怕引起敌人的怀疑，暴露我方即将进行的突袭行动。

　　我根据侦察结果制订了作战方案。这次，我没打算偷偷摸到敌人阵地上，而是想从两个岗哨之间的间隔处越过铁丝网，再进入战壕，从侧翼袭击他们，更理想的方案是从后面突袭敌人。这次突袭行动需要大约20名士兵，因为我们到达敌人的阵地后需要分头行动，而且，法国守军可能会反击。我们会专门安排小分队在敌人两个岗哨的前面剪断铁丝网。他们将匍匐至铁丝网边缘伺机待命，等到突袭小组成员用手枪和手榴弹将战壕里的敌人干掉或是占领敌军阵地后发出信号，才能行动。只有在突袭小组得手后才可剪断铁丝网，以掩护他们撤退。（图14）

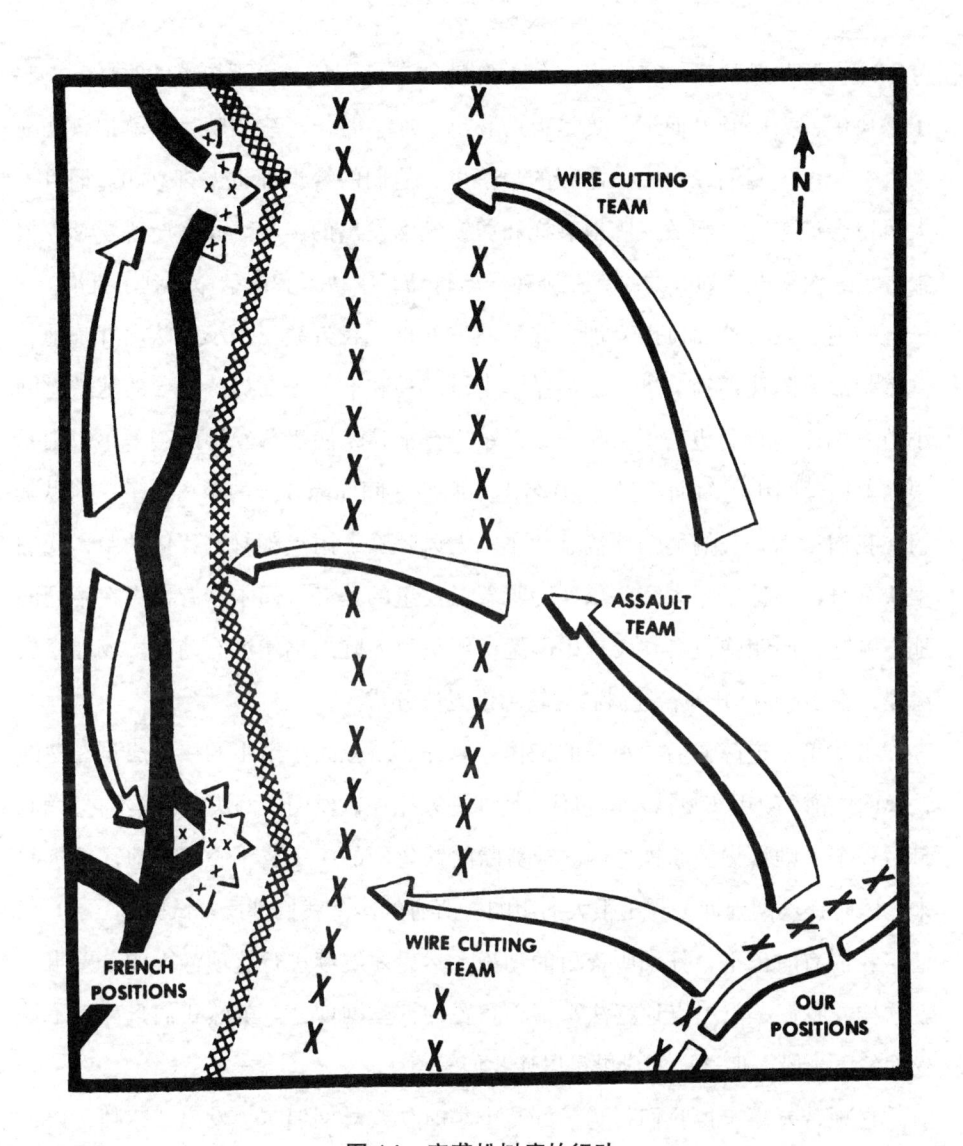

第三章 1916年在孚日山的阵地战，1916—1917年在罗马尼亚的运动战 093

图14 突袭松树瘤的行动

FRENCH POSITIONS　法军阵地　　WIRE CUTTING TEAM　剪铁丝网小分队
ASSAULT TEAM　　　突袭小组　　OUR POSITIONS　　　我军阵地

我在战壕里配合草图，结合外面的地形跟部下讨论了突袭行动方案。负责不同任务的小分队在我军阵地后面进行了演练。10月4日，气候相当恶劣，十分寒冷，西北风呼啸，3500英尺高的阵地上布满了乌云。天快黑的时候，下起了暴风雨，大雨倾盆而下。真是天助我也。那个时候，法国哨兵早就把头缩在大衣领子里，蜷缩在岗哨最隐蔽的角落里，他们的警惕性也大打折扣。而且，大风也会掩盖我军朝敌人阵地靠拢和剪铁丝网发出的声响。我向斯普罗瑟少校报告了这次突击计划，并决定在今晚开始行动，很快，我的请命得到了批准。

晚上9点，外面风雨交加，伸手不见五指，我带领三个小分队离开阵地，慢慢朝敌人阵地匍匐前进。由参谋军士科尔马和准下士斯提特领导的剪铁丝网小组率先往左右两边去了。我和参谋军士夏福特、法伊弗领导的袭击小组则紧跟在剪铁丝网小组后面。另外20名士兵两两之间间隔3步的距离，呈一列纵队跟在我们后面。我们悄悄地接近敌军。大风呼啸，雨点鞭打着我们的脸，我们很快全身都湿透了。大家焦急地聆听着黑夜里的动静，偶尔会有枪声在不同的地方响起，照明弹也会在夜空中闪耀，但是敌人阵地仍然没有动静。夜如墨般漆黑，在16英尺开外，连岩石的轮廓都无法分辨。

抵达第一道障碍后，艰苦的工作才算开始。三人小组中的一位成员在剪断铁丝网之前，须用布将铁丝网包住。另外一人抓住铁丝网的两头，令其不再紧绷。最后一个人则慢慢剪断铁丝网。被剪断的铁丝网的两头要小心翼翼地往后折起来，以防铁丝网弹回去弄出很大的声响。所有的步骤我们都反复试验过。我们有时停下，仔细听夜里的动静，然后才继续进行这项恼人的苦差事。就这样，我们一点一点地将法军精心布置的铁丝网剪开。虽然我们只剪开了铁丝网的下半段，但这样的成果足以让我们满意了。

这项苦差事害得我们折腾了好几个小时！铁丝网偶尔会发出"咔嚓"声，这个时候，我们就会立马停下来，竖起耳朵听听有什么动静。午夜，我们终于把第二道铁丝网剪断了。可惜暴风雨减弱了。我们前面是一道又宽又长的铁蒺藜。每道铁蒺藜又长又粗，我们的小钳子根本没办法剪断这些密密麻麻的铁丝网。我们往右边爬了几英尺，想将两道铁蒺藜分开，结果发现除了弄出很大的动静外，根本就挪不动。那声音就像打雷一样。现在我们距离敌人也就100英尺左右，要是弄出这么大的动静他们都听不见，那些家伙肯定都在呼呼大睡。

接下来的几分钟真是煎熬，但南线阵地上十分安静。我终于放弃了将铁蒺藜分开的想法，因为这玩意儿牢牢地固定在地面上，经过一番短暂地搜索，我们发现了一个弹坑，那里有个开口。我们从下面慢慢钻了过去，这下，我们和敌人的阵地只有几码远的距离了。这时，又下起了大雨。我们三个现在正好位于铁丝网和敌人的壕沟之间，水从壕沟的地下渗出，流过石头台阶，进入山谷。突袭小组小心翼翼地从铁蒺藜下面挤了过来。小分队其余的成员还在第一、二两道铁丝网之间。这时，我们突然听到壕沟左边传来了脚步声。几个法国兵从斜坡上朝战壕走来，缓慢、均匀的脚步声在黑夜里回响着。敌人并没有发现我们。我估计敌人也就三四个人。是负责巡逻战壕的敌人吗？现在我们该怎么办？把他们干掉还是让他们过去？神不知鬼不觉地把他们制伏的机会非常渺茫，到时候免不了一番打斗。我们的突袭小分队根本帮不上忙，因为他们还在铁丝网那头。我们倒是能够制伏这几个巡逻的，但镇守壕沟的法国守兵肯定会投入战斗，用火力封锁障碍区。这种情况下，我们想要回去一定会付出很大的代价，要想再抓个俘虏回去怕是不可能了。我很快权衡了利弊，决定不惊扰敌人的巡逻队，让他们过去。

我通知了我的两个同伴——夏福特和法伊弗，让他们在敌军战壕的边缘藏好，最重要的是把我们的手和脸藏好。铁蒺藜挡在路上，我们暂时不便返回。要是这些巡逻兵稍微细心一点，肯定会发现我们。真要是这样的情况，我们肯定会把他们解决掉。既然已经下定了决心，现在只要趴在那里等着。敌人的脚步声并无异常，他们轻声地说着话，这几秒钟真是度日如年。法国巡逻队没有停下脚步，而是肩并肩从我们身边走过。脚步声渐行渐远，我们长吁了一口气，等了几分钟，确定他们不会返回。跟着，我们一个接一个跳进战壕。这会儿，雨也停了，光秃秃的山坡上只剩下大风呼啸的声音。我们小心翼翼地进入战壕，一些泥土和松散的石块从壕沟壁上掉下来，滚到石头台阶上，发出很大的声响。我们又焦急地等了几分钟，最后，整个突袭小组终于都进入了战壕。

**插图 法军阵地上的突袭小分队**

我们很快分头行动，夏福特中尉带着 10 个人往山坡下面去了，参谋军士史洛普和我也带领 10 个人朝相反的方向走了。我们摸索着在陡峭的壕沟里攀爬。现在，距离我们的目标，那个位于岩架上的战壕只有几步之遥了，也不知道敌人有没有发现异常情况。我们停下来，听了听。突然，左边有什么东西"嘭"的一声蹿进战壕，右侧战壕的护墙随即发生了爆炸。又只听得"轰"的一声，手榴弹爆炸了。突袭小组的先头部队立马折回，整个突袭小组全都被困在了战壕里。接下来，又有几枚手榴弹被扔在了我们中间。要么立即进攻，要么束手就擒。"让他们尝尝咱们的厉害！"我们冲向敌人，手榴弹在我们身后爆炸了。我的马夫斯蒂勒首次参加这样的军事行动，他被一名法国士兵击中了喉咙，诺萨克中士立即用手枪解决了这名法国人。不一会儿，两名法国哨兵也被制伏了。但是一名法国人逃到了后方。

我们打着手电筒，匆匆搜查了防空壕的入口。发现其中一个是空的，而另一个里面塞满了法国人。我右手拿着枪，左手拿着手电筒，领着奎德特中士从20英尺高的入口钻了进去。7名全副武装的法国兵靠墙坐着，但经过一番简单的争吵后，他们扔掉了手中的武器，最安全的方法是用一两枚手榴弹解决掉这些家伙，不过，我们接到的命令是把俘虏押回去。

夏福特中尉报告说，他们的小分队在没损失一兵一卒的情况下抓了两名俘虏。我们在抓捕俘虏的时候，负责剪铁丝网的小分队一刻也没闲着，他们在铁丝网中打开了两条通道。

总算不虚此行，我随即下达了撤退命令。我们不能和投入战斗的法国预备队纠缠。敌人倒也没给我们带来更多的麻烦。我们带着11名俘虏回到了阵地。在这次任务中，有一点尤为让人高兴：除了准下士斯蒂勒被手榴弹擦伤一点皮之外，所有作战人员都平安无事。这次任务很快得到了上级的嘉奖。

可惜到了第二天，我们便遭到了法军的报复，一名法军狙击手在一个向来平静的防御阵地射中了参谋军士科尔马。这让我们痛心疾首，也冲淡了松树瘤袭击事件成功的喜悦。

这两起事件发生后，我们的太平日子也到头了。陆军最高司令部给符腾堡山地营下达了别的任务，我们在10月末必须往东线开拔。

## 斯库杜克隘口

　　1916年8月，德国及其同盟国的前线遭到了协约国的猛烈攻击。英军和法军为取得决定性战役的胜利，在索姆河集结了大量兵力。凡尔登战火重燃，战场周围的土地早就被鲜血染红了。布鲁西洛夫在东线发动的攻势令我们的盟国奥匈帝国损失了50万人，整条战线岌岌可危。在马其顿，由萨瑞尔将军领导的协约国军队准备随时发动进攻。而在意大利前线，随着第六次伊松佐战役的结束，不光是我们在戈里齐亚的桥头堡阵地，甚至连戈里齐亚整个城市都拱手让给敌人了。敌人准备在这里发动新一轮的攻势。

　　就在这个节骨眼儿上，罗马尼亚人也来凑热闹了。他们相信一旦他们投入战争，协约国将很快赢得胜利。他们也将从盟友那里获得丰厚的回报。1916年8月27日，罗马尼亚人向德国及其同盟国宣战，50万罗马尼亚士兵越过边境，进入西班包根地区，10月末，符腾堡山地营也抵达了该地区。德军在多布罗加、锡比乌和喀琅施塔得连战连捷，罗马尼亚军队被迫撤回到边境线，但是决定性的战役尚未打响。几个星期前，罗马尼亚军队还满是幻想，结果却只能节节败退，俄军不得不增援他们。

　　因为通往彼得罗沙尼的铁路遭到了破坏，符腾堡山地营只得在普伊下车，我们艰难地往彼得罗沙尼行军，形形色色的队伍将道路挤得水泄不通。为了赶路，我们不得不采取了一些应急措施，让连里的先头部队手持上了刺刀的步枪，驱散那些漫无目的、不时堵塞道路的人流，清出一条路来。而步兵则跟在连里的车辆旁边。要是车辆马力不足了，士兵就会用手推车。靠着这些措施，部队缓慢而又稳定地向前推进着。一路上，我们还看到了不少戴着尖顶高帽的罗马尼亚战俘。

　　临近午夜的时候，连队终于抵达了彼得罗沙尼，我们在学校光秃秃的地面上睡了几个小时。长途行军后，我们的脚疼得火烧火燎。不过，尽管如此，第2

连和第 5 连的官兵仍然爬上卡车，经卢佩尼向西南方受到威胁的山区前线推进。

几天前，巴伐利亚第 11 师没能拿下伏尔甘和斯库杜克隘口。争夺隘口的战役打得异常艰苦，第 11 师的部分步兵和炮兵被敌人击退，部队也被打得七零八落。现在，舒米托的骑兵部队占领了边境线上的一道山脊。要是罗马尼亚军继续进攻，我们微薄的兵力将很难阻止他们。

我们乘坐卡车行驶了几个小时后，在霍比考瑞卡尼下了车。在那里，我们被划分到了一支骑兵旅，部队开始朝边境线 1794 高地方向的山脊出发。我们沿一道窄径攀爬，背包和四天的生口粮压得我们苦不堪言。我们既没有驮马也没有登山装备，所有的军官都必须自己背背包。我们沿着陡峭的山坡攀爬了好几个钟头。路上，我们遇见了巴伐利亚师的几名士兵和一名军官，他们曾在山的另一侧跟敌人鏖战，看起来很紧张。从这些人的口中我们得知他们在大雾中打得相当艰苦，大部分战友都在跟罗马尼亚人的白刃战中牺牲了。幸存下来的人已经好几天没吃过东西了，一直在山林里游荡，最后终于找到了边境线。他们说罗马尼亚人就跟野兽一样凶猛，绝对称得上危险的敌人。看来我们只有亲自去见识一下了。

那天下午晚些时候，我们抵达了海拔 3960 英尺高的地方，找到了该防区的指挥部。各连正在准备晚餐的时候，上头向我和戈斯勒上尉（5 连连长）通报了情况，我们将奉命以最快的速度继续行军，须在当晚到达 1794 高地，并占领山顶阵地，然后向南侦察穆塞鲁以及普里斯洛浦一带的情况。在穆塞鲁南部侦察的部队报告的最新情况已经是两天前的了，而且部队的位置尚不清楚。1794 高地本应该有个电话站和一些驮马，现在都不见了，并且我们跟左右两边的部队仍然无法取得联系。

我们在没有向导的情况下出发了，偏偏天公不作美，下起了雨。夜幕降临时，雨越下越大，天很快变得漆黑。大雨倾盆，不一会儿，冰冷的雨水就把我们淋成了落汤鸡，没办法在陡峭的岩石山坡上更进一步，我们只得在羊肠小道的两侧露营，那里的海拔高达 4950 英尺。因为全身都湿透了，我们没办法躺下来，雨仍然下个不停，我们想把低矮的松树点燃，只可惜哪里能点得着。我们裹着毯子和双人帐篷，在冰冷的雨水中冻得瑟瑟发抖。雨终于下得没那么大了，我们还是想把火生起来，但湿漉漉的松枝只是冒着烟，根本没有热气。这样的夜晚真是难熬，时间过得真慢，午夜过后，雨终于停了。但寒风刺骨，身上的湿衣服让我们难受极了。整个人都差不多冻僵了，我们在烟雾缭绕的火堆旁跺着脚。天终于亮了，我们继续往山顶攀爬，很快到达了雪线。

登上山顶后，我们的衣服冻得硬邦邦的，背上的背包也都结了冰。山顶的温度在零度以下，寒风呼啸，白雪皑皑。我们没有找到我军的阵地。地上有个小洞，顶多能容纳10个人，电话班的战士应该待在那里，小洞的右边是50匹冻得瑟瑟发抖的马。我们上山后不久，一场暴风雪肆虐了这片高海拔的区域，能见度只有几码远。

戈斯勒上尉向防区的指挥官报告了这里的情况，希望我们两个连都能够撤回去。不过，无论这位在阿尔卑斯山身经百战的上尉怎么说，上级就是不同意，就连我们的随队军医都发出预警，如果我们继续穿着湿衣服待在暴风雪中，在没有掩体、火和热食的情况下，不出几个小时很多人都会得病、冻伤。但我们被告知，如果我们胆敢后撤一步，将面临军事法庭的制裁。

为了找到失踪部队的下落，我们派遣参谋军士巴特勒经穆塞鲁往斯特苏拉方向去搜寻了。山地部队在雪地里搭起帐篷。我们没办法生火。很多士兵都发高烧了，还出现了呕吐症状，我们继续向指挥官报告部队现在的情况，但毫无效果。夜晚才是最恐怖的，天气越发的寒冷，士兵们都没办法在帐篷里待了，只得像前一天晚上一样，靠活动身体取暖。多么难熬的夜晚！天亮后，军医必须将40个人送往医院。戈斯勒上尉命令我亲自向防区指挥官报告山顶的状况，至少说服指挥官调整部队的驻防位置。等我回到1794高地后，部队90%的人因为冻伤和感冒都在接受治疗，戈斯勒上尉决定无论如何也要把剩余的部队撤下来。中午，接替我们的新部队来了，天气也有所好转，新部队带来了驮马、柴火等装备。而就在这个时候，巴特勒率领的侦察班在南面的一个山坡上发现了先前失踪的侦察小分队。那里海拔 3600 英尺，气温虽低，但勉强可以忍受，但他们并没有发现罗马尼亚人的踪迹。

三天后，部队终于恢复了元气。现在我们的装备可比以前强多了，天气也有所好转，我们爬上了穆塞鲁。在 5940 英尺高的地方宿营后，部队继续往斯特苏拉进发。那里位于伏尔甘山脉的底部，伏尔甘山十分陡峭，东北和北部几乎是上下垂直的。部队设立了三座岗哨，在一座满是树木的山丘上构筑了环形工事。大概一个营的罗马尼亚人在对面很近的地方构筑相似的工事。

在接下来的几天里，我们跟一小股敌人有过接触，但我方没有人员伤亡。我们住在阵地附近的帐篷里，驮马每天都会从山那边的山谷里给我们带来给养。我们会用电话联络斯普罗瑟山地营和我们的哨兵，右边是亚坎路易峰，我们可以看到陡峭的东南坡上有第 11 师的炮兵丢下的榴弹炮。而在我们东边 1.3 英里处的山脊上，则是符腾堡山地营的其他部队。

我们脚下的平原大雾弥漫，如同海浪一般，特兰西瓦尼亚阿尔卑斯山脉的座座山峰在金色的阳光下破浪而出，多么壮美的景色！

### 战地观察

占领 1794 高地的过程充分表明，高原山地气候对部队战斗力有很大的影响，特别是在部队装备不足、给养不充分的情况下。但另一方面，我们可以看到在面对敌人时部队超强的忍耐力。在海拔 6000 英尺的环境下，须为部队提供干柴和木炭。几天后，在伏尔甘山的南坡，我们就在帐篷里悬挂着铁罐，里面放置木炭取暖。

## 对勒苏路易的攻击

11月，罗马尼亚人准备在布加勒斯特方向从喀琅施塔得进攻德国，他们在普洛耶什蒂集结了大量预备部队。幸亏罗马尼亚人不知道库内将军在伏尔甘—斯库杜克地区组成了一支新的作战部队，准备强行攻入瓦拉吉亚，从西边往布加勒斯特推进。

早在11月初，我们营占领了经普里斯洛浦、塞皮卢到格鲁巴·梅尔沿线的高地，现在位于这支新部队的右侧。我们的主力将从山地进入河口，我们营的任务是保障主力侧翼的安全，全力阻击敌人。一旦占领阵地，敌人必然会不顾一切地反攻，我们必须坚守阵地。罗马尼亚人的战斗力不容小觑，但他们所有的反攻都被我们击退了，罗马尼亚人被困在了斯特苏拉地区。11月10日，我们连——除去一个排在后面担任警戒任务外——都往格鲁巴·梅尔进发了，支援库内的部队的进攻。进攻将在11月11日打响，我们营的任务是占领勒苏路易，那是一个海拔4000英尺的制高点，其南坡构成了瓦拉吉亚前线的一部分。罗马尼亚人使出浑身解数，将山顶的防御工事修得水泄不通，我们可以看到位于格鲁巴·梅尔和勒苏路易之间的山脊上布满了敌军的阵地。我们营下辖四个半步兵连（包括2连），还配属了一个山地炮兵连，以便为我们直接提供炮火支援。戈斯勒的部队将承担正面攻击的任务，而利布的部队则将从东边包抄敌军阵地。利布手下有两个半连队，只有他的部队得手后，负责正面进攻的部队才会开始行动。（图15）

2连得到了一个机枪排的支援。11月11日黎明，我们到达了罗马尼亚阵地的右侧，距离敌人不到200码，随时准备进攻。我们在集结的过程中，半路上遇见了罗马尼亚的巡逻队，双方进行了激烈的交火，我们俘虏了几名敌军，并无人员伤亡。罗马尼亚人从这次交火中也得知他们很快就没有安生日子过了。那天早上，敌人一直在用轻重火力扫荡我们集结的区域，不过，该区域的地形非常适合

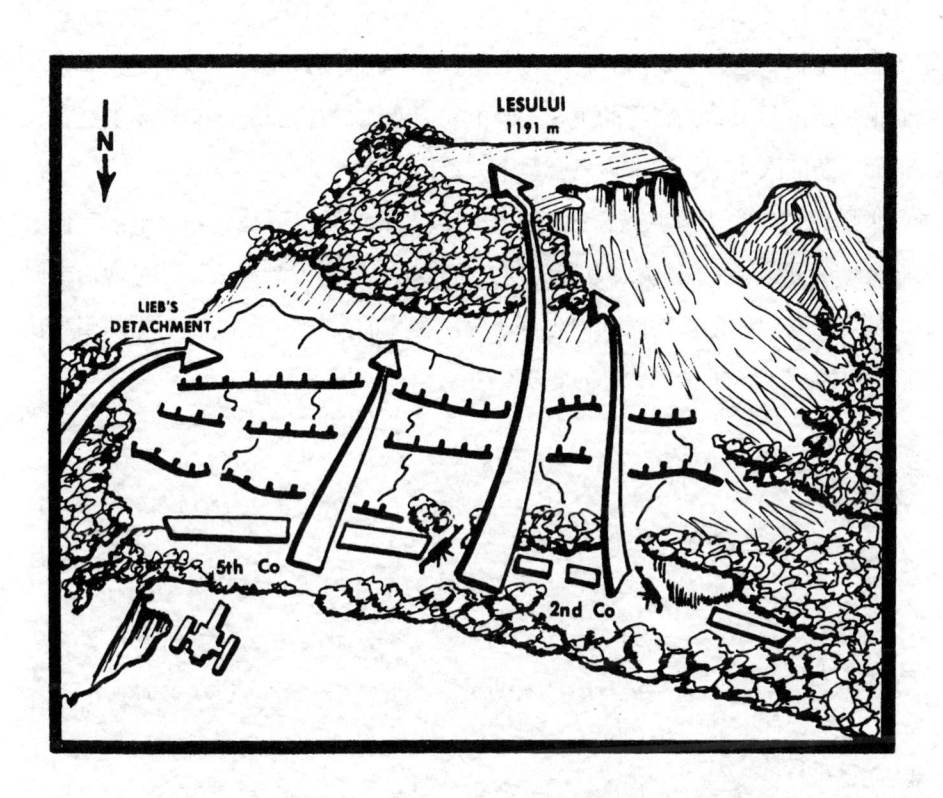

**图 15　1916 年 11 月 11 日勒苏路易战场态势（北侧视野）**

LESULUI　勒苏路易　LIEB'S DETACHMENT　利布的部队　5th Co　5 连　2nd Co　2 连

隐蔽，部队没有人员伤亡。我们不想浪费弹药，所以并没有还击，不过，我们也没有闲着，利用这段时间对敌军阵地进行了深入的侦察，完成了图上作业，为进攻做好了火力支援的准备。这时，一个山地炮兵连也从我们的左后方进入了阵地，我们安排了不少监视哨，并很快将其投入使用。几个小时后，正午时分，利布的部队终于发起进攻。我们刚听到第一声枪响，便和戈斯勒的其他部队开始进攻。

2 连进攻之前，格劳中尉从地势稍高的地方用重机枪扫射了敌方阵地。我们的人从隐蔽的地方冲了出来，带着满腔怒火汹涌地朝敌人扑过去。罗马尼亚人很快败下阵来。我们掩杀过去，敌人吓得从山脊的战壕里狼狈而逃，不出几分钟，我们便到达了勒苏路易，不过并没有抓到多少俘虏，因为罗马尼亚人的军事素养不错，他们从我们的眼皮底下逃脱了，消失在山脊中的深谷里。不过，我们很快便占领了勒苏路易的主峰，晚上我们就地宿营。2连的运气不错，在这次正面突袭的战斗中，整个连只有一个人负伤。

天黑后，侦察小分队被派往南边搜索敌人的位置，寻找食物。眼下我们急缺口粮。小分队于12日凌晨返回驻地，报告说并没有发现敌人，不过他们带回不少牲口，我们在最短的时间内生好了火。美味的食物加上11月明媚的阳光让我们暂时忘记了在帐篷中度过的寒夜。

**战地观察**

11月11日部队在发动进攻前，在一个距离敌人阵地200码的反斜坡集结。当时敌人犯了一个错误，他们没有利用前哨站阻止我们，结果，我们顺利地攻到了他们的主阵地。部队在这片区域集结了几个小时，大部分时间都处于敌人火力反复袭扰下。进攻时，我们的机枪距离敌人200码，部队得到了机枪火力的有效支援。在那种地形下，那也是我们唯一可能获得的火力支持。

在进攻刚开始的时候，分散的重机枪火力迫使敌人寻求防护，这也让负责突击任务的排可以冲到预定位置，对敌人进行火力压制，我们的突击部队可以冲向敌阵，再将火力转移到敌人的后方阵地上。成功突破敌人阵地后，机枪排须尽快转移至山脊上的阵地，占领有利地形，为突袭部队提供火力支持。敌人虽在几个小时前就预料到我们会进攻，但这种进攻模式还是出乎他们的意料。

如果我们将进攻推迟30分钟，会取得更大的成果。因为那时候，利布的部队将会出现在敌人的后方，而不是侧翼。

## 在库佩努尔—瓦拉里的战斗

1916 年 11 月 12 日下午，2 连和配属给我们的重机枪排奉命沿勒苏路易的东坡下山，攻占一个名叫瓦拉里的村子。与此同时，我们营的其他部队分成两列，沿西坡而下去攻击相同的目标。勒苏路易阳光明媚，可我们在下山的途中却遇到了浓雾。我只能用指南针摸索着走过满是沟壑的道路。不久，我听见山谷里传来了说话声，但我们分不清到底是命令还是有人在交谈。

在我们左下方不远处，一队罗马尼亚炮兵正在向伏尔甘隘口开炮。我们现在所处的位置有可能随时碰上敌人。于是，我们在前后两侧都安排了警戒哨，摸索着朝长满草的山坡下面走去，谁也不能说话。

等到大雾散去的时候，天也快要黑了。我们在山谷前面几千码远的地方看到一个狭长的村庄，那里零星地点缀着一些独立的房子。不知是瓦拉里还是库佩努尔？我们从望远镜里发现村子里有好几股人群，可能是罗马尼亚的士兵。村庄的入口处明显有警戒哨，那里离我们也就十分钟的路程。

我认为在没有和侧翼部队取得联系也没有等到友军支援的情况下，贸然前进或者向敌军发动进攻并不明智。我决定先联系上侧翼的部队并做好随时进攻的准备。为了避免暴露位置，我召回了前方的侦察兵，决定只是就地观察敌人的一举一动。

我让部队随时做好战斗准备，只要支援部队能在天黑前赶到，我们就能随时发起攻击。我们隐藏在几处小小的洼地和灌木丛里，一直等到天黑，随后，我命令收缩防御阵型，派出警戒部队，静观其变。我命令所有哨兵只要一看到别的部队，或者听到任何可疑的动静，都要立即报告。这样安排下去后，我们总算可以背靠着枪睡上几个小时了。

临近午夜的时候，我们听到营里支援部队沿侧面的斜坡下来了。我立即叫醒手下的士兵，部队在皎洁的月光下沿灌木丛朝库佩努尔—瓦拉里村庄摸过去，重机枪排被安排在左侧，为我们提供火力支援。先头部队不费吹灰之力就到了村子的边缘，报告说压根儿就没瞧见敌人的影子。但是，我们右边不远处时不时会有枪声响起。部队小心翼翼地进入村子，通知重机枪排也跟了上来。

那里有不少农舍，里面的人盖着毯子和毛皮，围着火堆睡着了。屋子里弥漫着紧张的气氛。我们费了九牛二虎之力才让当地人明白我们的身份。村里并没有发现敌人的踪迹。我们很快在村子里侦察了一番，发现可以把学校和相邻的两幢农舍改造成临时据点。我们很快开始干活，在派出必要的警戒哨后，我带了两个通信兵，去村子的西头找斯普罗瑟少校报告。营里其他的部队被安置在村子的西边——敌人先前在那里和我们短暂交火后就溜之大吉了。

斯普罗瑟少校划分了各连负责的防区，我们连负责村子的东边。我们的阵地朝南，3连就在我们右翼。我们决定天亮后跟位于我们左侧的156步兵团取得联系。目前，我们对于敌人的位置和兵力部署尚不清楚。（图16）

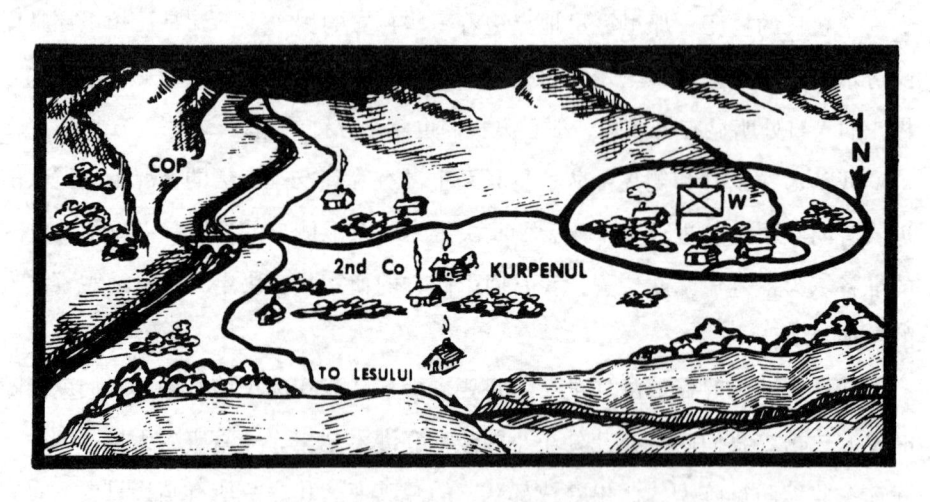

图16 库佩努尔—瓦拉里的战场态势（北侧视野）

COP　团部　2nd Co　2连　KURPENUL　库佩努尔　TO LESULUI　去往勒苏路易

我于凌晨3点回到连部，夜如浓墨。我的手下都在校舍里睡觉。我随即叫醒了连里的军官，对我们的防区进行了一番侦察。我们防区的东边是库佩努尔河，河很浅，也就 150 英尺宽，河堤上是成排的白杨和垂柳。两岸的道路通往南边。地图显示，东边的那条路更好走。桥附近有几间农舍，村子延伸至小河西岸几百码处。大雾弥漫，就跟前几天我们遇到的浓雾一样，我们刚刚布置完警戒哨，就被大雾笼罩了。我们在西边安排了一名军士，还在通往村里的路上安排了岗哨，库佩努尔的东边也安排了警戒哨。接下来，我派出联络官，并同右边的第 3 连和左边的第 156 步兵团取得了联系。好不容易等到天亮，我们发现可视度不到 60 码。

在我们同友邻部队取得联系前，准下士布拉克纳报告说，他在距我军警戒哨东南方约半英里处发现了一个连的罗马尼亚士兵。罗马尼亚人已经上好了刺刀，离村子越来越近，但还没有发现布拉克纳的那个班。我刚向营部做了汇报，又收到桥上另一个观察哨的报告："大雾中发现一个由 6 到 8 人组成的罗马尼亚侦察小分队，离观察哨后方大约 50 码。我们要开火吗？"

全连正准备战斗，我匆忙赶到警戒哨。罗马尼亚人高高的皮帽让我们极易判断敌人在岗哨后方的活动区域，我随即命令连里的几名狙击手开火。第一轮齐射后我们看见几名敌军倒在了地上，其余的都消失在了大雾中。几分钟后，我们的左后方步枪声大作。

据南边的侦察班报告说，一股人数较多的罗马尼亚部队正从小河的东边向我们的警戒哨移动。敌人的先头部队离岗哨也只有几百码的距离了。我立即命令一个重机枪组朝警戒哨方向移动，命令他们用火力封锁道路两侧。这次行动引得敌人朝这边开了几枪，不过很快归于沉寂。

眼下，我们还没跟右侧的 3 连联系上，种种迹象表明我们和 3 连也就隔了几百码距离。我们听到喊叫声此起彼伏，看来敌人正排着很宽的纵列朝瓦拉里—库佩努尔推进。

为了堵住我们跟 3 连之间的口子，我命令部队沿库佩努尔河的西岸朝南边而去，将警戒哨和重机枪排留在桥的东岸，保护侧翼后方的安全。我想到库佩努尔的南部边缘地带，找一处有利于射击的地方，利用那里的开阔地跟右边的友军取得联系。

我带着一个班的先头部队走在前面,连里其余的人在我们后面160码处。大雾弥漫,能见度也就是100到300英尺。先头部队刚进入村子的南端,就和一股正往这边推进的罗马尼亚士兵遭遇了。不出几秒钟,敌我双方进行了激烈的交火,双方的距离顶多50码。我们站着射出了第一轮子弹,随即卧倒在泥地上,敌人的火力很猛,我们四处寻求防护。罗马尼亚士兵在人数上至少是我们的十倍。我们虽然先发制人迫使敌人卧倒,不过新出现的敌人仍然从两侧向我们包抄过来。敌人利用灌木丛和树篱作掩护,悄悄地摸了过来,一边走一边向我们开枪。先头部队处境危急,只得退到右边的一间农舍死守,连里其他的人则退到后面500英尺的农场里。现在仍然大雾弥漫,其余的人没办法支援先头部队。目前这种情况,连队是上去支援,还是让先头部队撤退呢?现在敌人的兵力优势十分明显,看来让先头部队后撤才是明智的选择,尤其是在能见度这么低的情况下。

我命令先头部队守住农舍,无论如何再坚持5分钟,然后经农场撤至道路的右侧,跟连队会合,在这个过程中,连里的其他部队将从后方100码处提供火力支援。我往后面的连队跑去,很快便遁于浓雾中,罗马尼亚人很难打中我。我很快命令一个排和重机枪组朝左侧射击,先头部队在火力的掩护下撤了下来。可惜受伤严重的二等兵肯特纳被留在了那里。

在我们左侧的小河边上,罗马尼亚人隐约可见,不久,敌人越聚越多。与此同时,左边的警戒哨也跟敌人展开激烈交火。左翼已经失守,局面随时都可能逆转。右翼稍远处也传来激烈的枪声。我们现在还没有跟3连取得联系。要是敌人从我们右边攻上来,那整个连都会陷入敌人的包围圈。我想起了当时登上1794号高地时,我们遇到的巴伐利亚士兵跟我们讲的事。当时他们遇到的罗马尼亚人肯定跟现在一样凶猛。

我随即下达命令:"1排要不惜一切代价守住阵地,2排听我的指挥,保护1排的右翼!"我带着几名通信兵往右侧跑过去,希望跟3连取得联系。我在树篱后面跑了大约 200 码便进入了一片开阔地。就在我们穿过刚刚被犁过的一块农田时，距我们 50 到 90 码的右侧高地上有人向我们开火。尖锐的枪声来自卡宾枪，开枪者显然是德国人。农田里的沟壑太浅，没办法藏身。无论我们如何大喊大叫，如何冲他们招手，对方始终不相信我们是自己人。说来幸运，他们的射术太过差劲。担心了一段时间后，大雾再次将我们笼罩其中，总算逃过一劫，我们只得匆匆回到连队，不再想着去联系 3 连。现在，我对 3 连的布防情况也了解了个大概，我手里还有个预备排，应该能堵上我们和 3 连之间 280 码的口子。但战场上的局势瞬息万变，战况突然发生了转变。

我在回村子的途中发现 1 排和重机枪组根本没听我的命令，他们并没有坚守阵地，而是主动出击去攻击敌人了。从枪声可以判断，他们一路冲到了镇子的南部边缘。尽管排长和他手下士兵的积极性值得表扬，但在大雾中要守住库佩努尔的南边，敌人又有兵力优势，而且我们跟左右两翼的部队又没取得联系，这种情况看起来毫无胜算，好在，我的预备部队仍然留在指定位置。

枪声更加密集了，我最担心的情况发生了，于是，我匆忙向 1 排跑去，跑到半路，我撞见了 1 排排长，他上气不接下气地向我报告："1 排把罗马尼亚人往后赶了 300 码，将他们赶到村子的南端，击毙了两名罗马尼亚士兵。但现在 1 排落入了敌人的包围圈且与敌人距离越来越近，重机枪也被敌人炸毁了，重机枪组的成员非死即伤。必须立即救援，否则整个排有全军覆灭的危险。"

我听到事情的经过，气不打一处来。1 排为什么不遵照命令死守阵地？我要按照 1 排排长的恳求把预备队拉上去吗？在这种情况下，我们所有人都可能被敌人的优势兵力包围，进而被其吃掉。如果真落入这般境地，符腾堡山地营左翼的防线会不会被敌人攻破？不行，虽然这非我所愿，但我还是决定去救援 1 排。

我命令 1 排迅速脱离战斗，沿村道后撤。连里其他部队会在他们后撤时提供火力掩护。可是，现在太阳驱散了大雾，能见度提高到 100 码了，1 排脱离战斗的难度陡然加大。生死攸关的时刻到了。2 排快速进入村子中央的阵地，朝密密麻麻的罗马尼亚人开火，这会儿，黑压压的敌人正从左前方攻上来。1 排剩余的部队仍然没有摆脱敌人,他们只能边打边撤。负责掩护的部队一齐开火,密集的火力终于挡住了蜂拥而来的敌人,但左右两侧的敌人迂回包抄过来。要是之前重机枪没有损毁就好了。

　　1排剩余的部队被逼得走投无路,我匆忙跑到桥另一边的前哨阵地,发现一切正常,于是,我把配属给他们的重机枪组调了过来,布置在村里最危险的地方。(图17)

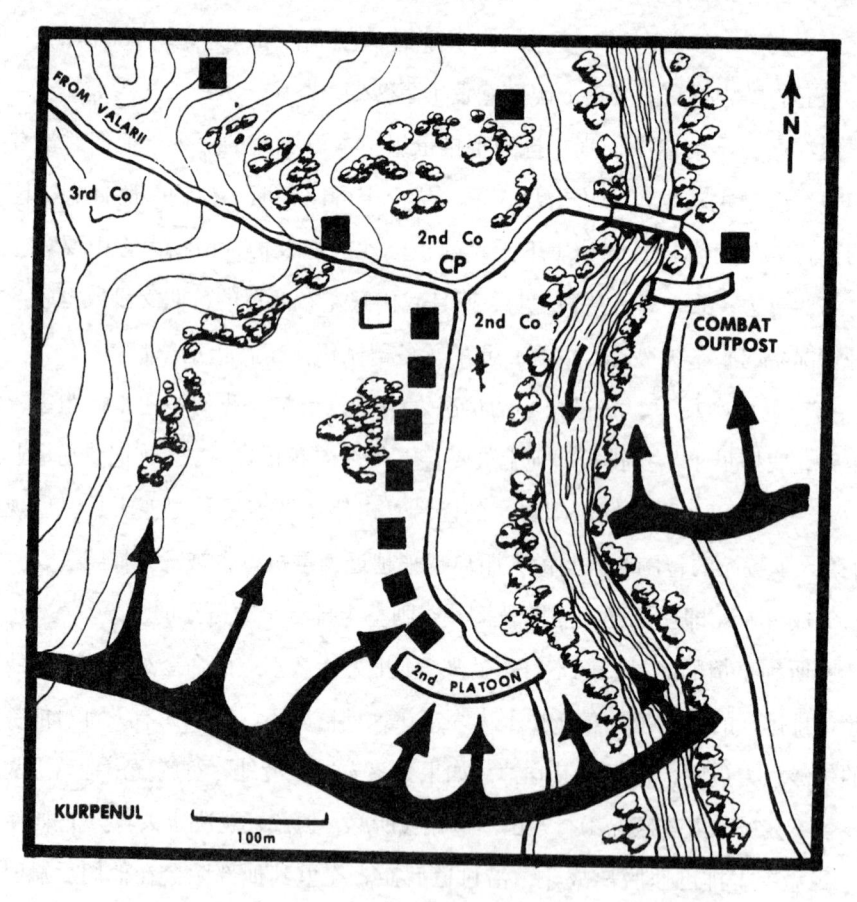

图17　库佩努尔村的战斗

| FROM VALARII | 从瓦拉里方向 | COMBAT OUTPOST | 战斗前哨 | 2nd Co | 2连 | CP | 指挥所 |
| 3rd | 3连 | 2nd PLATOON | 2排 | KURPENUL | 库佩努尔 | | |

尽管损失惨重，罗马尼亚人并没有善罢甘休。连里的指挥官也都投入了战斗，负责指挥他们的达林格中士头部中弹倒在了血泊中。大雾逐渐散去，我们现在终于有机会判断敌人的兵力了。但最要紧的还是弹药的补给，左翼已经被敌人攻破了。

我很快打电话将这里的战况向斯普罗瑟少校汇报，他立即派来了援兵，15分钟后，霍尔中尉带着大约50人加速赶到了这里。我将这个排安排在左侧，任务是跟我们连的几个班镇守左翼，并把预备队留下来听候我的调遣。不久，6连也上来了，暂时由我指挥，于是，我将这支部队安排在左后方。现在没什么好担心的了。

与此同时，2连也在敌人的火力下挖好了战壕。在我军精准的步枪和重机枪的射击下，敌人终于慢慢开始撤退了。我随即派出侦察兵。现在，能见度不错，我们抵达了村子的南端，在那里发现1排有几个重伤员，他们为数不多的私人物品，比如怀表、小刀，都被敌人搜刮一空，但幸好他们的命是保住了。

现在能见度大为改善，我发现村子的南端作为阵地是个易守难攻的好地方，便把我们连安排到了那里，重新组织防守，部队开始加固工事，又调来了一个重机枪组。

敌人虽然消失了，但我们的左侧远端仍然会有敌人用步枪向我们射击。右侧是被1排摧毁的炮兵连。后来证实攻击这个炮兵连的还有营里的其他部队。既然前面没有敌人，我跟一小队巡逻兵想去看看这些大炮，结果发现炮身上刻着"克虏伯大炮！德国制造"的字样！

不久，罗马尼亚的散兵线再次在南边出现，并朝我们的阵地行进。不过距离还有点远，起码有2000码，看着黑压压一片。我们连现在有了不错的掩体，所以，我们只管安安静静地待在掩体里，等着敌人杀过来就是。第一波敌人距离我们只有500码的时候，我立即下令自由开火。敌人的进攻立马停滞了，我们的火力很猛，并无人员伤亡。大批敌人正好成了重机枪的靶子。夜幕降临的时候，敌人终于撤退了。连里的巡逻兵在阵地前沿抓了好几个俘虏，我们也做好了夜战的准备。不过，在前方刺探敌情的侦察兵并没有发现敌人的影子。部队开始挖起了战壕，有些士兵四处寻找食物，想看看能不能好好吃一顿。

我们连一共有17个人负伤，3人牺牲，大家都很难过。

跟2连一样，符腾堡山地营的其他部队也作为库内军团的右翼死守瓦拉里—库佩努尔。面对敌人的突袭，他们成功地守住了山对面。罗马尼亚人伤亡不小，有数百人阵亡，其中就包括一名师长。此役过后，我们打通了通往瓦拉吉亚的通道，对溃逃的敌人穷追猛打。两天后，符腾堡山地营进入了特尔古日·乌。

### 战地观察

11月12日下午，2连（加强连）在浓雾中沿山坡而下，我们往所有方向都派出了警戒哨（前方、侧翼、后方）。当时的情况尚未明朗，随时都可能跟敌人遭遇。为了避免不必要的牺牲，我们夜间休息时也时刻处于警戒状态（在环形工事里休息，枪不离手，派出前哨）。

11月13日的战斗则充分说明了战斗侦察、跟友邻部队建立联系的重要性。要是没能及时得知一大股罗马尼亚部队正朝我军杀过来，我们这支加强连在浓雾中恐怕会有灭顶之灾。

我们安排在最前面的战斗哨及时用重机枪火力封住了朝主力扑过来的敌人，迅速改变了战场的态势，让2连有充分的时间堵住我们跟友邻部队的口子。

前哨部队在库佩努尔南部边缘的浓雾中跟敌人遭遇，发生了激烈的交火，却没有发生白刃战。为什么？因为我们的部队在人数上处于劣势，展开白刃战肯定吃亏，最后可能被兵力占据优势的敌人消灭。但我们的士兵迅速用步枪射击，延缓了十倍于我们兵力的敌人的进攻速度。

其他部队提供了强大的火力支援，在浓雾中压制住了村道和库佩努尔河区域的敌人，为我们的先头部队和1排扫清障碍，因此，我们

> 和1排才能且战且退，杀回阵地。
>
> 在大雾中交战，很容易误伤自己人，布里耶尔农场的战例说明，不管是冲对方喊，还是发信号都无济于事。
>
> 我们在守护村庄的战斗中面对兵力为我们数倍的敌人，形势岌岌可危，要扭转战局，就得将部队从战况称不上危急的地区调拨出来，集中兵力扼守关键位置。碰上这种局面，指挥官必须积极应对，主动求变。

## 在1001高地和玛古拉·奥多贝斯蒂

12月中旬，我们穿过莫兹里、梅雷伊、古拉·尼斯科普路易、萨波，进入斯勒尼克山谷，在那里跟阿尔卑斯军团会合。

由于俄国的几个师赶来增援，罗马尼亚人在平原的战斗力陡增。德国的第9军费了九牛二虎之力才打通了从布泽乌到勒姆尼克·萨拉特和福克萨尼要塞的通道，虽然取得了不错的战果，但官兵伤亡不小。阿尔卑斯军团接到命令，要将地势险要的拉斯尼库尔和普特纳山谷的敌人消灭。这样才会减轻那些在平原作战的部队的压力，还能阻止敌人利用群山为依托，攻击我军在福克萨尼要塞的部队。

我们是在条件极其艰苦的深山里度过平安夜的。2连作为阿尔卑斯军团的预备队从比索卡出发，经杜米特雷斯蒂、德龙、佩特雷亚鲁到达梅拉。1917年1月4日，我们终于跟营部会合，那时，山地营驻扎在辛蒂拉里。当天下午，我们连配属了一个重机枪排，排长为克伦泽中尉，驻守在距辛蒂拉里西北方约1.6英里的627高地。为了掩护福克萨尼要塞的部队，罗马尼亚人派重兵占领了玛古拉·奥多贝斯蒂一带树木茂盛、地势险要的山区（海拔1000米）。

部队打算在1月5日向敌人发动进攻，巴伐利亚近卫步兵团将从南面和西南方向对敌人发起进攻，而符腾堡山地营则会从西南方和西面投入战斗。

我的加强连接到任务（没有联系侧翼部队），要经523号高地（离辛蒂拉里西北方1.5英里），占领1001号高地。我们的右翼是巴伐利亚近卫步兵团，他们距离479号高地东南方4英里。我们的左翼是利布的部队，他们从西面登上1001号高地，现驻扎在高地的山脊上。他们距离627号高地大约3英里。所有部队的目标都是一致的。（图18）

上级的命令要求我们在破晓时分开拔，穿过几个林木茂盛的深谷，于太阳升起的时候到达高地。一个被丢弃的望远镜正好派上了用场。连里其他人休息的时候，我正好用望远镜好好研究了一番山坡、谷地，很快对敌人的兵力部署和兵力情况有了大致了解。

可惜我们右边的视野受限，无法看清右翼巴伐利亚部队的情况。我们前面（东北方向）大约1000码左右的地方，罗马尼亚的侦察小分队正在山谷里巡逻。1001高地南北走向的一段山脊已经完全被罗马尼亚人占领了，透过树木间的空隙可以清楚地发现敌人挖掘战壕的阵地。白天，在敌人的眼皮子底下，在没有树木的宽阔山谷里找到一条有掩护的路冲过去根本就是痴人说梦。左侧，罗马尼亚人在523高地的北边布置了一个战斗前哨，他们大约有一个排的兵力，高地上有一个孤零零的农庄，外加几片小树林。这些岗哨位于布满壕沟的阵地上，面冲西面。最有希望上到玛古拉·奥多贝斯蒂的通道看来是一条从西面通往山顶的路，利布的部队将从那里展开攻击。我打算把我的2连朝友邻部队靠过去，配合他们的行动，因为如果不能从左右两翼攻击强敌，那从东北方向进攻根本没有任何胜算。现在，我们连离利布特遣队的直线距离为3英里，看不到友军的位置，只能大致推测他们的方位。（图18）

我派出了侦察小分队，要求他们两小时内返回，目的就是分散敌人的注意力，掩盖我们真正的进攻方向（北面）。我们的战术很成功，侦察小分队并无人员伤亡。接下来，我们进攻了敌人的前哨阵地，把他们赶回了主阵地。

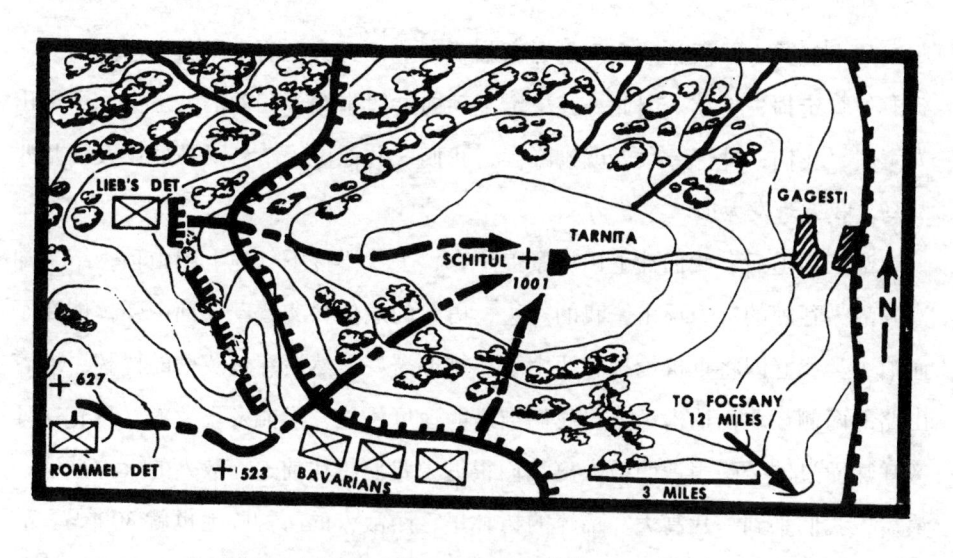

图18　进攻玛古拉·奥多贝斯蒂（1001 高地）

| LIEB'S DET | 利布特遣队 | ROMMEL DET | 隆美尔特遣队 | SCHITUL TARNITA | 塔尼塔小修道院 |
| --- | --- | --- | --- | --- | --- |
| GAGESTI | 加杰斯蒂 | TO FOCSANY | 去往福克萨尼 | 12 MILES | 12 英里 |
| 3 MILES | 3 英里 | BAVARIANS | 巴伐利亚近卫军 | | |

部队随即来到一片狭长的林地，往利布特遣队原先驻扎的位置行进了大约 1.3 英里。来到玛古拉·奥多贝斯蒂前方，也就是那道南北走向的山脊跟 1001 高地西侧交会的地方，我掉转方向，往北行军。

我走在队伍的最前面，连部跟在后面 150 码的地方。我们呈一列纵队通过稀疏的树林，来到一条通往峡谷的马车道。侦察兵到达峡谷的最深处时，我们发现对面陡峭的山坡上有动静。一股罗马尼亚士兵领着不少驮马沿蜿蜒的山坡往下走着，排头离我们也就 100 码。但我们无法判断他们的战斗力到底有多强。现在该怎么办？

敌人显然没有发现我们。我迅速让我的先头部队藏在灌木丛里，然后往后撤了 50 码，准备伏击敌人。同时，我派出一名通信兵向先头排传达了我的命令。我的命令还没有执行，罗马尼亚人就拿起步枪朝我们射击。先头部队立马还击，几分钟后，1 排也加入了战斗。大峡谷里的地形对我们非常不利，因为我们无从判断敌人的兵力，而且敌人又是居高临下向我们开火。要是跟敌人过多纠缠，到时候肯定损失惨重。因此，我决定主动向这股来路不明的敌人出击。结果出人意料，我们一冲锋，敌人就投降了，我们一共俘虏了7名罗马尼亚人和几匹驮马。我方毫发无损。

敌人撤退后，我们冲上山坡紧追不舍，上气不接下气地上到山顶，结果却遭到敌人猛烈的火力反击。我的左边，勇敢的通信兵艾普勒头部中弹，倒在了血泊中。我立即将重机枪排和两个步兵排部署好，然后穿过茂密的树林，沿着山路的两侧往北面追击敌人。我们推进的速度不快，没能发现敌人，只有在耳旁呼啸而过的子弹声证明敌人离我们很近。我们越往前追，敌人的火力越猛，最后，我们来到一片高大、稀疏的树林里，距敌人的防御阵地也就300码。敌人非常顽强，我们想攻下阵地，但看起来毫无希望。我们和敌人的阵地之间有块很浅的洼地，但我们所处的斜坡正好对着敌人的阵地，地形相当不利。

为了避免不必要的损失，我立即命令步兵在重机枪排的掩护下撤到隔壁山头。部队很快执行了我的命令，这时我们发现距离小山包上的敌人也就0.25英里。火力逐渐平息下来，不久就只能听到几声零星的枪声了。

我们没有跟两翼的友军联系，而是就地筑起环形工事，挖掘战壕，将预备队和重机枪排部署在防御阵地的中央。夜幕降临的时候，我们把可怜的艾普勒掩埋了，他也是这次战斗中唯一牺牲的士兵。天还没有完全黑，我们在800码开外的一块林间空地的边缘发现了利布特遣队，便很快通过电话联系了他们。

我先后跟利布中尉和斯普罗瑟少校讨论了战场的形势。如果用两支部队正面进攻阵地上坚守不出的罗马尼亚人，夺下阵地的希望微乎其微，不过，要是从东南方向包抄敌人，成功的可能性很大，战机稍纵即逝，绝不能拖拖拉拉。

晚上，技术军士史洛普对敌人阵地的南侧进行了全方位的侦察。那里的地势崎岖不平，侦察任务相当艰巨。黎明前几个小时，他带回了一个振奋人心的消息："我们向东北方出发，穿过一个深谷，来到敌人阵地后面的山脊上，这期间并没有遇见敌军。然后，我们横穿了一条罗马尼亚人活动频繁的公路。"

第三章 1916年在孚日山的阵地战，1916—1917年在罗马尼亚的运动战 117

我把侦察结果报告给斯普罗瑟少校，他命令我带领两个半连的兵力包抄敌军。须在破晓时发起攻击，利布特遣队会在我的部队发动攻击后从正面攻击敌人。这个时候，天上下起了鹅毛大雪。

那日天色阴沉，积雪达4英寸。高地上白雪皑皑。我们的增援部队6连也抵达了预定位置。我让休格尔的步兵排留在原来的阵地上，用正面火力吸引敌人，分散他们的注意力，为我们的合围赢得时机。我带领大约1又2/3个连的兵力，及重机枪排向东进发，一路来到深谷底下。史洛普在前面带路，因为那条路线他昨晚已经走过一次了。（图19）

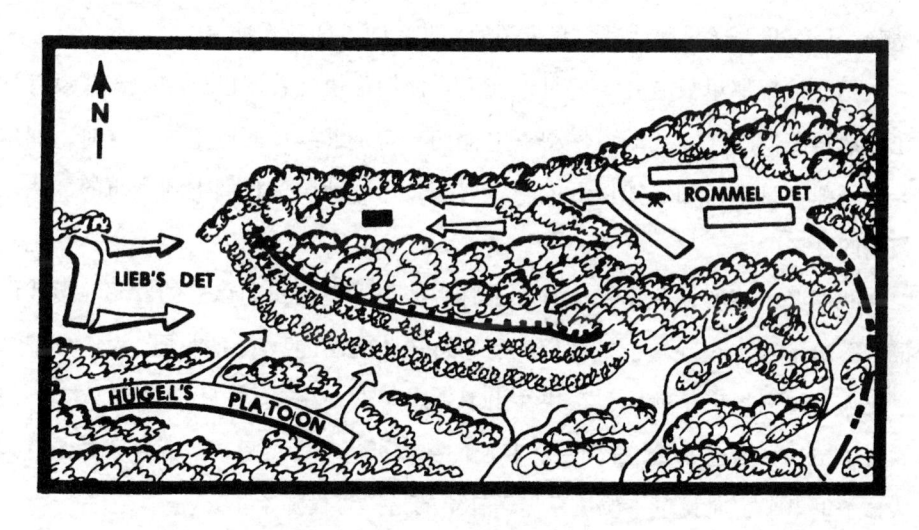

**图19 1917年1月6日战场态势（南侧视野）**

LIEB'S DET 利布特遣队　HUGEL'S PLATOON 休格尔的步兵排　ROMMEL DET 隆美尔特遣队

休格尔的部队在原来的阵地上开火了，罗马尼亚人本来就一直担心我们会进攻，见我军开火，他们进行了猛烈的回击。趁敌我双方打得不可开交的时候，我们穿过峡谷，往东北方向钻过去。经过一番艰苦的攀爬后，我们终于到达了山脊上，发现一条刚刚由罗马尼亚人在雪地里清理出来的路。

大雾弥漫，能见度顶多50码，我们随时可能跟敌人遭遇。我命令2连扔掉背包，展开队形，准备进攻。2连、重机枪排按照我的部署走在前头，6连紧随其后。除了偶尔几声枪响外，左边休格尔部队的枪声逐渐平息了。

我们小心翼翼地跨过山脊的道路，穿过寒冷的林子，朝敌人的西面和后方前进。这时，我们突然在大雾中听到前方传来了动静。我立马让部队停了下来，叫重机枪排做好开火的准备。跟着，我们谨慎地朝前面走去，很快便来到敌人的营地边缘。篝火还在冒烟，但罗马尼亚人却没了踪迹。我们继续往前走，来到林子里的一片空地里，发现几个毫无戒备的罗马尼亚人在那里走动着。也不知道敌人的战斗力有多强，不知道对手只是寥寥几个敌人还是整个营。不管有多少敌人，我们都要做好准备，于是，我命令重机枪排只要发现敌人在大雾中晃荡，只管开火。几秒钟后，我带领的部队大叫着朝敌人冲去。

结果发现那里只有几个罗马尼亚人，他们很快夹着尾巴逃跑了，并没有站在原地跟我们战斗。我们也懒得去追他们，而是继续往西侧走去。这时，偶尔会有子弹飞过来，却不知道敌人身在何处，几分钟后，我们听到利布的部队也朝我们过来了。

我们必须当心，免得在大雾和森林中误伤了正朝我们靠近的友军。但我们很快解决了这个小问题，把我们和利布特遣队之间的敌人干掉了。大部分罗马尼亚人不想当场束手就擒，很快往山下逃之夭夭，2连总共只抓获了26人。但躲得了初一躲不过十五，3天后，我们的部队抵达普特纳后，敌人全营共500人从林子里出来，向我军一位负责运送补给的指挥官投降了。

部队在毫发无损的情况下完成这次进攻后，利布的特遣队朝1001高地的山顶进发，我命令2连拾起扔掉的背包，加入他们的队列，雪飘飘洒洒地下个不停，雾也越来越浓。

即将到达1001高地的山顶时，利布特遣队跟罗马尼亚军的预备队遭遇了，他们占据着一处可以躲避风雪的阵地。我们的山地营当即发动进攻，敌人受到一些伤亡后，放弃了阵地，落荒而逃。他们再也没回到积雪覆盖的阵地上。

1001高地上寒风呼啸，冰晶像针一样扎在我们的脸上。鉴于糟糕的天气状况，我们的部队不得不赶紧来到史基图·塔尼塔小修道院暂避，这座修道院位于高地东面的山坡上,距离山顶不远。敌人并没有阻挠我们。但修道院的环境颇令我们失望,那里空间很小,我们的口粮也不足,但至少可以在那里躲避风雪。可惜,欢乐的时光总是十分短暂。

一个小时后,部分巴伐利亚近卫军抵达了塔尼塔小修道院,把那里当成了他们的行营。巴伐利亚近卫军的地位比我们高,我们只得让路。这支部队指挥官的军衔也比我和利布高,我们只能为他们腾地方。利布好歹在修道院给他的部下找了两个安身的地方,我们只能委身修道院附近低矮的土屋,忍受刺骨的寒风。那天晚上太冷了,我们实在受不了,我决定尽快在山谷里给部队找个栖身的地方。

### 战地观察

望远镜可以很好地了解敌人的阵地和兵力部署情况,这些工作都可以在部队往前推进的时候完成,这种情报和侦察分队获得的情报一样重要。

如果山地部队在深谷密林里遇到敌人,应该主动出击,这样才能弥补地形不利的劣势。

傍晚,我们的进攻在罗马尼亚坚固的阵地前300码处停滞不前。为了避免不必要的损失,我命令步枪排(位于林木稀松的斜坡)在重机枪的火力掩护下撤退到更加有利的位置,总算避免了不必要的伤亡。如若碰到类似情况,或许可以利用烟幕作掩护,敌人可能会以重火力朝烟雾所在的地方开枪,但敌人也吃不准我方人员情况,待敌人稍有松懈,我们就可以趁机脱离战斗。

技术军士史洛普在寒冷的冬夜里出色地完成了战斗侦察任务,让我军有机会在1917年1月6日摸到敌人后方。该战术的原则是:即使部队在休息,也要积极侦察敌情。为了在我军对敌人合围时麻痹敌人,分散敌人的注意力,咬住敌人不放,休格尔的部队有必要以持续火力袭扰敌人。

> 在合围的最后阶段，部队在大雾中向战斗力未知的敌人发动了进攻，我们将重机枪排部署在最前面，消灭了山脊上下来的敌人。
>
> 积雪被大风卷得漫天飞舞的时候，罗马尼亚军队的一支预备队藏身于1001高地的一处斜坡上。他们所处的位置没办法跟前方取得联系，由于疏忽大意，他们并没有派出警戒哨，利布的特遣队突袭了这股强敌，不费吹灰之力就把他们杀得四散而逃。

## 在加杰斯蒂的战斗

1917年1月7日清晨，我向加杰斯蒂两侧的普特纳山谷派出了侦察小分队。那天天气寒冷，地上的积雪厚达12英寸，大雾弥漫。快10点时，司务长普法尔报告说他往山谷方向骑行了2.5英里，并没有发现敌军。就在这时，他听到很多敌人列队从峡谷出来，弄出很大的动静。尽管我们在大雾中视线受阻，但敌人显然正在撤退。

我用电话将情况报告给了斯普罗瑟少校，希望他批准我带领2连（加强连）一路摸索着前往加杰斯蒂。

一个小时后，我们呈单列纵队沿山谷而下，穿过稀疏的森林。在大雾的笼罩下，能见度大概100码。我们往前面和侧翼都派出了警戒部队，负责在前面探路的部队由技术军士休格尔带领，在我们前方大约100码的位置。重机枪排安排在连队的中央，机枪则驮在马上。

我们花了30分钟才从林子里走出来，来到一条狭窄的小路上，两旁遍布密密麻麻的小树苗，也就几码高。我走在队伍的最前面，雾渐渐散了。

这时，前方突然响起了枪声，休格尔立马报告说我们在小路上遇见了一队罗马尼亚侦察兵。他率先开枪，干掉了几个领头的罗马尼亚人，其余7个人也都投降了。连队很快展开队形，随时准备战斗。也许这些俘虏是罗马尼亚大部队的警戒部队。休格尔下令部队继续前进，几分钟后，他报告说部队来到了苗圃东侧边缘，前方100码处有敌人的一个连，正以散兵线向我军进逼。我立即命令先头排部署在苗圃的边缘，横跨小路，向敌人开火。敌人不甘示弱，用强大的火力展开反击，只听得子弹呼啸而过，我们不得不趴在地上。偏偏在这个时候，我们的重机枪排出了纰漏，排长报告说，他的枪全冻住了，拉不开栓，我们在苗圃东边的边缘跟敌人展开了激烈的交火。种种迹象表明，敌人的火力胜过我们。这会儿，重机枪排在一块小洼地里正忙着用酒精把枪栓化开。敌人的火力从低矮的树苗地射了过来，重机枪又没法使用，真是急死人。要是敌人从我们左边或者右边包抄过来，我们就只能撤退了。为了避免这种情况的发生，2排和3排负责防守这两个方向。

第一挺机枪终于能用了，我们立即将其部署在阵地上，结果却没了开火的机会。

大雾越来越浓，敌人很快溜之大吉，我们要是在大雾中漫无目的地开枪一点也不划算，只能是浪费子弹。我们的山地部队补给本来就困难。在重机枪的掩护下，我带领一个排向一个地势稍高的地方摸过去，高地上有一幢小房子，外面是一个用篱笆围成的葡萄园。敌我双方都没有开枪。我们看到一群罗马尼亚士兵像无头苍蝇一样到处乱窜。我们用手帕朝他们挥了挥手，结果没发一弹就抓了20个俘虏。罗马尼亚人显然对这场战争非常厌倦了，有的俘虏还主动招呼战友向我们投降。连里的其他人也上来了。由于我军阵地位置不佳，敌人可以从各个方向朝我们开火。因此，我们不得不在所有的方向构筑起防御阵地，还往四面八方派出了警戒部队和侦察兵。这下，俘虏越来越多了。准下士布拉克纳突袭了葡萄园里的建筑，里面有5个罗马尼亚士兵，我们很快解除了他们的武装，我和豪瑟尔中尉继续往前走，想为连队找个更加舒服的地方驻扎，最好找个农庄。当时的气温只有15华氏度①，我们又冷又饿，虽然没在附近找到

---

① 约为零下9.4摄氏度。

农庄，但在篱笆围起来的葡萄园的中央找了个较深的沟，我们连可以把那里当作阵地。阵地中间有一幢小房子，我们在其中一个没有取暖设备的房间里发现了一个被同伴扔在那里的罗马尼亚士兵，那人受了很重的伤，伦茨医生竭尽所能想抢救他，但看起来还是回天乏术。接着，整个连的人都搬了进来。

深谷那头往下就是加杰斯蒂方向，东北方大约有100码的开阔地，上面只有几株稀稀疏疏的灌木。成团的雾气仍然没有散去，能见度也就200码。这时，我们突然在山坡的边缘听到了动静。我和伦茨医生朝那个方向匍匐过去，发现离我们阵地几千码远的地方有不少罗马尼亚人，大约有一个营的兵力，他们就在一座果园后面的开阔地上休息，车辆都聚集在一小块地方，还燃着篝火。

我们在大雾的掩护下朝那边摸过去，我决定暂时不进攻他们，因为那里的地形不利于我们的武器发挥最大的威力。

现在是下午两点，离天黑还有两个半小时。天气实在太冷了，部队没办法在开阔地上宿营。加杰斯蒂到底在哪里？我们本想找几个农舍过夜，但最后还是垂头丧气地返回了塔尼塔小修道院。除了栖身之所，我们还需要食物。不过饥饿反而让士兵燃起了斗志。

我和伦茨医生以及他的勤务兵来到连部阵地的东面，那里位于深约10英尺旱沟的左堤。技术军士法伊弗带领三四个人并排走在我们右边50码的地方。

我们走了不到0.25英里，发现小房子附近的深沟北面有一大群罗马尼亚人。他们是前哨阵地的士兵吗？尽管我们在深沟北面的人只配备了一支卡宾枪，南面也只有四支，但我们还是朝敌人冲过去，高声冲他们喊话，挥舞着手帕叫他们投降。我们跟敌人相距不到30码，撤退是不可能了，结果会怎样我心里一点底都没有。罗马尼亚人站在一起，挨得很近，枪整整齐齐地摆在那里，他们互相交谈着，打着手势，他们显然并不想开枪，尽量表现得很友好。最后，我们朝敌人走了过去，解除了他们的武装。我向他们谎称战争已经结束了，然后把这30名俘虏交给了法伊弗的班。

部队继续往东边山谷走去，行进了一段距离后，我们发现大雾中隐约有一个连的部队部署在前方,离我们大概有50码的距离,但我决定还是不去冒险了。我们冲敌人挥舞着手帕,大声冲他们喊话。敌人吓了一跳,他们的军官生气地喊着"Foc！Foc！"（罗马尼亚语"开火"的意思）,还痛打他们。那些士兵显然更愿意放下手中的武器。我们的处境相当危险。敌人瞄准我们,军官随即下令开枪。我们只得趴在地上,我和伦茨医生跑到后面,伦茨医生的勤务兵开了几枪才撤退。我们很快消失在大雾中,敌人自然没办法打中我们了。一小队敌人追了上来,其余的人在大雾中一通乱射。

敌人仍然穷追不舍,我们终于跟法伊弗的人马会合了,发现那30个俘虏仍然站在武器旁。我们赶紧把他们赶进那条沟里,躲避敌人的火力,然后迅速返回自己的连队。要是敌人一路追杀过来,对着深沟开枪,我们就不得不放弃阵地了,不过罗马尼亚人的射术不精,我们毫发无损地带着俘虏跟大部队会合了。

我们返回后不久,连里的火力阻击了来势汹汹追击我们的敌人。双方在100码的距离内激烈交火,多亏连队的重机枪,我们的火力才压制住敌人。我要攻出去吗？还是算了！在这种情况下哪怕损失一名士兵那也很丢脸。夜幕就快降临了,两边的火力都逐渐平息下来,但不时响起的枪声表明双方都没有撤出阵地。天冷得要命,要找个地方过夜并吃上顿热饭简直比登天还难。这时,霍尔中尉（3连）骑马来了解我们这边的情况,他接管了80名俘虏,把他们押到后方。他还向塔尼塔小修道院的驻军报告了我准备夜袭加杰斯蒂的决定。

在过去的一个小时里,天气明显好转了,但也比以前更冷了。天空中星星闪烁着,灌木和树林在白雪的映衬下只能瞧见黑色的轮廓。我们用卡宾枪和机枪最后一次问候敌人后,便迅速摆脱掉他们。我们悄悄地沿西北方向的山间小路往上走去。我在前后都安排了警戒哨,重机枪则部署在队伍的中间。因为刚刚才开过火,枪管仍然有点烫,为了不让重机枪冻住,我们还在上面盖上了毯子和帐篷。我们沿着小路大约走了60码后,掉转方向往北走去。北极星就像是我们的指南针,我们沿着黑乎乎的树篱一路悄无声息地走着,免得在周围的环境中露出行迹。大家一句话也没说。殿后的部队报告说,一支人数不少的罗马尼亚部队正尾随而来。我在一堆黑色的灌木丛前停了下来，命令将一挺重机枪架起来。不过这个策略后来证明只是多此一举，因为后卫部队的指挥官在一个合适的地方主动伏击了敌人，连一枪都没放就俘虏了他们。一下抓了 25 个罗马尼亚人！带上这些家伙也是累赘，我派人把他们押送到了塔尼塔小修道院。

我们继续往北走去，走了大约半英里后，我再次掉转方向往东。不过在出发之前，我仔细研究了地图。我们必须从加杰斯蒂北边的界线钻出去。连里的官兵悄悄地展开队形，三个排并肩前行；我跟重机枪排在队伍的中间，一路在灌木丛中穿梭着。这里的地势稍微向普特纳方向倾斜，我们时不时停下来，用望远镜仔细探查周围的情况。

一轮明月高悬在我们右侧，左侧山谷里的火光若隐若现。不久，我们发现 700 码远的地方，大约有几十个罗马尼亚士兵正围在一堆很大的篝火前。远处，一群敌人正从左往右走，说不定就是前往加杰斯蒂。村子掩没在一座座光秃秃的狭长山丘里，望远镜也只能看到一簇簇的树木。右前方的视野则被一大片果园遮住了。（图 20）

在这么一个寒冷的冬夜，我们像一群饿狼一样悄悄地朝敌人摸过去。是先对山谷左前方的敌人发起攻击，还是绕过这股敌人，直取加杰斯蒂呢？

第二个方案看起来更好。三排队伍悄悄地贴着黑色的树篱，小心翼翼地来到距离光秃秃的山丘 300 码的地方，山顶离我们大概还有 100 英尺。在我们左侧 300 码处，大约有 50 个罗马尼亚人仍然围坐在篝火旁。我手下的几个士兵报告说，我们前面山丘的树林里有人在活动。但我用望远镜观察，却无从做出判断。

我们沿着树篱悄悄爬到山丘脚下，山顶上看不到这个位置。部队集结的时候，侦察兵往山顶爬去，罗马尼亚的哨兵就在我们头顶几百码远的地方。然后第一个问题便随之而来：我要不要等重机枪排上来。敌人总共也没几个人，似乎没什么必要。我想杀敌人一个措手不及，拿下山头，最好一枪都不用发。虽然我估计加杰斯蒂的西北方向有重兵把守，我也想出奇兵攻下。

我很快把命令传达给下级指挥官，部队悄无声息地往前面冲去，没有哨声，

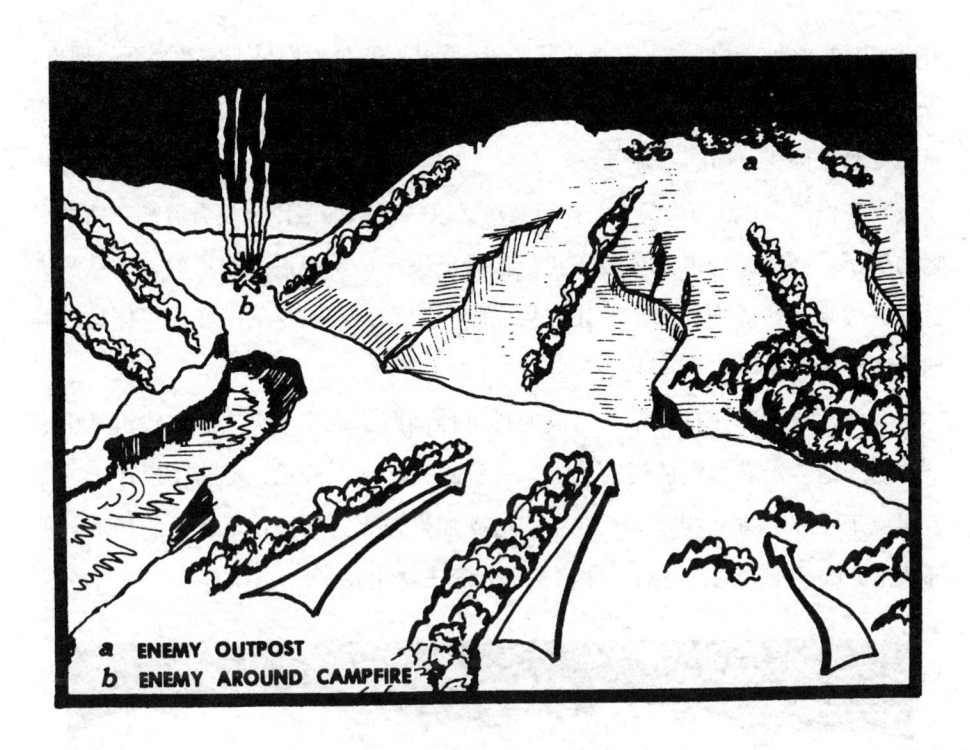

第三章 1916年在孚日山的阵地战，1916—1917年在罗马尼亚的运动战 125

图 20 敌人在加杰斯蒂郊外的阵地

a 敌军岗哨　b 围在篝火周围的敌军

也没有号令声，更没有叫喊声！山地部队一下出现在罗马尼亚哨兵面前，如同神兵天降。这一切发生得太快了，敌人甚至没时间鸣枪示警，便狼狈往山下逃走了。

现在我们控制了山顶。我们右前方加杰斯蒂村的屋顶在月光下闪闪发亮，这个村庄离我们估摸也就半英里远了。最近的农庄顶多200码远。在我们身下100英尺的地方，房屋之间的间距不小。

加杰斯蒂北侧的警报拉响了。士兵们冲上街头，很快集结完毕。我猜想敌人会随时以密集队形冲上山头，夺取刚刚失守的高地。我们也做好了准备。重机枪已经装好子弹，随时准备射击，步兵也进入了长达200码的前沿阵地。我还安排了一个排的兵力埋伏在左翼作为预备队。

时间一分一秒地过去。村子里静悄悄的，因为我们并没有暴露自己，也没有开火,警觉的士兵回到了温暖的营房里,那里可能是他们最不愿意离开的地方。我们都糊涂了,那些罗马尼亚士兵甚至都不愿夺回他们刚刚失去的阵地,他们显然更愿意待在下面的农舍里。

现在已经是晚上10点了,我们又冷又饿,却只能眼巴巴地看着加杰斯蒂温暖的房子。必须想想办法才行。我很快做出决定:要把最东北边的村子从敌人手里夺过来,然后守住那里,让官兵们暖和暖和,弄点吃的,在那里休息,等到天亮再从长计议。

我派出技术军士休格尔从右翼的排里抽调两个班作为突击队,攻击其中一个农场。他会沿着黑色的树篱过去,一旦敌人朝他们开枪,他将予以还击,然后跟位于左翼的排互相呼应,在我们这支加强连火力的掩护下攻下农场。其他部队也分配了不同的任务后,休格尔带领突击队出发了。(图21)

图21 休格尔的突击队对加杰斯蒂农舍的攻击态势图
ROMMEL　隆美尔特遣队　HÜGEL　休格尔突击队　2nd Co　2连

突击小组距农场不到50码时,敌人向他们开火了。所有的机枪以及詹纳的排立即还击,部署在左侧的排大喊着朝村子冲过去。我们的山地部队很快冲进村子，罗马尼亚人还没来得及从屋子里跑出来，休格尔的突击队也从另一边攻进去了。2连其他的部队拼命叫喊着，那动静就跟一个营发出来的一样。重机枪排不能再开火了，以免伤到加杰斯蒂村最北端自己的部队，他们立即将枪口对准右侧，对着屋顶扫射了几分钟。

村子的北端出奇安静，只是偶尔能听到几声枪响。罗马尼亚人都投降了。我带领一个步枪排和一个重机枪排匆匆朝那个方向过去。我到达村舍的时候，俘虏都被集中在一起，大概有百来个。更让人高兴的是，这次战斗居然没有一个人受伤。农场周围听不到一声枪响。只有我们的重机枪排对着右侧的屋顶偶尔打上一梭子，既然这里的战斗这么顺利，我正好可以带领我们连往右侧行动，清理一个个的农场。罗马尼亚驻扎在这里的守军根本没做抵抗，都被我们俘虏了。我们往四面八方派出了警戒哨，安排一个排的兵力将俘虏集中在中央，然后我便带领整个连朝村子南边的公路走去。我们一共抓捕了200个俘虏！而且人数还在增加。山地部队所到之处，只需敲一敲门，就有新的俘虏向我们投降。这会儿，我们往教堂的方向走去，我们一共俘获了360个人，俘虏的数量是我们连队人数的三倍。

教堂坐落在一个小高地上，东面是一个向下的陡坡，村子距离教堂大约200码远。一些建筑物呈半圆形环绕在教堂周围。看起来是个过夜的好去处。我们把俘虏赶进了教堂，连队则在教堂周围的房舍里宿营。我往村子较低的那头派出了侦察兵，奥多贝斯蒂—维德拉公路从当中穿过，但我们并没有再遇见罗马尼亚士兵。种种迹象表明，村子上方的战斗惊醒了那头的敌军，他们转移到普特纳东岸去了。我遇见了当地的镇长，他通过一个会说德语的犹太人告诉我，希望将镇议事厅的钥匙移交给我们。他们早料到德国部队会来，村民烤了三百个面包，杀了几头牲畜，还给我们准备了几桶葡萄酒。我只要了我们需要的量，让他们送到村子上方的部队营房。我们连最后一批人进入营房后已经过了午夜，我还在外面安排了岗哨，让其他人好好休息。

因为我们已经深入到我军防线4英里处，跟左右两翼的部队都没有联系，我们现在身处加杰斯蒂，怕是只会在天黑的时候才会安全。出于这个考虑，我想等天一亮便占领加杰斯蒂东头的制高点，但是白天肯定有敌人驻扎在那里。

部队用过餐后，便开始休息。我准备了一个简短的报告，于凌晨2点30分派通信兵送到了塔尼塔小修道院。他还带走3夸脱[①]上好的红葡萄酒给利布中尉。

晚上余下的时间，谁也没有打扰我们。快天亮的时候（1月8日），我将整个连部署在了加杰斯蒂教堂东侧的高地上。天亮后，四处都是皑皑白雪，我们确定周围并没有敌军，但能在普特纳的东岸看到有敌军在那里驻防。我随即回到了教堂附近的营地，往所有方向都派出了侦察兵。

早上，我和司务长普法尔骑马朝村子较低的那头，往奥多贝斯蒂方向走去。晚上，我把驮马送回了塔尼塔小修道院，因为马的嘶鸣声可能让敌人发现我们前往加杰斯蒂的行踪。天亮后，普法尔把特遣队剩下的人也带来了。我骑马往奥多贝斯蒂方向走去，希望跟普特纳西侧的友军联系上。

我们骑马经过村子南端，连一声枪响都没听见。在凉爽的清晨骑马倒是一件惬意的事。我策马扬鞭，让"萨尔坦"飞快地跑起来，注意力几乎都在马上，也没闲心关注周围的环境。普法尔骑马跟在我后面大约10码左右的地方。我们离开加杰斯蒂大约1100码的时候，突然发现前面有动静。我抬头一看，吃惊地发现原来是罗马尼亚的侦察兵，大约有15个人，手里拿着上了刺刀的枪，就横在我们面前。现在掉转马头显然已经来不及了，要是掏枪，身上怕是会多几个窟窿。我很快做出决定，也没减慢速度，索性大大方方地骑着马朝他们走去，友好地问候他们，告诉他们必须放下武器投降，并马上前往加杰斯蒂的教堂方向，已经有400个他们的同胞在那里等候。我也不知道这些罗马尼亚士兵能不能听懂我说话。但我的态度很友好，也表现得非常冷静，我的话很有说服力。这15个人放下了武器，穿过田野，往指定方向走去。我继续骑着马往前走了100码，然后抄近路，快马加鞭回到连队。下一次我可能没这么好的运气，碰到头脑这

---

[①] 约等于3.3升。

么简单的敌人了。

下午，前来增援的第 1 连和第 3 机枪连都统一划归我指挥。现在，隆美尔特遣队下辖两个步枪连和一个机枪连，豪瑟尔中尉成为了我的副官。

我的侦察小分队带回了更多的俘虏。快到 9 点的时候，战斗又打响了。罗马尼亚军，说不定还有俄国人的炮兵，从位于普特纳东侧高地的阵地向我们开炮，不停地骚扰我们。我们把村子里位于危险地带的士兵都撤走了。幸好部队没有人员伤亡。

下午，敌人的火力非常猛，这不由得让我想起了西线的战事，炮弹四处掉落。有些炮弹还穿过特遣队所在的指挥部的屋顶，跟以前一样，可能是来来往往的通信兵暴露了我们的位置，才招来敌人这么猛烈的炮火。这里的情况相当糟糕。特遣队占领了加杰斯蒂郊外，开始挖壕驻守。敌人准备进攻了吗？

就在敌人对我们狂轰滥炸的时候，斯普罗瑟少校骑着马到了加杰斯蒂，把营指挥所部署在了奥多贝斯蒂—维德拉沿线的公路上。敌人的炮兵丝毫没有客气，继续轰炸，直到天黑才消停。我们算到敌人会对我们夜袭，俄国人尤其喜欢这样，于是我们加强了两翼防守薄弱的地方。

### 战地观察

我们的先头部队在苗圃跟罗马尼亚的侦察兵之间的遭遇战只需寥寥几枪便能决定战斗的胜负。在当时的情况下，我们往敌人靠近时，让武器处于蓄势待发的状态（拉开保险栓，轻机枪处于射击状态）非常重要。哪方先开火，或者哪方的火力更猛，哪方就能占得先机。

在我们与强敌交手时，重机枪居然在关键的时候被冻住了。重机枪排不得不撤到离前线几码远的地方，用酒精把枪栓化开。将来如果遇到类似的情况，我必须用毯子将重机枪包裹起来保暖。我们趁着天黑，在很短的时间内猛烈地向附近的敌人开火，很快摆脱了他们。

我们在月光下，在重机枪强大的火力支持下，在雪地里从两个方向

> 朝加杰斯蒂的北面攻击。拿下阵地后，重机枪排仍然将枪口对着屋顶上方，掩护部队进攻。当然，这种情况下，重机枪开火只是为了吓唬敌人，对身处暖和营房中的敌人更多的是起到心理震慑作用，他们几乎没怎么抵抗就投降了。我们在攻击加杰斯蒂的战斗中并无人员伤亡。

## 维德拉附近的战斗

午夜，阿尔卑斯军团接替了我们，我们在皎洁的月光下往北跨过山谷公路，走了7英里，这期间离罗马尼亚人和俄国人新建立的阵地也就1100码的距离，不过敌人并没有攻击我们。当然，我们在这种场合下也不会主动去招惹敌人。天亮后，符腾堡山地营的全体官兵和我的部队都抵达了维德拉，好几天了，我们终于找了个舒适的营地。

我刚要美美地睡上一觉，没想到营里的命令就到了。"敌人已经突破维德拉山的北部，隆美尔特遣队做好准备往维德拉山北部的625高地进军，到达那里后，配属给256预备团。"这个命令几乎要了我们的命。四天来，我的部队在极其艰苦的条件下连续作战，刚刚夜行军到达此地，士兵们累得半死。刚进入宿营地，现在又要马不停蹄地前往维德拉北部全是积雪的山上投入战斗。

部队集结完毕后，我简短地把连里的新任务跟他们说了。然后部队开始往山上开拔。我跟豪瑟尔中尉、司务长普法尔和一名通信兵骑马走在前面。马儿不知疲倦地驮着我们穿过积雪覆盖的山间草地，终于进入了危险区域。

因为团里有不少预备队，所以我的部队并没有立即投入战斗。我们在厚厚的积雪里围着篝火度过一个冰冷的夜晚后，又收到了营部的命令。部队往舒服的营地走去，从家里寄来的信正等着我们呢。

现在，符腾堡山地营归总部调配，第二天晚上，部队又开拔了，这次要穿过敌人位于加杰斯蒂的阵地，再回到奥多贝斯蒂。第二天，我们穿过福克萨尼要塞，现在这个要塞已经被我们控制，然后再经勒姆尼克·萨拉特到达布泽乌附近。

尽管一场大暴风雪让铁路运输中断了，但我们还是踏上了向西出发的列车。天气异常寒冷，我们在没有供暖设备的车厢里待了整整十天，又在孚日山当了几个星期的预备队，然后再前往斯托斯怀尔—蒙希伯格—莱恰克科夫一带。

部队到达温岑海姆时，营里 1/3 的部队（包括两个步兵连，一个机枪连）成为了兵团的预备队，不过部队仍然归我指挥。斯普罗瑟少校命令我利用这段时间好好休整，让部队的作战能力恢复到原来的水平。这意味着我们将花费不少时间进行训练。大家对这个任务拍手称快。在接下来的几个星期里，营里所有的连都接受了我的训练。训练课程并不拘泥一定的形式，都是为实战要求准备的。训练科目包括夜间警报、夜行军、攻击戒备森严的阵地，以及我军可能遭遇的各种作战形式。

1917 年 5 月，我接管了希尔森山脊的一小片防区。6 月初，法军炮兵对我军阵地轰炸了整整两天，我们花了一年多时间辛苦构筑的工事居然在数小时内就被敌人夷为平地。不过敌人的步兵在进攻时收效甚微。我们的防御火力让他们每次都无功而返。但是，我们还没来得及修整被打得千疮百孔的阵地，营部又接到了新任务，部队离开了孚日山，一心只想建功立业。当时，符腾堡山地营可能正处于巅峰状态，全营官兵最喜欢的歌曲《皇帝的猎人》不时在温岑海姆回荡。

## Chapter IV
*Combat In The Southeast Carpathians - August, 1917*

## 第四章
# 1917年8月喀尔巴阡山东南部的战斗

## 向喀尔巴阡山的前线进军

虽然俄国革命的爆发削弱了协约国在东线的实力，但在1917年夏天，德国仍然有大批兵力被牵制在这片地区。只有将整个东线的敌军彻底歼灭，才能将这些兵力解放出来，投入到西线的最后决战中。为了达到这个目的，驻扎在锡雷特下游和福克萨尼西北20英里处山脉边缘之间的第9集团军，从南面向俄国—罗马尼亚联军防线的南翼发起进攻，葛洛克军团从西面发起进攻，在山区与敌人左翼部队交战。

我冒着酷暑，率领部队（包括第1、2、3连）从科尔玛经海尔布隆、纽伦堡、开姆尼茨、布莱斯劳、布达佩斯、阿拉德和喀琅施塔得，坐了一个星期的火车，于1917年8月7日中午抵达拜赖茨克。我们营是倒数第二个到达的。在火车站，我获悉葛洛克军团计划在8月8日清晨进攻奥兹托兹山谷两侧的高地。（图22）

我手下三个连的官兵取出罐头，卸下背包，搭乘卡车行驶三个小时经奥兹托兹山谷前往索斯姆佐，那里位于当时的匈牙利—罗马尼亚边界附近。我们的战斗装备和给养刚一卸下来就被送往索斯姆佐。

我们在索斯姆佐遇见了营部派往山谷的特遣队，他们是在上午步行前往奥兹托兹山谷北部山区的。我们和总部的电话联系已经中断，一位军需官传达了总部的口头命令："隆美尔特遣队要尽快跟上大部队，经哈雅—1020高地，抵达764高地（博赫）。"

当时，奥地利、匈牙利和巴伐利亚部队占领了山谷地区，道路两旁排列着

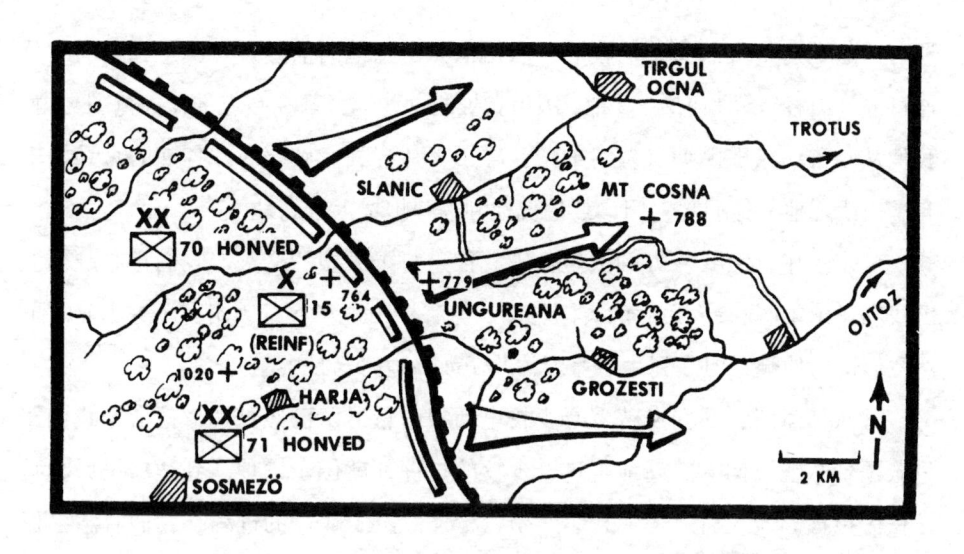

图22　攻打奥兹托兹隘口

| HARJA | 哈雅 | OJTOZ | 奥兹托兹 | GROZESTI | 格罗兹斯蒂 | UNGUREANA | 温古雷纳 |
| --- | --- | --- | --- | --- | --- | --- | --- |
| TROTUS | 特罗图什 | TIRGUL OCNA | 提古·奥纳 | MT COSNA | 科什纳山 | SLANIC | 斯勒尼克 |
| HONVED | 匈牙利军 | SOSMEZÖ | 索斯姆佐 | REINF | 特遣队 | | |

很多大炮，有些还是大口径炮。因为我不想在战斗装备还未抵达前就向山区行进，便命令部队在一片狭小的区域安营扎寨。

奥地利哨兵手持着上了刺刀的步枪，提防我的士兵不要踏入指挥官的马铃薯地。这种防范措施倒也合情合理，因为当时的口粮极为短缺。

夜幕降临时，营地燃起了篝火，军乐队举行了一个小时的音乐会表演。对于去年冬季的罗马尼亚战役，我们都还记忆犹新，这让大家对未来充满了信心。

晚上10点，篝火熄灭了，部队进入了梦乡。接下来的日子肯定需要大家奋勇杀敌，所以充足的睡眠很有必要。

由于我们的辎重在午夜时才运达，所以被迫缩短了队伍夜里的休息时间。随后，我下令叫醒大家，拆除帐篷并发放了4天的口粮，准备行军。因为所有的运输车辆都被留在了索斯姆佐，所以给每个连队和特遣队都分派了几匹驮马，用来运输弹药、口粮和我们所需的其他装备。然后，队伍开始经由哈雅向目的地行进。在这个月朗星稀的夜晚，队伍悄无声息地向前进发。我想在黎明时分通过部分山谷地段和1020高地，因为我推测这些地区都在敌人的监控范围之内。我们从哈雅一条陡峭而又湿滑的道路穿过大片树林。破晓时，各连的官兵终于有了用武之地，他们将一门参战的奥地利榴弹炮拖上了高地。

整个上午，敌我双方的大炮你来我往进行了激烈的交火。我们担心赶不上巴伐利亚第15预备步兵旅的突围行动，符腾堡山地步兵营曾附属于这个旅。虽然我们快马加鞭，但是到达覆盖森林的764高地时已是中午。

部队休息时，我向斯普罗瑟少校电话报告特遣队已经抵达，他命令我们作为旅预备队继续向672高地行进，少校的指挥部就位于该地。到达那里后，我被任命指挥6连，后来还加入了3个机枪连。至于战争的进程，我们获悉巴伐利亚第10预备步兵团在温古雷纳地区，经过激烈的交战后夺取了首个罗马尼亚阵地。据说，这里的罗马尼亚人进行了英勇的抵抗，用极为顽强的斗志坚守着每个战壕和掩体，这大大出乎我们的意料。我们对敌军的正面强攻以失败告终。

就在部队扎起营帐、生火做饭准备过夜时，命令下来了，要求我们和三个步兵连及一个机枪连继续前进，到达温古雷纳（779）西面的一个地点。斯普罗瑟少校打头阵，而我带着四个连紧随其后。在漆黑的树林中，我们排成一列纵队，艰难地在一条潮湿狭窄的小路上跋涉。照明弹在我们前面的山脊上升起，不时传来机枪的扫射声和炮弹的爆炸声。我们很快抵达了目的地。在向上头报告完毕后，我收到命令：晚上在主干道北面的凹地安营。

我刚给每个指挥员分配位置和任务，长长的队伍还站在狭窄的路上等候命令时，便有炮弹在左右两边的斜坡上爆炸。罗马尼亚人发起了突袭！四面八方都是炮弹爆炸的火光，将整个夜空照得透亮，炮弹的碎片在空中呼啸，炸起的泥土和石块如雨点般坠落下来。驮马挣脱了缰绳，在黑暗中惊恐地跺着脚。我的步兵平趴在斜坡上忍受着炮火的攻击，10分钟后这段火力集中的炮击才逐渐平息下来。所幸我们并未受什么损失。

连队迅速地向各自分配的地方移动。虽然遇到了一场突如其来的暴雨，但是经过一天的辛劳后，我们在帐篷里裹着大衣，倒在草地上呼呼大睡。

## 1917年8月9日攻打山脊公路弯道处

天快亮的时候，敌人的大炮又开始了新一轮的轰炸，我们陡然惊醒。我和副官豪瑟尔中尉正好在一块小凹地上露宿，一些炮弹就在拴着的驮马旁边爆炸了。马儿挣脱缰绳，冲过我们的营地，消失在夜幕之中。炮弹一个接一个地向我们袭来，有几次离我们只有毫厘之差。我们等到炮火减弱时才敢冲到一个凹地里，那里可以为我们提供更好的掩护。

敌人的炮火很快停止了，但这一次有几个人被弹片所伤，伦茨医生需要照顾他们。天亮的时候，我来到了军队指挥部，一杯热咖啡才让我从一夜的惊恐中镇静过来。临近5时，我们接到向温古雷纳南坡进发的命令，与巴伐利亚第18预备团保持水平位置，继续进攻。

我们冒着猛烈的炮火，穿过交通壕，从一个弹坑冲到另一个弹坑，通过了温古雷纳的西坡。我们到达山的西南坡一片较为安全的树林时，压力才有所缓解。刚抵达那里，我便接到命令，要求我率领1连和2连将位于温古雷纳顶峰南侧半英里的敌人从一小片树林覆盖的高地上驱逐出去。

我首先和巴伐利亚第18预备步兵团取得了联系，他们在前一天晚上已经在坡上100码的地方开挖战壕。不幸的是，我无法获得关于罗马尼亚军的位置信息，因为我们没有对小高地所在的方向进行过侦察。我马上就要进军该地区，这还是我第一次有机会勘察这里的地形。我仔细研究了该地区的地图，一个深谷横贯于我们和高地之间，里面覆盖着树木和茂密的灌木。

我随即派了一名军士率领10名士兵携带着一部电话机前去侦察敌人的部署情况。不到15分钟，他们发来报告说敌人已经放弃了高地这个坚固的阵地。一收到消息,我立即派遣两个连顺着电话线的方向成单列纵队前进,占领该阵地,做好了全方位的防御准备。我们千万不能大意,敌军可能从任何方向来犯,重新夺取这个工事完善的据点。我向斯普罗瑟少校汇报时,距离我接到命令不过30分钟。(图23)

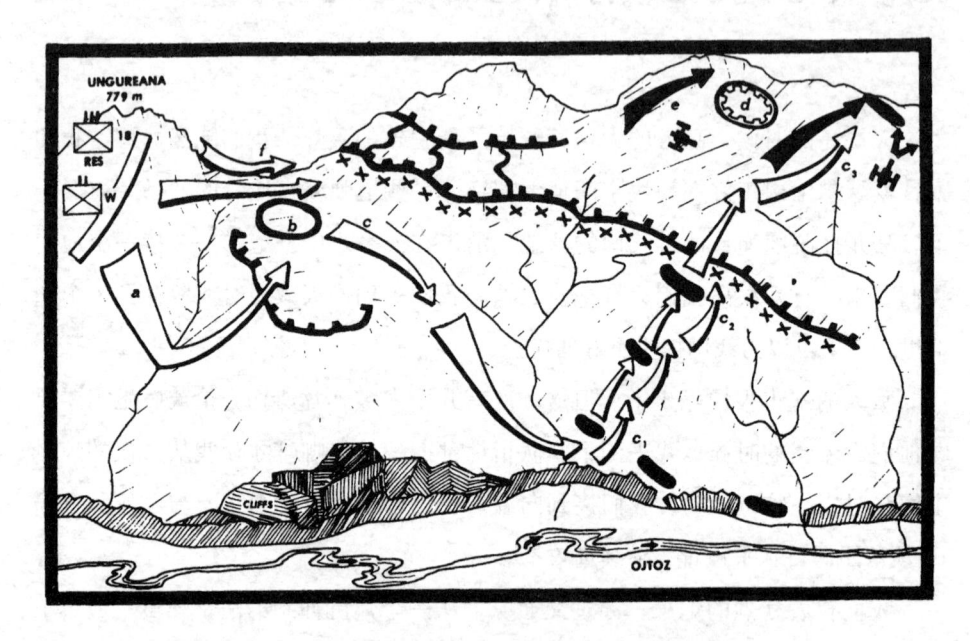

**图23 1917年8月9日的作战态势(南侧视野)**

a 夺取高地　b 午间休息　c 下午的进攻　d 傍晚抵达阵地
e 敌人的反扑　f 巴伐利亚第18步兵团和符腾堡山地营的进攻
UNGUREANA 温古雷纳　RES 预备队　OJTOZ 奥兹托兹

上午的主要任务是对南面(奥兹托兹山谷)和东面人迹罕至的森林进行侦察,结果我们抓了两个俘虏。中午,从西面过来的匈牙利国防步兵在高地上和我们交接完毕。这时,营部下达了指令,现在我的特遣队得到了3连的加强,将向北出发穿过树林到达温古雷纳山脊南面0.25英里的一个阵地。我们采取了和早晨一样的安全措施,派出了一支精锐的侦察队携带电话机前去侦察。因为我们与两翼的部队缺少直接联系,所以要避免被敌人突袭。一到那里,我就再次部署了环形防御式阵地，全方位防守。据悉，敌人现在占据着温古雷纳东北面和东面半英里的主峰，那里可谓固若金汤。

在一段短暂而又密集的炮火轰炸后，我们在下午3点对敌军阵地发起了攻击，将敌人驱赶到温古雷纳东面大约1英里的山脊公路的弯道处。巴伐利亚第18预备步兵团将沿山脊线进攻，符腾堡山地步兵营则从南面给予支持。我的部队也将在前线参与此次进攻。

连队在西面的沟壑里休息用餐时，我派出了几个侦察小分队，对下午将要进攻的阵地进行侦察。技术军士法伊弗率领10名士兵与最南端的侦察队一同出发，探查敌人是否占领了从山脊公路转弯处向南的山脊地区，并确定他们的位置和兵力。

从敌人在温古雷纳峰南面半英里的高地上的兵力情况看，我认为敌人在较远的东面山坡上的部署并不是十分完善，敌军很可能只在高地和山谷上部署了不少兵力，相互之间保持联系，而山坡上的所有阵地则兵力稀少，有可能孤立无援。这就是我们的突破口。对于我们这样一支有胆识的部队而言，真是天赐良机，到时候准能速战速决。

我们派往北面的侦察小分队报告阵地上到处都是铁丝网，同时法伊弗还说，他离开还不到半个小时，就俘获了75名罗马尼亚人，缴获了5挺机枪。这怎么可能？我们没有听见那个方向传来一声枪响！在电话里，法伊弗简短地汇报说："我们特遣队在行至距营地600码的峡谷时，意外遇见敌人在那里休息，连个哨兵都没有。我们下山时发现了他们，便悄悄地派出10名步兵进行攻击，要求这些罗马尼亚人投降。他们的武器都放在一旁，手里连一把枪都没有，敌人别无选择，只得向我们的10名士兵投降。"

我向斯普罗瑟少校报告了法伊弗的好消息，并建议营部在对山顶发起正面进攻的时候，由我率领部队对南面山坡上孤立无援的阵地进行突袭。我还进一步建议，如果成功突袭，我们就能出其不意地推进到弯道处的山脊，从那里抵达温古雷纳东面半英里的敌军阵地。这将迫使敌人撤走在温古雷纳和弯路山脊之间的全部防御。斯普罗瑟少校将这个建议传达给了旅部，上级很快命令我率领 2 连和 3 连，按事先计划对山坡处的阵地发动进攻。可惜，我并未获得重机枪火力的支援。

很快，队伍沿法伊弗的电话线行进，他的小队成了先头部队，但未能再发现任何其他的敌军部队。我们沿着山谷下行，穿过一片布满落叶树和灌木丛的密林。那里的山坡陡峭，我们不得不紧随法伊弗下行 1200 英尺的高度，进入奥兹托兹山谷。

在距离奥兹托兹山谷将近 100 码的地方，我赶上了法伊弗，随即命令他向东北方向弯道处的山脊攀登。我、豪瑟尔中尉和几名通信兵继续紧跟先头部队。不久，我发现事有蹊跷，赶紧跑上前去。在一块稀疏的树林处，法伊弗指着前方大约 200 码处的罗马尼亚哨兵，他们身后便是罗马尼亚阵地。敌人将注意力放在了山谷公路两侧的开阔区域。我们没有打草惊蛇，而是经过一条狭窄的小路穿过陡峭茂密的西坡，向弯道处的山脊攀登。

因为我们在攀登的过程中随时都可能进入罗马尼亚阵地，所以我命令先头部队一旦瞧见敌人便立即隐蔽，掩护剩余部队前进。除非敌人主动进攻，否则严禁先头部队开火。我打算误导罗马尼亚人，让他们以为遇见的是一支侦察队，这样我们可以趁机完成攀登，为接下来的进攻赢得时间。通过这些防御措施，我希望打罗马尼亚人一个措手不及。

先头部队行至距谷底 500 英尺的地方时，遭到了来自山坡远处敌军阵地的火力攻击。按照命令，他们没有开火回击而是掩护其他部队。我迅速把 3 连部署在右侧，2 连在左侧进行攻击。茂密的灌木丛让我们能够在敌人毫无察觉的情况下完成战斗准备。我随即下达了进攻命令："2 连通过狭窄的小路佯攻，务必诱导敌人，用步枪和手榴弹拖住他们。充分利用掩体避免人员伤亡。进攻方向是在山坡西面。同时，我将带领 3 连从右侧包围敌军阵地。"

一群罗马尼亚侦察兵闯入了我军的集结区域，迫使我们在准备工作尚未完成之际就开始行动。敌人随即被击退了，我立即命令 2 连发动进攻。2 连遭到了盘踞在山坡上方150英尺阵地上敌军的阻击。趁双方交火，投掷手榴弹时，我和3连朝东面攀登了300多英尺，穿过茂密的灌木丛，没有遇到任何阻碍就到达了敌军侧翼。敌人大概有一个排的兵力，他们的注意力全都集中在跟我军的正面交火中。我们的进攻迫使敌军放弃阵地，沿山坡撤退。由于这里树林茂密，能见度有限，我们无法乘胜追击，而且我们继续前进的话将进入2连的交战区。因此，我没有让3连继续进攻。

2连则继续对撤退的敌人进行围追堵截，一旦敌人负隅顽抗，就重复先前的战略。3连也同样如此。由于受到2连火力和手榴弹的压制，撤退中的敌人几乎没有时间停下来反击。部队对敌人不断进行火力压制，意在给3连发出再次从右侧包围敌人的信号。在八月的炎炎烈日之下，这类战役让部队不得不背着沉重的背包攀山越岭，好几个士兵都因体力不支倒下了。

我们相继将5个阵地的敌人打得落荒而逃，这些阵地一个比一个牢固，最后，只剩下我、豪瑟尔中尉还有10来个士兵继续追击敌人。只见罗马尼亚人穿过灌木丛狼狈逃窜，我们不断朝他们开枪、呼喊，并向同一个方向投掷手榴弹，以免误伤自己人。我们就是用这种办法成功地将敌人赶出了原本固若金汤的连续阵地，让他们无法停下来进行抵抗。

越过这片阵地后，树林变得稀稀疏疏，山路依然向上延伸，但并不是很陡峭。我们到达了树林中的一块空地，右侧与一片狭长的山坡草甸相连。越过山坡，我们看见敌军的两个连正在朝东北方向的山脊撤退。在他们的右边，一个罗马尼亚山地炮兵连和他们的驮马也正在撤退，企图尽快抵达安全地带。我们立即从灌木丛中对撤退的敌军开火，幸运的是，他们根本无法估计我们的人数。敌人消失在附近的树林和山坳里时，我命令豪瑟尔中尉率领剩下的士兵继续追击。

我们的山地部队沿着树林边缘前进时，一个罗马尼亚山地炮兵连对我们的左翼发动了进攻。他们在距离我们0.25英里的一片空地的西北角，向我们发射霰弹，炮弹如雨点般地落在灌木丛里。我们躲在巨大的山毛榉树后面。不久，2连和3连也气喘吁吁地爬上了山坡，我将他们部署到右侧，躲进一个凹地里寻

求防护。（图24）

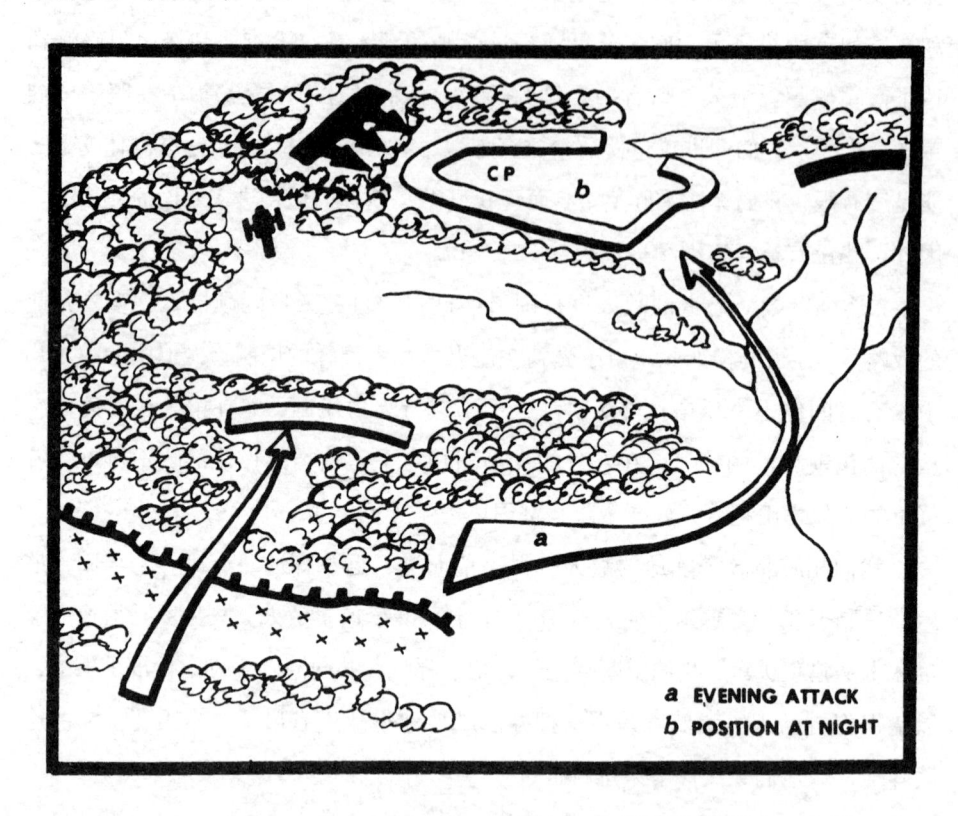

**图24　1917年8月9日的夜间攻击（南侧视野）**
a 夜间攻击　　b 夜间阵地

此时，我们距离攻击目标，山脊公路弯道处的山脊线大约只有半英里路程。敌人仓皇逃窜，我们不敢松懈，也顾不上疲惫了，一路追击。时而从温古雷纳传来激烈交战的声音。想必巴伐利亚人和符腾堡山地营的其他部队的进攻也取得了进展。

我们继续向山脊前进，却遭到了敌军步枪和机枪的火力阻击。就是这短暂的喘息时间让敌军指挥官逮着机会重新组织部队，建立新的防线。我率领的两个连连一挺机枪都没有，这让我打起仗来束手束脚。但我们还是巧妙地利用坑坑洼洼的地形，不断地往山顶靠近，追击敌人，他们似乎也对阵地的重要性心知肚明。任何人一旦暴露就会立即遭到步枪和机枪的火力攻击。技术军士巴特勒在我附近观察时，就是因为这样腹部中弹受伤的。

黄昏为我们的进攻提供了便利。夜幕即将降临的时候，我的特遣队占领了罗马尼亚山顶阵地西面的高地，那个阵地曾一度让我们吃尽了苦头。我派出一组小分队占领了距罗马尼亚机枪阵地 70 码的一个小山口，那里可以让他们获得掩护。我的步兵则与北面和东面的敌人针锋相对。其他士兵部署在西面邻近的橡树林中，对付北面和西面的敌人。

当然，罗马尼亚人也发动了反扑，试图将我们逐出高地，但我们用卡宾枪的火力压制他们，又迫使对方返回了原来的阵地。我们以楔形队形推进，穿过山脊公路，将罗马尼亚东西两面阵地的联系切断。但是，我们辛苦铺设的和营部联系的电话线却在穿插和进攻中被切断了，我迫不得已只能用烟火发信号，通知营部我们已经到达目的地。

特遣队趁着夜色悄悄部署完毕。我们预料到敌人可能从任何方向发动反攻，便构筑了环形工事。在靠近战地指挥所的橡树林中，我留下了一个排由我指挥。只要情况允许，我们就会往外派出战斗哨。

现在，我们无法和营部取得联系。显然，下午的正面进攻没有取得预期的效果。在山脊公路弯道（我们的位置大概在其东侧 550 码处）和温古雷纳之间，双方交战正酣。我们现在大约位于敌人阵线后方 1100 码的地方。

我在小帐篷里借助着手电筒的光，向豪瑟尔中尉口述了我的作战报告。我们不能露出一丝光亮，否则会立即引来敌人的攻击。同时，山上的战士表现出了非凡的勇气。2 连的准下士舒马赫和一位战友将身受重伤的巴特勒用一顶帐篷送往奥兹托兹山谷（海拔落差达 1100 英尺）。夜里，他们又将军士抬到了索斯梅佐的一位医生那里实施手术，救了他一命。在这样一个漆黑的夜晚，考虑到地势的险要和长距离的跋涉（直线距离有 8 英里），这次任务完成得非常出色，是一名优秀士兵忠诚尽责的典型案例。

在汇报战况之前，我在 8 月 10 日黎明时对局势的担忧已经有所缓解，因为向西面派出去的侦察小分队已经与巴伐利亚第 18 预备步兵团取得了联系。后者与符腾堡山地营的其他队伍在炮兵的支援下，下午对敌军发起正面进攻，但是未能取得太大进展，敌人异常顽强地守住了阵地。敌我双方凭借战斗中发出的声响和随后的信号弹，都知道我的特遣队打了胜仗。为了避免遭到重创，位于温古雷纳和山脊公路弯道之间的罗马尼亚人在夜色的掩护下，从阵地撤走了。他们朝东北方向的山坡撤退，那道山坡向下通向斯勒尼克山谷。

午夜之前，通信员将这份作战汇报送到了位于温古雷纳的营部。同时，我命令士兵重新铺设了一条新的电话线。入夜后天气寒冷，我穿着被汗水浸湿的衣服，不禁瑟瑟发抖。凌晨两点，我只得起床靠踱步来取暖。

我和豪瑟尔中尉来到前线勘察对面敌人的阵地，发现其位于东面一个覆盖树林的小高地（即所谓的橡树林）上，距离我们大约 90 码远。

因为补给困难，所以我严令部队节省子弹，这让敌人变得肆无忌惮。他们的哨兵就像在和平时期一样大摇大摆地走着，东面的地平线变亮后，敌人的行动尽收眼底。在这种情况下，干掉他们真是易如反掌，但我还是想把进攻的时间缓缓。天色大亮后，我们能够看见东面的罗马尼亚人所控制的战线连绵不绝，阵地从佩特雷山峰朝北延伸穿过橡树林。

**战地观察**

8 月 8 日和 9 日夜间，罗马尼亚炮兵轰炸了作为预备队的我部，造成了一些损失。如果部队早就挖好了战壕，这些损失本可避免。

8 月 9 日，侦察小分队进行了作战侦察，铺设电话线，这些举措在随后的山林作战中被证明非常有用。我能够随时与行进中的侦察小分队进行通话，在几分钟内获得消息，下达新命令，召回部分士兵，或者沿着侦察小队的电话线行军，让我的主力部队快速推进，占领阵地。在山上，须避免送信这种费时费力的方法。不过，用电话通信有一个先决条件，就是确保有充足的电话线。

在对斜坡上的树林发动攻坚战时，我们会用猛烈火力、手榴弹攻击敌人，向他们喊话，迷惑高地上的敌人，让他们错误地部署预备队。3 连从敌人侧翼和后方的穿插，让我们得以速战速决。我们用同样的方法相继夺下五个阵地，尽管敌人最后一个阵地足有两个连的兵力。我们的进攻丝毫不给敌人喘息的机会，敌人没有时间重新组织兵力防御阵地。

虽然敌人在参战人数和武器装备上都有优势，罗马尼亚人拥有数量众多的机枪和山地炮。但是我们的特遣队利用地势不平的优势，成功地夺取并且守住了位于敌人战线后方 1100 码的山顶高地。夜里，同第 18 预备步兵团和符腾堡山地营对峙的敌军被迫撤离了阵地。

攻坚战胜利后，我率领的分遣队迅速挖战壕，构筑环形工事。如果不挖战壕，敌人一旦反扑，我们将损失惨重。这是我们在这次战斗中的损失统计：2 人牺牲，5 人重伤，10 人轻伤。

# 1917 年 8 月 10 日的战斗

8 月 10 日，临近清晨 6 点时，我们终于恢复了和营部的电话联系。值班军官告诉我，斯普罗瑟少校已率符腾堡山地营其余各连抵达阵地，他对我部在 8 月 9 日之战取得的决定性胜利大加赞赏。

我随后去我部东线侦察情况。即便是大白天，罗马尼亚哨兵看上去一点也不警觉。昨晚，罗马尼亚驻军在佩特雷峰和橡树林之间挖好了阵地，现在，不少守军居然躺在阵地边上晒太阳。这样的情形和我军阵地形成鲜明对比。我们的哨兵和驻军无不隐蔽得很好，并且纪律严明，任何士兵不得轻易暴露自己，若非遭到敌军攻击，绝不能开枪射击。

敌军阵地从光秃秃的佩特雷峰（693）西坡沿山脊一路向上延伸至橡树林。山脊上零星散落着几丛灌木，橡树林中的阵地似乎修筑得十分牢固。阵地控制着其以南、以西和以北的大片区域。橡树林以北，敌军阵地向山谷展开，穿过低矮的灌木丛，一路直奔斯勒尼克深谷而去。阵地上除了单个掩体，还有大型据点。阵地之间相互支援，完全控制了敌军前线对面无遮无拦的山坡。（图25）

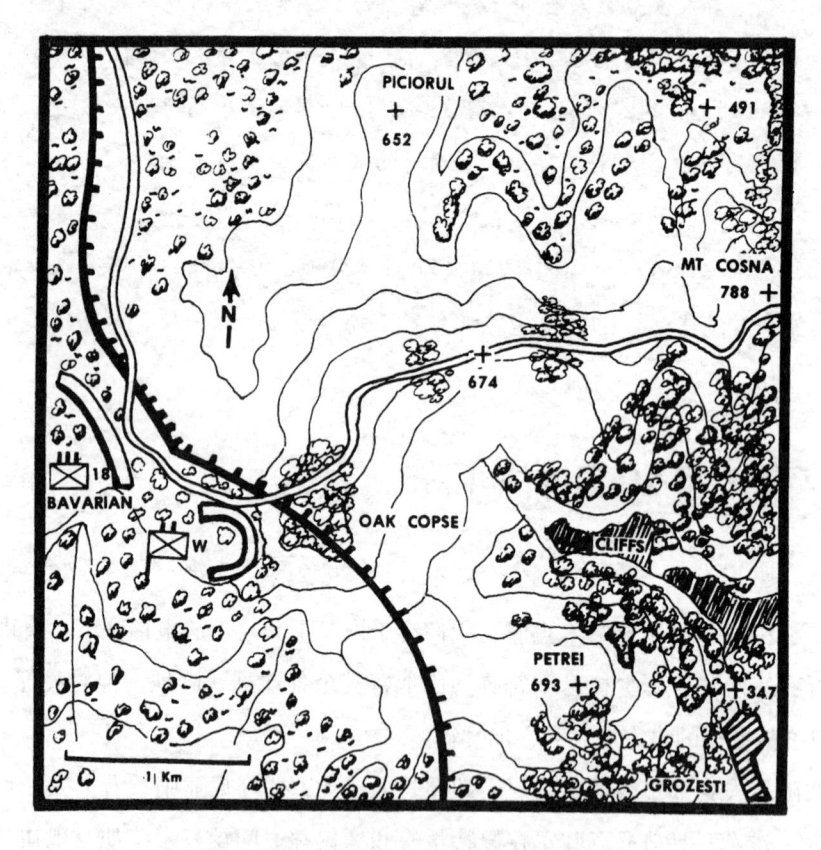

图25 攻打山脊公路弯道处，1917年8月10日

PICIORUL　皮西奥鲁尔　　MT COSNA　科什纳山　　18 BAVARIAN　巴伐利亚第18步兵团
OAK COPSE　橡树林　　　CLIFFS　　悬崖　　　　PETREI　佩特雷峰　GROZESTI　格罗兹斯蒂

7点刚过，旅部命令山地营继续作战，夺取674高地以西400码的公路弯道。我们须再次将敌人逐出阵地。由于时间仓促，炮兵赶不到前方有利阵地，无法为我们提供火力支援。斯普罗瑟少校派我准备执行他的作战计划，并授命我指挥第1、3、6山地连以及第2、3机枪连。我这次指挥的可是大部队！

阵地上的敌人毫无戒备。我计划在临近正午时机枪连先打他个猝不及防，敌方守军只得退到橡树林以南400码、以北300码处寻求隐蔽。机枪连牵制敌军的同时，山地连部分小组突破橡树林敌军防线，将敌人压制在橡树林左右两侧，切断他们的退路。得手之后，我会带领大部队，一鼓作气一路杀向674高地。

备战的过程既枯燥又耗时。整整一上午，我亲自部署了10挺重机枪。为了不被敌人发现，我绕了个很大的圈才把它们运到阵地。我把其中几挺藏在了前线阵地后方山顶的树林中，另外几挺则放在了南坡的小溪和山坳里。我给每挺机枪设定了作战目标，还定好了进攻前、进攻中以及进攻后的射击时间。我命令机枪连12点准时开枪，任命离山脊公路的弯道最近的部队为此次作战的突袭排。

临近11点，隆美尔分队其余各部队完成作战准备。我锁定橡树林南部边缘为突破口。第1、3、6山地连及一个重机枪连作为突袭部队，悄悄地藏身于橡树林西南方向的一处凹地中，距离橡树林90码。开战前10分钟，我向突袭小组（3连）、3连佯攻部队以及主攻部队下达了进攻命令与作战指令。（图26）

12点，我准时向机枪突袭排发出开火信号。不久，10挺重机枪一齐向橡树林扫射。为了迷惑敌人，引起敌军恐慌，机枪一开火，位于3营左翼的一个排就高声呐喊，并不断向橡树林西北角投掷手榴弹。我军的一切行动都是在良好的掩护下进行的，以尽可能降低损失。罗马尼亚军立刻向我军开火还击。

呐喊声震耳欲聋，担任突袭任务的3连利用手榴弹爆炸散发的烟雾向前冲了100码，从山脊公路直抵橡树林西南角。重机枪连从我军后方给了敌军阵地沉重一击，为了不误伤突袭部队，他们现将火力转向左右两侧。我带着参谋人员紧跟在突袭部队身后，他们悄无声息地小跑着前进，想尽快完成任务。我们身后，3连其余部队及一个重机枪排与我们寸步不离。周围爆炸声、射击声不绝于耳。

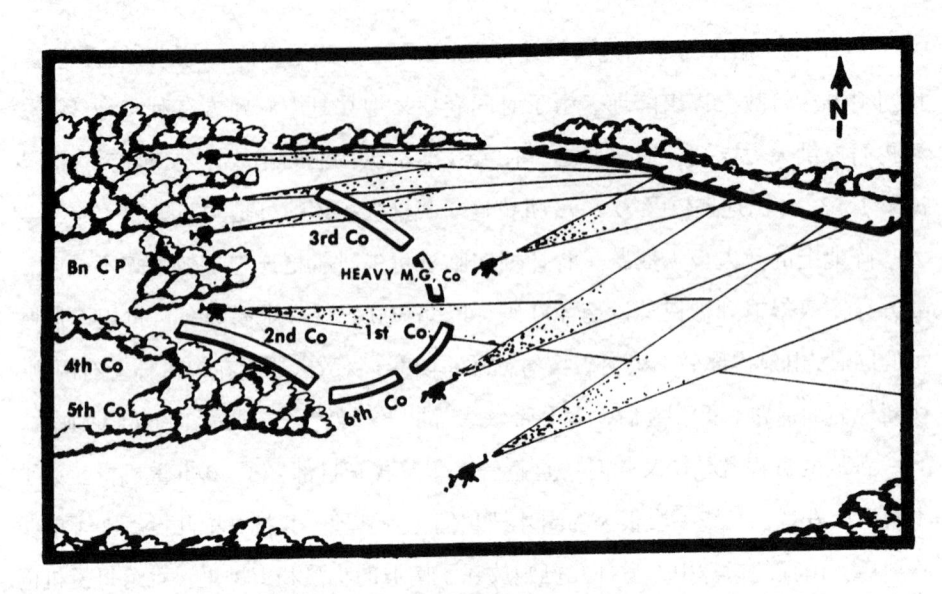

**图 26　1917 年 8 月 10 日的作战中重机枪火力部署计划（南侧视野）**

| Bn CP | 营指挥部 | 4th Co | 4 连 | 5th Co | 5 连 | 3rd Co | 3 连 | 2nd Co | 2 连 |
| 1st Co | 1 连 | HEAVY M.G.Co | 重机枪连 | | | | | | |

我军开火后不足两分钟，重机枪组仍在扫射，左侧山脊公路附近枪声大作。与此同时，突袭小组攻入橡树林，首次遭遇战壕中敌人的顽强抵抗。我军山地部队没用多长时间便战胜了他们。一旦进攻受阻，山地部队会立即放弃掩护，向敌军阵地发起冲锋。此时，机枪连已抵达橡树林边缘，他们迅速架起机枪，从我军左侧向敌人射击，牢牢牵制住突袭小组正面的敌人，给了突袭小组有力的支援。距离我 50 英尺的地方，一名罗马尼亚士兵正在向我瞄准，幸好我的通信兵及时发现，一枪打爆了他的头。

我们刚占领橡树林，敌军就从东北方向我们反击。跟在我们身后的机枪连尚未布置在前方有利位置，还在攻击发起点固守的机枪火力鞭长莫及，无法抵达东北面的反斜坡。敌人很快冲到了我们手榴弹投掷距离之内，激烈的枪战与手榴弹战随即展开，参谋员也不得不加入战斗。尽管敌众我寡，我军仍然顽强反击，誓死捍卫攻下的阵地。几分钟后，我军一挺机枪进入射击位置，形势一下对我们有利了。我又能全身心指挥战斗了。

3连与重机枪排配合默契,确保了橡树林南北两侧的安全。我命令其余部队（1连、6连以及突袭成功后跟进的两个重机枪连）沿山脊向674高地方向突破。几挺重机枪将橡树林两侧的敌人牢牢牵制在阵地上,主攻部队在敌军阵地打开了一道缺口,其余重机枪封锁缺口两侧,使主攻部队免受四周强劲火力骚扰,直冲山脊。我们志在必得,拿下674高地,部队呈单列纵队行进,1连轻快地跑在前面带路。（图27）

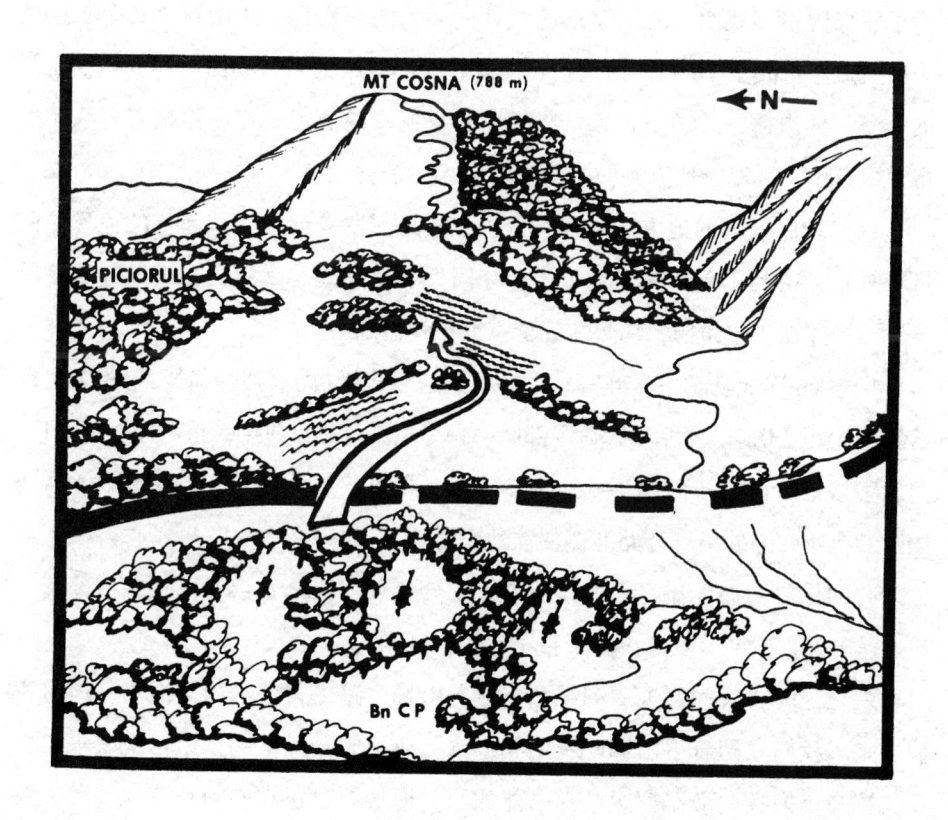

图27　674高地的作战态势（西侧视野）

MT COSNA　科什纳山　PICIORUL　皮西奥鲁尔　Bn CP　营指挥部

一路上，我们没有遇到任何抵抗。1连的先头部队很快抵达了674高地以西0.25英里的一个小山丘。我紧紧跟在他们身后，正在一小片凹地中穿行，这时，机枪子弹"嗖嗖"地从右侧扫过来，我不得不卧倒在地。子弹只在草皮上射出一串小孔。子弹像是从1300码以外射来的，看样子应该来自674高地东南方向900码的山坡。我躲在一个小得可怜的土堆后面，打算等机枪一停下来就向前冲。突然，一颗子弹从身后射来，击中了我的左前臂，鲜血顿时喷射出来。我环顾四周，发现90码外一个罗马尼亚小分队躲在灌木丛后，正在向我和1连几个士兵射击。为了脱离险境，我沿"之"字形路线冲向面前的小山丘。小山丘上几个1连战士已经孤军奋战了10分钟，直到我们身后的部队跟上来，和西侧的罗马尼亚军展开激烈的肉搏，才救下他们。指挥罗马尼亚军的法国军官不停喊着"杀死这帮德国畜生"，那家伙直到被近距离击中才住了嘴。

我们身后很远的地方，敌我双方正在鏖战。罗马尼亚军从起初的惊恐中回过神来，试图利用预备队发起反击，夺回失去的阵地。幸亏我军山地部队英勇善战，指挥官斗志昂扬，局势才完全掌握在我们手中。

1连、6连成功拿下674高地，并未遭遇更多抵抗。与此同时，伦茨医生也给我包扎好了伤口。随后，我命令部队占领夺取的阵地，并接受重组。命令如下：阿尔丁格的重机枪排配属于6连，驻守674高地。其余各部队转移至674高地以西，在400码外山脊公路北侧的洼地中协防。

我的伤口剧痛无比，失血让整个人十分疲惫，但是我依然坚持指挥部队。我通过电话，向斯普罗瑟少校汇报了我们的胜利。

就在这时，我们发现一列纵队正沿着山脊公路由科什纳山浩浩荡荡地向我们走来。我们立即着手防御。不用我多说，战士们已经拿起铁锹修筑工事了。我匆忙命令炮兵向敌军开火，却未能如愿，炮兵此时正在向前线阵地转移。敌军没有受到任何阻击，离我们越来越近了。

戈斯勒上尉带领符腾堡山地营其余各连及时赶到，我们迅速划分了指挥权。我指挥5连、6连以及阿尔丁格重机枪排，负责在前线阻击。2连、3连以及第

3机枪连担任预备队。戈斯勒负责指挥1连、4连以及第1机枪连。他所在的分队正在674高地以西300码左右的山脊公路南面挖掘阵地。出乎意料的是，从科什纳山赶来的罗马尼亚步兵并没有攻击674高地附近的新阵地，而是派了几个侦察小分队前来打探情况，结果被我们轻松击退。随后，罗马尼亚军占领了5连、6连正面的山脊。他们的阵地距我军阵地不过半英里，大约向两侧延伸1200码的距离。这样一来，我们并无必要增加前线的守军。整个5连、6连便能够在前线拉起700码的队伍，况且阵地侧翼敞开，弯向后方。戈斯勒的部队与6连相通，可从南坡向其提供支援。而我则可带领分队为5连北翼提供安全保障。除此之外，整个阵地还有相当大的纵深，可谓固若金汤。

下午3点，罗马尼亚军从佩特雷峰西坡撤退，一路穿越橡树林，抵达斯勒尼克西岸。不过，我们无法联系到左右两侧的友邻部队。罗马尼亚军的炮火向我军袭来，很快炸断了我们的电话线，我们动弹不得。炮火还炸毁了674高地与橡树林间山脊公路两侧的阵地。我与5连、6连之间的电话联系时断时续，通信班冒着生命危险抢修通信线路，困难重重。敌军炮火持续了整整一个下午，火力也没有半分减弱。所幸前线各连与预备队损伤甚微。下午晚些时候，奥地利炮兵上场了。值得一提的是，我军一颗305毫米口径的炮弹落在了科什纳山山顶的一群人（不久后证实，是一群罗马尼亚和法军军官）中间。幸运的是，在此次作战以及随后的炮兵轰炸中，我率领的部队并无重大人员伤亡。我的指挥所设在674高地以西400码的陡坡上。双方炮火胶着时，我在此草拟了橡树林—674高地的作战报告。敌军无休无止的炮火直到天黑才偃旗息鼓。之后，后勤部队给我们运来了粮食和弹药。

由于失血过多，我一点精神都没有。手臂上扎紧的绷带、肩膀上搭着的大衣，让我一举一动都不自在。我想暂时交出指挥权，可是部队形势严峻，我必须坚守岗位。

又有几支部队归属斯普罗瑟少校指挥。他的指挥所在674高地西南2200码处的橡树林中。斯普罗瑟预备队（第18巴伐利亚步兵团）以及炮兵联络官观测所也驻扎在那里。

夜幕终于降临了。

### 战地观察

1917年8月10日，我部开始进攻罗马尼亚军占据地利优势的坚固阵地。进攻中，重机枪组实施掩护，炮兵及迫击炮火力并未参与其中。我们不仅取得胜利，且并无重大人员伤亡。究其缘由，主要有几点：首先，3连突袭小组进攻前，我军向敌军阵地集中扫射，准备充分。此外，突袭过程中及结束之后，我军机枪火力成功将敌军牵制在阵地动弹不得。

8月10日，罗马尼亚人吸取了前一天的教训，主动放弃了山坡上的阵地。我们从半山腰向敌军阵地突破毫无胜算，那里地势开阔，四周高地的机枪火力可以轻而易举地封锁该区域。我们必须沿山脊打击敌人。

### 战斗侦察

8月10日晚及第二天清晨的最初几个小时，我们对敌军阵地进行了缜密的侦察，在随后的作战中发挥了积极的作用。我们摸清了敌军阵地的兵力部署以及守军的作息规律。为了不引起敌人注意，暴露我们的行踪，我军并未派出侦察小分队。而敌军却犯了兵家大忌，他们不但没有对阵地前沿的地形进行勘察，甚至表现得十分松散（哨兵随处可见，驻军在掩体外休息）。我们的突袭犹如闪电，让他们猝不及防。

几挺重机枪将敌军牵制在橡树林中动弹不得，为3连突袭小组打开了通道，然后将火力转移到两侧，确保了3连突袭小组的安全。在接下来的进攻中，尤其要表扬一下重机枪连，他们在近距离作战中打得非常准，我军突袭小组面前的敌军纷纷倒在他们的枪口下，有效地确保了战斗的胜利。

佯攻部队隐蔽在突破口左侧 100 码的地方，不断向敌军投掷手榴弹、高声呐喊，以迷惑橡树林中的敌人，吸引敌军预备队的注意。这一举措功不可没，帮助突袭小组顺利完成任务的同时，佯攻部队也并未遭受任何损失。

　　不可否认，敌军表现出了一定的军事素养，迅速从东北方向向我军橡树林中的突破口发起了反击，然而我军山地部队超强的战斗力再次得以展现。

　　罗马尼亚军预备队占据了阵地后方一座高地的山顶。不过敌军预备队多数时候都没有做好反击准备，只要我们向前突袭，他们就会被困在掩体当中不知所措。尽管小股部队试图在我军突袭后进行防御，甚至反击，但是很快便被我军山地部队打压下去。我们前有 5 个山地连开路，后有戈瑟勒分队和另外 4 个山地连步步紧跟。突袭部队的实力不容小觑。

　　夺下预定目标后，我们立即转攻为守。先头部队在良好的隐蔽下挖掘战壕。预备连则在南北两翼的开阔地担任前哨。侦察小分队深入敌后并非明智之举，极易被罗马尼亚后方阵地守军击毙或是俘获。况且我们已经将敌人的情况摸得一清二楚，无须多此一举。攻克目标后不久，我军全部从橡树林与 674 高地之间的山脊撤了出来，开始在凹凸不平的阵地上修筑横向工事。当天下午，敌军的大炮向我军阵地狂轰滥炸，却对我们没有丝毫影响。

　　我部沿山脊进攻，击破敌军阵地，迫使敌人在当天下午撤退到新的阵地上。

　　敌军指挥过于保守，尽管手握重兵（数不清的预备队和炮兵），又占据阵地南北的有利地势，却只被动防御，不下了决心反击。

## 进攻科什纳山，1917年8月11日

前线没有一丝风吹草动，连罗马尼亚的侦察部队都没有来过。临近夜里10点，斯普罗瑟少校通知我，旅里下令明早11点在炮兵支援下攻打科什纳山，并征求了我的意见。

从地形上看，我觉得从西侧以及西北侧发起攻击更加有利。那里的山脊顶部没有树木覆盖，炮兵及重机枪火力能够为我们的进攻提供更好的支援。同时，山脊公路以北洼地密布，为进攻部队提供了天然屏障。

尽管我受了伤，斯普罗瑟少校还是要求我再多坚持一天，以便指挥西侧和西北侧的进攻部队。这次行动，我将指挥第2、3、5、6山地连，第3机枪连以及第11预备步兵团。与此同时，戈斯勒上尉将率领第1、4山地连，第1机枪连以及第18巴伐利亚预备步兵团2、3营，穿过674高地和692高地，从南侧及西南侧进攻科什纳山。这项新任务充满挑战，令我心潮澎湃，我决定留下来继续战斗。（图28）

我一晚上都没怎么合眼，伤口生疼，白天战斗的情形不时在脑子里浮现，老是惦记明天的任务。天还没亮，我就把豪瑟尔中尉叫了起来。我俩一起向5连和6连的方向走去，借着清晨微弱的光亮，仔细观察周围地形，拟订行动方案。

我军前线阵地以东半英里的地方还有一道山脊，那里的敌军阵地横跨山脊公路。敌人的哨兵要么藏在树后，要么躲在灌木丛中。我们发现公路以北还有条相当紧凑的新防线，敌人的守军就集结在那里。不过双方像是达成了某种默契，都没有开枪，以免打破这黎明的宁静。我军阵地隐蔽得十分严密，敌军很难发现。

进攻线路比我想象的要棘手得多。线路前方及南侧的山坡光秃秃的，我们根本无法躲避敌人的火力。山脊公路以北700到900码处的地形比较有利。山脊和皮西奥鲁尔之间的山坡上荒草丛生，其间还散落着茂盛的灌木。皮西奥鲁

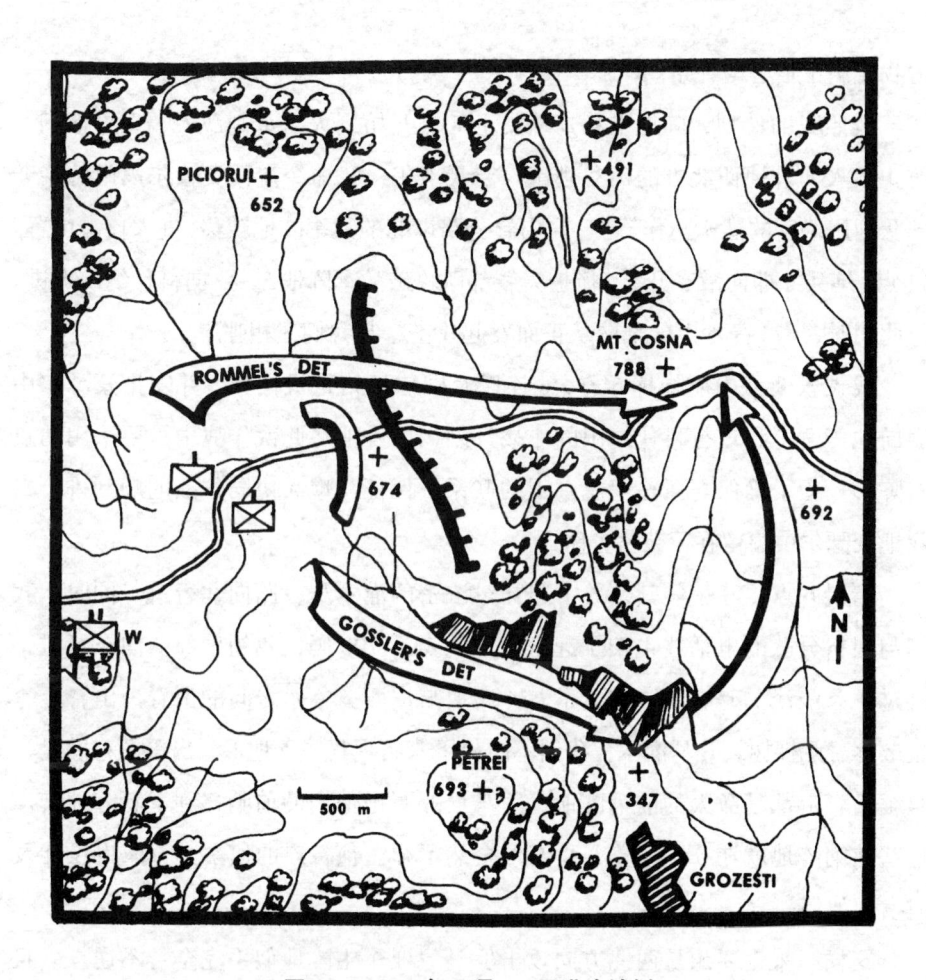

图28　1917年8月11日进攻计划

PICIORUL　皮西奥鲁尔　　ROMMEL'S DET　隆美尔分队　　MT COSNA　科什纳山
GOSSLER'S DET　戈斯勒分队　　PETREI　佩特雷峰　　GROZESTI　格罗兹斯蒂

尔（652）在5连侧翼的山脊公路北侧，距离山脊公路大约1英里，上面覆盖着大片的落叶林。

太阳缓缓升起，陡峭的科什纳山顶在晨曦中若隐若现，俯视着周围的一切。那里就是我们8月11日的攻击目标。我们能成功吗？一定行的！我还要带领6个连上战场杀敌，早就把负伤的事抛到了脑后。我决心迎难而上，任务虽然艰巨，但我充满了信心与力量。

按照我的计划，阵地上各连从早上8点开始用火力牵制敌人、误导他们，防止敌人向阵地西北方的山谷逃窜。当天上午，我命令皮西奥鲁尔以南的突袭部队利用浓密的灌木丛作掩护，向山脊公路以北的敌军阵地转移，进入攻击位置。11点，炮兵立即向敌军开火，掩护突袭部队攻破敌军阵地，一路向科什纳山挺进。与此同时，674高地上的部队从正面发起攻击，与我们遥相呼应。

我授权荣格中尉指挥5连、6连以及阿尔丁格重机枪排，并安排豪瑟尔中尉向他传达了我攻打科什纳山的作战计划，以及他在此次作战中需要采用的攻击阵形。为了确保与斯普罗瑟军团的联系，保证与炮兵协同作战的顺利进行，我把豪瑟尔中尉留在了荣格分队。

清晨6点，我率领其余4个连穿过浓密的灌木丛一路向北行进。同时，我们与荣格分队的电话线也架了起来。大约走了700码，我领着部队向东行进，翻过一条浅浅的碎石沟，到达了674高地与皮西奥鲁尔之间的山脊。山脊上零星散落着几棵树、几丛灌木。我们不时停下来，观察一下地形，出乎意料的是，整个山脊上都是敌人的前哨阵地。罗马尼亚军把他们的前哨移到了新阵地前。这些前哨阵地就在5连左翼，我们却全然不知。预备连的侦察小分队也没能及时发现他们。

这样一来，要想从西北方向攻击罗马尼亚军主阵地似乎完全行不通。一旦我们拿下敌军前哨，势必会被674高地以东主阵地上的敌人发现，我们的突袭也就失去了意义，这将大大降低我们成功的可能性。

我命令部队停下来原地隐蔽，反复观察四周的地形后，我决定智取面前的敌军前哨。我们沿原路返回，走了一小段距离，转头向北行进，抵达皮西奥鲁尔林木茂盛的西北坡，我们一路上都没有看到敌人的踪影。部队再次掉头向东，穿过林子里浓密的灌木丛，向罗马尼亚军前哨摸去。

为了安全起见，我命令部队拉开队形。3连中1名经验丰富的技术军士在队伍前面探路，我时而用手势，时而低声呼喊来指挥他的行动。我让他的排长胡梅尔中尉接过他肩上沉重的背包，背在自己身上。我紧紧跟在技术军士身后，和他保持几码的距离，先头部队的 10 个战士相互之间拉开了 10 步的距离，紧跟在我身后。4 个连队与先头部队保持 160 码的距离，呈单人纵队前进。这样一来，先头部队奉命停下时，后面的连队还能继续前进，不暴露行踪。长达半英里的队伍居然一直没发出任何声响。每个人都小心翼翼，不发出任何细小的声音。大家都知道，我们此时正在敌军前哨阵地眼皮底下，绝不能让敌人发现。

我们随着信号走走停停。仔细聆听了好几分钟，终于成功锁定了 2 个罗马尼亚军前哨的位置。我们一点点靠近敌人，敌军哨兵时而窃窃私语，时而清清嗓子、咳嗽两声，有时还会吹个口哨，声音清晰可辨。敌军哨兵之间保持着 100 到 150 码的距离，不过灌木丛十分浓密，挡住了我们的视线，根本看不到他们。我跟着先头部队，摸到了敌军两个哨所之间的缝隙。我们混在敌人中间，屏住呼吸，生怕被他们发现。好在左右两侧的敌人还在闲扯，我小心翼翼地让 4 个连的兵力都跟了上来。这时，我们与荣格分队的电话线也架了起来。这条电话线还连接着斯普罗瑟的指挥所。我们边上的敌人依旧浑然不觉。

一路上，我们时常溜进浓密的灌木丛藏身，终于抵达了罗马尼亚哨兵身后的皮西奥鲁尔北坡。而敌军前哨却还在阵地前方西侧活动。与此同时，身在右翼的荣格按计划先向敌人开火了。

可是，一道很深的峡谷硬生生将我们挡在了罗马尼亚主阵地之外，要越过峡谷还不能惊动敌人怕是很难。我们一路横穿了几条小路，才下了峡谷，幸亏连敌人的影子都没有看到。我们右上方，罗马尼亚的重炮正对准 674 高地上荣格的阵地一阵狂轰。显然，罗马尼亚军误以为我们会从那里发起进攻，便当机立断试图先发制人打击我们。

8 月的烈日炙烤着大地，我们背着沉重的背包（重机枪组的负重甚至高达 110 磅），在陡峭的山坡上行进，举步维艰。我们 11 点到了谷底，哪里还顾得上休整，随即又向另一侧的怪石嶙峋的险峰攀去，这里植被稀少，只是零星长着几棵高大的松树。受地形的限制，我们行进得十分缓慢。11 点整，我们的炮兵准时向敌人开炮了，不过看上去效果不大，炮弹压根儿没有落到我们预定的进攻区域。5连、6连加大了攻势，敌军炮兵随即还击。

这段时间，我们还在拼尽全力爬坡。我因为手臂受伤，行动不便，不得不仰仗勤务兵的帮忙才能爬过极为陡峭的地段。

快到11点半时，我军炮火平息了下来。3连负责探路的技术军士走在队伍最前面，来到一片稀疏的森林，不幸遭到敌军射击。根据我的指示，他立刻躲了起来，没有开枪还击。我命令先头部队立即停下来，掩护连队继续爬坡。等大部队悄无声息地抵达先头部队下方160英尺处才命令他们停下来，这里空间狭小，但是山坡能够为连队提供足够的掩护。与此同时，我电话联系了荣格，告诉他我打算在半个小时后发起进攻。我还试图连线斯普罗瑟少校请求炮火支援，但是电话线被切断了。一定是皮西奥鲁尔的罗马尼亚分队发现了这条电话线，把它切断的。

进攻前，同斯普罗瑟少校的军团、炮兵以及荣格分队失去联系让我愁眉不展。恢复联络不太可能，这样的状况怕要持续几个小时。我只得接受现实。

我们只能猜测敌军阵地的位置。我认为，它一定就在侦察队遭到罗马尼亚哨兵伏击的地方。这块山坡的地形，加之坡上茂密的灌木丛和植物，让我们能够转移到冲锋距离内集结而不被发现。不过我们无法得到高处阵地的机枪火力支援。由于和荣格分队断了联系，也没法指望他们掩护，只希望他能够按原计划行动。

我把3连的一个排和格劳的机枪连部署在前线约100码宽的阵地上。2连部署在阵地右后方，3连其余两个排及第11预备步兵团第1机枪连部署在阵地左后方，形成梯形队列。（图29）

我的进攻命令如下：以信号为令，一线部队（3连的一个排和格劳的机枪连）悄悄匍匐前进，穿过茂密的植被，到达山坡上的敌军阵地。无论遇见哨兵还是敌人的守军，只要他们一开火，格劳的机枪连就要倾其火力向敌军阵地扫射，并在30秒后按照我的信号停火。此时，一直伺机等待的3连那个排以及分队其

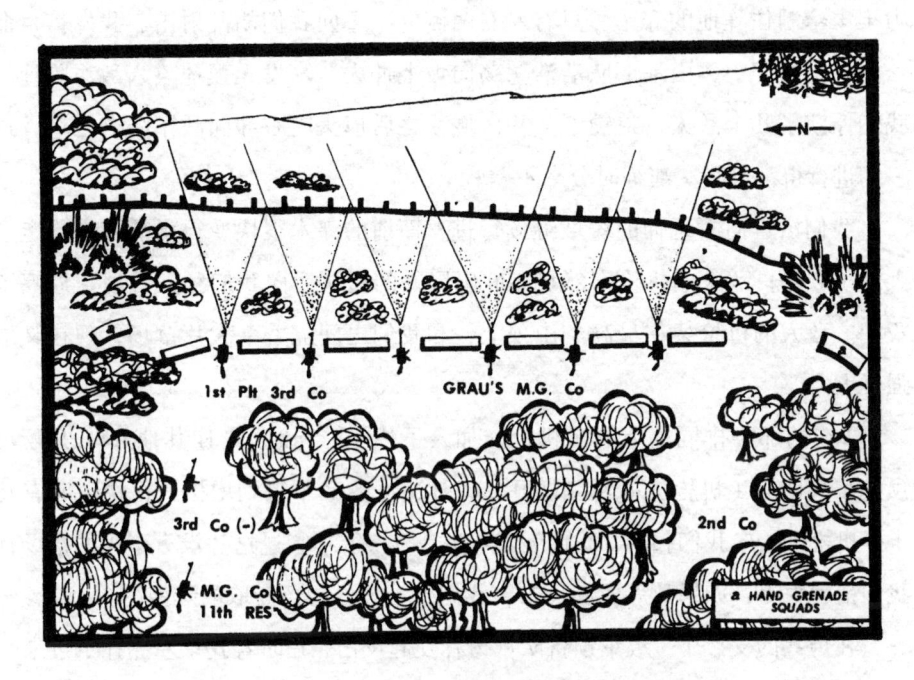

**图29 1917年8月11日进攻准备（西侧视野）**

1st Plt　1排　3rd Co　3连　GRAU'S M.G.Co　格劳机枪连
M.G.Co 11th RES 第11预备步兵团机枪连　2nd Co　2连　a　手榴弹班

他部队不要发出任何声响，突入敌军阵地。留守部队立即封锁突破口两侧，主攻部队攻破敌军防御区域，先夺取山脊，再继续向东南方向推进。为了声东击西，分散敌军防御火力，我在突破口两侧部署了几个班，用手榴弹向敌军发起猛攻。

所有这些准备都在敌军哨所100码以内的距离悄无声息地进行着。我把豪瑟尔中尉派到了5连、6连，所有的准备工作都只有靠一个人亲力亲为了。

离正午还有几分钟的时候，一切准备就绪。罗马尼亚军没有骚扰我们，算是帮了我们的大忙。皮西奥鲁尔东坡上，罗马尼亚军大约一个排的兵力正在横穿我们刚刚经过的那条小路。这正是我们攻击的绝佳机会，我立刻发出了信号。

我部沿坡而上，近在咫尺的敌军阵地立刻向我们扫射。格劳的机枪连迅速还击。我们卧倒在地，左右两侧的手榴弹班也加入了战斗。我军前方重机枪火力牢牢牵制住阵地的守军，只有左右两侧的敌军向我们胡乱射击。我发信号命令重机枪组停火，山地部队浩浩荡荡向坡上冲去，毫发无损地攻入敌军阵地。我们俘获了几个敌人，封锁了整片区域，之后掉头向右冲向敌军防御区域。这一切进行得都与我军演练时分毫不差。

我们沿着向右延伸的缓坡继续行进，面前的灌木很快变得稀疏起来，走了大约 100 码，敌人的机枪突然从 600 码以外的树林后向我们猛烈扫射，逼停了我们。敌人的机枪架在最高的山顶上，和我们之间隔着一大片草场，现在又加强了火力。

3 连的那个排同格劳的重机枪连加入了战斗。同时，3 连其他部队及第 11 预备步兵团第 1 机枪连向左侧散开。树林边缘的敌军得到增援，很快，又有几十挺机枪开始向我们扫射。我们无路可退，只得继续穿过这片没有遮挡的草场，我们精疲力竭，如果敌人发起反击，我们很难守住已经夺取的阵地。

在炮兵的支援下，敌军预备队从树林发起反击，并向着我军左侧扑了过来。大家绝望地趴在地上，凭着绝不后退的韧劲儿迅速向敌人开火，居然击退了敌军的反攻。（图 30）

越来越多的敌军机枪开始向我们开火，我们的伤亡急剧攀升，每过一秒，我们的处境就危急一分。我待在 3 连右侧，和战士们在前线苦战。我左侧，阿尔布雷克特的重机枪排与敌军激战正酣。2 连预备队守在灌木丛右后方，只有他们尚未遭到敌军袭击。要让预备队增援吗？增援就能扭转战局吗？不能！要撤退吗？当然不行！一旦撤退，我军伤亡士兵就会落到敌军手里，我们还会被赶到坡下的山谷当中，罗马尼亚军不费吹灰之力就能将我们一网打尽。眼下的局面令人绝望，但是我们必须掌控局势，否则就只能坐以待毙。

我们右侧的山坡下有几丛灌木。我灵机一动，打算利用这些灌木作掩护，让最后的预备队接近山上的敌人，从左翼突袭牵制敌军。成败在此一举。

我向身边的士兵发出指示，命令大家匍匐后退，几秒过后，我和 2 连的士兵匆匆向南移动。这是生死攸关的一战。我们绕过了一个躲在灌木丛中的敌人，

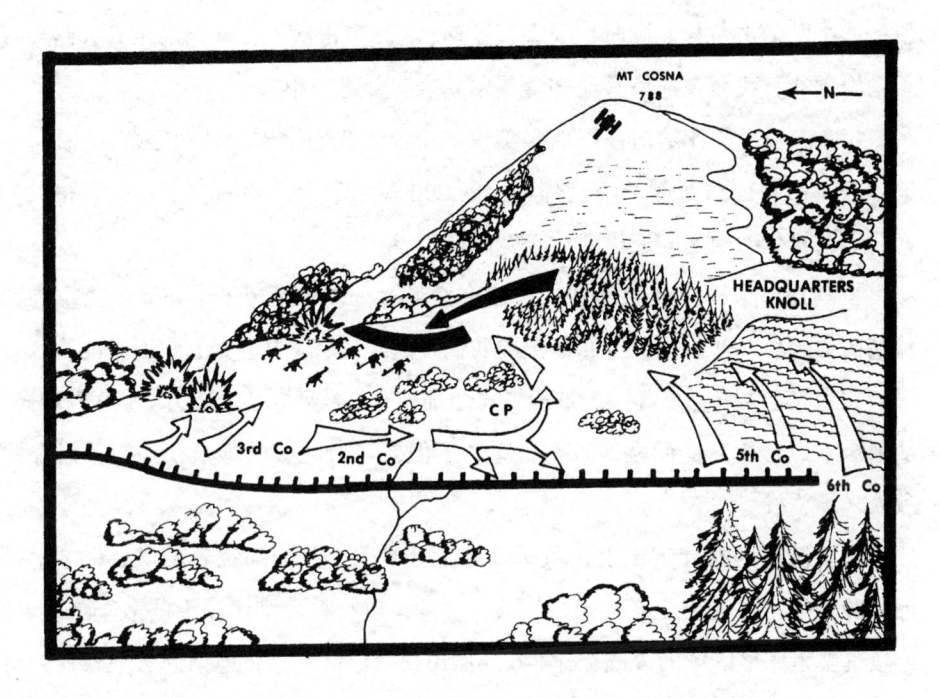

**图 30　1917 年 8 月 11 日科什纳山作战态势（西侧视野）**

MT COSNA　科什纳山　HEADQUARTERS KNOLL　司令部山头　3rd Co　3 连
2nd Co　2 连　　CP　指挥所　5th Co　5 连　　6th Co　6 连

　　他还没反应过来，就被我们干掉了。不一会儿，我们就走了 100 码的距离。跟着，我们掉转方向，向东行进。我希望留在前线的部队能够继续顶住敌人的攻势。

　　我正要向敌军侧翼发起进攻，突然发现荣格的部队出现在 2 连的右后方。荣格还在继续执行早上接到的任务，正欲攻打横跨在山脊公路上的敌人。荣格的到来扭转了战局，敌军集中全部火力攻打我部 3 连和两个机枪连，已无更多兵力抵抗 3 个山地连从其侧翼及后方发起的攻击。罗马尼亚人仓皇逃窜，差不多把所有的机枪都丢在了战场上。

　　敌人在 674 高地以东 700 码的树林边缘击中了荣格中尉的腹部，这位深受下属爱戴的英勇军官不幸牺牲了。

　　敌人乱作一团，惊惶无措地沿山脊公路穿过大片凹地撤退了。3 连、2 连、机枪连乘胜追击。与此同时，我率领5连、6连追击敌人，一路沿山脊公路越过了山脊顶峰，我命令通信兵通知隆美尔其余各部迅速跟来。

6连占领了科什纳山顶以西半英里的小丘，我们管它叫"司令部山头"。5连俘获了山脊公路西侧及南侧阵地上的200多名敌人，还缴获了几挺机枪。然而我们与科什纳山之间还横着一条宽阔的山谷。

罗马尼亚大军在通向西坡的公路上撤退时，被6连逮了个正着。盘踞在科什纳山顶的敌军开始用机枪和步枪向我们发起猛攻，击中了豪瑟尔副官的胸部。

很快，连队一个接着一个抵达了司令部山头。大家早已精疲力竭。这也难怪，从清晨6点开始，他们就一直在行军，不但要对付险峻的地形，还时不时要跟敌人来场恶战。

高耸陡峭的科什纳山上，敌军阵地十分坚固，我们却疲惫不堪，根本不是他们的对手。我决定让部队先行休整，再考虑攻打科什纳山顶上的敌军阵地。2连负责整个休整区域的警戒工作，6连派出侦察分队，携带电话前去侦察通向科什纳山阵地的林间小路。从司令部山头望去，提古·奥纳就横卧在山谷的东北方，与我们直线距离不过3英里。我们还能看到提古·奥纳火车站上来来回回的列车。

临近下午1点，斯普罗瑟军团参谋部率领预备队（第18预备步兵团2营、3营）抵达司令部山头西侧。斯普罗瑟少校在橡树林指挥所得知了我部的进攻消息，以为我们已经一口气拿下了科什纳山。

这个时候戈斯勒分队的情况还不得而知。我表明欲在1小时后攻打科什纳山顶敌军阵地，并请求巴伐利亚两个营在司令部山头给予我们机枪火力支援。这一作战计划与早上的战斗如出一辙，得到了斯普罗瑟少校的应允。

按照预定计划，第18预备步兵团第2营准时向敌军阵地开火。与此同时，我率领6连、3连、2连、5连、第3机枪连以及第11预备步兵团第1机枪连下到谷底向东行进，抵达司令部山头以北100码处。我们顺着侦察小分队留下的电话线，穿过浓密的灌木丛，沿着异常陡峭的山坡向下前进。部队很快来到了对面的山坡上，追上了6连的侦察分队。中午酷热难耐，登山可不是一件容易的事儿。我带着士兵们走了好几个小时，才拖着疲惫的身子爬到山顶。

为了安全起见，我们同早上一样，小心翼翼地躲在灌木丛后或是小溪中，一点点向敌人靠近。山顶上的驻军正忙着对付司令部山头上的第18预备步兵团2营，双方的炮弹不时从我们的头顶呼啸而过。

我们清楚地看到，司令部山头巴伐利亚营对面大约200码处有一个罗马尼亚前哨阵地。我们终于到了一块不大的凹地，这里距山地只有80码的距离。为了不误伤我们，巴伐利亚营停止向敌军阵地射击，敌军的炮火也随即平息下来。

我小心谨慎地做着突袭准备，将2个步枪排和6挺重机枪部署在前线，2个连队呈梯队排开，掩护两翼。进攻准备与今早的作战一模一样：匍匐前进、用重机枪火力持续压制敌人、左右两翼手榴弹战分散敌军注意，紧接着便是最后的突袭。

准备工作还没完成，西南方向却传来了清晰的卡宾枪声。这是戈斯勒分队跟敌人战斗的声音，我立即发出进攻信号。重机枪一通扫射后，山地部队冲向山顶敌军阵地，只消几分钟时间便席卷了科什纳山西坡，将阵地上的敌人打得屁滚尿流，他们大吃一惊，甚至没有像样的抵抗便投降了。就这样，我们以极小的代价占领了科什纳山，俘获了几十个敌人，还缴获了几挺机枪，不过敌守军大部队却趁乱沿科什纳山东坡逃了。我们正要追击，盘踞在东坡的罗马尼亚机枪向我们猛烈射击。敌军东坡阵地位于692高地南北向山脊小路上，距离科什纳山大约600到700码的距离。东坡阵地坚固异常，四周障碍重重。若没有强大的炮兵和机枪支持，我们在大白天无论如何也无法越过山脊，沿东坡而下追击敌人。我们只能满足于现在的战果，毕竟站在科什纳山顶，我们能够瞭望更远的罗马尼亚乡间风光了。

我们很快与1连（戈斯勒的部队）取得了联系，他们正从南侧沿着陡峭的山脊向科什纳山顶（788）行进。我部同1连（由我指挥）共同在山脊公路以南的陡坡上修筑工事。5连、6连驻守在山顶以及通向西北方向的山脊公路的阵地上。我将第11预备步兵团一分为三，分派给前线的3个连，并带领2连驻扎在阵地中央后方。3连及第3机枪连则部署在左后方。

占领科什纳山后大约一小时，斯普罗瑟少校率领两个巴伐利亚营赶到。戈斯勒部队的处境令人担忧，我们获悉攻下647高地附近的罗马尼亚阵地后，敌军加强了火力，在强劲的炮火支援下，正集结重兵攻击科什纳山以东地区。戈斯勒分队伤亡惨重，必须撤退。他们被困在了山谷东面的碎石坡上，这条坡从南面一直延伸到科什纳山山顶。左侧斯勒尼克山谷方向，友军匈牙利第70国防师仍在数英里之外，无法与我们取得联系。晚上，我们从山顶看到斯勒尼克山谷以北的炮兵正在激战，还发现772高地的罗马尼亚步兵在这一带活动。

我部署了部队的夜间行动。值得一提的是，侦察队要尽快与戈斯勒的部队取得联系。各分队根据指示各司其职。我累坏了，没法给斯普罗瑟少校写作战报告。只得通过我的新副官舒斯特中尉向上校口头汇报了今天的作战情况。

尽管疲惫不堪，我还是整晚都睡不着。晚上11点，数不清的手榴弹落在了6连的阵地上。叫喊声、步枪声、机枪声不绝于耳。我也来不及报告了，立刻带领3连去了我部遇袭的位置，不过当我们赶到时，6连已经控制了局势。

到底怎么回事？原来罗马尼亚突击队打算偷袭6连，被警觉的士兵击退。可是在战斗中，第11预备步兵团机枪连的几名机枪手不幸被俘。

**战地观察**

8月11日早上，我亲自侦察了地形，并制订了当天的作战计划。由于这里地势开阔，无法采用常规作战方案，在机枪和大炮的火力支援下横跨山脊公路。敌人占据地利优势，若过早察觉到我们的行动，我们只会被敌人击退，伤亡肯定还不小。罗马尼亚人吸取了几天前的教训，将前哨向前推移以确保主阵地的安全。行进中，我军与敌军多次交战，及时发现了这一情况。

若不是我军纪律严明，我绝不敢在白天带领部队穿越敌军前哨。

要做好山地间侧翼行军的时间空间计算并非易事。山地地形险峻，敌人的突然出现更是加大了行军的难度。

关键时刻我军电话线被敌军切断，无法与炮兵取得联系，因此我们的进攻并未得到炮兵支援。如能得到炮兵支援，势必能大大降低我部进攻难度。

成功突破后，预备连的合理部署才让我军化险为夷。部署在敌军侧翼及后方的优势兵力扭转了战局。此次作战中，和荣格事先约好的"作战时间安排"发挥了重要作用。即便与荣格分队失去联系，他还是按计划对我们实施了掩护。

我们不但开枪射击，还派部队迅速追击逃窜的罗马尼亚士兵，却遭到占据地利优势的敌军阵地的火力阻击。

精疲力竭的突袭部队在阵地上休息时，侦察队发现了通往科什纳山顶阵地的小路。电话线再一次发挥了积极的作用。

我军正午时分对敌军阵地的突破以及晚上对山顶阵地的突破均未得到炮兵及重机枪火力的支援。只得到了部署在突袭部队前线的几挺机枪的掩护。手榴弹班再次转移了敌人守军的火力方向，突袭部队的损失微乎其微。

虽然敌人在正午和科什纳山顶的战斗中溃败，但罗马尼亚阵地后方的守军重整这两股溃逃之敌，阻挡了我军的进一步追击。

# 1917 年 8 月 12 日的战斗

午夜过后不久，一轮圆月升上夜空。派到戈斯勒部队的侦察队回报，分队左翼到达科什纳山东南侧大约半英里的地方。敌军占领了分队 600 码外的坚固阵地，分队伤亡惨重，急需支援。

凌晨1点,我亲自带领几名军官前去侦察我军阵地右前方部分地形。我打算在天亮之前,派一个连的兵力封锁戈斯勒分队与我军阵地右翼之间的空当。同时,向前转移阵地,推进到能够攻打科什纳山以东敌军阵地的距离。但是斯普罗瑟少校不同意我这么做。他命令两个巴伐利亚营在黎明时分突破科什纳山东北方向的敌军阵地,我带领山地营作为二线部队,紧随巴伐利亚营,向尼科瑞斯提扩大战果。

天还没亮,敌军密集的火力就从西北方向向我们袭来,也就是说,敌军正从我军左后侧向阵地开炮。敌军的炮兵阵地部署在斯勒尼克山顶,离我军阵地较远,杀伤力不大,但却在松软的泥土上炸出了不少直径20到26英尺、深约10英尺的弹坑,大块的泥土从空中落下,方圆100码都不得安生。只要炮弹靠近,我们就得赶快撤离,根本没法睡觉。敌军加强了火力,东部、南部的炮兵也把科什纳山当靶子,山顶周围的情况对我们非常不利。

天亮前不久,斯普罗瑟少校麾下的两个匈牙利国防营赶到了山顶。一上来,其中一个营就开始部署,没有接到任何命令便擅自越过我分队向阵地东侧的罗马尼亚阵地开火。他们伤亡惨重,还招来了敌军更强的火力。

我带领分队(5连、3连、2连、第3机枪连、1个匈牙利步枪连以及1个匈牙利机枪连)撤离了危险区域,这才松了口气。2个巴伐利亚营早在我们前面动了身,去执行攻打科什纳山东北方向罗马尼亚阵地的任务。一旦成功突破,不但能够打开通向平原的道路,还能够击垮奥兹托兹山谷以东、以北的罗马尼亚战线。

我们在山顶下方拉开了600码长的队伍,一路跨越科什纳山西坡而去,罗马尼亚军各式各样的炮弹毫无预兆地落在我们周围,可谓险象环生。不过清晨凉爽的天气还是让我们精神焕发。在陡坡稀疏的灌木丛中行进了半个小时,我们到达了科什纳山倾向491高地的山脊。东北坡上密布着高大的松树,左侧坡下是一丛丛连绵不绝的松树林。透过松树林,能够俯瞰科什纳山东北方向的罗马尼亚阵地,那儿就是两个巴伐利亚营的预定攻击目标。远远望去,敌军前线宽大的障碍物将坚固的战壕牢牢围住。连续不断的交通壕从光秃秃的山脊一直延伸到东坡郁郁葱葱的林子里。我们与敌军阵地之间隔着一条小山沟,小山沟越往东北方向越宽，两侧尽是低矮的灌木。

此时，我们还没能占领那片阵地，却发现就在我们北面 1200 到 1600 码的位置，巴伐利亚营占领了罗马尼亚阵地前宽阔的山谷，正在那里与敌守军激战。

我们遇到了第 18 预备步兵团的一群伤兵，他们众口一词，都说前面形势危急。他们的先头营突袭敌军阵地，却遭到敌军轻武器还击，损失惨重（约 300 人受伤），突破敌军阵地的计划落空。

得知这一情况，我命令分队就地休整。与此同时，我和斯普罗瑟少校通了电话（部队行进时已铺好电话线），向他报告了科什纳山以北的最新情况。我大胆建议，既然巴伐利亚营占领科什纳山东北坡阵地的计划落空，要攻下这块阵地，只有得到强劲的火力支援，才是唯一出路。少校答应当天上午提供火力支援。由于没有炮兵观察员，我提议从我所在位置为炮兵校准，这里的观测位置极佳。

我们仔细研究了下到山谷而不被发现的可能性，却发现这里树木稀疏，根本找不到一条隐蔽的小路。11 点半，我发出了第一个炮火校准指令，与此同时，分队以多列纵队沿山谷向下攀行，每名士兵之间保持着 20 步的间距。我打算在短暂而猛烈的炮火轰炸后，攻破科什纳山顶东北方向 500 码外的敌军阵地。

炮火校准费了不少工夫，不过我最终还是把一个奥地利榴弹炮连的火力集中到了罗马尼亚阵地上。就在这时，我听说炮兵已经转移阵地，加之弹药短缺，所有炮兵被迫停了下来。我部冒着枪林弹雨抵达了凹地的东南侧，但这次 700 人的行动还是没能躲过敌人的眼睛。不过此时，我们发现自己在敌军障碍前约 300 码的灌木丛中，敌人恰好看不到我们。下坡时，有一名战士受了轻伤。我循坡而下与分队会合，看到电话线已经铺设好了。

形势似乎并不乐观，敌人十分警觉，我们却得不到有力的炮火支援，加之敌军的铁丝网阵地异常坚固，要攻打他们难如登天。大白天沿着科什纳山东北方向的陡坡撤退也并非明智之举，我们就在敌人眼皮底下，他们强劲的机枪火力轻而易举就能击垮我们。我们可以跑下坡去，但上坡却步履维艰，正好成了罗马尼亚人的靶子。待在凹地里不动也不是办法，一旦敌军的炮兵及迫击炮火力向我们袭来，我军必定伤亡惨重。

尽管形势被动，也得不到炮兵支援，我还是决定攻打罗马尼亚阵地。我的将士们也一定会这样去做，与其任人宰割，不如主动出击！我派了经验丰富的侦察队仔细侦察敌军障碍及其后方的阵地情况。我们一旦进攻，敌军炮兵必定反击。为了在炮兵火力下突进，我命令分队穿过灌木丛，向上转移到敌军阵地200码以内的小山沟里做好进攻准备。机枪连部署在了右侧山坡上，为我们的进攻提供火力支援。侦察的结果还算理想，敌人并没有发觉我们的行动。我正要命令两个机枪连进入指定位置，突然接到了斯普罗瑟少校的命令：俄国人突破了斯勒尼克山谷北侧，正欲攻破我军后方。我部及两个巴伐利亚营迅速撤退到科什纳山以西半英里的山脊待命。

斯普罗瑟的参谋部已向那里转移，少校要求我将命令传达给第18巴伐利亚预备步兵团1营、3营，掩护他们撤退。

显然，如何在大白天从敌人眼皮底下的凹地撤退无疑是最大的问题。一旦敌人发现我们撤退，他们的机枪和炮兵就会立刻向我们开火，抑或是步兵直接向我们冲过来。无论哪种情况，我们的伤亡都会十分惨重。俄军不是问题，我倒希望能在他们之前抵达山脊。否则，我们还得发动突袭，迅速把他们赶下山去。

我命令符腾堡山地营维尔纳中尉指挥两个匈牙利连沿科什纳山东北坡（在阴影中）向上直攻山顶。我亲自率领其余四个连，在灌木丛中摸索，先向491高地行进，而后掉头直奔司令部山头。我们到达491高地前不久，罗马尼亚机枪射中了几名战士，好在伤得不重。

一到491高地，我命令3连占领山脊低处（788—491），试图与两个巴伐利亚营取得联系并派了一名军官向他们传达了斯普罗瑟军团的命令。不幸的是，电话线被切断了，我们无法进一步了解他们的情况。我幸运地截获了一份有关491高地的最新电话报告，司令部山头的形势较半小时前大为好转。

之后，我派2连抄小路，沿着司令部山头向北延伸的山脊运动，驻守司令部山头以北600码的山脊，肩负起斯勒尼克山谷方向的警戒任务。我命令3连以外的其余各连向司令部山头行进，我则留在3连断后。在接下来的一个小时里，两个巴伐利亚营成功甩掉了敌人。

一看到他们成功脱险，我便率领3连沿科什纳山而去。1连和6连还在科什纳山山顶，罗马尼亚炮兵加强了火力，把我们的阵地炸得坑坑洼洼，到处都是大大小小的弹坑。我命令3连留在山顶增强守卫，我孤身一人回到司令部山头报告，请求就医，我体力不支，无法继续指挥部队战斗。我手臂上的伤从早上到现在都没换过药，所以我放弃了连队的指挥权，留在指挥所附近休息。四周漆黑一片，好一个温暖的夏夜。

# 1917年8月13日至18日的防御战

临近午夜，斯普罗瑟少校召我到指挥部，我发现那里已经聚集了不少军官。少校告诉我形势很严峻。匈牙利的不少部队遭到包围，其中包括匈牙利第70国防师（帝国皇家枪骑兵第3守卫连、第1连、帝国皇家龙枪连、第1国防连）。他们发来报告说，在整个下午，强大的俄国和罗马尼亚部队突破该师的防御，一路向北直逼斯勒尼克山谷，并准备往南，朝科什纳山和温古雷纳山之间挺进。如此一来，斯普罗瑟的部队将被敌人切断，因为我们在温古雷纳山附近并没有部队，斯普罗瑟少校想听听我的意见。

我觉得敌人不大可能在夜间发动对科什纳山和温古雷纳山的攻击行动，他们最早只会在4小时后的黎明发起进攻。我们现在手头上有5个营在手，守住科什纳山和温古雷纳山四面来敌还是有希望的，并且守住这里的阵地对整个局势至关重要。我认为无论在任何情况下，我们都不能单凭耸人听闻的战报，便将我们辛辛苦苦，甚至用鲜血夺取的阵地拱手相让。

我建议部队须刻不容缓进行重组。"山地营负责科什纳山和司令部山的防御，同时还要兼顾山脊以及远至674号高地的防御。别的营要守住674高地和温古雷纳山之间的阵地。所有单位的侦察和警戒部队都须往斯勒尼克山谷靠拢。"

对山地营的部署，我的建议如下：

"由一个加强排（加入机枪组）构成战斗前哨，占领科什纳山南部，须避开满是弹坑的主峰，往东南方和东面派出侦察兵。再派遣一个排和一个重机枪排占领司令部山，阻止敌人占领科什纳山主峰。派遣一支步兵连占领科什纳山和674高地之间往北向下延伸的两个山脊，并向北派出侦察兵和警戒部队。其余部队则在司令部山的西南方向集结，由指挥官直接调配。"

斯普罗瑟少校接受了我的建议，他认为既然这些山头是我攻克的，就应该由我接管这些地方的防卫。形势严峻，再加上我对山地营全体官兵命运的担忧，尽管任务艰巨，我还是接受了这个新的挑战。

军团关于重组部队的口头命令得到了立即执行。我负责指挥符腾堡山地营的1连、2连、3连、5连、第6步枪连和第3机枪连，以及第11预备团的第3连及该连配备的6挺重机枪。

现在，军团的参谋部退向温古雷纳东北方向1英里处山脊公路弯道边的橡树林。我跟连里的指挥官一起详细讨论了整体战局，尤其是符腾堡山地营的作战任务。我随即下达了数道命令。

"3连立即从科什纳山前往司令部山，并抽调出一个排，卸掉背包，从11预备团3连配备6挺轻机枪，接替1连在科什纳山的任务。该加强排须占领林木茂盛的南部山脊，并对科什纳山东侧的敌军阵地进行侦察。如果敌人发起攻击，这个排须尽可能守住阵地，除非有可能遭到包围，否则绝不可撤出阵地，向司令部山撤退。我稍后会向排长发出口头命令。

"3连的另一个排和阿尔布雷克特的重机枪排须在司令部山构筑工事，用火力掩护满是弹坑的科什纳山和西坡阵地。该排的任务是阻止敌人在白天通过没有设防的科什纳山，威胁我军左翼的前哨阵地。

"2连须占领司令部山北侧700码处的小山头（后来被命名为俄国山头），

并往斯勒尼克山谷派出侦察兵,夜晚则通过侦察小分队跟前哨阵地保持联系。该连须在科什纳的西北坡生一堆很大的篝火,诱使敌人往那边开炮,那里的篝火整晚都不能熄灭。

"配备重机枪排的 5 连须占领距 674 高地东北方向半英里处的山头,构筑环形工事,然后往斯勒尼克山谷派出侦察小分队,须跟 2 连和 674 高地及皮西奥鲁尔区域的友邻部队保持联系。为了迷惑敌人,把炮兵的火力吸引过来,该连须在司令部山的西北坡的洼地上点燃大堆篝火,且整晚都不能熄灭。

"3 连的一个排、阿尔丁格的机枪排、符腾堡山地营的 1 连和 6 连,以及第 11 预备步兵团的 3 连须驻扎在司令部山及山头西南侧 0.25 英里处,担任预备队,须往格罗泽斯蒂方向派出侦察兵和警戒部队。详细命令将以书面形式随后下达。(图 31)

图 31 科什纳山阵地,1917 年 8 月 13 日(西侧视野)

2nd Co　2 连　a 前哨阵地　b 敌军阵地
5th Co　5 连　Plt 3rd Co　3 连某排　C.P 指挥所　RES 预备部队

"隆美尔特遣队的指挥所位于司令部山头西侧60码处。通信排将铺设连接前哨阵地、2连和5连的电话线。"

我手下的军官把我的命令传达下去，各自开始忙碌起来。符腾堡山地营跟着巴伐利亚营和匈牙利国防师往后撤退。睡觉自然成了奢望，各项命令须根据实际情况当场传达。各连花了三个小时才进入新阵地。科什纳山和司令部西南侧洼地的篝火也都烧起来了。我们跟别的部队都建立了联系。预备部队则在他们挖好的战壕里休息。侦察小分队暂时还没有报告敌情。

我的参谋部成员包括舒斯中尉，他是我的副官，维尔纳则是我的事务官。接近凌晨5点的时候，一些炮兵观察员，包括匈牙利中尉泽德勒都到了。太阳刚从地平线上升起，我们便来到阿尔戈伊的排（3连）。阿尔戈伊按照命令将他的排布置在科什纳主峰向南延伸的狭窄山脊上。阵地的侧翼位于距离主峰南面200码的浓密树林的边缘。罗马尼亚人的阵地在薄雾中隐约可见，敌军阵地的纵深大约有半英里，光秃秃的山脊约有350英尺宽。我们甚至可以看到太阳光在守军头盔上的反光，但是敌人并没有向我们射击，我们一夜未眠，现在都躺在刚挖好的散兵坑里休息，只留下哨兵注视敌人的一举一动。该排所在的斜坡往东面的方向格外陡峭，而他们所在的山脊和西坡都是参天大树，却很少有灌木可以用作掩护。

我正和炮兵观察员商量立即用密集炮火向敌人进行干扰性炮击，此时，四面八方都有哨兵前来报告。"罗马尼亚人呈散兵线离开了阵地，正朝科什纳山杀过来。"不久，罗马尼亚的机枪猛烈地朝山脊线开火，重炮也对准司令部山头一通轰炸。我接通了我军炮兵的电话，要求他们对罗马尼亚科什纳山头的东边阵地进行干扰性炮击，因为越来越多的敌军正从那里朝我们过来。就在这时，又有报告说："一股驻扎在敌军前哨阵地的强敌正从右翼往山脊上攀登。"这会儿，手榴弹爆炸的声音此起彼伏，卡宾枪和机枪的射击声响个不停，也佐证了报告的真实性。

由于我们忽视了对陡峭东坡的防御，很快便付出了代价。我随即打电话给

3连的预备排和阿尔丁格的机枪排,让他们以最快的速度增援前哨阵地。随后我又命令炮兵用密集炮火对该地区实施火力覆盖。我往前线巡查了一番,发现罗马尼亚人已经在山脊上站稳了脚跟,并从侧面朝我方前哨站开火。敌人所有的正面进攻都被我们打退了,我们的炮兵狠狠地轰炸了罗马尼亚位于光秃斜坡上的增援部队。司令部山头的重机枪和步枪火力让罗马尼亚人既无法穿过山顶,也没办法通过科什纳山的西北方向。我军的火力很好地保护了左翼的前哨阵地。(图32)

我命令技术军士阿尔戈不惜一切代价守住阵地,等待援军,我飞快地跑了回去,敦促援军赶紧前去增援。司令部山头仍在遭受重炮的轰炸,在那里,我碰到了两个正加速前去增援的排。各种枪炮的声音越来越大,我们希望阿尔戈能够守住阵地。

我们在司令部山头和科什纳山之间的山口遇见了配备给阿尔戈排的第11预备团3连的几个机枪小分队。前方的战况显然把他们吓得够呛,我毫不留情地训斥了他们,然后把他们都带上了。

在山口东侧100码处,我们看到了阿尔戈的整个排正朝我们过来。阿尔戈报告说,罗马尼亚人在山坡上的尸体已经堆积如山,右翼的火力太猛了,他不得不放弃阵地。

我从来没想过这么轻易地就将科什纳山拱手让给敌人,于是,我很快组织部队进行反击。阿尔丁格携带两挺重机枪,冒着敌人的火力进入右侧林子里的阵地,镇守现在阿尔戈排守卫的山脊。与此同时,我们往山脊爬去,然后钻过浓密的灌木丛,到达山脊线。到了阵地后,我们冲上前去,打了山脊上的敌人一个措手不及,把他们往东边赶去,部队乘胜追击,把右边一块陡峭的高地也夺了过来。(图32)

但罗马尼亚人非常顽强,丝毫没有退缩。我们清楚地听到敌军指挥官在下面的拱形山坡上发号施令,刹那间,手榴弹四处开花。山坡十分陡峭,下方125码处的罗马尼亚人早有准备,我们的手榴弹并没能炸到敌人,而是在更远处爆

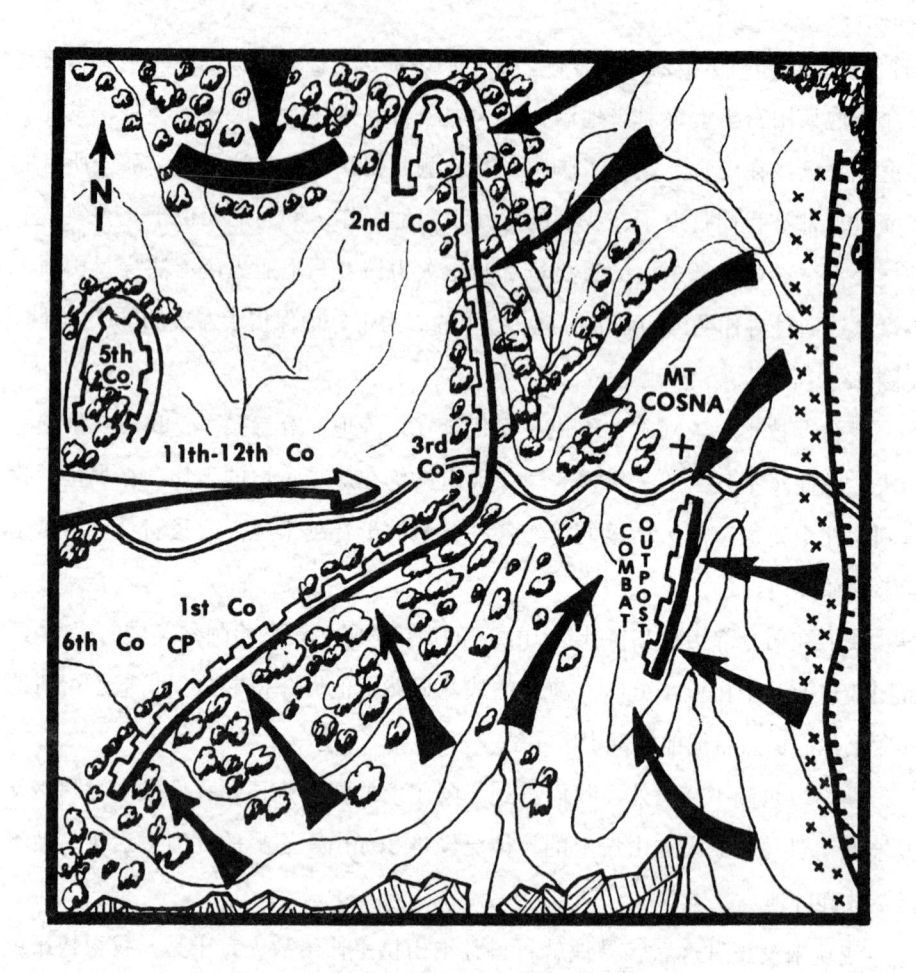

图32 1917年8月13日对科什纳山的防御

| 2nd Co | 2连 | MT COSNA | 科什纳山 | 11th—12th Co | 11连和12连 |
| 1st Co | 1连 | 6th Co | 6连 | CP | 指挥所 | COMBAT OUTPOST | 前哨阵地 |

炸了。如果用卡宾枪射击，我们的头和肩膀肯定会暴露，在近战中，这是个极为不利的姿势，我们的伤亡开始增加，前线的伦茨医生忙得不可开交。

山地部队以非凡的勇气跟敌人殊死战斗，许多伤员包扎好伤口后又回到阵地。很快，在我们的反击下，罗马尼亚人在山脊上所有的据点都被我军拔掉了。战斗打得异常艰苦，持续了好几个小时，伤亡人数不断增加，我们弹药和手榴弹的数量越来越少，可是敌人对司令部山的轰炸却越发猛烈了。司令部山和前哨阵地之间的电话线也被炸断了。如果我想守住前哨阵地，就必须立即向那里增兵，还要提供弹药和手榴弹。为了尽快增援（现在无法通过电话联系），我让3连连长斯特莱切中尉代为指挥，命令他在我回到司令部山之前，要不惜一切代价守住阵地，我发现这里的情况实在不容乐观。

3连这个排和阿尔布雷克特的重机枪排差不多已经把子弹打光了，而他们的对手已经进入科什纳山满是弹坑的区域，对左翼的前哨阵地虎视眈眈。我的预备连（符腾堡山地营1连和6连，再加上3连、第11步兵预备团）已经主动出击，占领了司令部山的南坡，因为大股敌人正从格罗兹斯蒂的峡谷里往司令部山攀爬过来。

我正准备把预备队派上去，却得到报告，大股罗马尼亚士兵正从南北两个方向往司令部山头和科什纳山之间的山口挺进，前哨阵地放弃了科什纳山，正往司令部山头撤退。在接下来的几分钟里（我现在手上仍然无兵可用），司令部山头的战斗声越来越大，敌人以优势兵力咄咄逼人地往小山头冲过来，3连被迫撤退。他们把尸体和受伤的战友（包括胡梅尔中尉）也都带回来了，因为他们不甘心让任何战友落到敌人手里。3连的手榴弹和机枪弹药已经打光了，卡宾枪子弹也所剩无几，敌人从侧翼围了过来，随时都有全军覆灭的危险。

由于缺少弹药和手榴弹，面对蜂拥而至的罗马尼亚人，我军哪里还能招架得住。重机枪手打光子弹后，只得用手枪和手榴弹坚守阵地，我还将参谋部的几个通信兵安排在了危险的地方。整个前线打得异常激烈。这时，我在树林的洼地里发现一大股罗马尼亚人，便用电话通知2连和3连，叫他们防范侧翼和后方的危险之敌。

所有的地方都打作一团，撤退是根本不可能了。要是司令部山头守军的弹药全部打光，不知道会有什么后果。要是制高点落入敌人的手里，整个营都将命悬一线，部队的整个防线都会坍塌。我们决不允许这一幕发生。好在我们跟总部的电话线仍能接通，我向总部报告了部队岌岌可危的形势，要求他们立即派兵带上轻武器和弹药前来增援。我一再强调现在的局势刻不容缓。在接下来的半个小时里,我一直心急如焚,但在最后关头,巴伐利亚第18预备团的11连和12连,以及一个重机枪排终于前来支援了。配属重机枪排的12连随即进入了司令部山头阵地,我将11连安排在司令部山西侧300码的山坡上,我部的指挥所也安排在那儿,从那里可以俯瞰整个战场。

随后,我命令预备队往前线运送子弹和手榴弹。所有没有战斗任务的人员都拿着铁锹,干劲十足地挖起了工事。科什纳山制高点上的机枪火力叫人头痛,司令部山头和山脊上的部队吃尽了苦头。我将阿尔丁格的重机枪排撤了下来,让他们镇守指挥部附近的区域。此外,我还设立了弹药补给点,让弹药能够有序地配送到官兵手里。

司令部山头和俄国山头的战斗持续了数小时。敌人不断组织新生力量朝我们单薄的防线冲锋。罗马尼亚的火炮集中在司令部山头西侧的斜坡上,试图阻止我们跟前线的联系。但巴伐利亚团和符腾堡山地营依然坚守阵地。我们的炮兵在白天干得非常漂亮,炮弹恰到好处地落在了敌人进攻的危险区域,罗马尼亚士兵虽然卧倒在阵前,但还是死伤无数。

为了消灭在司令部山头西北半英里处洼地里的大股敌人,我让几个炮兵连一同轰炸那片洼地,我先让炮兵连做好准备,然后等到信号一起开炮,在几分钟之内将炮弹全部打出去。尽管炮兵连协同作战的任务完成得非常出色,我仍然缺乏前线的观察员,而且亟须跟炮兵阵地沟通的电话线。

到了中午,司令部山头的阵地前沿上真是尸横遍野,到处都是罗马尼亚的伤员,但第18预备团的12连也损失惨重,我不得不从11连抽调了部分兵员进行补充。后来,我还从11连抽调人员补充了山地营2连的缺口。

我对司令部山头和俄国山头前面只布防了少量兵力,而将反攻的重兵安排在阵地附近敌人威胁更大的区域,敌人可能从那里作为突破口进攻。这种布防正好利用了阵地特殊的地形。

下午,第18预备团10连也赶来增援,我命令属下从司令部山到指挥部挖掘一条交通壕。现在，罗马尼亚人把进攻重点放在了俄国山头上。休格尔排已在罗马尼亚原有的阵地上重新组织，全方位防守，阻击来自东、北两个方向十倍于他们的敌人。敌人哪里会甘心，多次想夺走这个他们花了好几个星期才修好的阵地。敌军轮番向休格尔排所在的西侧进攻，但都被阿尔丁格的重机枪排打退了，2连英勇地守住了阵地。

战斗进入了白热化阶段，敌我双方一直鏖战到晚上。我第三次命令向前沿阵地运送弹药和手榴弹。透过我方重炮产生的浓烟（我们在防御战中动用了305毫米口径的火炮），我们发现越来越多的罗马尼亚人正从科什纳山下来，朝我们阵地的方向蜂拥过来。2连报告说他们伤亡严重，不得不从俄国山头撤下来。同时，我命令两个重机枪排准备把火力全部射向俄国山头。准备就绪后，我命令2排以最快的速度撤出俄国山头。果然不出所料，敌人全都一窝蜂地冲上光秃秃的山头，几乎在同一时间，重机枪排的火力齐射，敌人像被割下的麦子一样纷纷倒地。大难不死的敌人仓皇逃离了那个死亡陷阱，2连趁机重新夺回了阵地，总算迎来了喘息的机会。

一段时间过后，我们几小时前观察到的在司令部山头西北半英里处洼地里的大股敌人正往南坡爬过来。但我们的火炮早有准备，炮击的效果非常不错，又把敌人赶进了洼地的林子。2连、12连和5连的步枪、机枪火力齐发，3个重机枪排似乎没必要派上用场了。

战斗中，前线不断有情报传来，到处都有火力支援的要求，副官和事务官疲于奔命，为部队提供弹药、装备和口粮，还得向斯普罗瑟的指挥部报告最新战况。通信兵往危险的前沿阵地和斯普罗瑟少校指挥所架设了两条电话线，期间，通信兵还得不辞辛劳地维修电话线，敌人对这些区域一直虎视眈眈，机枪和火炮几乎从未停歇，这项任务的危险性可想而知。

尽管伤亡很大，罗马尼亚人的进攻一直持续到天黑，不过没能前进一步。入夜，战场上的动静渐渐平息了，前线的呻吟声却此起彼伏。我们派出担架想救下这些可怜的伤员，结果敌人的火力丝毫不留情面，他们只得无功而返。

我觉得敌人会在 8 月 14 日再次用更猛烈的炮火轰炸我军阵地，还会再次组织步兵向我们发起冲锋。我们实在没办法承受 8 月 13 日这样的损失了。因此，我命令部队在夜晚这短短的几小时内加固阵地，重新加强各处的防御。由于一些部队的连长和排长缺乏这样的实战经验，我还把主要的防御阵地画了出来，讲解防御工事应该如何构建。我要求各前沿阵地须在夜间将火力覆盖区清理完毕。而且必须安排好步枪和重机枪掩体，千万要记住，敌人在科什纳山制高点的火力皆可覆盖我军阵地。第 223 工兵连在天黑之前火速赶来支援，司令部山头繁重的工事作业就交给他们了。

临近午夜前，防线加固任务才分配给各单位，并立即得到了执行。我到达指挥所时已是半夜，一顿热气腾腾的饭菜总算让我回复了元气。看来睡觉只能是奢望了，眼下还有许多伤员需要照料，弹药和手榴弹须在破晓前送到前线各连。通信排须往火炮阵地的中央和指挥所之间分别架设电话线，13 日的战况报告也要提交给斯普罗瑟少校的营部。

我们终于在凌晨 4 点完成了各项工作，我本想睡一会儿，但实在太冷了，只得作罢。我索性带着维尔纳中尉在晨曦中检查夜间完成的工作。我已经整整五天没有脱掉脚上的靴子了，现在双脚肿得很厉害。甚至没时间更换左臂上的绷带，披在肩上的大衣沾满了血，裤子也同样血迹斑斑，但我没时间换下来。这会儿，我真是累得不行了，但责任如大山一样压在我的肩头，我哪有时间考虑回医院。

8 月 14 日，天刚破晓，一支匈牙利国防连带着轻机枪赶来了，我命令他们顶替 1 连和 3 连。我将这两个连放在指挥所西侧作为预备队。第 18 预备团的 11 连和 12 连则分别接管司令部山头和山脊公路上的阵地。我将第 18 预备团的 10 连留在俄国山头西侧 300 码处的林子里，要求他们往斯勒尼克山谷的北面和西北方向派出警戒部队。现在万事俱备，只等战斗打响了。

整个下午，罗马尼亚的火炮一刻不停地向我军司令部山头、山脊公路和俄国山头的阵地狂轰滥炸。士兵都在忙着加强各防区和阵地的工事，希望能抵挡住罗马尼亚人预计在中午时分发起的总攻。

镇守俄国山头的 2 连在罗马尼亚军猛烈的炮火下损失惨重，轰炸他们的敌方炮兵位于距他们 1 英里开外的开阔地上。由于我们的防区连一个炮兵观察员都没有，我们将新发现的情况报告给了橡树林中的炮兵指挥所。尽管我们想方设法想让敌人的这个炮兵阵地哑火，但每次都是徒劳。敌人加强了科什纳山西坡阵地的防守，他们的伤员继续在我军阵地前呻吟。我军 8 月 14 日的损失不大，8 月 15 日也平安无事。我利用这段时间找了两个制图者绘制了科什纳山的草图，并制定了坐标方格，比例尺为 1 比 5000。我们给军团的炮兵指挥官送去了副本，他们很快也描绘了不少副本，送达给各炮兵连的连长和观察员。根据地图上的坐标方格，我们就可以更容易地调整对山地和林地的火力打击范围，而在此之前，我们单凭地图很难选择具体目标。比如，我会这样通知炮兵："向 65 和 66 方格实施密集火炮轰炸。"如果火炮的攻击在该区域之外，我只需这样说就行了："65 和 66 的密集火炮轰炸位置改为 74 和 75 方格。"这样就可以迅速命令火炮轰炸指定区域。我军各部之间的情报交流也将大大简化。比如只需简单地说："罗马尼亚的炮兵位于 234a 方格。"

8 月 15 日夜，沃勒中尉率迫击炮连到达后，趁夜完成了侦察任务，并部署了迫击炮阵地。现在由戈斯勒上尉代我指挥，因为我已经一个星期没有休息了。不过我仍然是这支部队的最高指挥官。下午，4 连也前来增援了，我发现现在我的部队有 16 个半连了，比一个整编团的人都要多了。

第 11 预备团在我们的右翼，但我们左边的防御尚有漏洞。旅部想把战线连成一片，但由于兵力不足，只得作罢。要想守住林木茂盛、陡峭的斯勒尼克山谷，需要大量兵力。

8 月 16 日，天气先是热得叫人透不过气来，接着山谷雷声大作，大雨从低垂的云里瓢泼而下。参谋部的人和预备队都跑到指挥所西侧以前罗马尼亚人的阵地上避雨，但没过多久，阵地很快积满了水，他们不得不撤离。开阔地上电闪雷鸣，大家都淋成了落汤鸡。就在这时，各种口径的火炮炮弹在天空中呼啸而过，盖过了雷声。猛烈的步枪和机枪火力伴随着手榴弹爆炸的声音四处响起。

错不了！罗马尼亚人想在暴风雨中打我们一个措手不及！我现在都不清楚前沿阵地还有没有在我们手上。雨点重重地在我们的脸上拍打，能见度也就几码。我要等到前线传回报告再做定夺吗？不！马上行动！

司令部山头将是这场战斗的关键点，不到几分钟，我便到了山头的西侧。跟我一同前往的还有6连，他们已经上好了刺刀，准备反击。我们的炮兵向罗马尼亚人密密麻麻的进攻部队猛烈开火。我和我的参谋部和各防区之间都有电话联系。罗马尼亚人所有的进攻均以失败而告终。夜幕降临，双方在瓢泼大雨中结束了一天的混战。损伤惨重的敌人再次从我们的前沿阵地上撤了下来。

战斗结束后，我返回了指挥所，发现之前搭建好的帐篷早就被猛烈的炮火炸飞了。在这种情况下，我只得将指挥所往右移了300码。罗马尼亚战俘替我们生好了火，我们把湿衣服烤干了，大家的精神头还不错！

## 战地观察

8月13日，符腾堡山地营奉命防守科什纳山部分地区，以及西侧与之相邻的高地，这个任务相当艰巨。我们没能跟两翼的部队取得联系，营部不仅要在前线阻击敌人，还要应对两翼敌人的进攻。光秃秃的山脊两侧地面崎岖，林木茂盛，有利于进攻的敌人隐藏。而且，罗马尼亚的火炮呈半圆形覆盖了我营的防区。

在这种情况下，很有必要保持防御纵深，保留大量预备队。

天亮之前，我们有必要向南面、东面和北面派出侦察队，以确定敌人的进攻意图。而且，我们还会时刻勘察阵地前沿不便勘察的区域，派出警戒哨，根据我们以往的经验，敌人往往会出其不意地进攻。

前哨阵地的战斗打得异常艰苦。敌人的火力可以覆盖科什纳山头狭窄的山脊和其控制区的开阔地带，只有我们正前方那个林木茂盛的陡峭山坡敌人鞭长莫及。我们的警戒措施做得并不到位，在大白天，罗马尼亚大批部队正是在这里完成了攻击准备。他们对我军前哨阵地的进攻完全出乎我们的意料。

幸亏我军位于司令部山头的机枪和步枪火力压制了科什纳山光秃秃的山脊，以及林木稀松的西侧山坡，在相当长的时间内保护了我方前哨阵地的左翼，只是在我军子弹打光后，敌人才攻下科什纳山。

重机枪排迅速组织火力，在伤亡不大的情况下重新夺回了前哨阵地。在这次战斗中，"火力配属"和"速战速决"两个战术配合得天衣无缝。

阵地前沿和司令部山头的战斗恰好说明，在关键战斗中，弹药消耗会非常快。在这种情况下（特别是在山地作战中），须以最简便的方式进行弹药补给。除此之外，营部必须储备弹药和近战武器。前线部队须不断将弹药情况报告上去，方便及时补给。在8月13日的战斗中，补给工作进行得非常顺利。

在8月13日的激战中，预备队发挥了极为关键的作用，没有他们，阵地不可能守得住，我们在主战场的受损兵员不断在预备队得到补充。此外，预备队还源源不断地将弹药和近距离作战武器送到前线。在战斗中，预备队还在指挥所和战略据点司令部山头之间挖了一个交通壕，要是没有这条交通壕，敌人在科什纳山制高点的火力肯定会让我们的补给线损失惨重。

在这次防御战的初始阶段，符腾堡山地营就在主战场构筑了大纵深防御阵地。5连、2连以及部署在司令部山头的部队可以互相提供火力支援，在战斗进行中，处于战斗中心的预备队（司令部山头和俄国山头交叉点）也加大了防御纵深。绝不能将所有部队都部署在前线阵地上，那里的伤亡最大。而且只要攻破一点，整条防线将全面失守。

8月16日，我们同炮兵的协同作战完成得非常出色。当然，要是有炮兵联络组或者观察员，战果将更加辉煌。我们在防御战期间绘制的坐标方格非常管用，其作用可能相当于现在的平板仪或绘图板。

## 第二次进攻科什纳山，1917 年 8 月 19 日

几天的激战过后，位于我军左侧的友邻部队（匈牙利第 70 国防师）成功向斯勒尼克山谷以北推进。8 月 18 日，他们将大张旗鼓地沿奥兹托兹及斯勒尼克山谷两侧继续发起进攻，并按计划再次攻打科什纳山，夺取东侧阵地。指挥部希望此战能够有所突破。为攻下科什纳山，指挥部将马德隆军团（第 22 预备步兵团）部署在战线右侧，斯普罗瑟军团（符腾堡山地营、1 营、第 18 步兵团）则部署在战线左侧。8 月 17 日，我接到命令，完成斯普罗瑟军团前线部队的进攻准备，并向马德隆军团的营团级指挥官实地分析其将要进攻的地形。因此，我整整站了一天。

一回到指挥所，我便接到报告，罗马尼亚军在猛烈的炮火轰炸后，已沿斯勒尼克山谷向皮西奥鲁尔发起进攻，也就是从我军阵地左右两侧发起了进攻。第 18 巴伐利亚步兵团奋力阻击，不过从声音判断，罗马尼亚军进攻顺利，已取得较大突破。我部两侧及后翼受到威胁，我担心敌人会把我们分割包围。以防万一，我急忙命令预备队（2 个步枪连、1 个机枪连）跑步赶到 674 高地附近，隐蔽在灌木丛中，做好反击准备。指挥所电话通信得以恢复，我接到军团司令部通知，皮西奥鲁尔的巴伐利亚步兵团已击退敌军。这样一来，我的预备队并没有派上用场。

进攻科什纳山的计划推迟了一天。8 月 17 日至 18 日晚，其他部队接替了我部防区右侧的连队，我部转移到二线休整。8 月 18 日，2 连协同第 18 步兵团，消灭了俄国山头以北 600 码处山脊上的罗马尼亚人。阴雨绵绵，我带着德国和奥地利的炮兵观察员在俄国山头侦察了一天，希望能够完善 8 月 19 日进攻科什纳山北侧炮兵火力支援计划。

8 月 19 日破晓前，斯普罗瑟军团突袭部队在司令部山头西北山沟中集结重组。我指挥的分队下辖 1 连、4 连、5 连、第 2 机枪连、第 3 机枪连以及 1 支突

击队和 1 个工兵排。戈斯勒上尉坐镇二线，负责指挥 2 连、6 连以及第 1 机枪连。除此之外，斯普罗瑟军团还握有 1 营及第 18 步兵团。

我率分队在俄国山头以西的灌木丛与小树林中完成集结。斯普罗瑟军团其余各部则在西侧更远的地方进行集结。科什纳山顶向 491 高地蜿蜒的山脊上，敌军筑起了连绵的战壕，战壕前还搭起了各种障碍。透过望远镜仔细观察，灌木丛后的阵地和障碍依稀可见。（图 33）

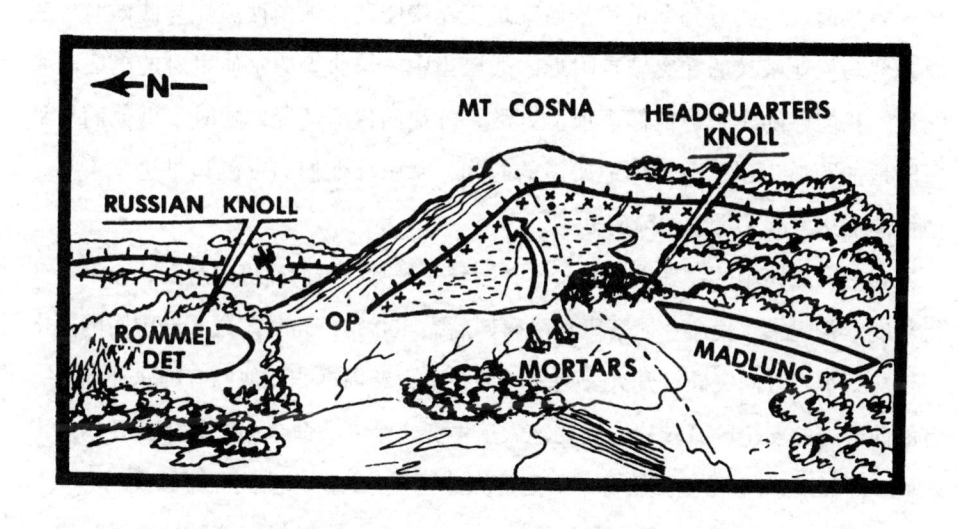

**图 33　1917 年 8 月 19 日科什纳山作战态势（西侧视野）**

| RUSSIAN KNOLL | 俄国山头 | MT COSNA | 科什纳山 | HEADQUARTERS KNOLL | 司令部山头 |
| ROMMEL DET | 隆美尔分队 | OP | 观察所 | MORTARS | 迫击炮 | MADLUNG | 马德隆 |

接到指挥部命令，我部将在 1 个小时的炮火轰炸后夺取这块阵地。一旦得手，须再次进行 1 小时的炮火轰炸，帮助我们攻下科什纳山顶以东半英里的坚固阵地。为了夺取这块阵地，8 月 13 日，我们就曾与敌军展开了激战。我打算趁炮击攻破科什纳山阵地后，将阵地稍微向前推进，而后调整炮击方向至第 2 块罗马尼亚阵地，并发起进攻。

8 月 19 日天气很好。当天一早，科什纳山附近尚未爆发任何战斗，我军突袭部队已在灌木丛中隐蔽就位。将近清晨 6 点，我向技术军士弗里德尔（5 连）说明了我的进攻方案，并派他带领 10 个士兵和 1 个电话班执行下列任务："弗里德尔侦察班利用灌木及洼地作掩护，从俄国山头出发，向东穿过山沟，插入通向预定突破口的山谷（我手指位置），侦察阵地前的障碍物情况。侦察班随身携带小钳子，并通过电话班随时向分队指挥所汇报情况。"透过高倍望远镜，我给弗里德尔指了指预定突破位置，比画到那里的最佳路径。

半小时后，我看到弗里德尔侦察班正在攀爬科什纳山西坡。与此同时，我发现罗马尼亚哨兵躲在突破点附近的战壕当中。与弗里德尔侦察班的电话联系畅通，我能够随时告诉他们头顶上方敌军阵地的最新情况，随时告诉他们与敌军阵地的距离，到达敌军阵地所需的时间，并引导他们向突破口推进。不久，他们便抵达了敌军设置的障碍处。

显然，战壕中的罗马尼亚哨兵不是看到便是听到了侦察班的行动，一下子变得高度紧张起来。我命令侦察班从障碍区后撤 200 码，同时命令沃勒中尉的迫击炮连从我军后方向突破口开火。炮弹随即在哨兵四周爆炸，他们有的趴在地上，有的向旁边的安全区域转移。沃勒连大造声势之余，我命令弗里德尔在距离炮击区域 50 码处另辟新路。弗里德尔班迅速完成了任务，并未受到敌军骚扰。

炮火轰炸定于 11 点开始。上午 9 点，分队沿着弗里德尔踏过的路径行进，一路上都能找到电话线标记。俄国山头与东侧山沟之间的山坡完全暴露在太阳光的照射下，灌木丛也没办法遮挡我们的行踪，罗马尼亚军很快发现了我们。战士们拉开了间距，加快行军步伐，然而罗马尼亚机枪火力还是带走了几条鲜活的生命。科什纳山西坡呈拱形，敌军看不到，那边的部队尚未遭到敌军火力骚扰。

我率领先头部队抵达弗里德尔的位置，敌军障碍区仅剩下最后几道铁丝网尚未剪断。沃勒中尉留在俄国山头观察敌军阵地情况，分队行进过程中，他不停向我们通报敌军阵地的各项部署变动。根据我的命令，他还不时向敌军阵地发射几发迫击炮弹，扰乱敌军部署。

我带领分队抵达突破口以外 50 码处，并考虑从距离突破口更近的地方发起进攻的可能性。戈斯勒分队正沿我军右侧的山沟向上移动。现在已经10点半了，而1营及第18步兵团仍在路上。我计划炮火轰炸一结束，便立刻发起进攻，这意味着我必须加快进攻准备。

第2机枪连全连及5连的1个排负责佯攻，分散敌守军的注意力，并牢牢牵制住他们。主攻部队在掩护下匍匐前进，没有接到命令不得随意开火。他们左翼恰在障碍区的缺口上方。主攻部队一开火，弗里德尔突击班便穿过铁丝网，攻入敌军阵地，封锁突破口两侧。我率领5连其余各排、勒兹中尉的重机枪连及分队其余各部紧随弗里德尔身后。成功突破敌军防线后，我欲带领5连继续向前冲击夺取东北方向的山脊，暂不扩大两翼战果。我身后，第3机枪连、1连、4连、突袭小组及工兵排紧随而来。（图34）

勒兹的重机枪连奉命在突破口处以火力压制右侧（上坡）以及左侧（下坡）的敌军阵地。其余各部按兵不动。夺取阵地后，佯攻部队紧随我们尽快进入阵地。我与戈斯勒上尉达成共识，他的部队也将紧随我军前进。第18步兵团1营负责消灭科什纳山从突破口到491高地路段两翼的敌人，该团其余各营将继续担任预备队。

我们尚未完成进攻准备，炮兵已经开始向科什纳山发起猛攻。负责扩大战果的各分队也没能进入指定位置。210毫米和305毫米口径的炮弹将泥土、灌木炸得四处飞扬。兄弟部队强有力的支持，让山地部队士兵们欢欣鼓舞。

按照事前部署，我军炮火将避开突破口开火。迫击炮准备非常成功，5分钟后，我向分队发出了进攻信号。

前线各火力部队猛烈射击，几分钟后，弗里德尔突袭班穿过障碍区，进入敌军阵地。分队先头部队随即开始行动。近在咫尺的手榴弹的巨响盖过了右侧主攻部队的枪击声。我们在浓烟中冲过去，深入敌军战壕。弗里德尔突击小组战功赫赫，这名勇敢的技术军士冲在队伍最前面，不幸被罗马尼亚骑兵队长的手枪击中身亡。怀着为战友报仇的信念，山地部队士兵们更加奋勇杀敌，与敌军肉搏战大获全胜，俘获了那名骑兵队长和其他10名士兵。随后，突击班兵分

186 步兵攻击

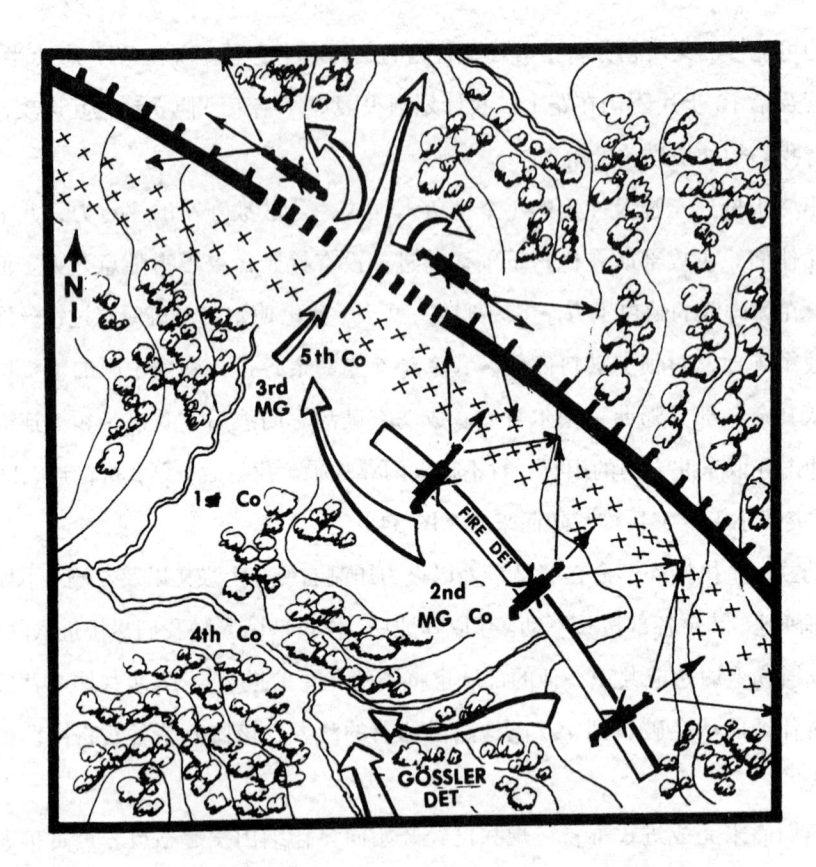

图 34 突袭科什纳山坡，1917 年 8 月 19 日

5th Co　5 连　3rd MG　第 3 机枪连　1st Co　1 连　4th Co　4 连　2nd MG Co　第 2 机枪连
FIRE DET　负责火力掩护的部队　　GÖSSLER DET　戈斯勒分队

两路，封锁突破口左右两侧。我冲在最前面，带领分队到达敌军战壕。我军右侧，敌人的守军仍未放弃抵抗。地形和浓密的灌木丛阻挡了他们的视野，他们没能及时发现我们进入阵地，也没能发现防线缺口，我军一个连接一个连蜂拥而至。

阵地上混乱不堪，手榴弹四下乱飞，机枪、步枪火力在灌木丛中来回扫射，重炮在我们四周狂轰滥炸。突击小组在敌军阵地上撕开了一个 40 码宽的口子，封锁了阵地两侧。我们能够轻而易举粉碎坡下的敌军阵地，但还是按照原计划，把那里留给了后续部队。按照原计划，5 连已穿过灌木丛，沿东北方向最近的山脊冲去。此后不久，勒兹中尉率重机枪排掩护5连深入敌军主阵地，不断向坡上、坡下的驻军扫射。我的副官向军团汇报了我部成功突破的消息，并请求将重炮火力转向斯普罗瑟军团负责的科什纳山以东区域。

我军进入敌人防御区域，击败了罗马尼亚预备队，俘获了100多名士兵，其余士兵仓皇而逃。我军乘胜追击，几颗305毫米口径的炮弹落在我们身边，钻进松软的泥土中炸开了，留下几个大得足以容纳我们整个连队的弹坑。尽管这些炮弹并未伤及我们，还是不免让大家胆战心惊。我们继续前进，走了大约0.25英里的距离，在一座山脊上看到下一个进攻目标横在我们脚下700码以外的地方。我军炮弹落在我们面前的山沟中，几个罗马尼亚连队乱作一团，正慌忙撤退。我立即命令一个重机枪排向山沟中的敌军开火，其余各部下到山沟追击敌人。我们行进中随身带着电话线，通过电话，我请求用重炮轰炸76、75、74、73、72、62、52和42方格中的位置。我希望能够按照原计划，在短暂的炮火轰炸后，向罗马尼亚第二道防线发起进攻。但是计划赶不上变化！

我花了几分钟时间向上级请求了火力支援，做了简单的部署，第一批德军炮弹随即落在山沟当中。几挺重机枪向罗马尼亚士兵一通扫射，他们匆忙沿着一条窄路向灌木丛中的新阵地逃去。如此近距离射击，给罗马尼亚人带来了致命的打击。我仔细想了想，要不要趁着敌军恐慌之际乘胜追击，占领第二道防线。尽管我们躲过了305毫米口径重炮的轰炸，但是待在原地，势必会遭到我军炮火误伤。前方的情况不见得比这里还糟。（图35）

我们用最快的速度向山下跑去。榴弹炮接连落在山沟当中，我军重机枪火力仍然压制着敌人，迫使敌人沿着障碍区中间的窄路退回第二道防线。我带领先头部队很快追上了敌人。战斗进入白热化，我们无暇顾及落在我部左右两翼及后方的德军炮弹。我们面前的敌人自顾逃命，没有向我们发射一枪一弹，他们根本不知道我们已近在咫尺。我们周围到处都是死伤的罗马尼亚士兵。我军的重机枪将火力转向左侧，部队迅速穿过敌军阵地障碍区，不一会儿便来到了敌军阵地上。短暂的步枪、手榴弹交火后，敌人的守军弃阵地而逃。连队接连

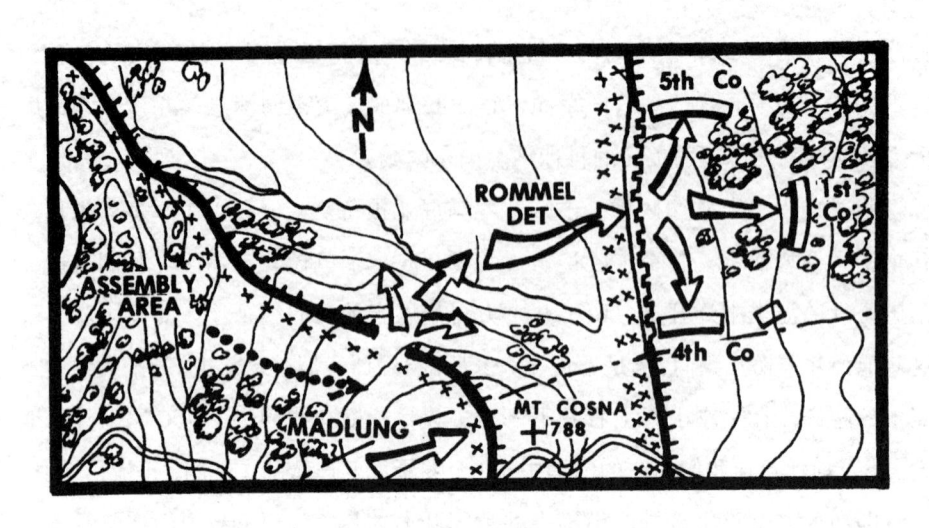

图 35　隆美尔分队占领敌军科什纳山北坡第二道防线，1917 年 8 月 19 日

| ASSEMBLY AREA | 集结区域 | ROMMEL DET | 隆美尔分队 | MADLUNG | 马德隆 | 5th Co | 5 连 |
| 4th Co | 4 连 | | | 1st Co | 1 连 | MT COSNA | 科什纳山 |

赶到阵地，我迅速下达了命令："1 连向东、5 连向北、4 连向南，各自扩大阵地 160 码后停止进攻，部队组织防御，并侦察前线情况。"

几分钟后，我接到各连顺利完成任务的捷报。右侧 4 连面对的罗马尼亚守军最为顽强，他们一度发起反击，试图夺回失去的阵地，不过最终徒劳无获，我们山地部队是不会把到手的阵地拱手相让的。东侧与北侧的罗马尼亚士兵正在撤退，连山脊后面的炮兵都在迅速撤出阵地。只有马德隆军团负责攻击的区域，守军还占领着科什纳山上的阵地。

我军右上方，敌军已经退守第二道防线，反击失利后，他们不再竭力固守阵地。我军前方及左翼，敌军防御阵地被撕开了一个很大的口子。只要投入所有预备队，我们便能轻松拿下敌军阵地。

与军团总指挥部的电话联系接通了，多亏我的通信部队，他们同突袭部队一样勇敢、优秀。我迅速向军团报告了前线的情况，请求投入所有预备队，并要求炮兵停止对斯普罗瑟防区敌军第二道防线的炮击。我获悉马德隆军团右侧科什纳山敌军阵地尚未攻破。不过指挥部还是答应立即派出马德隆军团、1 营以及第 18 步兵团前来增援。

我必须用好手上的部队，决不能疏忽大意，以防敌军从科什纳山或是南方地区发起突袭。工兵排受命加强 4 连阵地，4 连则继续将前线向东扩展到一个长满树木的山丘上，一个重机枪排正从这里向尼科瑞斯提附近的敌军炮兵射击（距离大约 2800 码），迫使他们跑出掩体，迅速逃离阵地。东面，1 连侦察班穿过一片稀疏的树林，紧追往山下撤退的敌军。北面，突袭分队已经越过 5 连防线，到达敌军阵地，并迅速向前推进。在那个方向，2 英里之外便是提古·奥纳，也处在我们的射程范围内。这座小镇正被炮火猛烈地轰炸，车站中的火车排成长龙，一列列汽车停在它们附近，一眼望不到头。再过 30 分钟，我们便能抵达小镇，切断这条为罗马尼亚部队提供大批补给的山谷。

我焦急地等待着戈斯勒的部队以及 1 营、第 18 步兵团的到来。我从军团得到消息，这两支部队很久前便已经上路了。时间一分一秒地过去了，没有一个人赶到这里。我们右后方不断传来枪炮声，科什纳山尚未攻破。我军目前已俘获 500 名敌人，缴获了几十挺机枪。距离攻下敌军第二道防线已经过去了两个多小时，北部的罗马尼亚军从惊恐中回过神来，开始反击突击部队的进攻。与此同时，沙图·诺的罗马尼亚炮兵向 4 连发射了几百发炮弹，好在多数炮弹射得过高，飞到很远的科什纳北坡才爆炸，对我们没有丝毫影响。南部的敌军虽未发起反击，但其机枪火力很猛，无论在前线阵地，还是交通壕中，我们都不得不加倍小心。4 连阵地上爆发了几场手榴弹战，好在敌人没有尝到任何甜头。

下午 4 点（距离第 1 次进攻已经过去了 4 个半小时），戈斯勒分队赶到我部，恰在这时，罗马尼亚军从北部向我军发起猛烈反击，我们不得不派出 6 连填补 1 连、5 连之间的空当。预备队兵员不足，我们无法向山谷发起进攻。经过一番激烈的肉搏战后，我们终于击退了敌人的进攻。

下午 6 点半，军团总指挥部通报了马德隆军团拿下科什纳山（南部）的喜讯，他们一路向东，穿过山谷，向第二道防线进攻。

入夜前不久，我们发现尼科瑞斯提和沙图·诺附近有大批罗马尼亚步兵向后方运动。同时，几辆火车接连从提古·奥纳驶出，一路向东而去。第22预备步兵团左翼夺取了692高地上的罗马尼亚阵地，我们刚刚与他们取得了联系。为了能够在第二天突破敌军防线，顺利抵达平原，我将分队部署在向东突出的前哨线上，并命令侦察队尽可能接近尼科瑞斯提。我军北部，6连、5连仍在与敌人殊死搏斗。

我从凌晨一直站到午夜，一刻不停地忙着为部队提供口粮、运送弹药、准备作战报告。这之后，我终于同戈斯勒上尉挤在一个帐篷里睡了个觉。

### 战地观察

1917年8月19日，符腾堡山地营攻占半英里以外障碍重重的罗马尼亚阵地，对于我们来说，这项任务异常艰巨。1小时的炮火轰炸后，各分队须同时夺取目标阵地。炮火猛攻敌军第一道防线，山地部队突破敌人第二道防线后，并没有造成任何重大伤亡。

山地部队继而粉碎敌军第二道防线700码宽的前线，俘获500名罗马尼亚士兵，为进一步向东突破铺平了道路。这一仗下来，罗马尼亚军已无法在科什纳山以东的低地上建起第三道坚固的防线了。

不幸的是，我们虽取得了巨大的成功，但迟来的预备队兵力不足，无法以此为契机扩大战果。

这里地势复杂，需要采取非同寻常的作战方法。攻入科什纳山顶的敌军阵地后，我们发现俄国山头上的重机枪火力能够很好地掩护我军，让我们轻而易举地攻破西北向陡峭山坡上的敌军阵地。

先头部队要在最短时间内尽量向纵深扩大突破口，我军集中优势兵力粉碎敌军第一道防线，并未分散兵力向两翼扩张。实际上，进攻第二道防线时，我军也一直在聚拢部队，待预备队一到，便竭尽全力进一步扩大战果。

火炮、迫击炮和重机枪的紧密配合得益于战前的精密筹划。炮火

> 轰炸前，迫击炮连已牢牢牵制住突破口处的敌军，掩护弗里德尔突击班在障碍区撕开一条通道。我部向敌军第一道防线发起炮击，隆美尔分队突破阵地之时，敌人正在四下寻求掩护，无心应战。与此同时，一个机枪连与5连的一个排全力扫射突破口外侧敌军，以防其发起任何反击。
>
> 德军炮兵集中火力炮击敌军第一道防线，罗马尼亚预备队见状急忙撤到后方第二道防线。我部抓住机会，一边向仓皇逃跑的敌人扫射，一边穷追不舍，冲向第二道防线。由于炮兵一时无法调整炮击方向，我们只得冒着生命危险，躲闪着友军的炮弹追击敌人。

## 再次转入防御

8月20日凌晨3点，敌军炮兵接连不断地向科什纳山狂轰滥炸，科什纳山之战再次打响。数不清的重炮落在我军指挥所及预备队附近，我们不得不撤出危险地带，转移到山顶以北半英里的地方寻求隐蔽。罗马尼亚军以为我们仍守在科什纳山东侧阵地，他们不断加强火力，向那里炮击，很快便将那里夷为平地。我很庆幸，只在那边留了几个士兵，没有遭受什么损失。

早上7点，敌军向1连占领的前哨阵地推进，尼科瑞斯提附近的山沟中很快布满了罗马尼亚士兵。驻守北部的6连报告，他们所在区域的敌军正在做进攻准备。我们不再迟疑，错不了，罗马尼亚人正试图夺回前一天失守的阵地。转攻为守的时机到了。

我们必须在这片树木密布的崎岖山丘上建起一道连续的防线，阵地北翼无遮无拦，尤其要堵住那里的缺口。我决定放弃罗马尼亚人以前的阵地，整个早上，罗马尼亚军都在向那里狂轰滥炸，掩体、障碍所剩无几，况且罗马尼亚军对那里了如指掌。一味沿用旧阵地防御，无疑是自寻死路。罗马尼亚大军将至，尽管时间不多，任务繁重，我还是决定将前坡阵地转移到东侧的树林当中。

我立即发出命令，1连前哨奋力拖住敌人，其余各连开始修筑工事。松软的泥土挖起来十分轻松，预备队也加入前线部队，开始修筑阵地和交通壕。前哨部队不得不退回阵地时，防御工事已大功告成。罗马尼亚军发起首次突袭，被我军轻松击退。敌人吃了败仗，退到50码以外的地方修筑工事。罗马尼亚炮兵试图炮击前坡阵地，但为了不误伤友军只得作罢，将火力都集中到山脊上的旧阵地上。

我并不担心东侧防线（1连、4连），但北侧及西北侧防线缺口太大，形势不容乐观。

我军左翼（第18巴伐利亚预备步兵团1营）沿科什纳东北坡一带，在491高地与山顶之间的山脊布防。罗马尼亚军利用山沟向上攀爬，来到我军阵地后方。一直担任预备队的3连不得不赶去左翼填补5连与第18团1营之间的口子。尽管敌众我寡、地势易攻难守、能见度不足，我们还是守住了阵地。敌军的攻势一小时比一小时猛烈。天黑前，敌军已至少发起了20次攻击，突袭前火炮还会轰炸一会儿。罗马尼亚军呈半圆形将我们团团围住，防线一吃紧，预备队就被调往各处填补空当。敌军炮兵向山脊轰炸，但是我军山地部队不为所动。与敌军相比，我军的损失要小得多，防御至今只有20名战友阵亡。

大概是接连几天紧张的行动让我疲惫不堪，我只得躺着给战士们下达命令。当天下午，我高烧不退，嘴里喃喃地说起胡话来，我意识到已无法继续指挥战斗。晚上，我将指挥权移交给戈斯勒上尉，并和他讨论了战况。天一黑，我走下山脊，沿着科什纳山回到了司令部山头西南侧的军团指挥所，这里距离司令部山头只有0.25英里。

面对罗马尼亚军的不断进攻，符腾堡山地营毫无怯意，一直坚守阵地。8月25日，第11预备步兵团才接替防御任务，这样，符腾堡山地营转移到阵地后方担任预备队。

我军新部队在科什纳山之战付出了惨重的代价。不到两周时间，500 名战友身负重伤，60 名英勇的山地战士倒在了罗马尼亚的土地上。尽管没能完成预期任务，也没能粉碎南翼敌军势力，但面对作风顽强、装备精良的敌军，我山地部队在每次任务中仍占据优势。回首与山地部队作战的日日夜夜，我依然感到无上的荣耀，内心充满喜悦。

在科什纳山苦战数日后，我在波罗的海的海边度过了几周悠闲的假期，让我重新焕发了精神。

### 战地观察

在 1917 年 8 月 20 日的防御战中，为了躲避罗马尼亚炮兵可能会轰向阵地的炮弹，我军主防御阵地转移到了前坡浓密的森林中。事实证明，这项决策是正确的。我军阵地十分隐蔽，敌军曾试图攻击我们，均以失败告终。前哨部队边打边撤拖住敌人之余，预备连加入交通壕的修筑工作，加固了主防御阵地。这些战壕在输送补给、转移伤员方面发挥了重要作用，使运输队免受炮火侵扰，伤亡甚微。之后，预备队在指定位置为自己修筑了掩体。

8 月 20 日的防御战中，预备队频繁调动，一旦某处战线吃紧，预备队会立即前去增援。但如果情况允许，预备队要尽量避免增援前线阵地。

# Chapter V
## The Tolmein Offensive, 1917

第五章

# 1917 年进攻托勒敏

## 部署第十二次伊松佐战役

10月初，符腾堡山地步兵营一路蜿蜒前行，从马其顿来到美丽的克恩滕村。在这里，我重新获得了部队的指挥权。科什纳山之战损失的兵员也得到了补充。部队配备了新型轻机枪武器，步兵连的火力得以大幅提升。不过我们短暂的休整时光全都耗在了对这款武器的使用训练上。

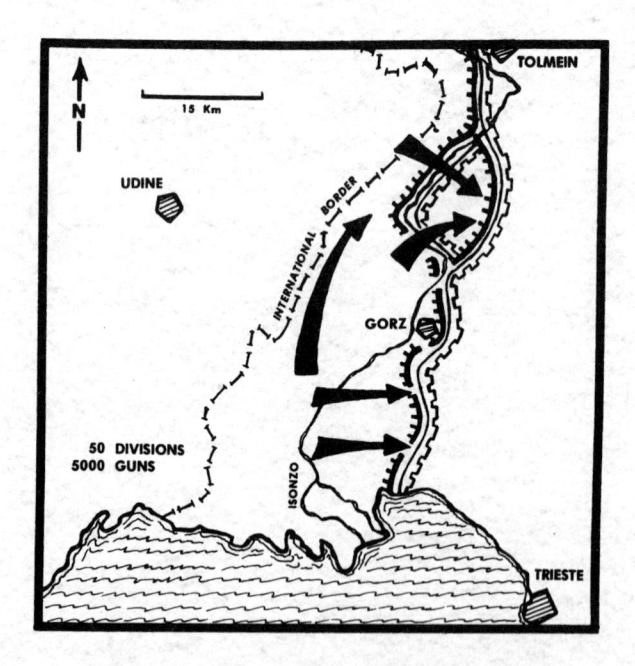

图36 第11次伊松佐战役，1917年8月

UDINE 乌迪内  50 DIVISIONS 50个师  5000 GUNS 5000门大炮  INTERNATIONAL BORDER 国界
TOLMEIN 托勒敏  GORZ 戈里齐亚  ISONZO 伊松佐  TRIESTE 的里雅斯特

不知道陆军最高指挥部要把我们部署在哪里，是伊松佐前线吗？

1915年5月意大利参战之初，即锁定的里雅斯特为主要攻击目标。两年来，伊松佐河下游已历经数十场战役。奥地利军屡战屡败，一步步被意军逼退。在第六次战役中，意军在戈里齐亚附近占领了伊松佐河东岸的据点，进而攻占了这座城市。（图36）

1917年8月，第11次伊松佐战役爆发。意军指挥官卢易吉·卡多纳将军沿用了西线的作战模式。在500门大炮的火力支援下，50个师浩浩荡荡向戈里齐亚与大海之间的狭长地带进发。奥地利军英勇作战，意军前期的胜利付诸东流，但是，战争进入到第二阶段后，意军越过伊松佐河中段，占领了贝恩西查高原。盟军与敌人殊死搏斗，成功阻挡了敌军的攻势。意军疯狂的进攻一直持续到了9月初。战事一平息下来，卡多纳将军又开始筹划第12次伊松佐战役。意军新阵地设在伊松佐河东岸，部队在此做好了战前物质准备，的里雅斯特触手可及。奥军却没有信心打好这一仗，他们不得不向德国求援。尽管德军在西线（佛兰德斯与凡尔登战场）投入了大量兵力，最高指挥部还是派了7个师前去增援，士兵们个个身经百战。德奥联军将在伊松佐河上游发起进攻，缓解不利局势。此战势在将意军赶出奥匈帝国边境，并尽可能跨越塔利亚门托。（图37）

符腾堡山地营被编入新组建的第14集团军，隶属阿尔卑斯山地部队。10月18日，我军从克拉尼附近集结出发，向前线挺进。夜晚漆黑一片，还时常伴着倾盆大雨。斯普罗瑟少校率军（包括符腾堡山地营及其第4榴弹炮分队），一路沿毕修夫拉克、萨利洛格、波德波尔多向克内查行进，于10月21日抵达目的地。为了躲避敌军的空中侦察，我们只得在夜间赶路，天明前抵达预定目标。天一亮，所有士兵和马匹都要隐蔽起来，这种滋味可不怎么好受。部队缺少粮食，夜间行军更是在磨炼每个士兵。

我的部队里有3个山地连和1个机枪连，我和参谋部的人员总是走在最前面带路。克内查位于托勒敏战场以东约5英里处。10月21日下午，斯普罗瑟少校带着各分队指挥官侦察了预定集结区域。该区域位于托勒敏以南1英里布泽

198 步兵攻击

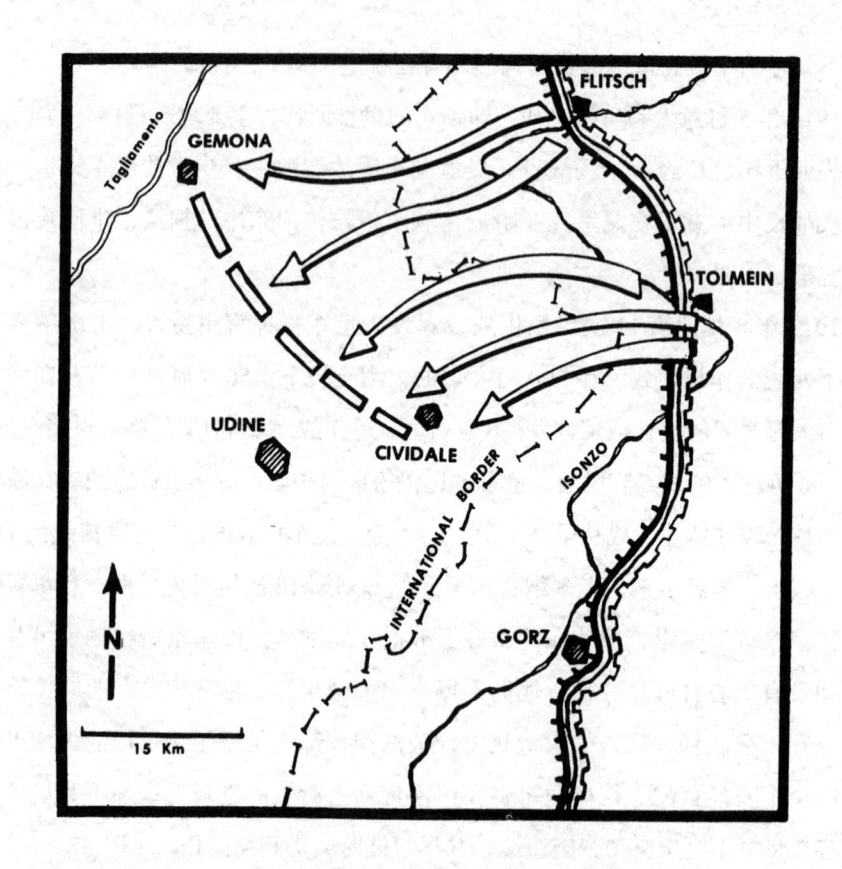

图 37 第 14 集团军战略进攻计划

Tagliamento 塔利亚门托  GEMONA 哥莫纳  UDINE 乌迪内  FLITSCH 弗里兹  TOLMEIN 托勒敏
CIVIDALE 奇维达莱  ISONZO 伊松佐  GORZ 戈里齐亚  INTERNATIONAL BORDER 国界

恩尼山（509）向伊松佐急剧倾斜的北坡之上。

　　几个意军炮兵连不断地从远处高地上向我军战线后方开炮。看样子，意军根本不在乎这点弹药。要把全营（目前已壮大到 11 个连）部署在如此崎岖险峻的地方困难重重。只有满是碎石的岩堆边坡和几条直指伊松佐河的陡峭溪谷还能派上些用场。更令人不安的是，驻扎在托勒敏西北部莫兹里制高点的敌军一眼就能看到布泽恩尼卡山的北坡。这片山地一旦遭到炮击，石块会如瀑布般滚落下来，我们不得不做好防备。倘若让全营在这鬼地方待上 30 个小时，岂不是自寻死路？

我们除了忍受别无他法，集结在托勒敏盆地的兵力实在太多了。意军炮兵向圣卢西亚和巴扎·迪·莫德雷雅附近的山谷发起猛烈的炮击，为了安全起见，我们提前结束了这令人沮丧的侦察，掉头向营指挥部走去。百密一疏，当天晚上，一名投敌的捷克叛徒带走了一堆地图和我们攻占托勒敏的作战命令。

10月22日到23日晚，我营抵达最终集结区域。意军在克罗夫拉特和耶日的制高点上部署了巨大的探照灯，把我们的去路照得一片通明。敌军的炮火不时向我们袭来，令人眩晕的探照灯光把我们牢牢困在地上动弹不得。探照灯一移开，我们便迅速穿过这片危险区域。进攻中，我们感觉到，占据优越地势的阵地显然已经被装备精良、求战心切的敌军控制了。

我们不得不把驮马留在布泽恩尼卡山的东坡上。午夜刚过，我才带领部队扛着重重的机枪和弹药到达碎石坡上的集结区域。一路爬坡行军，大家都已精疲力竭。终于卸下了身上的装备，我们不禁为毫发无损地到达集结地高兴不已。不过大家还不能休息，接下来的几个小时里，我们还要趁着夜色修筑战壕、寻找隐蔽地点。我给各连分派了阵地。参谋和两个步枪连负责阵地西侧一条长约20到40码的碎石坡。这条碎石坡被一条小路一分为二，能够抵挡西北方向敌军的侵犯。剩下的两个连则负责阵地以东100码的一条狭长溪谷。上到军官，下到普通士兵，每一个人都拼了命地工作着。直到天亮，山坡才恢复平静。士兵们蜷缩在散兵坑里补觉，灌木和树枝把他们伪装得不错。

但这份平静并没有维持很久。意军炮兵立刻向我们轰炸，强劲的火力将碎石震落，炮弹轰隆作响，直奔伊松佐河而去。休息又成了奢望。我们怀疑敌军已经知道了我们的集结地点，调整了他们的炮击区域。一旦这个陡峭的山坡遭到敌人的猛烈炮击，后果不堪设想。

炮火持续了几分钟后平息下来，15分钟后，又在另一处阵地响起。我们终于可以享受一段平静的时光。

意军炮兵火力集中到了伊松佐山谷。整个白天，我们目睹了意军大口径火炮的巨大威力，它们将托勒敏附近的军用设施和道路炸得面目全非。相比之下，我们的炮兵只能偶尔开几炮。大家将身家性命托付于我，当前的情形自然让我忧心忡忡。真是度日如年。

只须沿着隐蔽的小路向阵地西侧走上几步，敌军山谷中的前线阵地便一览无余。这条防线——从托勒敏以西1.5英里处敌军前线穿过伊松佐河，继而在圣丹尼尔以东沿伊松佐河向南到达沃尔兹察克最东端——看上去十分牢固，铁丝网障碍更是坚不可摧。雾暗云深，我们无法观察到敌军的其他阵地。

意军的第二条防线应该是从托勒敏西北方向6英里处的塞利琴地区横穿伊松佐河，继而向南跨越赫夫尼克高地向耶日延伸。意军的第三条防线，也是最牢固的防线，建立在伊松佐河以南的高地上，由马塔杰尔（1641）、莫兹里（1356）、葛洛毕、库克（1243）、1192高地以及1114高地连接而成，并向卡拉布扎罗西南方急转，直奔胡姆山而去。我们是从航拍照片中获悉这

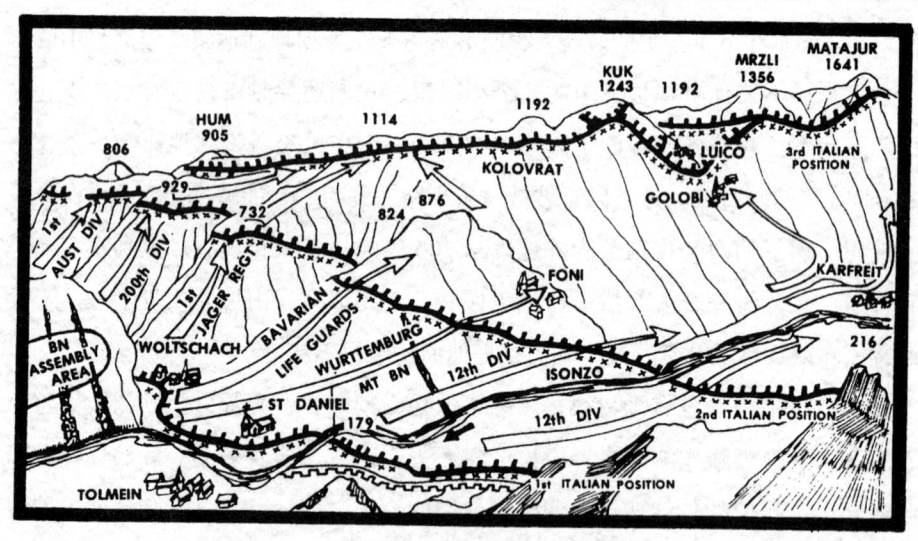

图38 第14集团军进攻示意图（东北视野）

HUM 胡姆山　KUK 库克　MRZLI 莫兹里　MATAJUR 马塔杰尔　KOLOVRAT 科洛夫拉特　GOLOBI 葛洛毕
LUICO 路易科　3rd ITALIAN POSITION 意军第三道防线　1st AUST DIV 第1帝国皇家步兵师
200th DIV 第200步兵师　1st JAGER REGT 第1猎兵团　BAVARIAN LIFE GUARDS 巴戈利亚近卫步兵团
WURTTEMBURG MT BN 符腾堡山地营　12th DIV 第12步兵师　ISONZO 伊松佐　FONI 福尼
2nd ITALIAN POSITION 意军第二道防线　KARFREIT 卡夫锐特　BN ASSEMBLY AREA 营部集结区域
WOLTSCHACH 沃尔兹察克　ST DANIEL 圣丹尼尔　TOLMEIN 托勒敏　1st ITALIAN POSITION 意军第一道防线

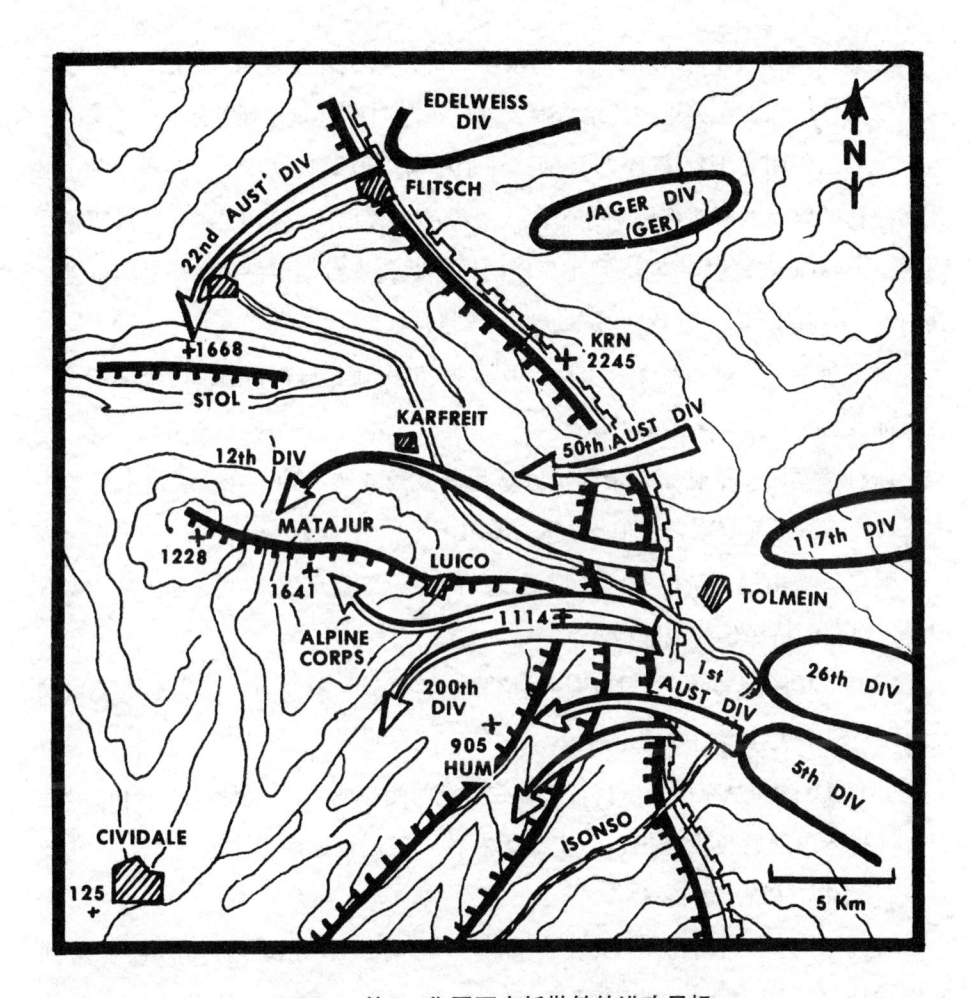

图 39　第 14 集团军在托勒敏的进攻目标

22nd AUST DIV  第 22 帝国皇家步兵师　EDELWEISS DIV 雪绒花师　JAGER DIV (GER) 德国猎兵师
FLITSCH　弗里兹　KRN　黑山　KARFREIT　卡夫锐特　50th AUST DIV　第 50 帝国皇家步兵师
ISONZO　伊松佐　TOLMEIN　托勒敏　STOL　斯托尔　ALPINE CORPS　阿尔卑斯山地部队
200th DIV　第 200 步兵师　HUM 胡姆山　1st AUST DIV　第 1 帝国皇家步兵师　117th DIV
第 117 步兵师　26th DIV　第 26 兵师　5th DIV　第 5 步兵师　MATAJUR　马塔杰尔
LUICO　路易科　CIVIDALE　奇维达莱

些情报的。在两条防线间，据说还有些孤立的坚固要塞。（图 38、39）

第 14 集团军部署如下：

克劳斯军团（下辖第22帝国皇家步兵师、雪绒花师、第55帝国皇家步兵师及德国猎兵师）在弗里兹集结待命，部队欲越过萨迦攻击斯托尔。

施泰因军团（下辖第12步兵师、阿尔卑斯山地部队以及第117步兵师）驻扎在托勒敏以南的桥头堡阵地，为此次战役的主攻部队。第12步兵师沿伊松佐河两岸山谷向卡夫锐特突袭。阿尔卑斯山地部队负责占领伊松佐南部高地阵地，其中1114高地、库克以及马塔杰尔为主攻目标。

贝雷尔军团（下辖第200步兵师及第26步兵师）与施泰因军团南部相连，主攻奇维达莱和圣马蒂诺的部队。

斯科蒂军团（下辖第1帝国皇家步兵师及第5步兵师）在战线最南部，主攻耶日南部，进而夺取葛罗伯卡克及胡姆山。

阿尔卑斯山地部队巴戈利亚近卫步兵团及第1猎兵团接替奥地利军，掌管伊松佐以北的桥头堡前线阵地。

近卫步兵团主要负责攻打通往葛洛毕、路易科、科法克、赫夫尼克、1114高地以及科洛夫拉特山脊的道路。

第1猎兵团将从东南方向攻打沃尔兹察克西侧高地、732高地以及1114高地。

符腾堡山地营负责掩护近卫步兵团右翼，压制福尼附近的炮兵火力，并随近卫步兵团向马塔杰尔转移。

临近10月23日夜晚，天气变得阴雨蒙蒙。天一黑，驮马将粮食送到了集结地区。大家饱餐一顿后回到散兵坑休息，为接下来几天的战斗养精蓄锐。午夜过后，一场大雨不期而至，我们不得不躲进单人雨棚避雨。真是天赐良机！

> **战地观察**
>
> 向托勒敏的行军以及一系列的作战准备使部队备受煎熬。部队夜行时常伴有瓢泼大雨，经过数天紧张的行军，我们终于翻越了卡拉万克山，仅直线距离就达到了63英里。为了躲避敌军的空中侦察，我们

> 白天都蜷缩在掩体中。部队粮食匮乏，品种单一。尽管如此，我军士气仍旧高涨。参战三年来，我们的部队已经学会了如何苦中作乐。
>
> 10月22日至23日向集结地行军的过程中，机枪连和山地连被迫亲自背运弹药。科什纳山之战表明，弹药补给在山地战中困难重重。
>
> 为了应付敌军对我军集结地的火力攻击，我们在夜间修筑战壕，并在黎明前认真伪装了阵地。
>
> 白天集结无法得到供给，我们直到天黑才能吃上一口热乎饭。

## 进攻第一天：赫夫尼克和1114高地

1917年10月24日凌晨2点，我军沉默许久的炮兵终于开火了。在这个漆黑的雨夜，1000门大炮同时向托勒敏两侧齐射。炮弹击中敌军阵地，震耳欲聋的爆炸声此起彼伏，在山谷中回响。这样的场面让我们激动不已。

意军的探照灯无力穿透密集的雨水，托勒敏附近预期的敌军阻击火力也并未出现，只有零星几个敌军炮兵回应了我军的炮火。这让我们放了心，大家半睡半醒地回到掩体，静静听着我们的炮火慢慢平息。

破晓时分，我军的炮兵增强了火力。密集的火力将圣丹尼尔以南的敌军阵地炸得粉碎，阵地在炮弹爆炸引起的烟雾中时隐时现。我们的炮兵和迫击炮火力越发猛烈。相比之下，敌军的反击却显得苍白无力。

天亮不久，符腾堡山地营冒着大雨出发了。雨水大大降低了能见度。斯普罗瑟军团参谋部匆匆赶路，我率领部队紧随其后，沿乱石坡而下向伊松佐进军。一下山，我们便跟随巴戈利亚近卫步兵团沿伊松佐河陡峭的河岸继续向上行军。

几发炮弹落在我们队伍两侧，所幸没有造成任何伤亡。快到前线时，我们停了下来。大家早已冻僵，浸湿的衣服贴在身体上让我们叫苦连连。每个人都盼望着能够准时开战，时间却仿佛停滞了。

距离进攻只剩下15分钟，我们的炮火变得更加猛烈。我们面前几百码处，整个敌军阵地都笼罩在蒸腾的水汽和灰色浓烟中。天色阴沉，云层低低地压在赫夫尼克和科洛夫拉特山脊上。

临近上午8点，我们前方的突击小队离开阵地，向敌军方向冲去。战火纷乱，敌军没有及时发现他们，没有做任何抵抗便将阵地拱手相让。我们以这些新夺取的阵地为依托，做好了全面进攻的准备。

上午8点整，我军炮兵及迫击炮火力继续猛击敌军阵地。位于我们前方的近卫团准备进攻。我们紧随其右翼，向敌军右侧发起攻击，并成功夺取圣丹尼尔附近阵地。在重炮下幸存的敌军从废墟中爬出来，急忙高举双手向我们走来，个个一脸的恐慌。我们加速向前，欲横穿我们与赫夫尼克北坡之间的宽阔平原。尽管赫夫尼克东侧的敌军不时地向我们射击，迫使我们停下来，但我军一边还击一边向前冲，穿越了开阔地。

近卫团向赫夫尼克东坡移动，而我们的目标则是斯普罗瑟少校行进的东北坡方向。斯普罗瑟少校和参谋匆匆走在队伍的最前面，战士们背着沉重的背包、枪支和弹药，行军速度十分缓慢。

到达179高地附近后，赫夫尼克山坡上茂密的树林挡住了我军左翼部队，因此，我军左翼部队并未受到敌军高地上的火力袭击。（图39）

我的部队全部到达这片山坡后，斯普罗瑟少校命令分队沿山坡上的小路向福尼前进，担任符腾堡山地营在赫夫尼克北坡的前哨部队。技术军士赛特泽率领1连担当营里的尖兵。其他分队紧随其后，彼此之间保持150码的间距。行军序列如下：第1机枪连某排、分队参谋、1连、2连以及第1机枪连其余各排。我和我的新副官施特莱切中尉在几码以外紧随尖兵部队。

我们一路踏着狭窄、灌木丛生的小路前进。种种迹象表明，敌人未曾发现过这条小路。小路两侧坡陡丛深。虽然已是深秋，枝头还挂满树叶。从如此茂密的灌木丛中穿越，能见度不过数码，我们偶尔才能瞥见外面的山谷。几条溪

第五章　1917年进攻托勒敏　205

流直下伊松佐河。山谷中、近卫团所在后方，隐约传来德军炸弹爆炸的声音。我们面前的山坡却安静异常，不过我们做好了随时和敌人大干一场的准备。我军炮兵没能抵达山林阵地，无法为我们提供任何支援，我们只能靠自己了。

尖兵部队小心翼翼地行进着，不时停下来，仔细判别林中传来的声响，确认安全后再继续前行。即便如此，还是没能躲过敌军的伏击。当我们行进到824高地以东1000码处时，不远处的敌军突然用机枪向我们扫射。我接到报告：前方坚固的铁丝网阵地中发现敌人，尖兵连5人负伤。（图40）

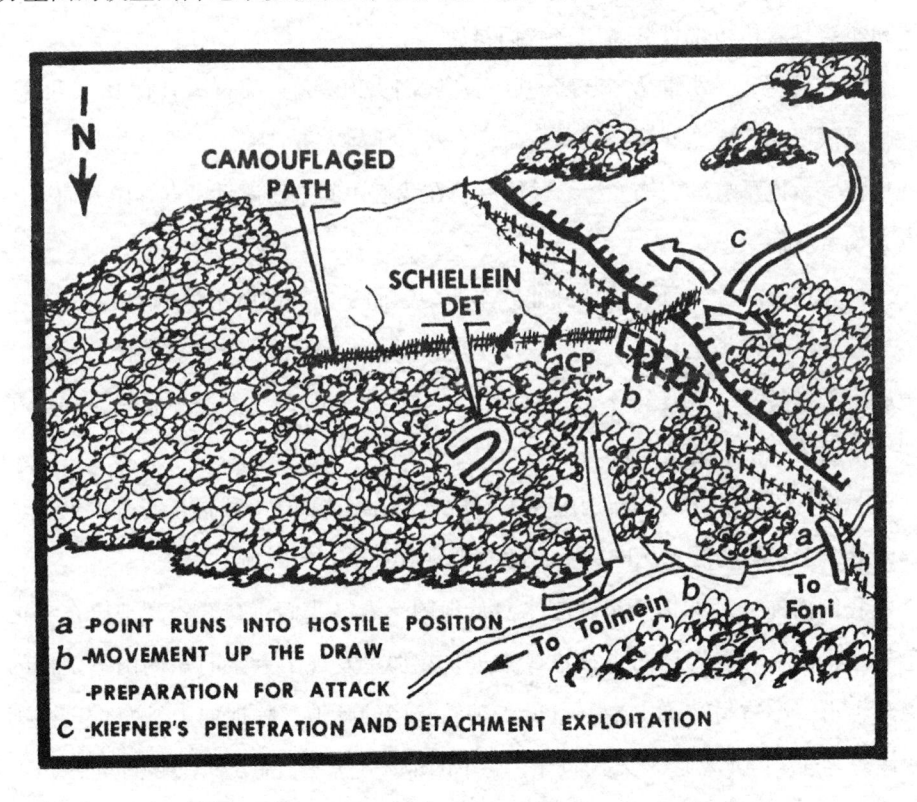

图40　意军第二道防线突破战，1917年10月24日（北侧视野）

CAMOUFLAGED PATH　伪装小路　　SCHIELLEIN DET　席勒恩分队
To Tolmein　去往托勒敏　　To Foni　去往福尼
a 尖兵队冲向敌军阵地　　b 沿山沟向上转移；进攻准备　　c 基弗纳小组突破战路线

在我看来，若没有炮兵火力支援，想在密林陡坡小路两侧发起进攻，穿过障碍重重的敌军坚固阵地毫无胜算，或者至少需要付出极其惨重的代价。因此，我打算到别处碰碰运气。

没有负伤的先头部队还在与敌军缠斗，我又任命1连中另一支队伍为先头部队，命令他们沿敌军阵地前200码处的碎石沟，翻越山坡向南行进，从左翼和上方包围敌人。我向斯普罗瑟少校报告了我的作战计划。

往上攀登并不是一件容易的事。我和施特莱切中尉跟在尖兵部队后40码处。重机枪组扛着机枪部件紧紧跟在我们身后。

就在这时，一块重达100磅的巨石从我们头顶滚落。碎石沟只有10英尺宽，我们无法躲闪，更无处藏身。真是命悬一线，任何人被它撞到，都会粉身碎骨，我们都紧紧地贴着碎石沟左壁。这块巨石在我们中间来回滚动，直奔山下而去，并未伤及我们一丝一毫。

所幸的是，原来巨石坠落并非意军所为，而是先头部队不慎触动的。

我们继续向坡上行进了很长一段距离，又一块巨石滚落，碾在我的右靴上，把鞋带都扯掉了，脚伤得不轻。在接下来的半个小时，我不得不忍受剧痛，在两个士兵的搀扶下继续前行。

我们终于把陡峭的碎石沟甩在了身后。大雨瓢泼而下，我们全身都湿透了。部队继续在密集的灌木丛中穿行，随时观察着各个方向的情况。

我们面前，森林逐渐稀疏起来。从地图上看，我们正在824高地以东半英里处。我们小心翼翼地向森林边缘推进，在那里发现了一条向东侧山下延伸的隐蔽小道。小道另一头，是一道道布满铁丝网的阵地，阵地向上蜿蜒，直至莱伊泽峰。这块阵地看起来无人防守，德军的炮火也未曾光顾这里。我于是决定：重机枪进行短暂的射击，森林边缘的左翼部队随后发起突袭。眼下的情形不禁让我想起1917年8月12日至19日的科什纳山之战。

重机枪排在灌木丛中就位，在他们的掩护下，我们在森林中一处凹地当中完成了进攻前的准备工作，此处距敌军障碍区刚好60码。多亏了山地营严明的战斗纪律，我们在大雨中悄无声息地完成了集结。伊松佐山谷中激烈的战斗声音远远传来，离我军左后方更近的位置，近卫团似乎还在苦战。然而我们周围却没有任何风吹草动。

有时，我们会看到敌人在阵地后方进进出出，他们显然没有发现我们。只有德军的几枚炮弹落在我们左后方 600 码的地方。从方位上看，这里肯定与我们 45 分钟前发现的通往福尼小路两侧的阵地相连。我估摸这很可能是意军第二道防线的一部分。要继续在茂密的灌木丛中行进，我们一定会被敌人发现。部队已经就位，我要下令进攻吗？我们面前是 60 码宽的灌木丛，敌军阵地上还有铁丝网防护！只要敌人稍有警觉，我们就不可能轻松拿下阵地。

森林边缘的小路隐蔽性不错，我一下有了主意。这条小路多半是圣丹尼尔附近意军、赫夫尼克东坡守军和炮兵前哨之间的交通线路。我们抵达这里后，意军还从未从这里经过。小路蜿蜒曲折，南侧的隐蔽性很好，无论从山坡上俯视还是从意军阵地望过来，都难分敌我。没有敌人的干扰，我们能够在 30 秒内越过小路，进入敌军阵地。只要行动迅速，便会不费一枪一弹俘获这里的守军。这样的任务非我们这些勇士莫属！如果敌军抵抗，我们还可以按原计划，在机枪掩护下发起进攻。

我从 2 连选中了一位得力干将——准下士基弗纳，让他带领 8 名士兵伪装成从前线返回的意军，沿小路行进，渗入敌军阵地，俘获小路两侧的守军。我嘱咐他们不要开枪，也不要使用手榴弹。如果遭到敌人攻击，全体官兵会给他们提供火力支援。基弗纳心领神会，亲自挑选了一同执行任务的战友。几分钟后，基弗纳和他的伙伴踏上了那条隐蔽的小路，不一会儿，他们的脚步声就消失了。他们能行吗？我们屏息聆听，随时准备进攻或是提供火力支援。只要一声枪响，三个连的士兵便会同时发起攻击。时间一分一秒地过去了，我们焦急万分，然而除了淅淅沥沥的雨声，我们什么都听不到。这时，脚步声越来越近，一个士兵低声向我们报告：基弗纳小组已成功占领敌军掩体，俘获 17 名意军，缴获 1 挺机枪，没有引起守军注意。

我随即带领隆美尔分队（1连、2连以及第1机枪连）全体士兵沿小路而上，进入敌军阵地。基弗纳小组成功突袭前不久，席勒恩分队（3连、6连以及第2机枪连）与我分队会合，现在，他们也随我们进入了阵地。突击小组继续悄无声息地扩大突破口，往小路两侧各扩展了50码的距离。外面下起了瓢泼大雨，几十个意军士兵正在掩体里避雨，正好被我们身经百战的山地部队抓个正着。多亏掩体厚重，山坡上的敌人根本没有察觉我们六个连的行动。

接下来我必须做出选择：是留下来继续扩大阵地，还是向赫夫尼克峰进攻？我选择了后者。只要占领赫夫尼克峰，粉碎意军阵地便轻而易举。我们向敌军阵地渗入得越深，敌守军防备就会越松懈，越利于我们的进攻。我也不担心左右两翼敌军的伏击。符腾堡山地营的六个连完全能够保护好自己的侧翼。我随即下了进攻命令：我军周围与后方均有强大的预备队支援，须全力向西突击。

第1机枪连位于梯队最前方，一旦遭遇抵抗，我希望有重火力及时还击。重机枪手扛着重达90磅的武器攀爬，放缓了我们的行进速度。他们任重道远，只有在如此恶劣的天气里、在相同的负重下亲自攀爬过的人才能够理解个中艰辛。

部队列队后队伍长达1000码。我们在倾盆大雨中前行，跨过了一个又一个灌木丛，越过了一个又一个凹地和山沟，夺取了一个又一个敌军阵地。一路上，我们常常从敌军后方突袭，夺取阵地，没有遭到任何有组织的抵抗。那些拒不投降的敌人扔下武器，跌跌撞撞地向山下跑去。我们并没有向他们开枪，不想惊动高处阵地的守军。

进攻中，我们不时遭到友军炮火的袭击。为了不引起守军的警觉，我们并没有给友军炮兵发灯光信号。德军炮弹击中了我们身边的一块岩石，误伤1名战友。

我军俘虏了一个210毫米榴弹炮连。动用了催泪瓦斯，连里所有敌军都不见了踪影。巨大的炮台周围，炮弹堆成了山，岩石当中的掩体及弹药也完好无损。我们继续向上走了300英尺，又遇到了一个中口径炮兵连，他们的炮台设在石壁当中，可以通过炮眼向外射击，防弹效果极佳。然而这儿的守军也不知道跑到哪里去了。

11点，我们到达赫夫尼克峰向东延伸的山脊。在那里，我们遇到了近卫团3连，并和他们一起沿着山脊向赫夫尼克峰走了很长一段距离，在这期间，我们遭到了德军火力的猛烈攻击。近卫团停下来休整，等待炮兵转移火力。而我则带领部队转而向赫夫尼克北坡行进，一路上，我们没有遇到任何抵抗，还俘获了不时遇到的小股意军，于正午时分到达主峰。

雨停了，压在头顶的乌云渐渐散去，我们偶尔能够瞥见1114高地和科洛夫拉特山脊，敌人的炮火就是向赫夫尼克轰炸的。显然，1114高地前方的意军观察员发现了我们。为了避免无谓的牺牲，我命令两个分队撤出危险区域，向北转移。按照原计划清除赫夫尼克与福尼之间的敌军炮兵据点。侦察部队则设法夺取赫夫尼克南坡以及距主峰西南方向300码处的纳拉德山口。我们用粉笔在战利品上做了标记。我们的战利品已经多达17件，其中还有12门大口径火炮。意军的蜜饯和食物也进了我们的肚子。

下午3点半，近卫团部分连队到达纳拉德山口。我的两个分队集结完毕，与他们会合了。半小时后，近卫团3营（下辖三个步枪连）途经1066高地，沿伪装不错的主干道向1114高地攀登。我们受命掩护近卫团右翼，因此，我带着六个山地连紧随其后行进。席勒恩分队殿后。

我和施特莱切中尉在前面带队。天终于放晴了，科洛夫拉特山脊、1114高地以及1114高地向耶日延伸的山脊清晰可见。我们暂未受到敌军的攻击。下午5点，近卫团在1066高地岩层附近遭到伏击，迫使其中两个连在小路东侧的峭壁下寻求隐蔽。

我命令我的分队在小路右侧寻求隐蔽，并向3营的二线阵地靠近。我随后和施特莱切中尉对1066高地附近区域进行了侦察。（图41）

我们发现，1114高地以及高地西北方向600码处一系列相互交错的阵地已被敌军用铁丝网团团围住，我军第12近卫连正与对方激烈交火。小路右侧阵地上布满了意军士兵，他们刚好毗邻第12近卫连右翼。

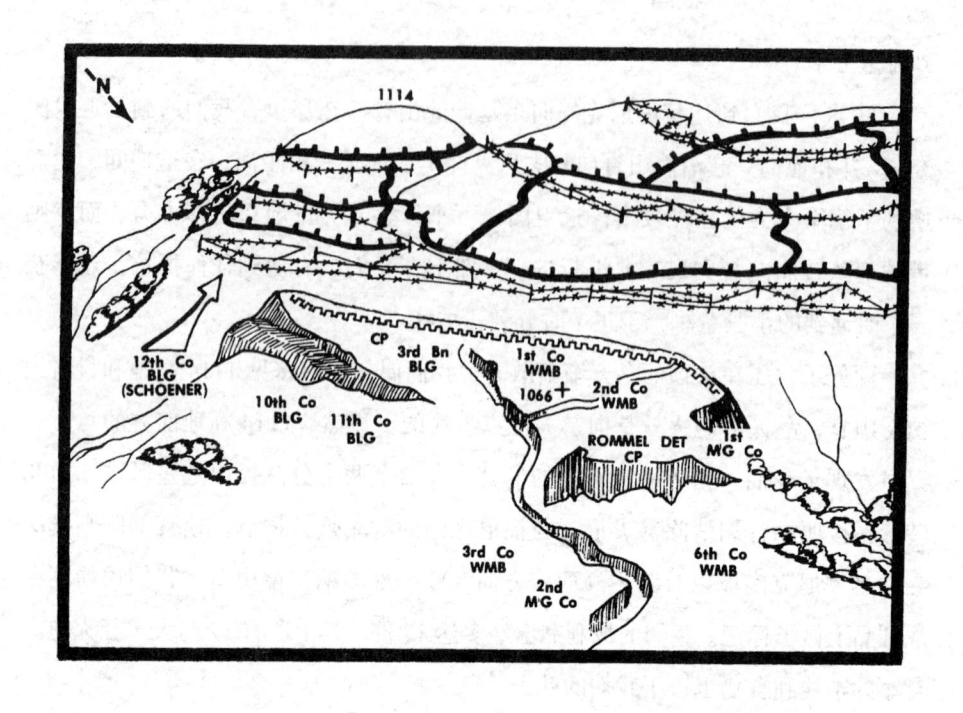

图 41　1114 高地前沿阵地（东北视野）

12th Co BLG（SCHOENER）　舍尔纳中尉第 12 近卫连　10th Co BLG 第 10 近卫连
11th Co BLG 第 11 近卫连　CP 指挥所　3rd Bn BLG 第 3 近卫团　1st Co WMB 符腾堡山地营 1 连
2nd Co WMB 符腾堡山地营 2 连　ROMMEL DET 隆美尔分队　1st MG Co 第 1 机枪连
6th Co WMB 符腾堡山地营 6 连　3rd Co WMB 符腾堡山地营 3 连　2nd MG Co 第 2 机枪连

我即刻命令特雷比格中尉率 1 连清除 1066 高地西南方向、小路右侧阵地的敌军。1 连以迅雷不及掩耳之势攻占了敌军阵地，没有造成任何人员伤亡，还俘获了 7 名意军军官和 150 名士兵。

与此同时，我命令 2 连及第 1 机枪连清除 1066 高地以西的敌军战壕、掩体和观察所。我们刚刚在 1066 高地西南方向 100 码处的岩石下消灭了敌人，席勒恩分队作为预备队随后赶到清理战场。

我和施特莱切中尉直奔第 12 近卫连右翼而去。我们觉得那里更方便近距离观察 1114 高地的情况，还能够与第 3 近卫团建立紧密的联系。路上，我们在距

1066高地不足50码处遇到了3营的几名军官。他们指着远处的一个山沟告诉我们，这条山沟通向1114高地及其西北方向600码处的一个鞍部，他们派了一个侦察小分队正试图从那里攀到最近的敌军阵地。敌军负隅顽抗，用机枪不时地向铁丝网外光秃秃的草地上四下乱射，侦察队的处境堪忧。这里的守军看上去十分警觉，誓死保卫阵地。

我和3营军官以及施特莱切中尉一致认为，只有得到炮兵的支援，才有可能夺取1114高地及其西北方向600码处小山上的优势阵地。直到此时，炮兵并未向这两座山上发射过一枚炮弹。我用望远镜仔细观察敌军阵地情况，1114高地那边总有一挺机枪向我们扫射，我不得不频频卧倒寻求防护。

夜幕慢慢降临，1连试图占领1114高地西北方向600码小山上更多敌军阵地的努力化为了泡影。我麾下符腾堡山地营各连已做好入夜准备，1连与2连负责夜间侦察任务。我的指挥所由原意军炮兵观察所改建而成，设在1连后方。我同施特莱切中尉以及第3近卫营的军官一起商讨了攻占1114高地以及科洛夫拉特山脊的良策。此时此刻，第10近卫连以及第11近卫连尚未与我们会合，第12近卫连成功攻占1114高地的捷报我们还一无所知。

晚上7点，近卫团团长波斯默少校一到达营地，就召唤我去了他的指挥所。他的指挥所设在1066高地附近的掩体当中，距离我的指挥所仅100码。我向他汇报了麾下6个山地连的部署情况。他随即命令我们服从他的安排。我不甘示弱地告诉他，我只服从斯普罗瑟少校的命令，随时恭迎斯普罗瑟少校的到来。据我所知，斯普罗瑟少校要比这位近卫团团长资深得多。波斯默少校震怒异常，严禁我率领分队向1114高地西侧及后方靠近，说那里由近卫团负责，与我无关。为了安抚我们，他准许我们在近卫团10月25日占领1114高地后，进入阵地并担任警戒部队；或是在西翼近卫团主攻部队身后的二线待命。我告诉他，我会向上级汇报这一安排。我随即被打发走了①。

我向自己的指挥部走去，一路上闷闷不乐。我们山地营怎么能在二线打杂？

---

① 参见1930年春出版《伊松佐战役政府档案报告》第1卷、2卷。

我试图想出一个万全之策，让我的部队自由行动。不过最终还是不得不等斯普罗瑟少校来了再做决定。

晚上9点，军需官奥藤列斯中尉来到了我们指挥所。他在第3近卫营指挥所参加了10月25日的作战计划讨论，并由第12近卫连派到我处。此次作战，部队将在炮火掩护下，对科洛夫拉特山脊发起进攻。他告诉我，斯普罗瑟少校还在与凡伦伯格的部队进攻福尼，天黑前不久，他们刚刚攻下阵地。奥藤列斯中尉还告诉我，第12步兵师在伊松佐山谷取得了重大进展。我向他描述了1114高地的情况，并说明了我们与近卫团的尴尬关系，让他尽快向斯普罗瑟少校汇报，无论伦伯格的部队是否能够脱身，请斯普罗瑟少校在天亮之前赶到1066高地，恢复我麾下分队的行动自由。尽管外面漆黑一片，奥藤列斯中尉还是冒着随时被敌军袭击的风险欣然接受了这项任务，向指挥所出发。

10月24日到25日夜，阴雨连绵，寒风刺骨，符腾堡山地营驻守在1066高地上，官兵们浑身都湿透了，痛苦不堪。前线的夜间巡逻队又在敌军障碍区前俘获了几十个意军士兵。然而巡逻队没能越过敌军障碍区，深入到敌军阵地最前方。意军哨兵十分警觉，我们一发起进攻，他们便立刻用手榴弹和机枪还击。

深夜时分，近卫团3连通知我们，1066高地以北预备队受命攻打东北坡左段，不过他们与在732高地作战的第1猎兵团失去了联系。舍尔纳中尉[1]（第12近卫连）是否已占领1114高地我们也不得而知。

我迷迷糊糊地躺在硬木板床上，盘算着重新作战的可能性。正面进攻吗？在我看来，科洛夫拉特山的敌军防御系统极其坚固，要从我们新夺取的阵地不断向其发起进攻，需要得到充足的炮兵火力支持，而在10月25日早晨之前，炮兵支援只能是奢望。而且近卫团也不希望符腾堡山地营插手前线进攻的事。

如果不想把时间都浪费在炮火攻击准备上，可以考虑突袭意军第三道防线，

---

[1] 费迪南德·舍尔纳，第二次世界大战后期荣升为陆军元帅，并因占领1114高地而获得勇气勋章。他是一位铁血军官，在攻占1114高地过程中，他一路驱使部队登顶，导致1名士兵过劳而亡。二战中，他以残暴著称。在芬兰北部指挥挪威山地军时，他训诫士兵，"世上根本没有所谓的北极"。此后的东线作战，他苛刻的军事纪律更是激起了同胞的敌意。1973年，费迪南德·舍尔纳离世。

之前，我军还从未攻击过这道防线。也许可以从西面或是东南面出击，它们距离 1114 高地顶峰都不过 1000 码的距离。在西面，意军第三道防线呈阶梯状沿科洛夫拉特山脊向库克山延伸。一旦突袭成功，势必会削弱 1114 高地下方敌军阵地的势力，这正合我们的胃口。在东南面，敌军阵地位于 1114 高地下方山坡之上，即便占领此地，也不会影响敌军顶峰阵地。无论如何，我们也无法从东南面发起突袭，因为我们恰好在近卫营右翼。从西面发起进攻也不现实，近卫团团长不是不让符腾堡山地营向那个方向活动吗？

那一夜过得十分平静，只有零星的手榴弹爆炸声在耳畔响起。

一早，侦察队对敌军阵地发起了进攻，与敌军鏖战数小时之久，然而收效甚微，与夜间巡逻队战果相当，警觉的意军哨兵又把他们打了回来。近卫团 3 营并没有告诉我们昨晚形势有变。凌晨 5 点，外面漆黑一片，斯普罗瑟少校抵达了我的指挥所。符腾堡山地营其他各连（4 连、第 3 机枪连）紧随其后。我向他报告了 1114 高地的情况、我们与近卫团的关系以及我的进攻计划。我请求调用四个步枪连以及两个机枪连参加战斗。

斯普罗瑟少校同意我进攻意军第三道防线的作战计划，但是只给我派了两个步枪连和一个机枪连，尽管他说会在我们取得胜利后给予更多的支持。当我忙着集结部队准备出发时，近卫团团长到了我的指挥所，与斯普罗瑟少校达成了和解。

### 战地观察

第一道意军防线位于圣丹尼尔，前线有连绵不绝的战壕、数不清的掩体和坚固的铁丝网。第一道防线和第二道防线之间零星点缀着单个机枪堡垒和坚固的据点。前线的伪装并不严密，然而要观察到一线与二线阵地之间的装备也并非易事。

德国炮兵对敌军前线一阵狂轰滥炸，却没能歼灭阵地上的守军。两道防线之间的机枪堡垒挺过了炮兵攻势，却无力阻止正面战场的全线进攻。如果意军两道防线之间机枪堡垒众多，则极有可能粉碎德军的进攻。为了摧毁大规模纵深的现代防御阵地，强有力的炮兵火力准备是必不可少的。

我分队先头部队与第二道意军防线敌军在陡峭茂密的山坡上狭路相逢，在一条窄路上损失了5名战友。如果拉大队伍之间的间距，则能够降低损失。在罗马尼亚，骑兵队穿越开阔地时，队伍之间通常会保持200码以上的间距。一旦最前面的士兵遭遇伏击，他身后的士兵能够及时报告情况。步兵的先头部队也需要这样做，必要时，先头部队的指挥员才能够及时疏散部队。

通往福尼的第二道意军防线上的敌人十分谨慎，然而防线东南方向，距他们仅半英里处阵地上的敌军却过于懈怠。仅在主阵地上布置警觉的哨兵还远远不够，前沿阵地上巡逻队须按时巡查，恶劣天气以及复杂地形下更是如此。

10月25日破晓的战斗命令：在弗里兹盆地作战的克劳斯军团于10月24日晚抵达萨迦，在山谷下的路边驻扎，并于10月25日一早攻打斯托尔（1668）。

伊松佐山谷，连绵的雨水和阴沉的天气削弱了敌军阵地射向山谷的火力。因此，10月24日，第12师得以一路穿越伊德斯科和卡夫锐特，向克雷达及洛比克附近的纳蒂索内山谷行进。艾科霍尔兹军团（下辖两个营及一个炮兵排）离开大部队，向路易科山的隘口进发。10月25日早晨，精疲力竭的第12师（施内博连）登上了马塔杰尔山北脉。而艾科霍尔兹军团则与优势敌军鏖战。

在1114高地意军第三道防线的关键阵地上，阿尔卑斯山地部队麾下的巴戈利亚近卫步兵团及符腾堡山地营与敌军展开激战。舍尔纳率第12近卫连坚守主峰，然而意军利用主峰四周阵地发动反击，试图夺回他们失去的阵地。第200步兵师第1猎兵团在732高地与敌人争夺第二道意军防线；第3猎兵团占领了耶日，第4猎兵团正与敌人在497高地上争夺第二道意军防线。

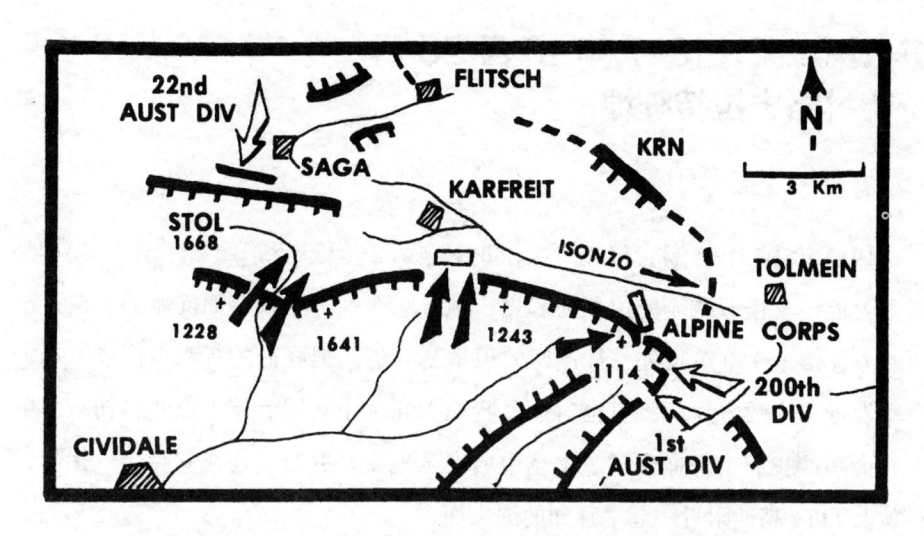

图42　1917年10月25日破晓时分战斗形势

22nd AUST DIV 第22帝国皇家步兵师　FLITSCH 弗里兹　KRN 黑山　SAGA 萨迦
KARFREIT 卡夫锐特　STOL 斯托尔　ISONZO 伊松佐　TOLMEIN 托勒敏　ALPINE CORPS 阿尔卑斯山地部队　200th DIV 第200步兵师　CIVIDALE 奇维达莱　1st AUST DIV 第1帝国皇家步兵师

斯科蒂军团与第1帝国皇家步兵师攻占了第一道及第二道意军防线，到达奥斯特瑞—克拉斯—普斯诺—斯雷登内—阿夫斯卡一线。

总结：除1114高地残存阵地外，我军占领了位于伊松佐以南、占据优势地势的第三道意军防线（马塔杰尔、莫兹里、葛洛毕、库克、1192高地、1114高地、拉希姆以及胡姆山）。战线守军虽拥有充足的物资储备却不堪一击。该阵地并未遭到德军炮火的轰炸。

## 进攻第二天，1917 年 10 月 25 日
## 奇袭科洛夫拉特阵地

1917 年 10 月 25 日，晨光熹微，我率领第 2 步枪连和第 1 机枪连，以 1066 高地附近一座怪石嶙峋的山顶为起点，顺着它西面那条狭窄而陡峭的峡道，沿西北方往山下 150 英尺处一片茂密的灌木丛前进。但我们的行踪很快被警惕的意军发觉了，敌方立即将机枪对准了我们，几个士兵因此受了点儿轻伤。但电光石火间，我们全都撤进了灌木丛中的安全地带，并与 3 连在此会合。接着，头顶上 1114 高地附近响起了猛烈的炮火声。

出发之前，我与各连连长详谈了此次任务的具体细节。我们将沿着山脊上那片陡峭的北坡，向西行进到敌军科洛夫拉特阵地正下方 200 到 400 码处，这样我们离 1114 高地周围的前哨战场便只有 1.25 英里。接着，我将根据地形走势确定合适的伏击地点，待时机一到，我们便能对意军的第三道防线发起突袭。这次任务关键的一点就是不能让敌人发现我们的行踪。

探路的士兵来自路德维希中尉的 2 连，由我直接指挥，我们之间通过手势交流。由副官、传令官和通信班组成的参谋部跟在先头部队的后方，双方相隔 30 来码。为了与 1066 高地上斯普罗瑟少校的指挥所保持联络，一路上，通信班一边行军一边搭线。再往后 50 码便是由第 2 步枪连的剩余部队、第 1 机枪连和第 3 步枪连排成的列队。

早餐是冰冷的意大利罐头，而非我们常喝的咖啡。但穿着湿淋淋的衣服熬过这个寒冷的夜晚后，能继续走动起来的确是一件让人心情舒畅的事情。天色渐渐亮了起来，从左后方 1066 和 1114 高地附近传来的炮火声也愈发密集。然而，特遣队的成员都无暇顾及这些炮火声，因为我们正忙着蹑手蹑脚地穿过一丛丛灌木，敛声息语地越过一个个山坡。最初，在地形和灌木丛的掩护下，我们离上方的敌军只有 600 来英尺。但很快我们便来到了视野开阔的科洛夫拉特山脊，

四周全是些光秃秃的小山丘，敌军也在此设置了路障，我军只得费时费力地绕去山谷那边。障碍区肯定有哨兵把守，一双双眼睛正盯着我们走过的这片山坡。一旦敌方的哨兵察觉到任何异样，那我们这次行动很可能就会功亏一篑。

为了搜寻抵达敌方阵地的近道，我间或下令让队伍暂时休整一下。因为选择合适的地理位置在突袭战里至关重要。我们小心翼翼地穿过几条深邃的峡谷，接着便来到了一片绿草茵茵的山坡。整个队伍不仅得避开左侧、上方的哨兵，而且首尾两方的敌人更为麻烦，因为我们只能想象出山坡在俯视角下的样貌。不断出现的路障也证明了这是一段艰难的路程。越往山上走，灌木丛越少，最后我军只能藏身在山坡上四通八达的狭窄沟槽里。

我们已经走了一个多小时，目前我军与1066高地之间的直线距离大约是1.5英里。从出发起，我们还未遭到敌军的攻击，但从1114高地附近传来了一阵激烈的机枪扫射声。那是近卫团发动的进攻吗？

头顶的朝阳预示着今天将是一个温暖晴朗的秋日，我们的上方是戒备森严的科洛夫拉特山脊。万籁俱寂，先头部队悄悄地穿过一簇灌木丛，然后躲进敌军障碍区下方约200码处的一个山沟里。与此同时，我也在思考如何顺利通过前方100码处那个光溜溜的陡峭山脊。突然，身后响起一阵轻微的嘈杂声。我扭头一看，只见2连的几名步兵正往路旁一片宽阔的灌木丛里钻，而先头部队刚刚才走过这条小径。（图43）

发生了什么事情？那几名士兵走在队伍的前列，他们发现山坡下的灌木丛里有一群睡得正香的意兵。几分钟内，他们便消灭了这个由40名士兵和两挺机枪组成的前哨站，而且整个过程中没有耗费一颗子弹，没有引起一声尖叫。不过确实还有几条漏网之鱼，那些溜走的哨兵拼命朝山下逃去。但幸运的是，惊慌失措的哨兵根本顾不上警示山上的守军——他们既没有开枪也没有大叫。我肯定，我军也没人朝那群逃兵开枪。

这很明显是专门守备科洛夫拉特山脊的前哨站，敌军害怕驻扎在伊松佐山谷的我军会对此地发动突然袭击。我们下方300来英尺处很可能还有其他类似

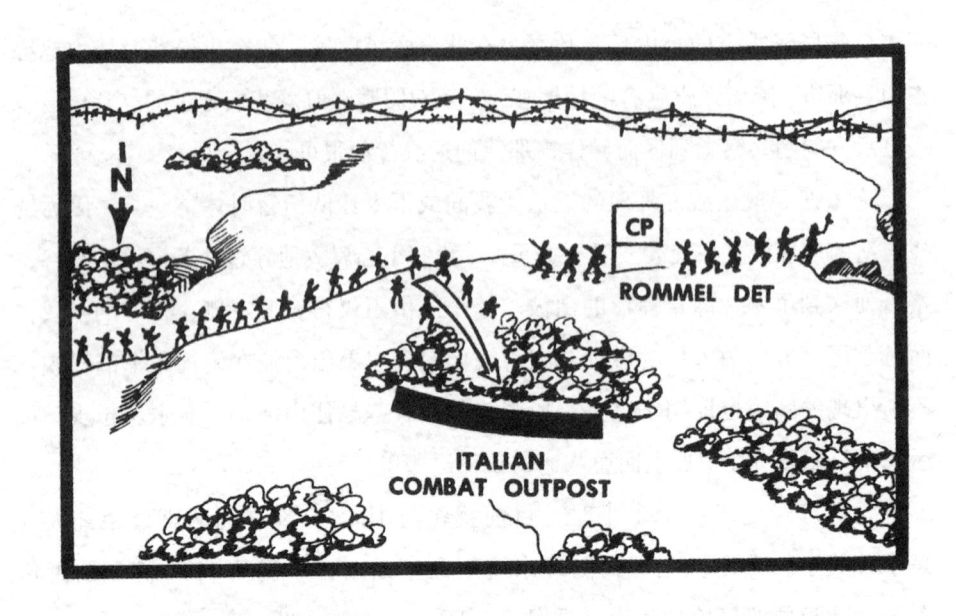

**图 43　1917 年 10 月 25 日奇袭意军的前哨站（北侧视野）**

ROMMEL DET　　　隆美尔分队　　　ITALIAN COMBAT OUTPOST　　　意军战斗前哨据点

的前哨站，但敌军的注意力都集中在伊松佐方向，完全没料到我军会从 1066 高地往西摸进科洛夫拉特阵地。

我部在没有惊动其他守军的情况下，清理掉了这一处最重要的哨所。看样子此地便是最合适的伏击地点，我相信我们能顺利完成此次对科洛夫拉特阵地的突袭任务。再者，我军现在成功靠近上方障碍区的可能性很大。不过最有利的一点是，先头部队目前所待的山沟极深，它的最深处是整片山脊的盲点。我决定赌一把！

俘虏被押运到队伍的后方。先头部队按令爬到山沟最远的一侧，此处离敌军的障碍区不到 100 码，在这个位置正好能看到铁丝网的顶部。在先头部队的掩护下，大部队开始往山沟里集合，我们准备突破眼前这道防线。在我的带领下，士兵们挨个儿溜进山沟里。接着，我将他们部署在沟底的死角区。整个过程中大家始终保持着高度警惕。由于地势狭窄，整个队伍只能挤在一起。我迅速将作战计划告诉了各连连长，随后，我们往先头部队的正后方移动，来到了事先计划好的位置。这片山坡不仅陡而且坡度也大。

左侧传来了震耳欲聋的炮火声，但眼前的敌军阵地却一点儿动静也没有。我的副官施特莱切中尉提议先做侦察，他自告奋勇前去摸清敌人的底细，并寻找进入障碍区的通道。如有必要，他会直接在铁丝网上剪一个入口。我从2连为他挑了5名士兵，又给了他一把轻机枪，但嘱咐他只有在万不得已的时候才能开枪。接着，施特莱切一行人匍匐着往上方爬去。路德维希中尉和他之间则通过步兵保持联络。

在此期间，通信班也与毗邻1066高地的战地指挥所取得了联络。我向斯普罗瑟少校汇报了目前的情况，并表示我部即将向1192高地以东半英里处敌军的科洛夫拉特阵地发起突袭。与此同时，他答应了我的请求——如果特遣队作战成功，他会立即派出支援部队。哪怕身处战地指挥所，少校也会一直用望远镜关注我们的最新进展。但他告诉我，1114高地的战况又发生了新的变化，意军用猛烈的火力压制住了近卫团。因此，等待我军炮兵支援的近卫团最终没能拿下1114高地。

我放下电话，叼起一片意式白面包。这时，施特莱切送来了一条消息："侦察小组已经潜进了敌军的障碍区，俘虏了几名意军，还缴获了几把步枪。"敌方阵地里仍是静悄悄的，没有听到一声枪响。机不可失，时不再来，我立即指挥部队对敌军发起突袭。

我们以最快的速度爬出山沟，越过陡坡。几分钟内便穿过了铁丝网，进入了敌军阵地。眼前出现了一座意军的炮台，上面架着几根长炮管，附近，施特莱切带领的侦察小组正在清理周围的防空洞。几十个被俘的意军站在火炮旁。据施特莱切中尉所说，我军攻进来时，这些意军正在洗澡。

我们现在位于一个狭窄的山口里，科洛夫拉特山脊那光秃秃的小山丘上布满了防御工事，沿北坡修建的交通壕也清晰可见。通往克莱，途经路易科、库克和1114高地的交通要道就在我们的南侧，离我军只有100来码。这条道路极其隐秘，无论从地面还是高空都很难发现它。

目前山口里集合了三分之一的特遣队员，由于刚刚跑过一片陡坡，所以大家都有些气喘吁吁。科洛夫拉特的守军仍未察觉到我们的入侵，他们难道是睡死了吗？以我军在这个 50 码宽的山口里俘虏的敌军人数判断，这块阵地肯定有重兵把守。接下来又到了决定命运的时刻。

我下达了命令："特遣队的目标是封锁住敌区的东侧，并将封锁区延伸到敌区西侧。

"技术军士史帕汀格从 2 连带走一个机枪班，你们的目标是封锁东侧角的敌军阵地及旁边的山脊小道，并掩护后续部队对西侧的进攻。

"路德维希中尉和 2 连则负责突破北坡西侧的防线，尽量不要开枪。

"我将带领第 3 步兵连和第 1 机枪连沿山脊公路往西侧前进。警戒工作则由施特莱切中尉及其侦察小组负责。（图 44）

"动作一定要快！"

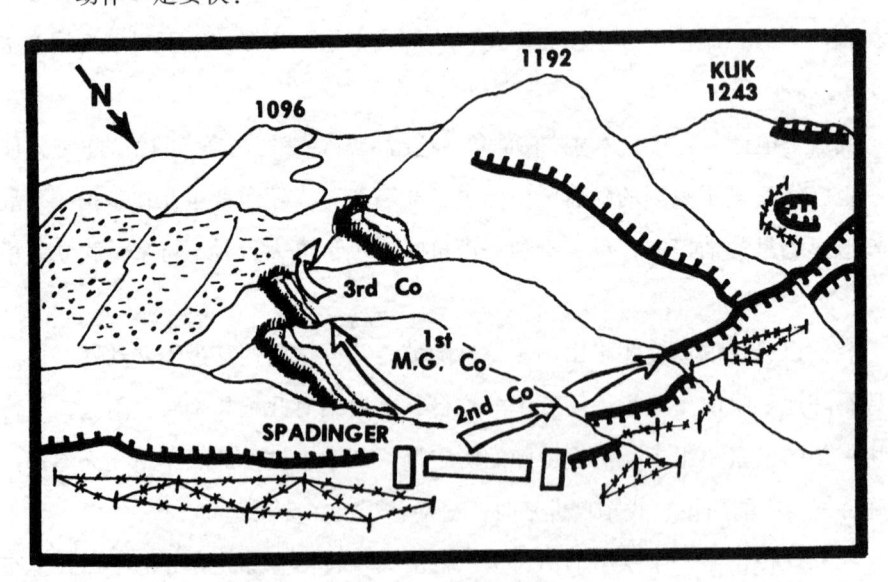

图 44　1917 年 10 月 25 日，突破科洛夫拉特阵地（东北视野）

KUK　库克山　3rd Co　3 连　　1st M.G. Co　第 1 机枪连　2nd co　2 连　SPADINGER　史帕汀格小队

一声令下，各部士兵们都精神抖擞且小心警惕地执行各自的任务。路德维希中尉指挥下的2连突击小分队势如破竹，攻下了一个又一个防空洞，端掉了一个又一个哨所。守军大都窝在防空洞里，一名士兵便足以俘虏一整个防空洞的敌人，迫使他们缴械投降。而哨所的意军仍全神贯注地盯着山谷方向。背靠着一座座6000英尺高的山峰，沐浴在朝阳下的伊松佐山谷简直美得如诗似画。

一名突然出现的2连士兵便能将一群哨兵吓得无法动弹。情况跟我们之前占领前哨时一模一样，被吓傻了的哨兵甚至都忘记了自己还肩负着警戒任务。被俘的意军越来越多，很快便达到了数百人。

沿山脊公路前进的主力部队也取得了不错的进展。幸运的是，我们的伪装成功迷惑了东西两侧的敌人。我军趁机占领了几处修建在岩壁里的意军炮兵阵地。

远处的1114高地依旧炮火连天，而科洛夫拉特山脊却很安静，我们的突袭打得敌人措手不及。我原本打算突袭意军的预备队，然后抢占一处高地，为北坡上的2连打掩护。但计划往往赶不上变化。

距我军渗入科洛夫拉特阵地已经过去十多分钟了，当3连的先头部队穿过山脊小道，即将抵达1192高地以东300码处的山口时，他们便被敌人的火力围困住了。已经进入山口的施特莱切侦察小队则遭到了来自1192高地南坡守军的攻击。侦察小队被迫撤离1192高地的东北坡，从北侧越过山脊小道。

沿山脊公路前进的第3步兵连和第1机枪连，也被1192高地上敌军的重机枪火力缠住了。我军机枪连立即架设机枪，进行反击，但未能取得火力优势。敌军的弹雨击穿了我们的掩体，又密密麻麻地覆盖在公路左侧。如此我军便很难攻击到另一侧的敌军，除非我们能穿过科洛夫拉特山脊上这片陡峭且毫无掩护的南坡。

片刻后，右前方的炮火声也越来越响，我猜是2连在与敌军交火。先是手榴弹的爆炸声，接着又响起了步枪的射击声，看样子敌我双方激战正酣。

我现在根本看不到那边的战场。而且如果我率领主力部队从光秃秃的山丘绕到小道的右侧，我们又会变成1192高地上意军重机枪的靶子。不知道2连能否扛住敌人的进攻？毕竟，他们手里只有80把步枪和6挺轻机关枪。而2连一旦战败，敌军轻易便能夺回北坡上的阵地，释放我们之前俘虏的意军。并将特遣队剩下的部队分割包围，个个击破。

密集的炮火声意味着我们对面是一批凶猛的意军。几分钟内，局势就变得对我军极其不利。我军面临抉择——是否继续与这股强敌交火，守住刚刚占领的这部分科洛夫拉特阵地。但我们的当务之急是要封锁住西侧的山路，并火速支援身处险境的2连。

通往2连最快的路径里有一些光秃秃的山丘，而东西两侧的敌人又正用机枪交叉扫射这片区域。小道西面1192高地上敌军的火力也很猛，我们能成功突破这道防线的可能性很小。我军目前只能剑走偏锋，出奇制胜。

机枪连派出一个排的兵力缠住1192高地上的敌军，3连的一些步枪兵则负责封锁住通往西侧的山脊小道。3连和机枪连的其余部队则由我带领，沿公路一路向东，目标是1192高地以东半英里的山口，也就是此次行动的出发点。浓密的灌木丛成了我军最好的伪装，上方的敌军完全没有察觉到我们的意图。偶尔射过来的子弹也没有构成真正的威胁，最后，我们成功回到了山口。

接着，我们遇到了史帕汀格中士，他带着8名士兵便封住了往东侧行进的敌方守军，我增派了两个班的兵力给他。主力部队呈两路纵队往西前行，穿越2连之前攻占的意军阵地。接着又走了160码，碰到了我军两名负责看守战俘的士兵，在阵地和铁丝网之间大约有1000名被俘的意军。我命令他们立刻将俘虏沿山坡押运到铁丝网的下方，并留下一小队帮忙的士兵。东西两侧敌军还在不停地扫射，机枪子弹不断飞来，这迫使我们加快了转移战俘的速度。他们圆满地完成了任务！

目前2连在我们前方约100码处，战斗也进入了白热化阶段。手榴弹的爆炸声、机枪的扫射声和步枪的射击声此起彼伏。于是，我命令身后的大部队全速前进。接着，我又跑到1192高地以东400码的一个山丘上，查看目前战场的局势。

2连守在东北坡的几个战壕里，敌军的兵力是他们的五倍，相当于有一个预备连的意军正从东、西、南三个方向围攻 2 连，最近的一群意军离他们不到 50 码。2 连的身后是又高又广的铁丝网，所以他们根本无法撤退到北坡。尽管敌我兵力相差悬殊，2 连仍奋勇作战，殊死拼搏，用密集的火力阻挡了敌人的进攻。但如果意军冒着炮火发起冲锋，2 连就只有被全歼的份儿了。

我军已经在前线集结了一部分队伍，现在就向敌军开火吗？不，我立马整理出了思路，我们必须集中全部力量，突袭敌军的侧翼和后方才可能解救出 2 连的士兵。而这场战役的成败取决于敌我双方的近战能力。

最先赶到的 3 连正在战壕里急速前进，紧随其后的是机枪连的先头部队，他们携带着机枪的各个部件。只言片语间，指挥官们便明白了当前的局势和我部的任务。3 连集结在战壕左侧的一处凹地里，并做好了进攻准备。一个重机枪组则在右侧的小山沟里架好了机枪，可随时投入战斗。接着，另一个重机枪组也气喘吁吁地赶过来了。（图 45）

成群的意兵在其军官的驱策下，离开了 100 码外的敌军战壕，朝 2 连发起了冲锋。形势岌岌可危，没时间等第二重机枪组架设好机枪了，我直接向第 3 步兵连和第 1 机枪连发出了进攻信号。隐蔽在右侧的第一重机枪组对敌人进行了扫射，不久后，此地的第二重机枪组也加入了战斗。而左侧的 3 连则对敌军的侧翼和后方发起了猛攻，耳畔回荡起激烈的厮杀声。

出其不意的攻击扼住了敌军的要害，他们掉转枪口，将进攻目标从 2 连换成了 3 连。2 连趁机冲出战壕，对意军的右翼发起了进攻。在我部的夹击下，意军被逼到一个狭窄的空间里。被吓傻了的敌人甚至放下了手里的武器，直到看到几码外的我军，他们才想起用手枪进行自卫反击。不过胜负已定，意军沦为了战俘。但我军的士兵已经杀红了眼，我不得不及时介入才将俘虏解救出来。在 1192 高地东北侧 300 码的山口里，我军俘虏了一个营的意军，包括 12 名军官和 500 多名士兵。至此，我军在科洛夫拉特阵地上俘虏的敌军总数达到了 1500 名。接着，我们占领了 1192 高地的主峰和南坡，并俘获了另一个意军重炮连。

然而沉重的代价为胜利的喜悦蒙上了一层阴影，除了几名负伤在身的士兵，

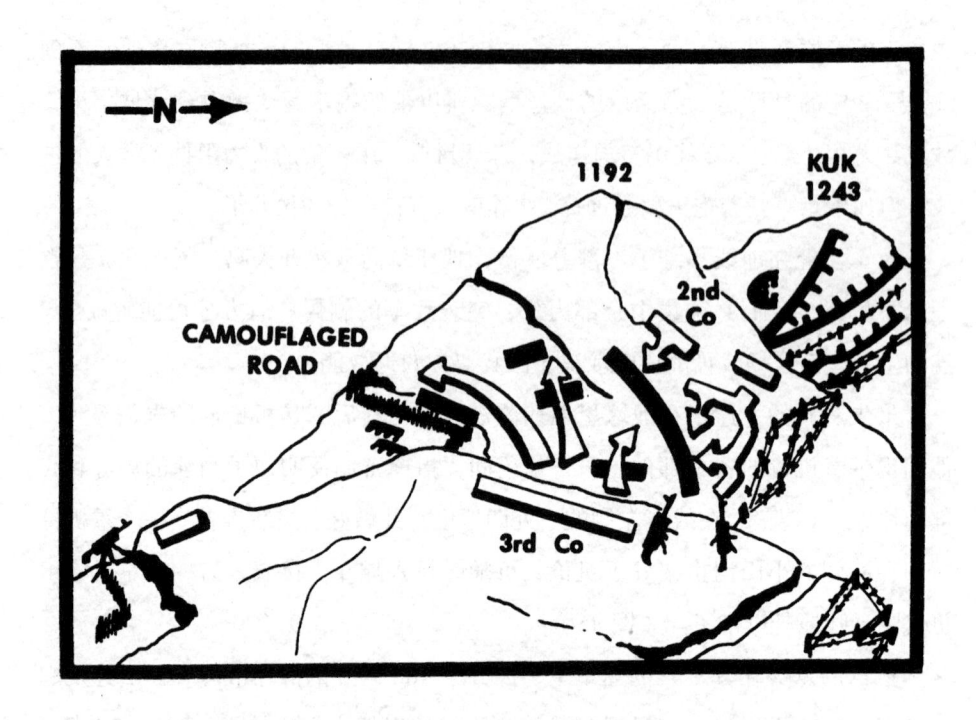

图 45　1917 年 10 月 25 日进攻 1192 高地（东侧视野）

CAMOUFLAGED ROAD　隐秘的公路　KUK 库克山　2nd Co　2 连　3rd Co　3 连

我军更是损失了两名英勇的战士。一位是 2 连的准下士基夫纳，他先前在赫夫尼克战斗中表现非常出色。另一位是 3 连的技术军士克努尔。

至 9 点 15 分为止，特遣队在科洛夫拉特山脊上占领了半英里长的阵地，包括位于其东侧的 1192 高地。因此，我部顺利在敌军的主要防线上撕开了一道裂口。意军的首轮反击也以失败告终，但我知道，为了收复失去的阵地，敌军肯定会卷土重来。尽管放马过来，山地营的士兵绝不轻易放弃浴血奋战得来的胜利果实！

敌军架着机枪，从东、西和东南三个方向朝我军控制的高地发起了进攻。驻扎在胡姆山上的意军炮兵队也加入了此次战斗。在敌军的炮击下，我们被迫撤到植被相对茂盛的北坡。

从敌我双方的兵力来看，我部不宜与敌军硬碰硬。最好的办法是坚守阵地，等候支援。我将 2 连和一半的机枪连派到 1192 高地的西侧，史帕汀格带一个排封锁住东侧半英里处的山口。由我指挥的 3 连和另一半机枪连为我军的预备队，守在 1192 高地东北侧的山坡上。

接着，我来到 1192 高地的峰顶，观察周围的地形走势。一目了然，我们最大的威胁将来自西面的库克山。敌军在其东北侧的山坡上部署了十几挺机关枪，而我军大部分阵地都在其射击范围内。意军的预备队位于最高处和东南面的山坡上，人数众多，估计有一到两个营的兵力。他们呈波状的进攻队形，越过库克东面宽广的山坡，不断朝我军逼近。南面的胡姆山看上去就像一座黑乎乎的蚁丘，密密麻麻的意军炮台正在轰击我军阵地。奇维达莱至胡姆山的双行道上车水马龙，公路两侧的敌军正以密集队形赶赴前线。我们俯瞰着东面的科洛夫拉特山脊，逐步下降的地势最后与 1114 高地连接在一起。而 1114 高地南侧和西南侧的山坡上聚集着大量敌军，看样子他们已经做好了进攻的准备。公路上有一条长长的车队，意军正将预备队从克莱输送到 1114 高地的西坡上，大批敌军正沿着山脊翻过山丘，从东面靠近我军阵地。种种迹象表明，敌军打算夹击我军。（图 46）

> **战地观察**
>
> 1917 年 10 月 25 日，我军突破了科洛夫拉特阵地，突袭成功的主要原因是第三道防线里的意军不重视正前方的阵地，这与罗马尼亚军在科什纳山之战中所犯的错误如出一辙。
>
> 与此同时，警戒部队也过于麻痹大意。此处离 1114 高地的战场有 1.5 英里远，于是所有人便觉得阵地很安全。因此，我军在刚开始行动时，进展极其顺利。
>
> 尽管实力相差悬殊，2 连也成功抵御住了意军预备队的反攻。但若非支援部队在关键时刻重创了侧翼和后方的敌军，2 连就很可能被敌军歼灭。而支援部队如果选择分散兵力或者只突袭敌军的侧翼，那么援救行动也会以失败而告终。

226 步兵攻击

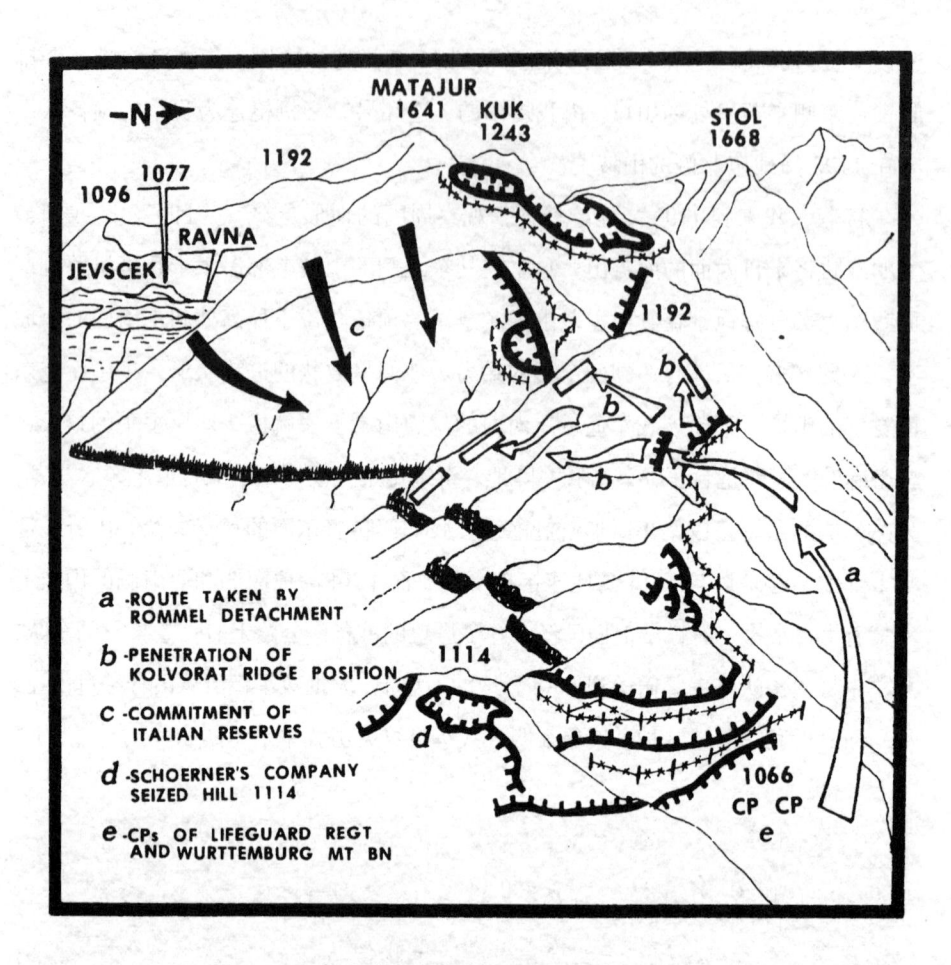

图 46 库克山阵地上的敌军预备队（东侧视野）

JEVSCEK 杰夫塞克　RAVNA 拉夫纳　MATAJUR 马塔杰尔　KUK 库克山　STOL 斯托尔山　CP 指挥所
a 隆美尔特遣队进军路线　　b 突破科洛夫拉特山脊阵地　　c 与意军预备部队交战
d 舍尔纳连队攻占 1114 高地　e 近卫团和符腾堡山地营的指挥所

成功突破科洛夫拉特阵地后（1917 年 10 月 25 日，上午 9 点 15 分），战斗序列如下（图 47）：

克劳斯军团和第 1 帝国步兵团以萨迦为出发点，呈三路纵队，进攻了斯托尔（1668）至 1450 高地一线。

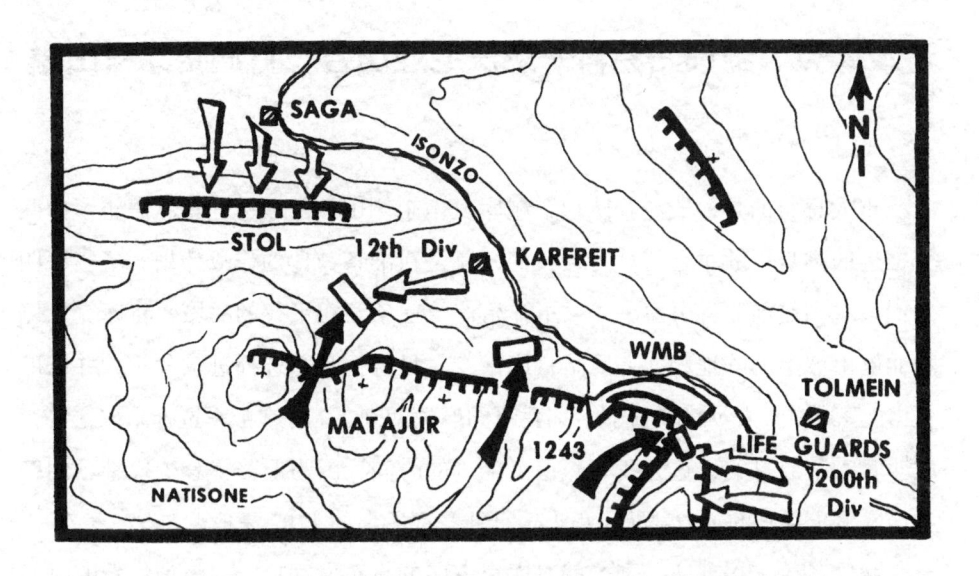

图 47　1917 年 10 月 25 日，托尔曼盆地的战场态势

| SAGA | 萨迦 | STOL | 斯托尔 | NATISONE | 纳蒂索内 | ISONZO | 伊松佐 | 12th Div | 第 12 师 |
| --- | --- | --- | --- | --- | --- | --- | --- | --- | --- |
| KARFREIT | 卡夫锐特 | MATAJUR | 马塔杰尔 | WMB | 符腾堡山地营 | TOLMEIN | 托勒敏 | | |
| LIFE GUARDS | 近卫团 | 200th Div | 第 200 师 | | | | | | |

前天晚上，施泰因军团的 12 师和 63 步兵团抵达了洛比克和克雷达附近，并击退了敌军的前卫部队。据施内博特遣队汇报，他们离马塔杰尔山的主峰北侧只有 100 码[①]。艾希霍兹军团在路易科山隘遭到了敌军的进攻，他们背水一战，最终以少胜多，守住了葛洛毕北侧的阵地。

阿尔卑斯军团方面，隆美尔特遣队成功突破了科洛夫拉特敌军阵地，并在 1192 高地以东撕开了一个长达半英里的缺口，符腾堡山地步兵营的主力部队正从 1066 高地赶来支援。10 月 24 日晚上，近卫团击退了敌人的猛攻，坚守在 1114 附近的阵地上。第 1 猎兵团占领了 732 高地，正朝着斯拉门教堂逼近。

第 200 师的第 3 猎兵团攻占了耶日西侧的 942 高地。

斯科蒂军团：第 1 帝国皇家步兵师和第 7 山地旅正在攻打葛罗伯卡克。

---

① 施内博上尉错误地把德里亚·科罗娜山当成了马塔杰尔山。

## 进攻库克，封锁路易科—萨沃尼亚山谷，打通路易科山隘

出人意料的是，成波状队形穿越库克山东侧山坡的敌军，竟然停止了向我军推进的脚步。敌军是打算封锁我们，还是在准备其他的作战计划？事实证明他们采取的是前一种方案——意军开始挖筑三条互相平行的战壕，将库克东侧和北侧山坡上的阵地相连。我暗自庆幸，一旦这批敌军选择进攻我军，并以库克山上密集的机枪火力为掩护，那我军的麻烦就来了。好在敌军选择采取守势，战斗暂时不会打响，这为我军赢得了宝贵的时间，因为斯普罗瑟少校率领的符腾堡山地步兵营的主力部队，正火速赶往我部所在的1192高地。

我准备等支援部队一到，就对库克方向的意军发动攻击。因为耗费的时间越长，敌人修筑的防御工事就越牢靠，而我军击退敌军的难度也就越大。此时，作战准备里至关重要的一点就是要把握好时机。

为了不打草惊蛇，我克制住了用火力干扰敌军修筑工事的想法。好在石块多的土质为挖掘战壕的意军带来了一定的麻烦。因为山地营的将士还在行军中，于是我通过设置在1066高地上的电话交换机，向阿尔卑斯军团总指挥部报告我部的战果，以及在援兵抵达1192高地后就进攻库克的打算。此外，我向总参谋部的梅耶上尉详述了作战计划后，请求给予我部两个重炮连的火力支援。上尉批准了我的请求，几分钟后，我与托尔曼附近一个炮兵基地的射击指挥官取得了联系。我们很快便达成了共识——重炮连将在11时15分至11时45分这段时间内，持续炮击库克东侧和东北侧山坡上的敌军阵地。确定会得到重炮连的火力支援后，我十分期待能看到炮火在多石的敌军阵地上引起落石的一幕。

接下来得准备步兵的火力支援。我将2连的轻机枪队和第1机枪连安置在1192高地的北坡和南坡上，而库克方向的敌军很难发现我军的藏身之所。我在此部署的兵力虽少，但为每一挺机枪都分配了相应的射击目标，密集的火力应该能压制住来自库克的敌军。

上午10时30分，由斯普罗瑟少校率领的第4、第6步兵连和第2、第3机枪连，顺利抵达了1192高地东侧的山口。我向他汇报了目前的战场形势及针对库克的作战准备，并请求为进攻计划配备更多的兵力。在研究了敌军阵地后，斯普罗瑟少校为霍尔中尉指挥的第6连安排了一个作战任务——占领1114高地方向的科洛夫拉特敌军阵地。与此同时，他批准了我的作战计划，除了原来的第2、第3步兵连和第1机枪连之外，他又将第4步兵连以及第2、第3机枪连调配到我的麾下。我部很快就做好了进攻准备。

至11时，由路德维希中尉带领的小分队（2连的6挺轻机关枪和第1机枪连）已经埋伏在1192高地的南坡和北坡，随时准备朝库克方向的敌军开火。两组突击小队分别由2连和3连的两个班组成，安排在1192高地北坡的2连突击小队已经就位了，3连的突击小队则在南坡上待命。突击小队的任务是——两军一开战，他们就占领库克和1192高地之间的山口，然后在大炮和机枪的火力支援下，沿着北坡或者越过南坡的小山沟，朝库克的守军逼近。我希望通过突击小队的试探性进攻，进一步了解敌军兵力的虚实强弱。预备队由第3、第4步兵连和第2、第3机枪连担任，隐蔽在1192高地以东的山口里。我则根据突击小队的进展，再决定把他们派到南坡或者北坡的战场。

就在即将开始战斗的时候，近卫团的先头部队抵达了1192高地以东的山口。在此之前，近卫团的2营曾试图从1114高地进攻科洛夫拉特山脊，但我军炮兵的火力支援未能及时到位，所以位于1114高地西北侧500码处的意军，以猛烈的炮火击退了近卫团的进攻。于是，近卫团沿着符腾堡山地步兵营在科洛夫拉特山脊北坡占据的一个小道一路前行，虽然道路上方仍是敌军阵地，但他们顺利从1114高地来到1192高地以东的山口。在此处，近卫团碰到了我部抓获的1500名战俘，几名士兵正在转移这一大群俘虏。

11时15分，从托勒敏盆地发射的首枚炮弹伴随着轰鸣声如期而至，击中了意军在库克东侧山坡上新修的阵地，乱石纷纷从山上滚落下来。可谓是旗开得胜！紧接着，在1192高地上待命的机枪部队投入战斗，高地南坡

和北坡上的突击小队也开始行动了。我屏气敛息地用望远镜关注着他们的进展。（图 48）

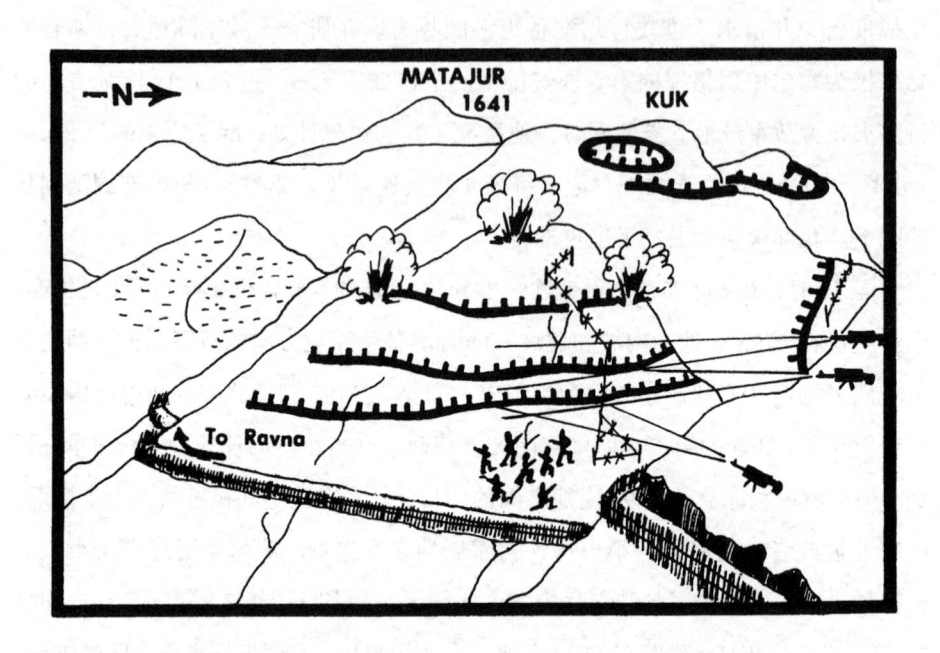

**图 48　1917 年 10 月 25 日，进攻库克（东侧视野）**

MATAJUR　马塔杰尔　KUK　库克　To Ravna　去往拉夫纳

库克方向的敌军用机枪对我军实施反击，于是，1192 高地的我军和库克山的意军开始了一场机枪对决。战场上的枪炮声简直震耳欲聋！我军在不断地炮轰着敌军阵地，爆炸及其引起的落石考验着敌军的神经。左侧胡姆山上的意军炮兵队也加入战斗，目标直指 1192 高地的南坡，但由于我军隐藏得十分巧妙，且工事坚固，所以敌军的炮火没能妨碍到正在射击的小分队。在右下方的北坡上，伴随手榴弹的爆炸声，路德维希连队的突击小队在敌军阵地一路拼杀。不过，尽管我军占据着更高更有利的攻击位置，但山下的意军顽强地坚守在每一寸阵地上，所以我军取得的战果并不丰硕。

1192 高地南坡上的局势却截然不同，3 连的突击小队越过我军的机枪阵地后，顺着隐蔽的小道一路前进，眨眼间便消失在我们的视线里。敌我双方的子弹从他们头顶上呼啸而过，但凭借着良好的伪装，突击小队避开了敌人的枪口，并成功抵达1192高地和库克之间的山口。接着，3连的突击小队开始往山顶的敌军阵地攀爬，全然不顾我军的炮火及其引发的落石。我的观察员小组则密切地关注着他们的一举一动。

我军的炮火十分精准，炮弹一发接一发地击中了敌军阵地。3连的突击小队跟敌人之间的距离越来越短，我军的机枪火力也愈发猛烈。不久之后，突击小队就进入了可以朝前线敌军投掷手榴弹的范围之内，而我军的一些士兵也开始挥动手帕，朝那些完全暴露在我方火力下的敌军示意。这个办法十分奏效，已经开始有意军放弃阵地，成为了逃兵。

是时候发起总攻了！预备队由四个连队组成，我对各连连长下达的命令如下：

"南侧的突击小队正在攀登库克山，并在途中抓获了一些俘虏。预备队将沿着库克山的东南坡发起进攻。第3机枪连，第4、第3步兵连和第2机枪连依次跟在参谋部后面，大部队将顺着隐蔽的山脊小道跑步前进。

"1192高地上的小分队负责用最猛的火力牵制敌人，如果情况允许，再向着大部队前进的方向追赶。"

我们沿着隐蔽的公路一路飞奔。库克山上的敌军只要再谨慎一点儿，便能察觉到我军的行动。然而，敌军的注意力很显然都集中于1192高地的机枪小分队和库克山的手榴弹之战。敌我双方都消耗了大量的弹药，在此期间只有几颗被射偏了的子弹击打在山脊小道上。在这种情况下，我军的参谋部很快便进入库克山敌军的视线盲区，也就是1192高地和库克之间的山口。紧随其后的是由整个大部队组成的列队。

当大部队在行军时，突击小队便已经俘虏了100名意军。而后方部队也传来一个消息，近卫团的主力部队加入了我们的行军队伍。他们的加入使得整个队伍的兵力超过了一个团的规模，我身后蜿蜒曲折的队列也长达2英里。既然如此，我是不是该将目光放得更远一点儿？

在接下来的15分钟里，我军的炮兵部队和机枪小队以密集的火力，将敌军困在库克东侧的阵地上，而3连的突击小队则忙着追击敌军的逃兵。盘绕在库克南坡上的隐秘小道，或许正是大部队进攻敌军的最佳路线，因为这样才能切断敌军的退路。但与此同时，我军与驻守在南坡上的意军预备队之间也必将有一场恶战。而且，被逼急了的敌方守军很可能会集结所有的力量，沿着陡峭的山坡进行反击。但话说回来，山地营的士兵们个个都身经百战，我相信没有什么任务能难倒他们。我当机立断地下达了前进的命令，继续进攻！

我的目标是拉夫纳一带，那儿有一个坐落在库克西南面山坡上的小山村。我和先头部队顺着小道向前飞奔，跟在我们身后的是格劳率领的机枪连。自开战起，机枪连的士兵们便一直将重机枪扛在肩膀上，哪怕都已经累得汗流浃背、气喘吁吁了。为了胜利，他们都做好了耗尽最后一丝力气的心理准备。

通往拉夫纳的山脊公路依旧十分隐蔽，光秃而陡峭的库克山山坡为它提供了完美的伪装，山坡上的敌军原本就很难察觉到公路上的动静，更何况他们的注意力还集中在其与1192高地之间的机枪大战上。但是，迂回弯曲的公路使得我们的视线范围低于100码。而且道路右侧是垂直的石壁，左侧又有大量的灌木丛，所以我们两侧的视野也被挡住了。过于狭窄的视野对我军极为不利。

我军间或会遇到一名站在路旁或者正在前行的敌军，有的时候敌我之间的距离仅仅只有几码。不过我们在这些大意的士兵掏出武器之前，就已经将其制伏了。接下来，只需要一个解除武装的信号和一个向东走的手势，这些赤手空拳的意军便会顺着我们的队列，朝反方向的1192高地前进——他们已经被突然出现的我军吓蒙了。

我们继续急行军，畅行无阻地经过了意军的炮兵阵地、后勤车队和紧凑的步兵队列，一路上甚至都没有射出一颗子弹。右后方的1192高地和上方的库克山之间的战斗还未结束，几颗流弹从我们的上空飞掠而过。库克山上的敌军还在等德军像以往一样越过1192高地的山坡，在正面战线上发动进攻。

到了拉夫纳附近，道路的左侧已经没有了灌木丛的遮掩，我们的视野也随

**插图 在隐秘公路上遭到突袭的敌军**

之开阔起来。但在右上方那片光秃秃的山坡上还矗立着一排排的灌木丛，不知道我们能否在这些灌木丛的里面或后面找到意军的预备队。再往前走300码，我们就会遇到位于拉夫纳边缘的房屋。沿左侧陡峭的山坡修建的那几座农场，背靠着郁郁葱葱的1077山丘。我们再接再厉，以最快的速度抵达了拉夫纳，并且没有遭到敌军的攻击。

时值正午，炽热的阳光直射在南面的山坡。我军顺利地穿过这几所房屋和谷仓后，便开始进攻拉夫纳。这时敌军才发现我们的存在，他们之前肯定以为远离前线就能高枕无忧了。惊慌失措的意军纷纷逃往路易科和托波洛山谷，受惊了的敌军驮马也开始四下逃窜。出人意料的是，整个过程中我们没有听到一声枪响，而且库克南面的山坡上似乎一点儿动静也没有。显而易见，留守在此的意军预备队已经被派往前线，抵御我部从1192高地发起的进攻。

拉夫纳的最后一批守军，应该是一支逃往路易科山谷的驮马运输队，他们翻过了村子西侧的小山丘，消失在我们的视线中。我和先头部队紧随其后，很快便追到了那个小山丘，映入眼帘的是一幅绝妙的景象，其中最特别的是西侧的风景。（图49）

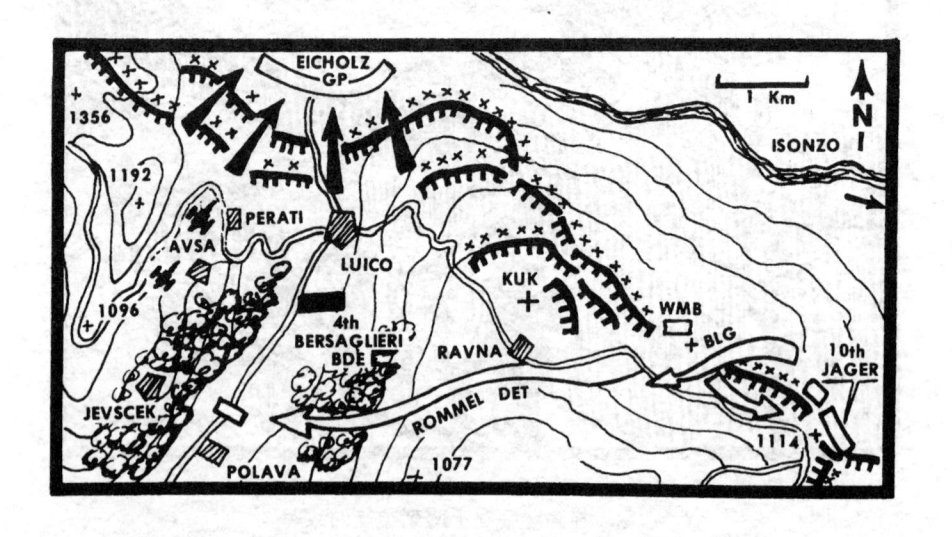

**图49　1917年10月25日正午，科洛夫拉特山脊一带的战场态势**

EICHOLZ GP 艾希霍尔兹军团　　　PERATI 佩拉蒂　　LUICO 路易科山　　KUK 库克　　AVSA 艾瓦萨
JEVSCEK 杰夫塞克　　4th BERSAGLIERI BDE 第4步兵旅　　RAVNA 拉夫纳　　POLAVA 波拉法
ROMMEL DET 隆美尔特遣队　　ISONZO 伊松佐　　10th JAGER 第10猎兵团　WMB 符腾堡山地步兵营
BLG 近卫连

右下方是路易科的小山村，它坐落在路易科和莫兹里之间的山口里。村子里面有意军驻守，村子附近也布满了敌军兵营。路易科及其周边地带平静得像是远离战场的后方地区。但路易科至萨沃尼亚的双行道上的车辆却川流不息，甚至还有驮马拉着重重的炮台正由路易科往南行进。从山村的北侧传来了激烈的战斗声，我猜那是第 12 步兵师在与敌军交战。（这是我军的艾希霍尔兹军团，其旗下有三个营，此时他们正在抵御意军的进攻。意军打算包抄第 12 步兵师的侧翼和后方部队，所以他们越过了伊德斯科和卡夫锐特，并对马塔杰尔北侧山谷里的我军阵地发起了进攻。）

在路易科山的另一边，蜿蜒曲折的马塔杰尔公路向山上延伸，一路延伸向莫兹里峰树木斑驳的东坡和克拉格恩扎山。我们发现那里鲜少有车辆往来。意军的炮兵部队驻扎在艾瓦萨和佩拉蒂，此时正在炮轰葛洛毕周边的第 12 师。

我率领特遣队余部全速前进，我希望能够继续保持在拉夫纳的进攻态势，但我必须快速采取行动，确定进攻方向。现在没时间容我细细推敲思考。我迅速权衡三个摆在我面前的行动方案。

我们可以登上库克西坡，攻占敌人阵地，而那里的大部分敌人正在东面与符腾堡山地营的其他部队交手。其余的意军守军则在与第 12 师的部队在北边交火。我觉得那里的守军不足为惧，于是准备派符腾堡山地营的殿后部队或近卫营去对付他们。在我看来，他们早已是瓮中之鳖。

攻击路易科山附近的敌军阵线，并为第 12 师在路易科山口打开一道口子，对我而言倒是一个很有吸引力的行动方案。我手下两个机枪连能从高地上提供猛烈的火力支援。我们很有可能绕到路易科山另一边接近大批敌军，到时候可以发动突袭。然而，这并不能保证我们可以歼灭或俘虏路易科山另一边的敌人，毕竟莫兹里峰东坡山路崎岖，林木繁茂，敌人很有可能在不遭受重大人员伤亡的情况下从山口撤出。我否定了这一行动方案，决定封锁路易科—萨沃尼亚山谷和克拉格恩扎山（1096）上的马塔杰尔公路，借此截断路易科山另一边的敌军势力。路易科—萨沃尼亚山谷两侧的山坡上长满了林木，为这一行动方案提供了地理优势，使我们可以在路易科山另一边的敌人察觉到之前，就穿过山谷抵达波拉法附近。只要把山谷和公路封锁了，再加上驻扎在路易科山的阿尔卑斯军队，敌人腹背受敌，要么被全歼，要么被俘。（图 50）

图 50　大军抵达路易科—萨沃尼亚公路（西侧视野）

KUK　库克　　LUICO　路易科　　RAVNA　拉夫纳

隆美尔特遣队各部是否过于分散？这条隐秘的公路沿库克南坡延伸，我没能让所有部队都在我的视线中，很有可能部队快速行军，因此拉开的距离比较大。但我已经等不及了，就算是几秒钟，也可能非常关键，具有决定性的作用！

我率领特遣队的先头部队从拉夫纳急转弯，转向西南方向，向波拉法附近的路易科—萨沃尼亚山谷挺进，那个地方位于树木繁盛的 1077 高地西坡。我派通信兵返回拉夫纳，让他们通知特遣队各连迅速向波拉法方向转移。

我们一边急行军，一边从缴获来的驮马搭载的篮子里拿出鸡蛋和葡萄。我们跑步行进！我小心翼翼地绕过左边的 976 高地，毕竟我无法确定那里是否已被敌军占领。我可不愿意在此被敌军拖住。就跟几个小时前在科洛夫拉特山脊上一样，我选择穿过灌木丛和小树林，这样才不会被路易科山和 976 高地上的敌人发现。从柔软的草地下山很容易。我们看到一个重型炮兵连在萨沃尼亚方向离开路易科山，真希望能将他们俘虏。我们快速向谷底行军。

中午 12 点 30 分，我的特遣队先头部队抵达了路易科山西南 1.5 英里处的山谷。包括我、格劳中尉、施特莱切中尉和凡伦伯格中尉在内的先头部队突然从公路以东 100 码处的灌木丛中出现，把一群意军士兵吓得目瞪口呆。这些意军有的步行，还有的乘车，被杀了个措手不及。这里位于葛洛毕前线的后方，距离 2 英里，他们毫无准备，八成以为随时会中弹身亡，刚与我们相遇，便飞快地逃进路边的灌木丛。但我们从未这么想过。

插图　跑步下山

我们来到公路上，开始在路上出现两个急转弯的地方挖战壕。我们立即剪断了敌人设置的全部铁丝网。4 连和第 3 机枪连已经赶到，我把他们布置在山谷两侧斜坡上的灌木丛中，这样一来，敌人看不到他们，他们却可以用火力控制北边和南边的山谷。

很不幸，事实证明，在通过拉夫纳之后，也就是我们在 1077 高地西坡上之际，我们很快就失去了与其余连队的联系。这对我而言是个沉重的打击，因为我至少还需要两三个连队,才能执行我的计划,向克拉格恩扎山前进,封锁马塔杰尔公路。我派瓦尔茨中尉将其余的连队尽快带到此地,并且向斯普罗瑟少校汇报我们取得的胜利和制订的计划。

与此同时,有件事让我们大吃一惊,那就是意军的车辆又开始出现在路易科—萨沃尼亚公路上。从北边和南边,形单影只的士兵和车辆向我们驶来,他们毫无防备。几个山地兵在公路上的急转弯礼貌地拦住他们,并俘虏了他们。没有人开枪,所有人皆大欢喜。我们小心翼翼,不让车辆在弯道减速,免得后来的敌军生疑。几个山地兵带走了车夫和护卫队,剩下的则抓住了马匹或骡子,把驮马赶到预先指定好的地方。很快,往来的车辆太多,超出了我们的控制范围。为了能够腾出地方,我们只好解开牲口的套具,把车辆紧紧停在一起。缴获来的骡马被立即牵到我军路障后面的小峡谷里。很快,我们有了100多名俘虏和50辆卡车。生意还不错。

各种车辆装满了物资,为我们那些饥肠辘辘的勇士提供了出乎意料的美食。巧克力、鸡蛋、水果罐头、葡萄、红酒和白面包都完好无损地装在包装里。两侧山坡上可敬的山地兵首先分到了食物。没过多久,大家就把数个小时以来的辛苦和战斗都忘得一干二净。敌人前线两英里之后,我军士气十分高昂!

正在此时,哨兵发出警报,打破了快乐的气氛。一辆意军汽车正快速从南边驶来。我们立即将一辆四轮马车拖过来,横放在公路上,但一个机枪手以为意军即将逃脱,便违抗我的命令,在50码开外开火。那辆汽车猛地停住,扬起一片尘土;司机和三名军官跳下车,举手投降。我们俘虏了车里的所有人员,只有一个军官跑到公路下方的灌木丛中逃脱了。还有一个士兵受了致命伤,躺在车里无法动弹。他们是萨沃尼亚的高级参谋官,与前线的电话联系中断给他们造成了很大的麻烦,他们便决定亲自来探查一下山脊上的情况。汽车没有受损,司机将它开到了停车点。

我们已经封锁公路将近一个小时,依然不见特遣队余部的影子。从路易科和库克的方向都听不到激烈战斗的声音。我们只盼着敌人的阵线没有在我们后方合拢。如果是那样,我们就不得不冲破敌军防线,才能回到我们自己的阵地。

山谷东面的岗哨送回了一份新报告,我们的注意力转移到了北边。一列很长的意军步兵纵队正从路易科方向过来。他们以为自己在我们的阵地后面,距离很远,所以纵队排头轻松悠闲地向我们走来,竟然都没派人警戒。

警报!清除障碍,准备战斗!我期待着几分钟后率领150名山地兵与数量庞大的敌人展开一场恶仗。但我方阵地牢不可破,我们的机枪能够控制山谷里很长一段距离。我任由敌人向我们的障碍走来,他们走得越近,就越没有机会布置妥当,更别提使用压倒性的兵力攻击我们。我命令所有人按兵不动,只等我一声令下,才能开火。(图51)

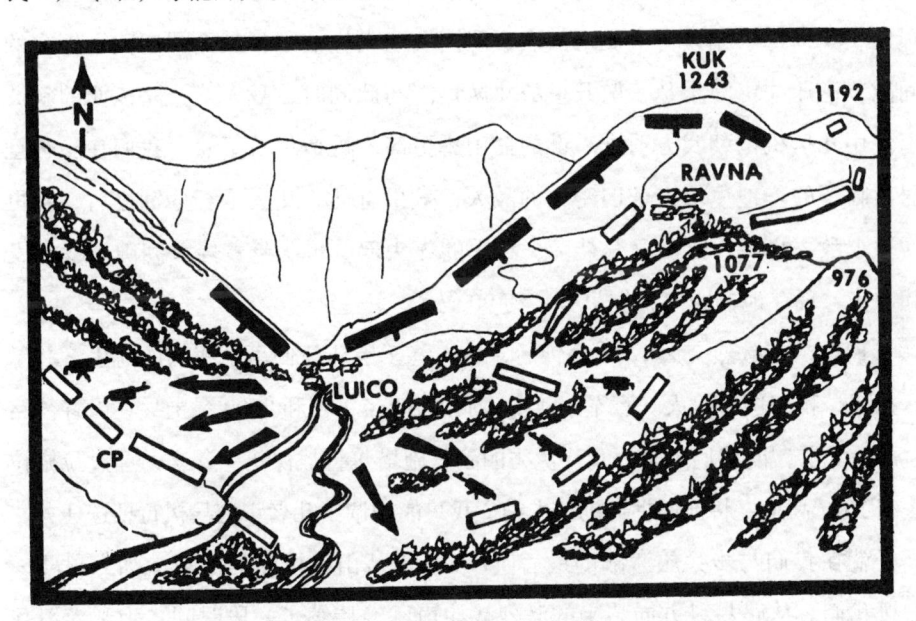

图 51　在路易科山附近与步兵旅交战(南侧视野)

KUK 库克山　RAVNA 拉夫纳　LUICO 路易科山

敌军纵队的排头此时距离我方路障只有不到300码。为了避免不必要的流血,我就派副官施塔尔戴上白色袖章,作为使者去与敌人接洽。他的任务是向敌人指出我军已经占领了公路两侧的斜坡,让敌人不战而降。他快步向敌军纵队走去，我则带领格劳中尉、凡伦伯格中尉和施特莱切中尉走到道路弯道的前面。我们挥动手帕，证明施塔尔所言不虚。

施塔尔走到敌军纵队前方。敌军军官走上前来，夺下他因为匆忙而没有放下的手枪和双筒望远镜，将他抓为俘虏。他甚至连一句话都没说出来。我们就算猛挥手帕，也无济于事。意军军官命令先头部队朝我们开火。我们迅速躲到弯道后面。然后，在我的哨声示意下，我军在两边的斜坡上冲敌军纵队就是一阵猛攻，几秒钟之内，就打得敌人逃出公路。就在敌人被压制住的时候，施塔尔成功逃脱，匆匆归队。

我们必须节省弹药，于是在一分钟后，我命令士兵停火。敌人的还击火力很弱。我挥舞手帕，再次要求敌人投降。我们太轻敌了！敌人利用我军停火的间隙，迅速冲出灌木丛，散开呈战斗队形。与此同时，敌人从公路以西的斜坡上使用几挺机枪朝我方射击。谁的命中率更高，可谓一目了然。我们在隐蔽且居高临下的阵地里攻击依旧密集的敌人，效果奇佳。交火了五分钟之后，我再次要求敌军投降。这次又是徒劳！敌军的先头部队再次趁着停火间隙向我们发起冲击。现在他们距离我们只有大约90码了。

最后，在激烈交火了10分钟后，敌人终于承认他们不是我们的对手，并示意投降。我们这才停火。意军第4步兵旅的50名军官和2000名士兵在山谷公路上放下武器，向我们走来。我让优秀的副官施塔尔将战俘集中起来，穿过拉格拉法和1077高地，将他们押送到拉夫纳。我只能抽调出几名步枪兵执行押送任务。

就在我们与步兵旅激战的最后阶段，3连从山谷以东的山坡上加入战斗，增援我们。从路易科方向传来的激烈战斗声已经持续了一段时间。为了弄清楚那里的情况，我便派人带着一挺重机枪乘坐缴获来的汽车，前往路易科方向侦察。将近3/4英里的路上都是意军丢弃的武器和装备，我们花了很长时间，才从其间穿过。就在路易科以南，我碰到了在拉夫纳发现的意军重炮兵连；他们的马匹都死了，就这么横倒在路上。下午3点半，我来到路易科，斯普罗瑟少校率领的符腾堡山地营其他部队和第2近卫营刚刚抵达路易科山，正在山谷南面。他们从拉夫纳发动了攻击。我在村子的南边入口见到了斯普罗瑟少校,此时,第2近卫营各部则押送敌军俘虏沿马塔杰尔公路向艾瓦萨方向转移。

我向斯普罗瑟少校提议,由我带领全部现有部队从波拉法穿过田野抄近路,攀登克拉格恩扎山并攻克顶峰。如果我们能控制克拉格恩扎山,那莫兹里峰上的敌军就必须在南边另寻他路,我们就可以趁敌人在北面和东北面与第12步兵师和阿尔卑斯军团交火之际,从后面包抄他们。此外,拿下了克拉格恩扎山,我们就可以切断唯一通往马塔杰尔的山脊公路,并孤立布置在那条公路附近或沿该公路转移的意军炮兵排。沿马塔杰尔公路穿过艾瓦萨和佩拉蒂向克拉格恩扎山进军,对我来说没什么吸引力。敌人会怎么看待当前的战局?放弃路易科山隘后,实力强劲的意军部队正整齐有序地沿马塔杰尔公路,向莫兹里—克拉格恩扎山脉东坡转移。据估计,他们是要占领当地的完备后方阵地。只要他们在马塔杰尔公路上安插一支小后卫部队,就足以拖住我们这些追击者。这样一来,他们就有时间重组部队,占领完备的阵地。我还估计马塔杰尔公路两侧的阵地早已被敌方占领了。出于这些考虑,我提议走最近的路向克拉格恩扎山进军。

斯普罗瑟少校同意了,并将位于路易科山和路易科山以南的符腾堡山地营(2、3、4连,第1、2、3机枪连,通信连)调派给我。与此同时,戈斯勒特遣队(1、5、6连,204和265山地机枪特遣队)奉命向路易科山进军,接受斯普罗瑟少校的指挥。斯普罗瑟少校乘坐我们在波拉法缴获的意军汽车前往旅部,汇报我们之前的战绩,并要求旅部派炮兵支援我们将要进行的战斗。

### 战地观察

库克的意军指挥官调动大批预备部队去防守库克东坡的几条防线,试图借此阻止德军在科洛夫拉特突破,但这一决定大错特错。这给了我部急需的喘息之机,让我们得以组织防御、重整部队、找来支援。敌人若是用这些预备部队去夺回1192高地,会好很多。库克北坡的大量阵地也可以为意军提供必要的火力支援。如果敌军指挥官成功地从东边向隆美尔特遣队发动攻击，那后者必将陷入艰难的处境。

此外，将三个阵地安插在库克山陡峭、光秃和多石的东坡（前坡），也没有任何好处。就算我军没有开火扰乱，意军士兵花费大量时间也很难在那里挖掘战壕。要是在1192高地西坡上挖掘逆坡阵地，对敌人更有益处，因为那里位于我军的大炮和机枪的射程之外。

而且，敌人也没有立即封锁库克南坡上的山脊公路，更加没有用火力封锁山脊公路下方的光秃山坡。

在对库克展开攻击伊始，意军的两到三个营在居高临下的阵地上使用大量机枪对隆美尔特遣队展开射击，这些阵地有的工事完备，有的是匆匆挖掘出来的。特遣队在一开始只有两个突击小分队（各有16人），为他们提供火力支援的是一个机枪连、六挺轻机枪和两个重型炮兵连。这两个小分队试探是否可以接近敌人，我随即使用大部队包抄库克山上的全部守军，在上午晚些时候，符腾堡山地营的突击部队和巴伐利亚近卫步兵团的一个连队俘虏了那些守军。

在攻击期间，我军使用机枪和重型火炮的强火力给位于粗糙战壕里的敌人造成沉重打击。在许多地方，敌人神经紧张，都不敢站起来。如果意军能准备好坚固的战壕，我们的火力将收效甚微。

我们自己在1192高地上的机枪火力就像是一块磁铁，吸引了意军火力掩护部队的全部注意力，因此，我们的攻击小分队和整个特遣队都可以毫发无损地通过敌军观察下的隐秘公路，抵达库克东坡。

在拉夫纳，隆美尔特遣队各部之间的通信中断了，因为一个机枪连的指挥官率部去赶缴获来的骡子。结果，当我率领我手下三分之一的部队来到波拉法附近的山谷，只能封锁路易科—萨沃尼亚山谷，不得不放弃在克拉格恩扎山地区的马塔杰尔公路上设置路障的念头。在拉夫纳浪费时间的部队后来参加了对路易科山敌人的攻击，但如果10月25日我们就能攻克克拉格恩扎山，那我们将取得更大的胜利。有一

> 条作战原则是这样的：一旦突破敌人的防御区，预备部队就必须与主力部队在一起，不能开小差去收缴战利品。在这样的情况下，所有后方部队必须以最快的速度去追赶前方部队。
>
> 敌方第4步兵旅的一个团排成纵队行军，突然遭遇我们在狭窄山谷里设置的路障。即便是先头部队被我方火力压制，殿后部队也可以在东面和西面的山坡展开攻击，掌握战局。意军缺乏的是清晰的思考和强有力的指挥。

1917年10月25日下午，战斗序列如下：

格劳军团：第1帝国步枪团从萨迦攻击斯托尔。2营攻克库姆，1营则占领了弗利胡姆。第43旅登上了1450高地。第3帝国猎兵团的攻击连队攻击卡尔山，第3帝国猎兵团的13连向塔纳门山口发动了攻击。

施泰因军团：第12师下辖第63步兵团沿纳蒂索内山谷进军到洛比克以南两英里处的边界，并且击退了意军的全部增援部队。马塔杰尔北坡上的意军阵地并未遭到攻击。艾希霍尔茨军团依然在葛洛毕以南一英里处作战，并且逐渐占领敌军阵地，于下午5点攻占葛洛毕，于6点抵达路易科，却发现那个村子已被巴伐利亚近卫步兵团和符腾堡山地营的殿后部队攻占。在阿尔卑斯军团中，符腾堡山地营和近卫步兵团的一个连队于下午2点俘虏了意军在库克的守军。与此同时，符腾堡山地营6连则攻克了1110高地和1114高地之间的科洛夫拉特山脊。在包围库克、阻断路易科—萨沃尼亚山谷之后，隆美尔特遣队在波拉法附近的一次战斗中，俘虏了意大利第4步兵旅的主力部队。符腾堡山地营大部队和第2近卫营从拉夫纳发动攻击，攻占了路易科山。第1和第10猎兵营在1114南坡作战，下午，他们攻克了1044高地和1114高地。第200师下辖第3猎兵团在克莱附近的1114高地以南作战，傍晚6点，第4猎兵团占领了1114高地以南半英里处的埃希玛。

斯科蒂军团：第8掷弹兵团穿越朱迪里奥，从普斯诺向胡姆山发动攻击。

第 2 山地旅占领了西塞，第 22 山地旅攻占了圣保罗。

战果：10 月 25 日，西至路易科山口，东至 1114 高地，在伊松佐以南科洛夫拉特山脊上的强大的第三道意军防线被我军突破，符腾堡山地营厥功至伟。这场战斗胜利之后，位于路易科山以北的阿尔卑斯军团和第 12 师才可以继续向前挺进。

## 猛攻克拉格恩扎山

我带领在路易科山收归我麾下的符腾堡山地营其他几支部队，以最快的速度返回波拉法以北的路障，在那里，我们立即将缴获的驮马分配给隆美尔特遣队下属七个连队。我们马不停蹄地开始登山，向杰夫塞克和克拉格恩扎山的方向挺进。我们的行军速度越快，即将与我们狭路相逢的敌军就越不可能有所准备。

几天以来，我的军队人困马乏，补给不足，但我们在人迹罕至、坡陡峰高的山区迅速攀登，一路上穿过漫无边际的草地，翻越浓密的荆棘丛，还要在怪石嶙峋的洼地里行军。我只得再次要求本就疲乏的士兵拿出超人般的能力，绝不可以拖延攻势。

越到高处，就越寸步难行。摆在我们面前的尽是悬崖深谷、荆棘密林，我们不得不下山绕路而行，所以体能消耗非常严重。我们一直攀登了几个钟头，暮色四合，很快天就黑了。士兵们已经筋疲力尽。我是否应该放弃目标？绝不，我们必须抵达杰夫塞克，一旦到了那里，我知道我依然能找到足够多的勇士，向克拉格恩扎山发动猛攻。

一轮圆月高挂空中，将明亮的月光洒在陡峭的斜坡上，像是给灌木丛和杂草盖上了一层银霜，为树林投下长长的黑影。尖兵队缓慢地向上攀登，却始终保持警惕，他们终于找到了一条小路，就这样，我的部队每人间隔 50 码，通过了小路。我们时不时停下来，仔细聆听黑暗中是否有异样的声音。

路边有一个干草堆，我们以干草堆的阴影为掩护，再次停了下来。前方有一个杂草丛生的峡谷，影影绰绰，漆黑一片，是我们的必经之路。我们竖起耳朵，能非常清晰地听到在峡谷的远端，有含含糊糊的交谈声，还有发号施令和行军的声音。敌军并没有向我方逼近，由此可见，他们正平行向峡谷的另一端挺进。如果他们率先在那里占据有利地形，那我们只能走脚下这条小路包抄过去，而这并非我愿意看到的。然而，敌军就在眼前，我们不能继续向上攀登，进而向右挺进杰夫塞克和克拉格恩扎山。

在这样的情况下，我决定最好改道右侧，不再走小路。尖兵队现在不得不穿行于暗影重重的高大灌木丛，再次艰难地攀登陡坡。没过多久，我们就能看到面前出现了一大片草地，野草在月光下泛着光亮，周围是一片半圆形的高大树林。难道是我们的眼睛出了问题？树林的边缘竟然没有任何障碍！竟然没有灯火通明的敌军阵地在障碍后面！我们小心翼翼地向前摸去，以确定眼前的一切并非我们的幻觉。不一会儿，我们就听到前方的树林里传来了意大利语的交谈声。不幸的是，如果不能靠近侦察，就不可能确定敌军是否已经建立了阵地。

为了解开这些疑问，我派出几名军官前去侦察。与此同时，部队集中起来休息。很快，战报就传了回来：敌军确实正在占领阵地，而且，阵地前的障碍物非常高。

即便是对精神抖擞的部队而言，在一片灯火通明的区域对山坡上的筑防阵地发动攻击，也难如登天。我的士兵们一路攀登，早已疲惫不堪，自从此次攻势伊始，他们就创造了很多不凡的奇迹，此时，即便是让他们在几个小时后发动攻击，也是一次不可能完成的任务。此外，上半夜在这样一个地方去突破敌方阵线，是否对战事有利，是否能加以充分利用，还有待商榷。我放弃进攻的念头，决定让部队休息几个钟头，同时派人去仔细侦察地形和敌人的布防位置。

我率部悄无声息地进入一片宽阔的洼地，这里处在上方敌人火力的攻击范围之外，距离敌军阵地大约300码，可供士兵们休息到午夜时分。4连和2连呈半圆形布置了夜间岗哨。缴获的驮马不停嘶叫，太容易暴露，我不放心，就命人将它们拴得低一点。就在我率部向休息区域移动期间，波拉法附近的山谷中爆发了激烈的战斗，由此可见，敌军仍在那个山谷中活动。（图52）

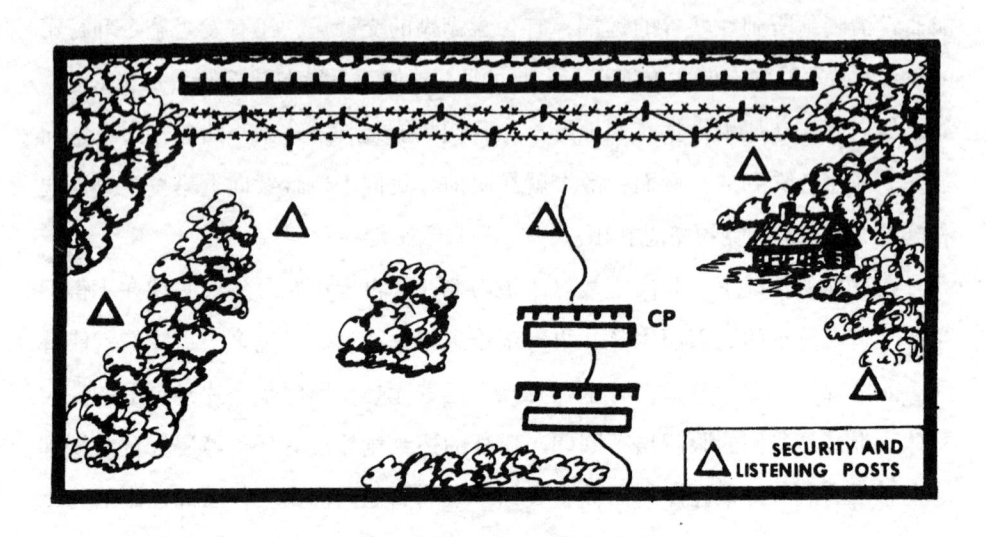

**图52　杰夫塞克附近的驻扎地（东南视野）**

CP　　指挥所　　SECURITY AND LISTENING POSTS　　安全岗哨

我又派出几个由军官组成的侦察班，去查探从哪些路径进入敌方阵地对我方有利、敌方障碍是否牢固、障碍深度、障碍网是否存在突破口、驻军类型和杰夫塞克村的具体位置。他们必须最晚在午夜前返回汇报侦察结果。

我那个向来体贴的勤务兵雷埃在波拉法附近从一头骡子身上偷来了一个意大利睡袋。我躺在这个缴获的睡袋里，希望能小睡片刻。我已精疲力竭，只是我神经紧张，怎么也无法入睡。事实上，阿尔丁格中尉一送来紧急战报，我就站了起来。战报内容如下：

"杰夫塞克村位于我方宿营地西北方半英里处。村子设有坚固的防御工事，周围有铁丝网环绕。敌军似乎并未占领该村。在杰夫塞克村以西的山坡和村庄南部，敌军正在下山，向东南方向挺进。"

我马上做出决定："向杰夫塞克村进发!"说不定我们可以赶在那支意军占领该村之前抵达那里。不出几分钟，我们就无声无息地拔营完毕，召回岗哨，集结部队，准备行军。与此同时，月亮不见了，天空中散布着星星，将淡淡的星光投向黑暗的大地。

部队一路翻山越岭，悄无声息地沿阿尔丁格中尉侦察到的小路向杰夫塞克进发。我向各连队的指挥官简要介绍了一下当前的形势。4连和第3机枪连组成了先头部队，其余五个连队紧随在后。我们先是穿过了一片不大的林子，然后，我们从林间空地爬上了陡峭的山峰。尖兵队很快就到了六英尺高的障碍前。阿尔丁格中尉称，再走300码就到杰夫塞克村了。我们停止行军，在黑暗中仔细听了几分钟，四周没有任何动静，但在上坡处100码开外，我们听到意大利步兵登山的脚步声。

阿尔丁格中尉侧身穿过铁丝网上的一个窄洞，进入网后的阵地，发现阵地里空无一人。尖兵连紧随其后。接下来，我指挥整个先头部队进入阵地，让他们呈半圆形在敌人的设施中进行布防。这之后，我派侦察班去侦察附近的地形，并且探明山坡上的敌军和杰夫塞克村的情况。

与此同时，大部队（2连和3连，第1和第2机枪连）则穿过障碍，进入阵地。我安排通信连和负责驮马的部队留在障碍外面的山坡上。

我带着一支侦察小队向山坡上的敌军逼近。当时的可视范围只有几码。我们前方的山坡黑咕隆咚，阴森可怕。就在100码开外，意军步兵正在行军，说不定他们有好几个纵队，他们是从我们右侧上来的，正向着位于左侧的杰夫塞克村挺进。我们悄悄接近他们。半路上，我们突然与敌军的一个哨兵狭路相逢。我这才知道，敌人已经摆好阵势，眼前这一列纵队的敌军正要前往布防区域的后方。

我们悄悄返回，改道左侧向杰夫塞克村行军。就在我们刚刚看到房舍的时候，一支侦察小分队返回，报告称杰夫塞克村北部没有敌军，但那支意大利步兵正通过村子南部。我决定率部进入杰夫塞克村，俘虏那队位于村子南部的敌军步兵。几分钟之后，部队缓慢地向杰夫塞克村行进。位于最前面的士兵刚刚抵达村庄，农场里的几条狗就吠叫了起来。随即，敌人就在右边一个山坡上开火了，他们的阵地距离我们有大约100码。所幸敌人的子弹大都打进了我们左边的树林。我们找不到掩体，只好伏在地上，架设好机关枪和卡宾枪，准备还击，但我们都没有发出半点动静。除非敌人先攻击我们，否则我方绝对不会率先开火。我认为敌人不会发动攻击，若果真如此，那他们肯定也会以为是虚惊一场，很快就停止射击。

在敌人开火的时候，我们的大部队通过村庄东边无人占领的阵地，已经进入了杰夫塞克村。敌人的射击持续了几分钟便停止了，我很快也率领剩下的部队进入村里。这次敌人突然开火，所幸我方没有伤亡。

我派部队呈半圆形分布，占领了村庄北部，以免再次遭遇杰夫塞克村西北部山坡上的敌军。此时早已过了午夜。不用放哨和在阵地里守卫的士兵都在依然有斯洛文尼亚人居住的房子里坐着休息。我们都很清楚，我们距离重兵防守的意军阵地很近，他们扔颗手榴弹，都能炸到我们，而且，如果敌军进入村庄，我们随时都将陷入白刃战。

由于我们进入村庄前敌人开了火，在杰夫塞克村西北部山坡上和穿过村庄南部的敌军都已停止行军。此外，敌人只是从西北部的山坡上向我们开火，没有一发子弹是从村庄南部打出来的。这是否表示敌军的阵地存在缺口，而不是我们原以为的那样，一直延伸到波拉法？我借着一所房子里明火的摇曳火光，仔细研究了地图。我们此时位于波拉法以北大约一英里处，处在杰夫塞克村的北部，海拔高度约为2800英尺。克拉格恩扎山位于我们以西600码处，要去那里，我们还要再往上爬900英尺。杰夫塞克村的东边有重兵把守，村子西北方的山坡、村庄东南部以及远到波拉法都有敌人的阵地，因此，我们要对付的是早有准备的意军后方阵地，敌人的目的就是要阻止我方军队深入路易科山口。我们在夜间发现的敌军行动使我们相信，意大利人正竭尽全力要占领此处的阵地。通过防御工事的类型来判断，杰夫塞克毫无疑问也是这一阵地的一部分。不知道是出于什么原因，要在杰夫塞克驻防的部队尚未抵达。不过那支部队随时都有可能来。我们应该等他们送上门来吗？这难道不是战争之神再一次将好运拱手送到了我们那些忠勇可嘉的山地步枪兵面前？如果我们抢占了杰夫塞克村，难道不是在敌方阵地上撕开了一道口子，这样一来，我们和阿尔卑斯军团就再无阻挡，便可以长驱直入克拉格恩扎山、莫兹里防线和马塔杰尔防线。

有了这些考量之后，我便派勒兹中尉去杰夫塞克村西南部侦察，确定那里是否有敌军，如果没有敌人驻防，那他就去杰夫塞克村西北部600码处的山脊侦察，同时还要到村庄西北部的意军阵地后方探明情况。他必须在两个小时内返回。勒兹中尉拒绝他人协助，只身前往侦察。（图53）

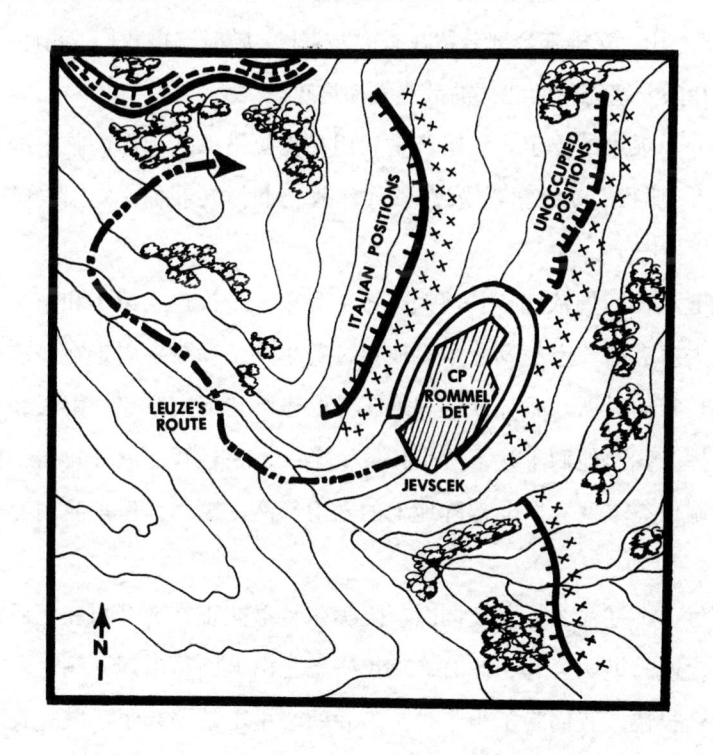

**图53　1917年10月26日天亮前杰夫塞克的战场态势**

ITALIAN POSITIONS　意军阵地　CP ROMMEL DET　隆美尔特遣队指挥所
UNOCCUPIED POSITIONS　未占领阵地　LEUZE'S ROUTE　勒兹中尉侦察路线　JEVSCEK　杰夫塞克

筋疲力尽的部队趁机休整。大部分士兵距离敌军不过几码远，他们坐在坚固房屋的炉火前，享受着友好的斯洛文尼亚人送给我们的咖啡和干果。偶尔能听到外面响起一两声枪声，紧跟着就是意军手榴弹的爆炸声。敌人显然无意派人来杰夫塞克村侦察。我们没有开枪。伸手不见五指的黑暗笼罩着近距离相对驻防的德军和意军。快到凌晨四点半，勒兹中尉完成侦察任务返回，他抓回了一个意军俘虏，他报告道："杰夫塞克西南端没有敌军，杰夫塞克西北部600码处的小路已经侦察完毕，没有异样。我在那边的山上抓获了这个意军士兵，但没有遇到其他敌人。"他出色地完成了任务。

听了勒兹中尉的报告，我决定率领四个连队，立即占领杰夫塞克村西北部600码处的小山，安排其余部分留在杰夫塞克村，随时支援我们。我计划天一亮，就对驻扎在杰夫塞克村西北部的敌军发动进攻。

这是一个艰难的决定。敌军若是利用在克拉格恩扎山居高临下的有利位置向我们开火，那我们就将腹背受敌、双线作战。到时候，我们必定损失惨重。然而，不入虎穴焉得虎子。

凌晨五点，四周依然一片漆黑，第2和第4步枪连、第1和第2机枪连悄悄离开杰夫塞克村，走上勒兹中尉侦察过的小路。勒兹中尉走在最前面，他身后是一支长长的纵队。我让3连和第3机枪连留守杰夫塞克，由久经沙场的格劳中尉指挥。我给他们下达了两个任务：第一，一旦我们展开攻击，他们就要用火力牵制住杰夫塞克西北部阵地上的守卫部队；第二，保护我们免遭东部敌军的攻击。

我下达了上述命令，与此同时，隆美尔特遣队正在离开村庄。后来，我们和第2机枪连的纵队会合，此时，克拉格恩扎山上已经出现了亮光。在山区，天亮得总是很快。我们晚了半个钟头，我的心里不禁敲起了小鼓。我看到在我前方，我手下的连队排成通常的行军纵队，在830高地下方光秃的山谷中攀登，四周都是乱糟糟的圆石。克拉格恩扎山最高处的峭壁已经沐浴在明媚的阳光中。我用望远镜查看了一下，忽然警觉起来！敌军阵地就在上方几百码处，位于部

第五章 1917年进攻托勒敏 251

队左手方向。阵地里有很多敌军,我甚至都能看到他们的头盔。如果敌人开火,那我们此刻所在的山谷里没有任何掩体,必定造成大量人员伤亡。此时此刻,我手下众多官兵的性命都掌握在我的手里,我感觉自己的责任分外沉重;他们对眼前的危局依然无知无觉,我必须将他们毫发无损地带出去。(图54)

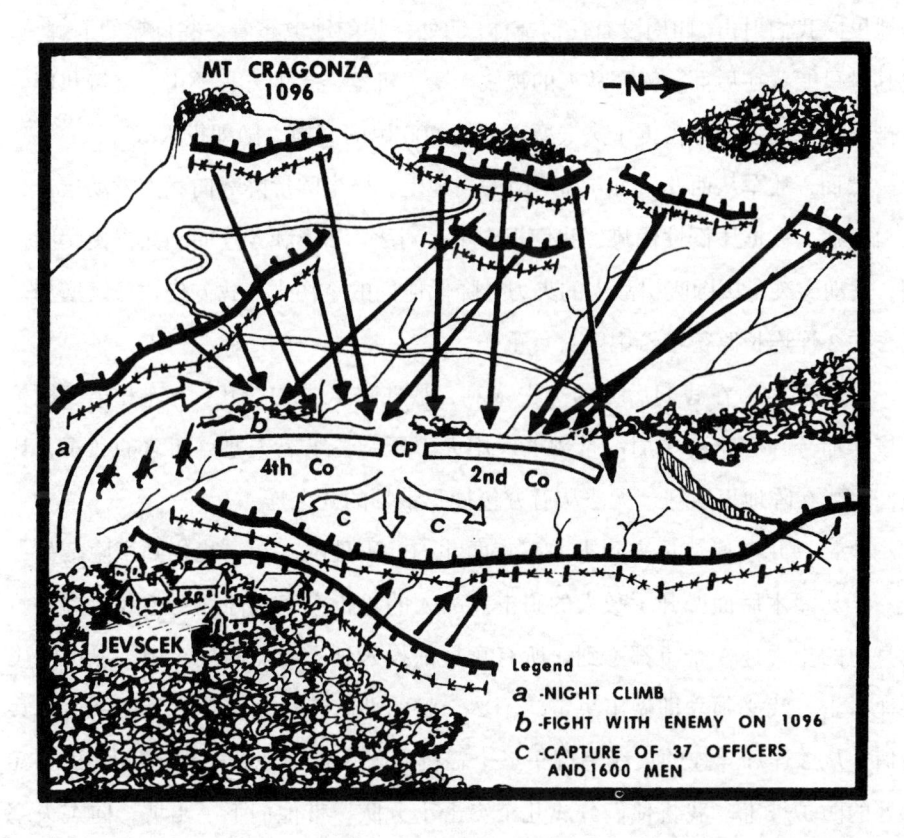

图54 1917年10月26日
在杰夫塞克上方的克拉格恩扎山(1096高地)山坡与敌人交战(东侧视野)
MT CRAGONZA 克拉格恩扎山 JEVSCEK 杰夫塞克
a 夜间登山 b 在1096高地与敌人开战 c 俘虏37名军官和1600名士兵

我尽可能多地将第2机枪连的人召集在一起,将他们部署在右方,以掩护我们,而且,左上方山坡上的敌人一旦开枪,就要集中火力牵制住他们。然后,我带领通信员飞奔到前方，让各连打头的士兵向右行军，前往杰夫塞克西北部600码处的一片长满小灌木的高地。此时天光大亮，时机已经成熟。

就在连队都已走出山谷之际，克拉格恩扎山上的敌军用快速猛烈的火力压制住了我的特遣队。我们依旧处在面冲敌军的那道山坡上，敌人从上方的有利阵地里向我们射击。四周没有任何掩体。四处不均匀地散布着一些低矮的荆棘丛，充其量只能藏在后面，躲开敌人的视线。第2机枪连立即开火还击，支援我们，各排趁机快速散开，占据了杰夫塞克西北600码的高地，随即投入战斗。

然而，敌军从西北、西方和西南的高地上，呈半圆形阵势向我方发动攻击，火力太猛，占据压倒性优势，我们根本不是对手。2连和4连的士兵慢慢爬向一侧，发动突袭，试图吸引敌人的火力，降低他们的杀伤力。我方伤亡持续增加。优秀的2连连长路德维希中尉身负重伤。

与此同时，在我们后方的杰夫塞克，战斗进入了白热化。3连和第3机枪连按照命令，在格劳中尉的带领下，用火力压制住了杰夫塞克西北的敌军，让他们只能在阵地里防守，无法从后方包抄我带领的几个连。

我带领几名通信员来到杰夫塞克西北600码处的高地，我找到了隐蔽处，在一小丛灌木后面躲开了敌人的狙击。敌人的机枪突突不停地射中我们周围。我身边的士兵连一个班都不到。所有官兵都投入到了激烈的战斗中，尽可能飞快地射击。我必须立即做出决定，不然，我的部队将全军覆没。我命令通信兵传信，从2连和4连的火线上调集三个轻机枪班，带领他们来到指挥所以东60码处的防护坡上。我将他们分成几个突击小分队，带他们下了山坡，向杰夫塞克西北的敌军阵地后方进发。那里的敌军阵地面向东方，背对我们，面冲杰夫塞克，正遭到格劳中尉所辖部队从村里发动的炮火攻击。

我们穿过灌木丛下山，机枪和卡宾枪都已上膛，随时准备开火，我们很快就看到敌方阵地在我们的下方。阵地上有重兵驻守，能看到一个头盔挨着一个头盔。我们在上方，一眼能看到战壕的底部。敌人直接暴露在我们的火力下。我们上方枪声震天，在杰夫塞克西北600码处，我们位于小山上的山地部队正遭遇敌人的猛烈攻击。在我们下方的杰夫塞克附近，3连和第3机枪连正向位于我们下方300英尺处的意军射击。敌人做梦也想不到我们会从后方包抄他们。

突击小分队业已准备就绪，于是，我们冲下方的敌方守军喊话，让他们投降。意军惊骇之下，目瞪口呆地抬头看着我们。他们手中的枪支纷纷掉落在地。他们很清楚已经无力回天，便示意投降。我的突击小分队兵不血刃，就取得了胜利。我们和杰夫塞克之间的敌军阵地中有超过三个连的敌人，他们全部投降，不光如此，叫我们大吃一惊的是，北到马塔杰尔路的敌方守军也缴械投降。他们听到后方传来激烈的战斗声，又看到杰夫塞克西北600码处的小山东北坡上出现了突击小分队，便有些摸不着头脑。在这些敌人看来，克拉格恩扎山上的意大利守军与隆美尔特遣队主力部队之间的交火，是德军从克拉格恩扎山上向他们的方向开火，而且德军已经占领了居高临下的有利位置。

意军一个包括37名军官和1600名士兵在内的团在杰夫塞克北部700码处的山谷里投降。他们是携带着充足的装备和武器行军的，我险些找不到足够的士兵去给他们缴械。与此同时，在我们上方300英尺处，激战正酣，没有丝毫减弱。

克拉格恩扎山上的意大利守军对杰夫塞克附近的战事一无所知，继续攻击我方前线。但我们已经扫清了后方的敌军。

杰夫塞克附近的连队结束了此处的战斗，便开始登山，很快就向克拉格恩扎山展开正面进攻。这是一场硬仗。敌人顽强地坚守位于制高点上的坚固阵地，我们的枪炮拿他们没有办法。山地部队冒着枪林弹雨，穿过光秃陡峭的山坡，将敌人包围。（图55）

我把手下的部队都派出去了，随后和2连向前推进（我站在队列中间）。2连现在由阿尔丁格中尉带领，他代替受了重伤的路德维希中尉。我们抵达马塔杰尔路低处的环路，发现了14门被意军丢弃的野战炮和25辆弹药车。难道是我们昨天在艾瓦萨和佩拉蒂发现的炮兵群？我们不能在这里浪费时间。有敌人从北方用机枪朝我们射击。我们加速前进。这之后没多久，阿尔丁格中尉身中三枪，负了重伤，就这样，2连再次失去了他们的指挥官。有那么一段时间，就在马塔杰

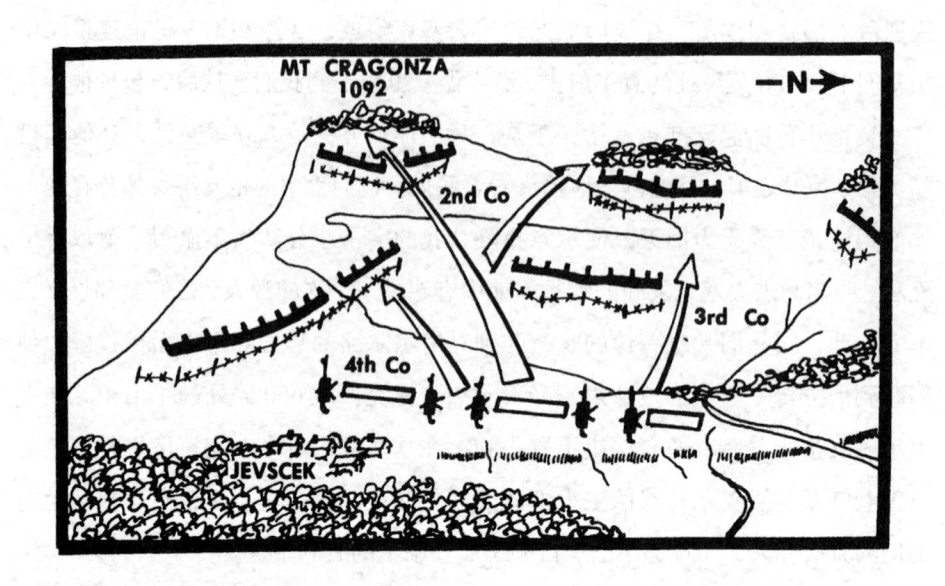

图 55　1917 年 10 月 26 日进攻克拉格恩扎山（1096 高地）（东侧视野）

MT CRAGONZA 克拉格恩扎山　2nd Co 2 连　4th Co 4 连　3rd Co 3 连　JEVSCEK 杰夫塞克

尔路上，我自己就成了意军机枪手的靶子。附近没有任何东西为我提供掩护。我飞奔着绕过大约 70 码开外的一个弯道，向上跑去，避开了敌人严密的圆锥形火力。

山地官兵看到战友伤亡惨重，不禁怒火中烧。他们接连攻克了一个个战壕，扫清了一个个机枪点。在清晨七点一刻，攻坚战总算结束了。2 连现在由陆军上士休格尔指挥，他们表现英勇，攻克了克拉格恩扎山的顶峰。因此，莫兹里峰东北坡和东面山坡上的敌军迟早是我们的囊中之物。

对于友军的进展，我只能猜测。从天亮以来，我们右侧就传来持续不断的枪炮声，而且越来越激烈，借此判断，我估摸 12 师和阿尔卑斯军团正在从东北和东部向莫兹里峰冲锋，说不定他们也是沿着马塔杰尔路从艾瓦萨攀登克拉格恩扎山。

我是否应该等他们赶上来？我是否应该停在克拉格恩扎山的东坡，重整混乱的部队？我的部队费尽千辛万苦拿下了山顶，不应该休息一下吗？从另一方面来说，我必须考虑当前战局存在的危险。如果位于我们右翼的实力强大的意军后备队计划发动反击，夺回克拉格恩扎山，该怎么办？

我认为应该立即集结所有官兵继续进攻，以半个连的兵力进攻连接莫兹里峰的山脊，这样才能先声夺人，破坏敌人的反击。

> **战地观察**
>
> 夜间登山向杰夫塞克村推进的时候，意军大声说话，脚步声很重，因此暴露了形迹。所以，我们选择右边的公路，成功地避免了与他们意外地狭路相逢。
>
> 疲惫的军队停下来休息，军官则趁机不知疲倦地探明敌军和地形的准确信息。即便是过了午夜，他们也要离开杰夫塞克去侦察。正是基于他们的侦察结果，我们才能成功地向杰夫塞克的西北方突破，一举拿下克拉格恩扎山。
>
> 10月25—26日夜里，我对友军的情况知之甚少。我不知道他们在哪里，也不知道他们在干什么，更不知道他们有何计划。我们与他们的侦察班没有联系。但我很清楚一点，那就是我必须接受这样的情况，如此才能在10月26日再次展开进攻。（图56）
>
> 黎明时分，山地部队陷入绝望的境地，敌人火力很猛，而且，在他们和敌军阵地之间，没有任何掩体，但尽管如此，我们还是扭转了战局。正是几个班的勇士为我们带来了这一生机。意军在克拉格恩扎山上占据着居高临下的有利阵地，在对他们展开正面进攻的过程中，符腾堡山地营表现出了不凡的进攻实力。2连指挥官虽然身负重伤，但该连的士兵们战斗力依然顽强。

1917年10月26日清晨7点15分，在我们攻克克拉格恩扎山之际，战斗序列是这样的：

格劳军团：10月25日—26日凌晨3点30分，第1帝国步枪团2营收复斯

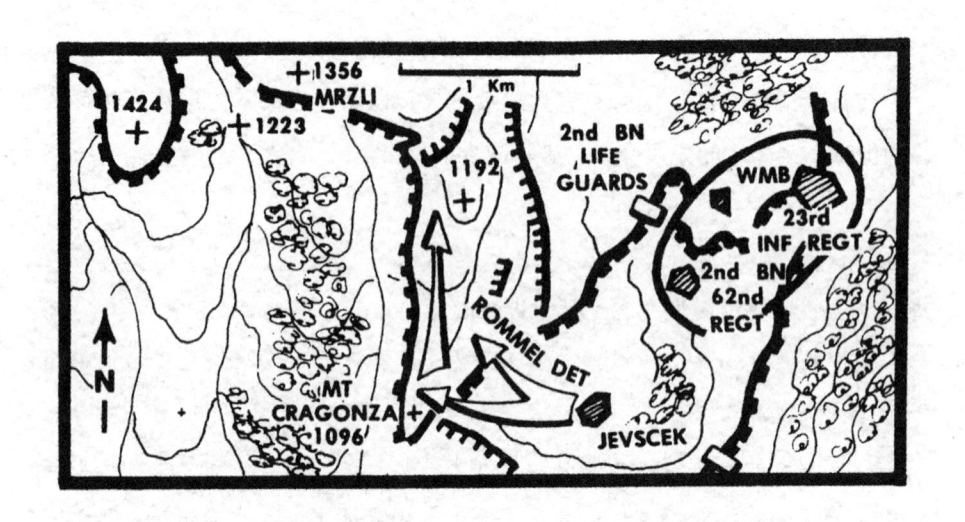

**图 56　1917 年 10 月 26 日进攻克拉格恩扎山（1096 高地）**

MRZLI　莫兹里峰　　ROMMEL DET　隆美尔特遣队　　MT CRAGONZA　克拉格恩扎山
2nd BN LIFE GUARDS　第 2 近卫营　　WMB　符腾堡山地营　　23rd INF REGT　第 23 步兵团
2nd BN 62nd REGT　第 62 步兵团 2 营　　JEVSCEK　杰夫塞克

托尔峰（海拔 1668 米），该营在清晨 6 点抵达博格纳。该团的 1 营和 3 营以及第 43 旅紧随其后，在早晨 8 点行军到了博格纳。

　　施泰因军团：与前一天一样，第 12 师把第 63 步兵团部署在位于纳蒂索内山谷的边界线上，第 62 步兵团 2 营和第 23 步兵团向第 2 近卫营在艾瓦萨的前哨部队靠拢，并准备好行军。

　　阿尔卑斯军团：符腾堡山地营在杰夫塞克攻克了纵贯莫兹里峰、杰夫塞克和波拉法的敌军阵地，在这条阵地上向西北方向撕开了一道长达 1100 码的口子，并在 7 点 15 分拿下了克拉格恩扎山。符腾堡山地营余部从路易科山出发，穿越艾瓦萨，抵达克拉格恩扎山。第 2 和第 3 近卫营准备行军，随后与符腾堡山地营的 1 连和 3 连会合，一起向克拉格恩扎山进军。第 1 近卫营在波拉法担任警戒。第 2（不包括 10 连）猎兵团从拉夫纳前往路易科山。第 1 猎兵团和第 10 猎兵连在 1114 高地休整了一夜，准备出发。第 200 步兵师：第 3 猎兵团经由德伦奇亚，于 8 点抵达特鲁琴。第 4 和第 5 猎兵团在 1114 高地休整过夜，于凌晨 4 点 30 分开拔，前往拉夫纳。他们在拉夫纳一直驻扎到早晨 8 点。

斯科蒂军团：第 8 掷弹兵团派出 1 营于凌晨 5 点攻占拉卡尔瓦，然后发动全部三个营的兵力，进攻胡姆山。

最终结果是这样的：就跟意军在科洛夫拉特山脉上的阵地一样，意军阵地（从马塔杰尔北坡、莫兹里峰、杰夫塞克、波拉法一直到圣马蒂诺）杰夫塞克附近于凌晨时分被符腾堡山地营的先头部队攻破，随后，作为莫兹里峰和马塔杰尔山所有意军阵地的要冲，克拉格恩扎山也被我方攻克。

## 占领 1192 高地和莫兹里峰，进攻马塔杰尔山

攻占克拉格恩扎山后，部队人困马乏，理应在山峰上休整一番，我却不能允许他们这么做。优秀的陆军上士休格尔凭借充沛的体力，接受了新任务，将他手下有限的兵力发挥到了极致，在没有等待支援的情况下，沿着向 1192 高地和莫兹里峰延伸的山脊一路发起攻击，依靠他手下本就不多的兵力，尽可能多地夺取阵地。

我派通信员给部队传令，让他们迅速翻越克拉格恩扎山，占领莫兹里峰方向的马塔杰尔公路。然后，我和 2 连一起行动。行军 100 码后，我们碰到了敌军，他们正在山脊上一个树木繁茂的山头挖战壕。在我们右边的东坡上，战斗的枪炮声越发激烈。显而易见，正从杰夫塞克翻山向克拉格恩扎山挺进的隆美尔特遣队后方部队遇到了敌人的攻击。但也可能是阿尔卑斯军团正从路易科山翻越马塔杰尔公路前往克拉格恩扎山。

陆军上士休格尔在牵制敌人方面很有经验，无论是在人数还是在武器方面，敌人都更具优势，敌人不仅从正面向他展开攻击，同时派出攻击班，从侧翼和

后方夹击，但他——瓦解了敌人的攻势。他在几分钟之内就率部完成了战斗，敌军在溃败后撤向东北方向，下山回撤到路易科山。

我们刚与敌人打照面，就很快展开攻击，于是，我们与后方的联系很快就中断了。我们收到战报，意军从克拉格恩扎山东北方向的阵地使用机枪向特遣队展开猛烈攻击，部队受阻，无法继续前进，而且，敌人位于我们后方，与我们相距将近一英里。我是否应该命令2连停止前进？不行，我们必须继续展开对莫兹里峰的进攻，不遇到强劲的敌军，绝对不能停下。

早晨8点30分，2连收复了艾瓦萨以西1.5英里处的1192高地，此时，该部减员严重，只剩下一个排的兵力，轻机枪只剩下两挺。敌军对我部展开阻击，减缓了我们的前进速度。莫兹里峰（1356）东北半英里处的敌军颇具实力，他们持重机枪火力，向我们刚刚占领的山头发动猛烈攻击。在我们右方的山坡和我们右后方杰夫塞克的方向，战斗也已进入白热化。阿尔卑斯军团正在向敌人发起猛攻。

要攻击莫兹里峰东南坡上的敌人，预计至少需要两个步枪连和一个机枪连。为了能够快速集结起这些兵力，我迅速赶到马塔杰尔公路的末端。休格尔按照我的命令，一直在坚守1192高地。我到处找也找不到负责殿后的隆美尔特遣队的联络官。绕过1192高地以南700码处的一个弯道，我忽然碰到了一支意军特遣队，他们是从艾瓦萨方向过来的，正在穿越马塔杰尔公路。这些训练有素的步兵立即举枪射击。我飞快地跃进公路下方的灌木丛，这才躲过敌人朝我射过来的子弹。几个步兵跑下斜坡，进入灌木丛追击我。然而，就在他们飞快地跑下山谷的时候，我却向上方的1192高地爬去。爬到高地上，我命令一个实力不俗的侦察班去联系隆美尔特遣队的其他部队，并向各连指挥官传令，尽快向1192高地靠拢。（与此同时，位于佩拉蒂、艾瓦萨和路易科区域的阿尔卑斯军团各部和第12师开始穿越马塔杰尔公路，向克拉格恩扎山方向行军。2营和第62步兵团走在最前方，遭遇了驻守在艾瓦萨以南1英里处坚固阵地里的敌军，并展开攻击。包括符腾堡山地营的参谋部和戈斯勒特遣队、第23步兵团、第2和第3近卫营等在内的后方部队则成功穿越马塔杰尔公路，向克拉格恩扎山方向行军。第1近卫营则在波拉法被意军所阻,这支敌军所在的位置是杰夫塞克、波拉法和圣马蒂诺意军防线的一部分。)

一直等到上午10点,我才集结起相当于两个步枪连和一个机枪连的兵力。这已经是隆美尔特遣队的全部兵力了。各部本来是要向1192高地靠拢的,却不断遭遇越过克拉格恩扎山—1192高地防线试图向西南方向撤退的敌军,因此,他们的行军速度大大减缓。

我认为我们拥有足够的兵力与莫兹里峰上的意军一决雌雄。我们发出信号灯,请求对莫兹里峰东南坡上的敌人阵地进行炮击。结果大大出乎我们的意料,德军的炮弹很快就落到了那里。接下来,1192高地上的机枪连猛烈攻击位于阵地里的敌军,与此同时,两个步枪连在我的领导下与山脊公路下方的敌人展开近距离作战。

我们成功击退了敌军的西翼部队。然后,我们开始转而猛攻敌军的侧后阵地。

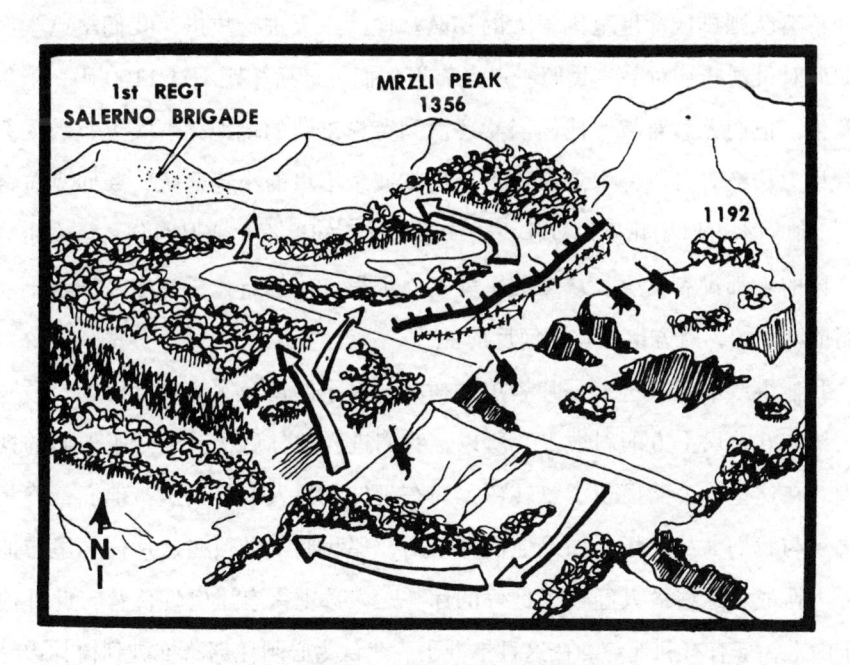

图57 对莫兹里峰展开攻击(东南视野)

1st REGT SALERNO BRIGADE　萨勒诺旅1团　MRZLI PEAK　莫兹里峰

但是，敌人见到我军向这个方向发动攻击，便迅速撤退至莫兹里峰东坡。我们抓了二三十个俘虏。我并不打算追击撤退到莫兹里峰东坡或北坡上的敌人，于是，我命令部队不要恋战，继续沿山脊公路向莫兹里峰南坡挺进，而且，我带上了机枪连。（图57）

在进攻期间，我们发现，莫兹里峰两大最高峰之间有一个山坳，数百名意军就驻扎在那里的一大片军营里。他们无所事事地站着，看起来消极倦怠，没有丝毫士气，目瞪口呆地看着我们行军。他们没想到德国人会从南面也就是他们后面包抄他们。我们与这支人数众多的军队相距还不到1英里。马塔杰尔公路向着草木斑驳的莫兹里峰南坡蜿蜒延伸，我们在向西前往马塔杰尔峰的时候，就从这个敌军营地下方经过。

莫兹里峰山坳里的敌军数量陆续增加，到最后，他们的人数肯定达到了两到三个营。他们并没有向我们发动阻击，于是我靠近公路，挥动一块手帕，而我的特遣队则排成深度范围很大的梯队。连续三天进行攻击，我们早已学会应该如何对付这些新对手。我们一点点靠近他们，最后相距不过1100码，依然无事发生。他们无意对战？他们当然还没到穷途末路的境地！事实上，敌人凭借现有兵力，绝对可以一举消灭我手下这支疲惫不堪的小特遣队，夺回克拉格恩扎山。他们本可以用几挺机枪作火力支援，神不知鬼不觉地退回到马塔杰尔峰。但这样的事都没有发生。众多敌军就站在那里，仿佛石化了一般，动也不动。我们挥动手帕，对方也没有任何反应。

我们继续靠近，进入一片繁茂的树林，林子距离敌军有700码远，敌军位于大约300英尺上方的斜坡上，所以，我们进入树林后，就离开了他们的视线范围。在这里，公路出现了急转弯，向东延伸。敌人会怎么做？他们最终是否会决定与我们大战一场？如果他们冲下山，那我们就必须在这片树林里与他们展开肉搏战。这些敌人经过了良好的休整，人数上占有压倒性优势，此外他们位于山上，享有有利地势。在这种情况下，我认为必须让部队推进到树林边缘，那里正好位于敌军军营的下方。但我的山地部队背着沉重的机枪，早已疲惫不堪，我不能强求他们穿过浓密的灌木丛并登上陡峭的山坡。

因此，我让特遣队继续沿着公路行军，与此同时，我带领施特莱切中尉、伦茨医生和几名山地士兵爬上一面很宽的山坡，我们每个人之间相隔大约100码，抄近路穿过密林向敌军摸去。施特莱切中尉突袭了敌军的一个机枪班，俘虏了他们。我们畅通无阻地来到密林边缘。此时，我们与马塔杰尔公路上方的敌人仍有300码的距离，可以看到密密麻麻一大片人，人数难以计清。他们大喊大叫，指手画脚，手里都拿着武器。站在最前面的像是一群军官。我的先头部队要过一会儿才能赶到，我估摸他们此时应该在东边700码处的急转弯附近。

我感觉必须在敌人做决定前采取行动，于是，我离开树林边缘，迈着稳健的步伐向前走去，一边喊一边挥动手帕，要求敌人放下武器投降。大批敌军瞪着我，没有动弹。我已经走出树林边缘大约100码，要是敌人冲我开枪，我根本来不及撤退。我有种感觉，那就是我不能站着不动，不然我们就会功亏一篑。

我来到距离敌军不到150码的地方！突然，大批敌军动了起来，接下来是一阵慌乱，几名负隅顽抗的军官被推下了山。大多数士兵都扔掉了武器，数百个士兵快步向我跑过来。一瞬间，他们就把我团团围住，还把我举过头顶。"德国万岁！"① 千百名士兵大喊道。一个意大利军官有些犹豫，不愿投降，立即被他的士兵击毙。对于莫兹里峰上的意军而言，战斗已经结束了。他们快乐地大喊大叫起来。

此时，我手下的山地部队已经沿公路从树林里走了出来。日头毒辣，他们背负着沉重的装备，却迈着惯常的爬山能手的步伐，轻松而威武有力。通过一个能讲德语的意大利士兵，我命令俘虏在马塔杰尔公路下方面朝东列队。意军萨勒诺旅1团总共有1500人。我没有让我的特遣队停下来，但我从纵队中找了一名军官和三名士兵。我派两个山地步枪兵押送这支意大利兵团翻过克拉格恩扎山，前往路易科山；我把43名意军军官与意军士兵隔离开来，并派戈平杰军士负责给他们缴械并转移。意军军官们看到隆美尔特遣队只有这么少的人，变

---

① 原文为意大利语，"Evviva Germania！"。

得好斗起来，还试着重新率部反抗，但现在已经太迟了。戈平杰一丝不苟地完成了他的任务。

解除武装的意军兵团向山下的山谷移动，同时，隆美尔特遣队则从意大利驻扎营地下方经过。这之前不久，一些被俘的意军告诉我，萨勒诺旅2团就在马塔杰尔峰的山坡上，这支意大利军团广负盛名，因骁勇善战多次得到卡多尔纳[①] 的传令嘉奖。他们言之凿凿，说这支军队一定不会对我们手下留情，要我们多加小心。

他们说得不错。隆美尔特遣队的先头部队刚一抵达莫兹里峰西坡，1467高地和1424高地上就传来了猛烈的机枪火力。敌军使用机枪精准地射击公路，很快，就将我方部队逼离了公路。我们纷纷躲在公路下方的浓密灌木丛中，这才躲开了敌人的精确火力攻击。我的部队很快就控制住了战斗局面，继续行军，这次，我们没有沿马塔杰尔公路下方前往1407高地，而是急转弯，向西南方向进发。我希望快速穿过1223高地，向1424高地以南马塔杰尔的急转弯行军。一旦我们抵达那里，萨勒诺旅2团就上天无路入地无门了，到时候，他们的处境就跟半个小时前1团的处境差不多了。唯一的差别是，我们将用猛烈的炮火，阻止他们穿过马塔杰尔光秃的山坡，向南方撤退。而在莫兹里峰上，意军仍可以从树林里撤退。（图58）

为了迷惑敌人，我派了几个士兵从莫兹里西坡用机枪扫射。我带领特遣队剩下的部队来到1424高地以南700码处的公路急转弯，以浓密的灌木丛为掩护，躲开了敌人的视线，一路上并未遭到敌人的攻击。我准备向1424高地上的驻军发动突袭，而他们依旧在用炮火攻击隆美尔特遣队的殿后部队和我们在莫兹里峰上的机枪手。莫兹里峰的胜利让我们忘记了我们付出的千辛万苦，忘记了我们此刻的疲惫，忘记了脚上的疼痛和我们肩上被沉重的装备勒出来的瘀伤。

我迅速率部准备发动攻击，命令机枪排就位，组织起攻击班，这个时候，后方传来了命令："符腾堡山地营撤退。"（斯普罗瑟少校已经抵达克拉格恩扎山，见到了隆美尔特遣队抓获的3200多名俘虏，所以认为马塔杰尔峰上的敌人已被消灭。）

---

[①] 第一次世界大战时的意大利王国陆军总司令。

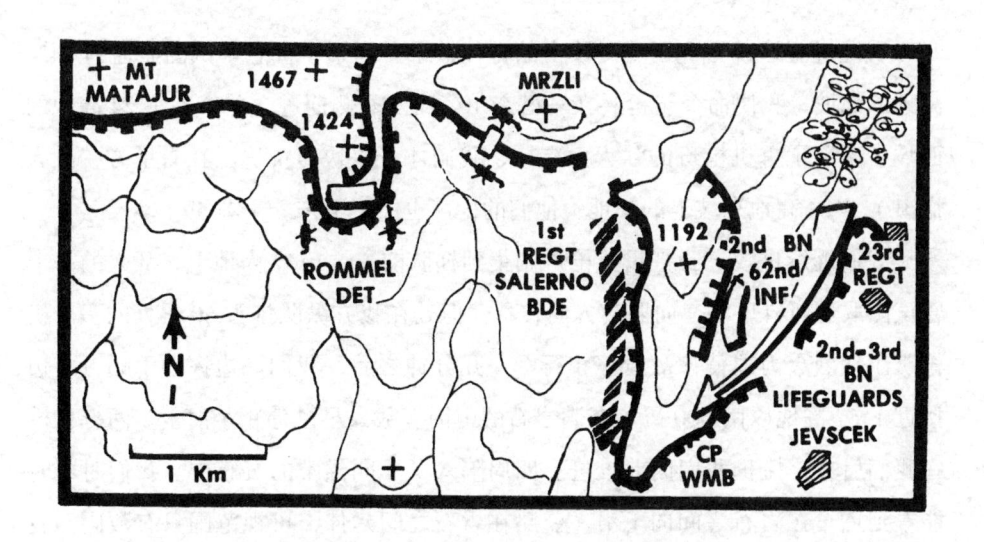

图 58　对马塔杰尔山展开攻击前的战场态势

MT MATAJUR　马塔杰尔山　MRZLI　莫兹里峰　ROMMEL DET　隆美尔特遣队
1st REGT SALERNO BDE　萨勒诺旅 1 团　2nd BN 2 营　62nd INF　第 62 步兵团
23rd REGT　第 23 步兵团　2nd-3rd BN LIFEGUARDS　第 2 和第 3 近卫团　JEVSCEK　杰夫塞克

隆美尔特遣队各部按照营部的命令撤回了克拉格恩扎山，只有一百名步枪兵和六个重机枪班留下来和我在一起。我是否应该停止战斗，返回克拉格恩扎山？

绝不可以！营部在下命令的时候，并不知道马塔杰尔峰南坡上的战况。这里的战斗尚未结束。我并不指望短期内有人来增援我们。但现在天时地利人和，正是进攻的大好时机，在我看来，符腾堡山地营的每一个士兵都能对付二十个意军。虽然我们的人数少得可怜，但我们还是冒险发动进攻。

在 1424 和 1467 高地上，镇守阵地的意军面向东面，周围有巨大的石块，我们从南面使用机枪向他们发动突然袭击，他们都躲在岩石后面。我们的子弹打在岩石上爆炸碎飞，杀伤力大大增加。敌人几乎没有还手之力。我的机枪手潜伏在浓密高大的灌木丛中，因此，敌人找不到他们的位置。

我通过望远镜看到了我方攻击的奇佳效果。当第一批意军试图撤退到1424高地的北坡，我便命令步枪兵在马塔杰尔公路的两侧前进，并来到1424高地的西坡。多亏了重机枪班的强火力支持，我们才可以快速推进。在右上方，敌人撤离了1424高地东坡上的阵地，他们的枪声也停了下来。（图59）

我们继续进攻。我把重机枪班调集到梯队前方。1467高地上，敌人的一个营试图取道斯科里洛，向西南方向转移。但处在我方纵队排头60码处的一个机枪班用猛烈火力迫使该敌营停止行军。几分钟之后，我们一边挥动手帕，一边接近1467高地以南600码处布满岩石的山岗。敌人早已停止了射击。两挺机枪在我们后方，掩护我们向前推进。四周陷入了非同寻常的沉寂中。我们时不时能看到意军在岩石之间向下滑。公路在岩石之间延伸，可视范围只有数码。我们绕过一个急转弯，此时，左侧的视野再次变得开阔起来。萨勒诺旅2团就在我们前方将近300码开外。他们正在集合，并且纷纷放下武器。团长坐在路边，军官站在他的周围，他显得非常激动，又怒又愧，这个团曾经是他的骄傲，现

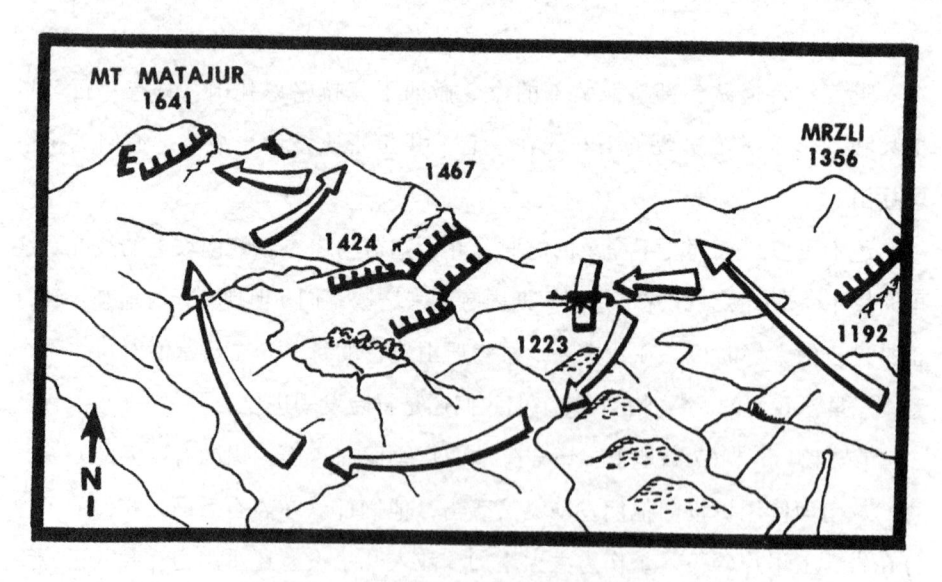

图59　攻击马塔杰尔山（南侧视野）

MT MATAJUR 马塔杰尔山　　MRZLI 莫兹里峰

在却违抗他的命令。趁着意军尚未发现我其实只带来了一小股部队，我便立即将35名军官和1200名已经集合起来的士兵分开，让后者沿马塔杰尔公路快速向路易科山移动。被俘的上校看到我们只有区区一小队德国士兵，登时怒不可遏。

我马不停歇地继续向马塔杰尔顶峰发起进攻。后者依然在一英里开外，而且位于我们上方700英尺处，通过望远镜，我能看到敌军在岩峰上的阵地里。他们显然无意重蹈他们在马塔杰尔南坡上那些战友的覆辙，那些人早已投降，此时正被押走。勒兹中尉带领手下的机枪班给予我们火力支援，我们则趁机选取最近的小路，从南边发起攻击。然而，敌军的防御火力很猛，攻击路径对我们很不利，因此我决定掉头向东，登上一道拱形斜坡，那里是敌人视线的盲区，我们就可以从1467高地对顶峰的阵地发动袭击。在我们移动的过程中，总有小股意军（有的携带武器，有的赤手空拳）不停地向萨勒诺旅2团缴械的地方移动。

在主峰以东600码处的陡峭山脊上，我们突袭了意军的一支连队。该连队完全无视其后方的战事，他们面冲北坡，正与从德里亚科罗娜山向马塔杰尔攀登的12师侦察班交火。我们突然出现在山坡上，带着上膛的武器出现在他们后方，敌人一见之下并无抵抗，便举手投降了。

勒兹中尉从东南方向带领机枪班向顶峰的守军开火，我则带着余下的小部队从西边沿山脊向顶峰攀登。在主峰以东0.25英里处一片多石的山头上，其他重机枪班也进入阵地，为南坡上的突击队提供火力支援。但我们尚未开火，主峰上的守军就示意投降。在马塔杰尔峰（1641）上一栋毁坏的建筑（边界哨所）里，120多名意军耐心地等待我们将他们俘虏。第23步兵团的一个侦察班（由一名军士和六名士兵组成）在从北边登上来的时候与我们相遇。

1917年10月26日上午11点40分，三枚绿色和一枚白色的信号弹冉冉升起，宣告我们已经夺下马塔杰尔山。我下令部队在顶峰休息一个小时。这是他们应得的奖赏。（隆美尔在攻下马塔杰尔山之后，他的功劳并没有立即得到确认。施内博中尉之前报告称距离顶峰只有100码，后来他们报告称攻克了顶峰。施内博中尉显然把德里亚·科罗纳山误当成了马塔杰尔山。德里亚·科罗纳山与马塔杰尔山属于同一片山脉，在后者西北方大约一英里处，比较矮。这个错误为隆美尔带来了不幸的后果。陆军司令冯·贝洛将军承诺过，授予攻克马塔杰尔山的指挥官功勋勋章。施内博获颁了这枚他梦寐以求的奖章。对于这个错误，隆美尔非常生气，这也是可以理解的，但这并没有打消他的作战士气。后来，他因为战功卓著，获颁功勋勋章。)

我们环顾四周，看到群山巍峨耸立，沐浴在灿烂的阳光下。我们极目远眺，在西北方向六英里开外，斯托尔山高耸入云，弗雷西兵团正在那里发起攻击。在西面，米亚山（1228）位于我们的下方。纳蒂索内山谷就在两英里开外，在我们下方4700英尺，我却看不到那里。西南方向是乌迪内周围的肥沃田野，卡多尔纳的指挥部就设在那里。而在南边，亚得里亚海闪闪发光。东南和东边的大山对于我们而言再熟悉不过了：克拉格恩扎山、圣马蒂诺山、胡姆山、库克、1114高地。

俘虏就坐在我们周围，隐约能听到炮火声，在空战中，一架意军战机燃烧着坠毁在群山之中，这一切都表示战斗仍在我们周围继续着。我们依然没有发现友军。斯普罗瑟少校要求每天汇报战况，于是，我口述战报，让施特莱切中尉记录下来。

### 战地观察

在托勒敏的攻击开始后，我们用了52个小时就攻占了马塔杰尔山。在这段时间里，我的山地部队几乎一直都在激战，是阿尔卑斯军团的先锋队。他们肩上扛着重机枪，上至8000英尺的高峰，下至3000英尺的矮峰，辗转行军的直线距离达到12英里，一路上攻克了数个敌人的山地防御工事。

在28小时内，隆美尔特遣队凭借微弱的兵力，连续击败了五个精力充沛的意大利兵团。俘虏和战利品如下：军官150人，士兵9000人，火炮81门。这还不包括在库克、路易科山周边、莫兹里峰东坡和北坡上的阵地、马塔杰尔山北坡上主动放下武器加入战俘纵队前往托勒敏的敌军。

最令人费解的是萨勒诺旅1团在莫兹里峰上的行为。困惑懒散往往会招致灾难性的后果。底下的人抱团，领导者的权威就遭到了瓦解。哪怕是一个军官拿起一挺机枪，都能挽救他们当时的败局，至少能让他们虽败犹荣。如果该团的军官带领手下1500名士兵誓死抵抗隆美尔特遣队，那马塔杰尔山绝不可能在10月26日就落入我们手中。

从1917年10月24日到26日进行的战斗中，意军各部都认为他们陷入了绝境，一看到敌人从侧翼或后方攻击他们，他们便过早地放弃了战斗。意军指挥官欠缺的就是杀伐决断。我们灵活的进攻战术叫他们摸不着头脑，此外，他们控制不了手下的士兵。而且，与德国开战不得民心。许多意大利士兵在战前都是在德国谋生，把那里当成了第二故乡。士兵对德国作何态度，从他们在莫兹里峰上喊的那句"德国万岁"中，就可见一斑。

几个礼拜之后，山地兵与意军在格拉帕地区交火，意军英勇作战，彰显勇士本色，托勒敏战斗的胜利没能再现。

符腾堡山地营在大会战初期取得大捷，德国阿尔卑斯军团（冯·普其将军）在1917年11月3日的每日战报中详细阐述了这一胜利的价值，战报是这样说的："攻克科洛夫拉特山脉后，敌军防线结构彻底崩塌。符腾堡山地营在其坚定的领导人斯普罗瑟少校和忠勇可嘉的军官的领导下，在此次胜利中发挥了重要的作用。隆美尔特遣队夺取库克、占领路易科山、突破马塔杰尔阵地，拉开了我们大规模追击敌人的序幕。"

令人高兴的是，隆美尔特遣队在连续三天的作战中伤亡很小：6人死亡，包含1名军官；30人受伤，包含1名军官。

1917年10月26日中午，艾里茨—托勒敏防区的战斗序列如下（图60）：

格劳军团：先头部队在博格纳休整。敌军对迪塔纳米亚山口的攻击被击退。

施泰因军团：在12师的防区里，第62和第63步兵团在纳蒂索内山谷从边界穿越斯特匹兹向洛西发动攻击。他们在下午两点抵达洛西。北面没有部队可以进攻马塔杰尔—莫兹里一线的意军阵地。第23步兵团翻越克拉格恩扎山，向马塔杰尔进军，在中午左右抵达克拉格恩扎山。在阿尔卑斯军团中，符腾堡山地营的隆美尔特遣队攻占了莫兹里和马塔杰尔。符腾堡山地营的大部队在斯普罗瑟少校的带领下，从克拉格恩扎山下山，向马塞尔里斯前进，第2和第3近卫营紧随其后。在敌人放弃了在波拉法附近的阵地后，第1近卫营和第10预备猎兵营在10点开始向波拉法进军。在第200师中，第4猎兵团于9点30分攻占了圣马蒂诺山，然后向阿齐达方向进军。

斯科蒂军团：第8掷弹兵团于上午拿下了胡姆山。第1帝国皇家师继续穿越坎姆布莱斯克向圣雅克布发动进攻。

结果是这样的：只有符腾堡山地营的先头部队先攻破意军在克拉格恩扎山上的阵地，并击败了莫兹里和马塔杰尔上的萨勒诺旅，由此创造了有利条件，路易科山附近的第12师和阿尔卑斯军团的部队才能向西南方向进军。第12师于10月24日—25日夜抵达马塔杰尔山西北的纳蒂索内山谷，只有在位于马塔杰尔的敌军被俘之后，他们的攻击才能取得成功。

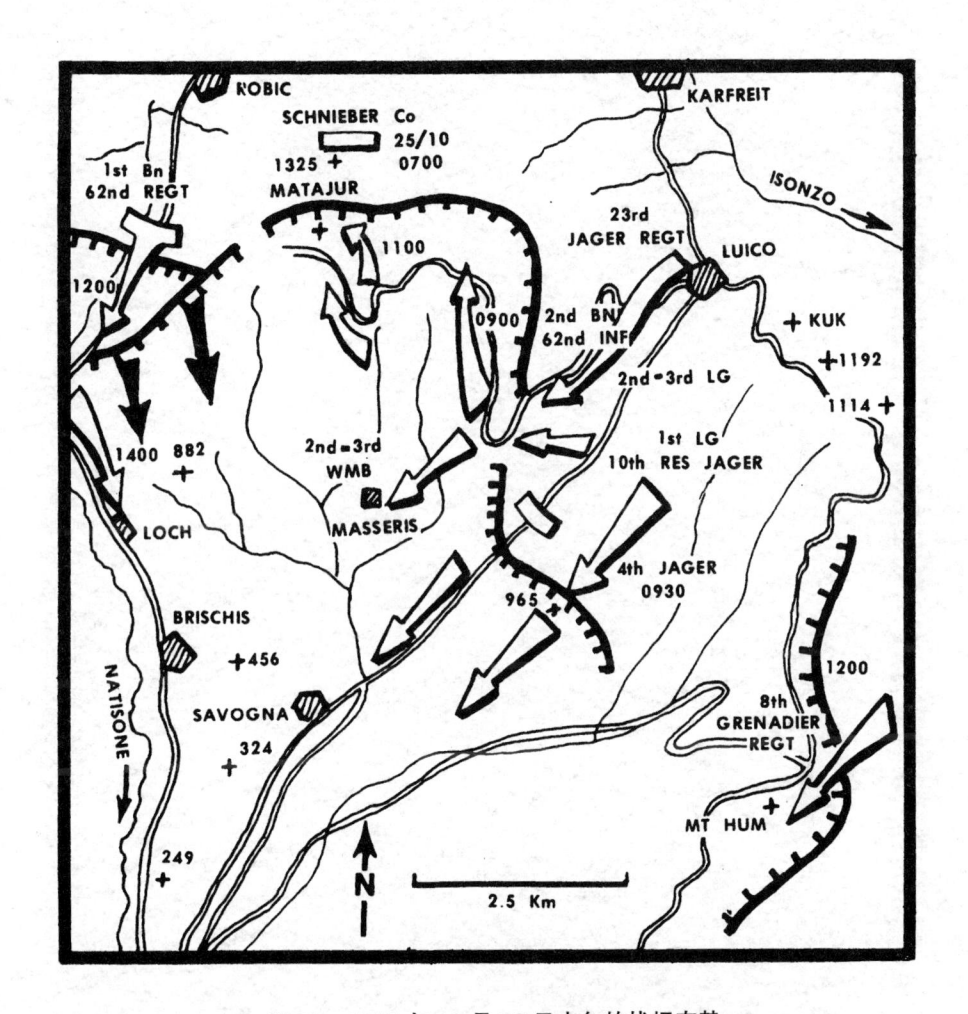

图 60　1917 年 10 月 26 日中午的战场态势

ROBIC 洛比克　1st Bn 62nd REGT 第 62 步兵团 1 营　SCHNIEBER Co 施内博中尉率领的连队
MATAJUR 马塔杰尔　KARFREIT 卡夫锐特　ISONZO 伊松佐　23rd JAGER REGT 第 23 猎兵团
2nd BN 62nd INF 第 62 步兵团 2 营　LUICO 路易科山　KUK 库克山
2nd-3rd WMB 符腾堡山地营 2 连和 3 连　MASSERIS 马塞尔里斯　BRISCHIS 布里切瑞斯
LOCH 洛西　SAVOGNA 萨沃尼亚　4th JAGER 第 4 猎兵团　2nd-3rd LG 第 2 和第 3 近卫营
1st LG 第 1 近卫营　10th RES JAGER 第 10 预备猎兵营　8th GRENADIER REGT 第 8 掷弹兵团
MT HUM 胡姆山　NATISONE 纳蒂索内山谷

## Chapter VI
*Pursuit Over The Tagliamento And Piave Rivers, 1917-1918*

### 第六章
## 1917—1918年穿越塔利亚门托河和皮亚韦河追击敌军

## 马塞尔里斯—坎姆佩格里奥—托瑞河—塔利亚门托河—克劳塔纳山隘

我们仍在马塔杰尔的时候，奥藤列斯中尉带来了营部的命令，要我们向位于我们下方 2600 英尺的马塞尔里斯转移。下山的路异常难行，我手下的人员本就筋疲力尽，现在下山，他们肯定会耗尽最后一丝力气。萨勒诺旅 2 团的被俘军官明显难以驾驭，不愿意接受成为俘虏的命运，我可不敢让他们在几名士兵的押送下从布满数千废弃武器的山区穿过前往路易科山，于是，我就把他们带在身边。

我们沿一条窄路下山，刚到下午，我们就抵达了风光秀美的马塞尔里斯村，并没有遇到敌军。各连队迅速分散在为数不多的几个农场里，我们采取了最基本的安全预防措施，还重建了与符腾堡山地营各部的通信，他们在我们前方，一直在向佩切尼方向行军。然后，疲乏不堪的军队便停下休整。

我邀请被俘军官和我们共进晚餐，席间并无轻松愉快的交谈，桌上的食物几乎都没动。他们对自己遭此命运依然震惊不已，也因为他们傲人团部的败北而伤心。我完全理解他们的处境，并没有在餐桌边耗费太多时间。

天还没亮，我的特遣队就开始行动，向纳蒂索内山谷前进。营部的其他部队早已开拔，前往奇维达莱，所以领先我们很多。纳蒂索内山谷以西的高地上正在进行激烈的战斗，隆美尔特遣队则沿着山谷向山下的奇维达莱转移，中途没有停下来休整，也没有吃饭。我骑马走在前面，到了中午，我在圣夸尔佐附近赶上了戈斯勒上尉的特遣队和符腾堡山地营的参谋部，他们正在与坚守佩琪西诺的敌人交火。我和施特莱切中尉骑马穿过战场。偶尔会有意军的机枪扫射到我们周围，我们不由得加快了速度。我在圣夸尔佐以东见到了斯普罗瑟少校。他没有派我的特遣队投入战斗。

佩琪西诺的战斗在下午两点结束。隆美尔特遣队在战火纷飞的奇维达莱北部边界休整了几个钟头，然后在午夜时分进入坎姆佩格里奥，符腾堡山地营的其余部队正在该地朝法蒂斯和隆其斯的方向侦察。

10 月 28 日凌晨，我方继续向西追击。倾盆大雨从天而降，把我们浇成了落汤鸡。有那么一段时间，士兵们纷纷打起了雨伞遮雨，这些伞是部队里神通广大的士兵"找"来的。然而，很快，上级就禁止使用这种非标准装备。我们只好冒雨前进，好在没有遭遇敌军。

到了下午，意军的殿后部队在普利姆拉科附近截断了水势高涨的托瑞河对岸的公路。强降雨持续不停，这条原本很浅的河流水势暴涨，河面宽度达到了 600 码。我们对面的敌军冲东岸上一切活动的目标射击。

我们转移到普利姆拉科，在意军的一个洗衣站换上了干衣服，随即睡觉。几日几夜连续作战极大地消耗了我们的体力。就在午夜前一个小时，斯普罗瑟少校的命令传来："隆美尔特遣队带上一个山地炮兵排，必须在夜里或至少在天亮之前渡河。"全体集合！特遣队在后半夜迅速行动起来。炮兵排向西岸的意大利守军发射了几枚炮弹，在这期间，我们利用手边的所有工具，在这条河的几条支流上架起了一座人行桥。敌人对我们的架桥任务并没有造成太大的阻碍。我方的炮弹刚一落在西岸，敌人好像就撤退了。天亮之后，我们的应急桥梁距离西岸就只有 100 码，而且，敌人已经撤了。

格劳中尉率先跨过了最后一条水流湍急的支流。我们征用来的工具不够多，无法把桥梁一直架设到西岸，只好再用一根结实的绳索连接最后一段距离。步枪兵拉着绳索，越过了湍急的山涧，如果没有辅助工具，人肯定会被冲走。就在过河的过程中，一个身背大量急救物品的意军战俘被强劲的激流卷下了绳索，就这么面朝上被水冲向了下游。那个人显然不会游泳。而且，他的背包太重，拖着他往下沉。我真为这个可怜人感到遗憾。于是我策马疾驰，去追那个意大利人，并且成功地追上了他。这个意军战俘早已吓得魂不附体，他死死抓住马镫，我的坐骑发挥神力，将我们两个都安全地带到了岸上。

又过了15分钟，特遣队全部过河。我们穿过拉左洛（受到了当地居民的热烈欢迎）和塔瓦纳科，来到费勒托，与营部的其他部队会合，他们之前过了索尔特河上的桥。全营没有与敌人短兵相接，并向西边的塔利亚门托河行军，于傍晚时分抵达法加尼亚。我和我的参谋找到了一片不错的扎营地。屋主早已离开，只留下用人看家。我们吃了饭便睡觉了。

10月30日，全营经由西斯特玛，抵达了迪加诺附近的塔利亚门托河。当地的桥早已被毁。河水暴涨变宽，实力强大的敌军占领了西岸，我们几次尝试过河，都以失败告终。在北边，我们发现，经由圣丹尼尔通往彼得罗大桥的路都被意军和各种车辆彻底封死。在这里，马车、骡车和难民坐的车与卡车、重型火炮都挤在路上，车流绵延数英里，都拥堵在一起，既无法向前，也不能后退。意军士兵连影子都看不到。他们肯定去别的地方找安全地点了。马匹和驮马都被困在这里数日之久，已经饿坏了，把它们够得到的东西都吃光了，比如毯子、帆布和皮马具。

隆美尔特遣队原本计划趁夜推进到彼得罗大桥，只是很不幸，上级否定了这个计划。很遗憾，我们错过了一场激战，只好行军到迪加诺，并在那里过夜。

第二天，我们在军队公报里看到第12师的一支部队占领了马塔杰尔峰。但指挥部很快就纠正了这个错误。

在接下来的几天里，我部多次尝试横渡塔利亚门托河，却均告失败。一直到1917年11月2日—3日夜里，第4波斯尼亚步兵团的雷德尔营才成功登上科尼诺附近的西岸。11月3日，符腾堡山地营脱离德国阿尔卑斯军团，作为第22帝国皇家步兵师的先头部队，经由梅杜诺—克劳特，攻占卡米克阿尔卑斯山脉，同时要尽快抵达隆加罗内附近的皮亚韦上游河谷，从而阻击多洛米蒂山脉上的意军，防止其向南撤军。（图61）

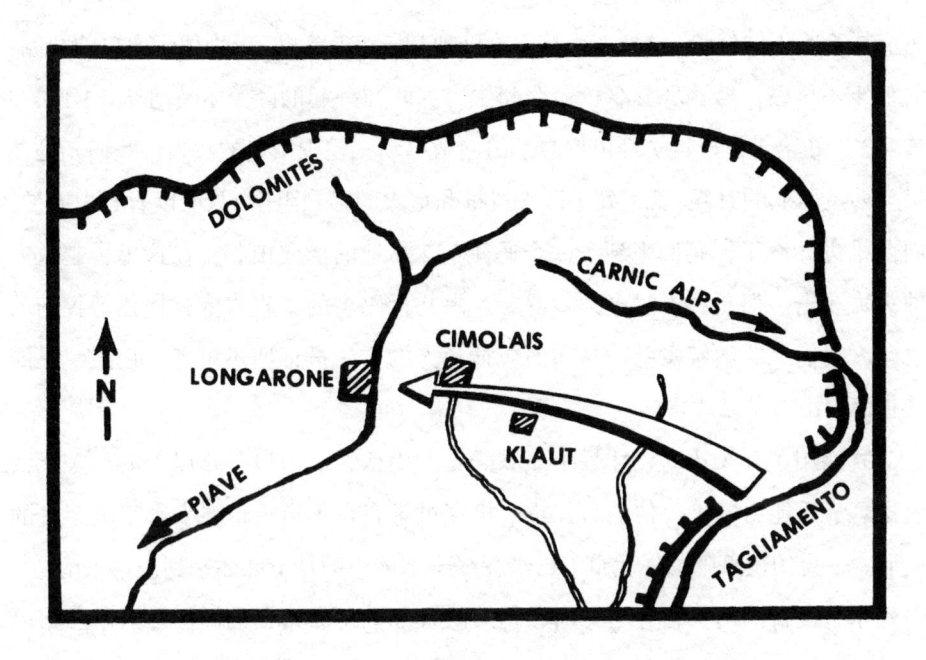

图 61　经由卡米克阿尔卑斯山脉进军

LONGARONE 隆加罗内　　CIMOLAIS 西莫莱斯　　KLAUT 克劳特
CARNIC ALPS　卡米克阿尔卑斯山脉　　TAGLIAMENTO 塔利亚门托河

符腾堡山地营是最早几支在科尼横渡塔利亚门托河的军队之一。精力充沛的侦察队使用缴获的意大利折叠单车向梅杜诺进发。经过梅杜诺后，符腾堡山地营的先头部队成功地在雷多纳附近抓获了20名军官和300名士兵。然后，为追击小股意军殿后部队，我们沿着一条窄径穿过荒凉且布满裂缝的克劳塔纳阿尔卑斯山脉，一直向克劳塔纳山口行进。我的特遣队和大部队一起行动，戈斯勒特遣队是先头部队。他们于11月6日晚抵达了佩克拉特。

11月7日凌晨，符腾堡山地营以惯常队形向克劳塔纳山口攀登。先头部队中打头的士兵遭到了敌人在山口（海拔4900英尺）附近高地上的攻击。他们到了佩克拉特和山口之间（落差3000英尺）的蜿蜒窄路，依然遭到敌人的机枪和炮火攻击。意军的枪炮猛烈，很快，士兵就无法继续留在公路和公路两侧的岩石地带。敌军则坐拥拉吉亚纳山（1634）和罗瑟兰山（2067）垂直岩壁上的阵地，占有居高临下的优势。这两座山峰上的阵地相隔1.5英里，分别位于山口的两侧，看似牢不可破。斯普罗瑟少校命令和主力部队在一起的隆美尔特遣队（1连、2连、3连和第1机枪连）经由罗瑟兰山向南移动，包围山口的敌人。我们光是在攀登西里西亚的时候，就遭到了敌人机枪和炮火的猛烈阻击，只能以岩石为掩护，向前推进。终于，我们来到了一个通往942高地的横山谷，在这里暂避敌人的火力攻击。但是，没过多久，罗瑟兰山几百码高的垂直岩壁就挡住了我们的去路，我们无法继续攀登。从南面包抄敌人的方法被证明不可行，现在，只能从正面向山口发动攻击。

我们用了几个小时，才攀上布满岩石的山区，对山口公路以南的敌人展开攻击。步兵能力卓绝，他们肩扛重机枪穿过了我在不负重情况下都很难穿过的地形。一直到夜幕降临，我手下已经耗尽全部体力的特遣队才来到山口东南700码处冰雪覆盖的山头，并与戈斯勒特遣队各部取得联系，他们位于山口公路以北几百码处，高度与我部持平。低矮的松树林为我军提供了掩护，敌人在我们正前方占据着一个半圆形阵地。我让疲惫的士兵稍作休息，我则与施特莱切中尉带领几个侦察班去探查敌情，确认是否可以深夜突袭山口。天空阴沉，四周黑咕隆咚。万幸的是，低矮的灌木丛落满积雪，对我们十分有利！我们踩在积雪上，咯吱作响，响声时不时吸引来敌人的炮火，如此一来，我至少可以确定敌人的火力分布在何处。

在距离山口大约100码和一个较高的位置上，我找到了适合布置机枪的位置。我们用了几个钟头，精心且艰苦地制订了攻击的火力支援计划。我用上了整个机枪连。与此同时，1连和3连准备在机枪连的火力掩护下，从300码开外发起攻击。

机枪连的机枪将在午夜时分开火，要把山口里的敌人压制住两分钟，然后转移攻击目标，开始向山口两边的敌人射击。机枪连一开火，1连和3连将分别移动到通往山口的溪谷左右两侧，用手榴弹和刺刀攻占山口。（图62）

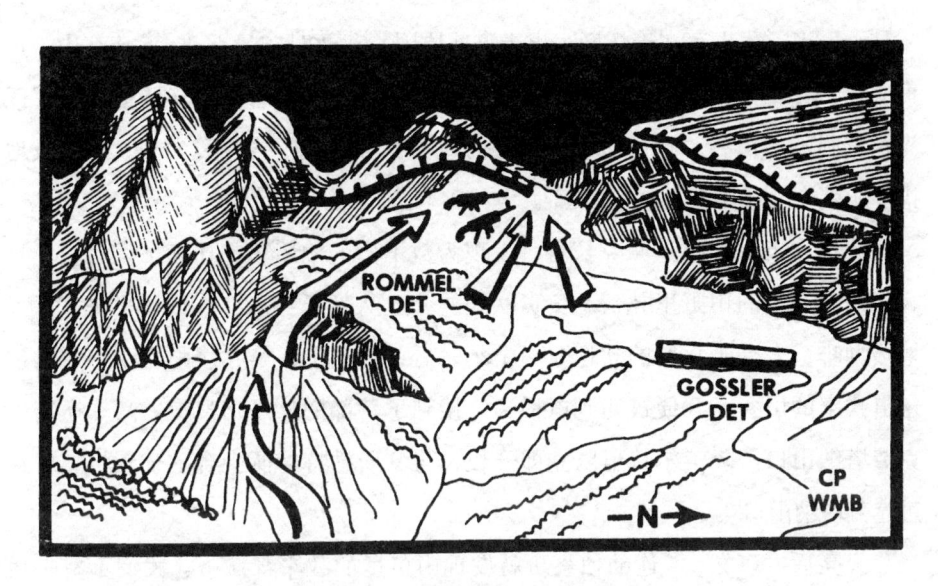

图 62　夜袭克劳塔纳山口（东侧视野）
GOSSLER DET　戈斯勒特遣队　CP WMB　符腾堡山地营指挥所　ROMMEL DET　隆美尔特遣队

不幸的是，我与负责火力支援的机枪连待得太久了。他们都开火了，我还在布满岩石的斜坡上，这里距离两个负责进攻的连队有几百码远，可以肯定的是，这两个连会自行发动攻击，但我很想和他们一起行动。我向前飞奔，让我惊讶的是，我发现两个连队竟然位于攻击出发线之后。是指挥官没有尽职尽责，还是士兵出了问题？机枪连两分钟的火力压制已经过去了。攻击连队并没有抓住机枪连提供的火力支援时机发起攻击，这样一来，就没人压制山口里的敌人了。不用想，在敌人一阵猛烈的手榴弹攻击下，我们败下阵来。在这次攻击失利后，我把两个连队撤回到了起始位置。

对于这次的败北，我简直怒不可遏。自从战役开始以来，这还是我第一次指挥攻击失败。数个小时的努力都付诸东流了，看来也没有希望再进行一次夜袭了，因为士兵们都累坏了。他们已经尽力了，现在需要休息并好好吃上一顿，才能继续战斗。只是在 4500 英尺的高山上，周围都是冰雪，对面又是劲敌，我们不可能休息，也不可能吃东西。对于在光天化日之下在山口附近集结大批部队是否恰当，我也存在着怀疑。出于这些原因，我暂时按兵不动。5连在山口负责警戒，在我们到达之前，他们就负责这一任务，我带着四个连队退回到了佩克拉特附近的山谷。在后撤路上，我向斯普罗瑟少校报告夜袭失利，他的战地指挥所就在山坡中段的岩石裂缝里。

我们在天亮前抵达佩克拉特，发现为数不多的棚屋里都住满了士兵。于是我们便在开阔的田野里扎营。负责驮马的分遣队赶了上来，伙头兵很快煮了大量热咖啡，大受士兵们的欢迎。两个小时后，天亮了，第一缕阳光刚一照射进这道狭窄的山谷，我便被叫到电话边，接到了营部的这条信息："敌军撤离了克劳塔纳山口。隆美尔特遣队立即开拔，与戈斯勒特遣队会合。全营将随后穿过克劳塔纳山口。"

天亮后没多久，5连的侦察班就发现山口里的敌军都撤了。我们不费一兵一卒，敌人就把这么一个绝佳的阵地拱手相让，这让我们喜不自胜，不由得精神振奋。隆美尔特遣队很快就到了公路上。几个小时之后，我们抵达山口，这次我们是沿着公路上山的，因此可以清楚地看到第1机枪连给之前的敌军阵地造成的射击效果。显然，其中一挺机枪控制了山口西北部一百多码长的一段公路，道路两边有很多染血的绷带，可见机枪给敌军造成了很大伤亡。

> **战地观察**
>
> 　　隆美尔特遣队对克劳塔纳山口的夜袭失利，原因在于机枪连的火力支援和攻击连队的进军并没有协调配合。

## 向西莫莱斯追击敌人

山地部队风格低调，即便是背负着沉重的装备也不吭声，这一点令人称奇。

即便是没有充分的休息,他们依然连续行军或战斗 28 个小时。在这期间,他们两次攀登克劳塔纳山口,要知道这其中的落差有 6000 多英尺。我们迈着自如的步伐向山下行军。作为先头部队,戈斯勒特遣队取得了一个非常有利的开端;我们于中午时分在克劳村赶上了他们,随后继续向前移动。戈斯勒特遣队在博托附近与敌人遭遇,并展开攻击。不过战事很快结束,敌人撤向北边。戈斯勒特遣队(5 连,第 3 机枪连)向博托行军,隆美尔特遣队(1、2、3 连,第 1 机枪连)则作为符腾堡山地营的先头部队,开拔离开圣戈塔尔多,第 26 帝国皇家步枪团 1 营加入隆美尔特遣队,二者一起向西莫莱斯进军。

一股敌军沿通往西莫莱斯的山谷西部边缘撤退,隆美尔特遣队前去追击。山谷的两边有 6000 多英尺高的陡峭石壁,越往村庄走,山谷就变得越窄。公路两侧都是灌木丛,我们藏身其中,就能躲开敌人的耳目。肖菲尔中尉带领几个士兵骑单车,再加上我们所能集合起来的骑马的参谋官,他们走在各连的前面,充当警戒线。

夜幕降临,我们抵达西莫莱斯以东塞利纳河岸边。布满碎石的河床有一百多码宽,此时几乎是干涸的。西莫莱斯像是没有被敌人占领,看起来好像敌人向着隆加罗内方向转移了。我让单车手拉开距离走在最前方,我穿过河床。没有枪响。看来我猜得不错。我和施特莱切中尉骑马进入村庄。当地的治安官彬彬有礼地欢迎了我们。据他说,一切都已准备妥当,就等着德军前来,还要把村务大厅的钥匙交给我。这一切是否可信?是不是敌人布下了一个高明的陷阱?

我派几个单车手沿西边的公路向隆加罗内方向骑出一段距离,提供警戒。早已疲惫不堪的隆美尔特遣队进入村庄,我们处于警戒状态,便在村子南部扎营,从该地可以控制通往隆加罗内的公路和通往罗梅斯车站的公路。宿营地很好,食物很充足。隆美尔特遣队付出了惊人的努力,一连作战行军 32 个小时,中途甚少停顿,现在他们需要睡上几个钟头,这样我们的步兵才能恢复体力,继续投入战斗。谁能知道皮亚韦河谷深处有什么危险在等着我们。

符腾堡山地营的参谋、通信连、席勒恩特遣队(4、6 连,第 2 机枪连)、第26帝国皇家步枪团1营向西莫莱斯北部行进。第26帝国皇家步枪团1营负责北边的警戒。天黑了下来。据肖菲尔中尉带领下的隆美尔特遣队单车手报道，敌军正据守在罗迪纳山（1996）和科尔内托山（1793）山坡上的阵地中。我把这份战报转交给了营部。

快到午夜的时候，营部的命令到了。下面是命令的部分内容：

"3连于11月9日早晨从西莫莱斯西陲对西莫莱斯以西的敌军发动攻击，隆美尔特遣队（下辖1连、2连和第1机枪连）于黎明前经由罗迪纳山包抄西莫莱斯以西的敌人阵地（黎明前登山），席勒恩特遣队（下辖4连、6连和第2机枪连）经由科尔内托山、切腾山、艾尔托执行相似的包抄任务；戈斯勒特遣队（下辖5连和第2机枪连）经由995高地、1483高地和艾尔托执行相似的包抄任务。"（图63）

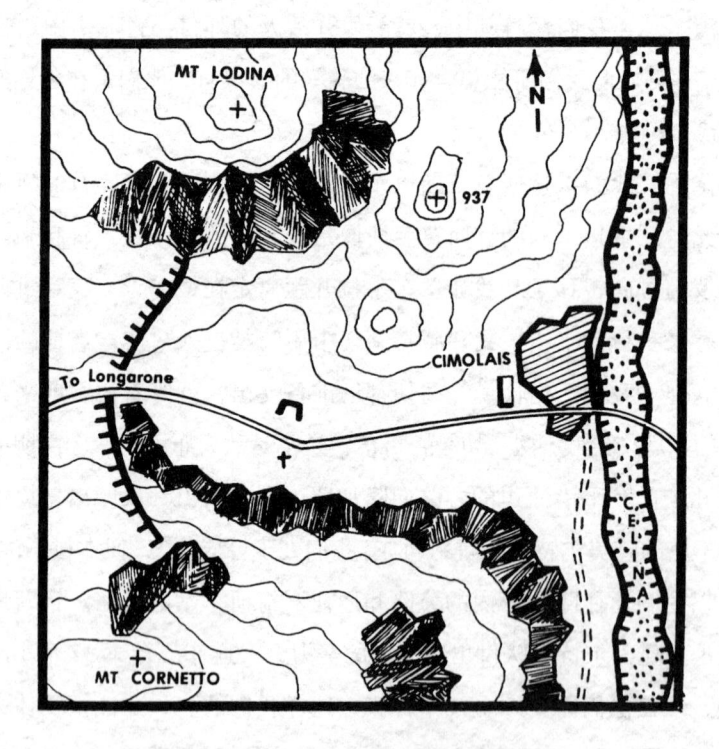

图63 西莫莱斯附近的战场态势

MT LODINA 罗迪纳山 To Longarone 去往隆加罗内 MT CORNETTO 科尔内托山 CIMOLAIS 西莫拉斯

我手下的官兵疲惫不堪，让他们趁夜攀登 6600 英尺崎岖不平、布满岩石且无路可走的山峰（高度差为 4900 英尺），在我看来，根本是不可能的事。午夜刚过，我就去找斯普罗瑟少校，要求他收回成命。我提议带领整个特遣队从正面攻击西莫莱斯西面的敌人。斯普罗瑟少校不愿意收回命令，因此，隆美尔特遣队下辖的一个连队执行经由罗迪纳山包抄敌人的任务，其他连队则听我指挥，发动正面攻击。

## 攻击意军位于西莫莱斯以西的阵地

在天亮前的三个小时，派尔中尉带领 2 连在一个当地向导的带领下，翻过罗迪纳山去包抄位于北边的敌军阵地。到了凌晨 5 点，肖菲尔中尉发现西莫莱斯以西的敌军阵地一片沉寂。他认为和前天一样，敌人撤出了阵地。

因此，我准备进行战斗，并命令各连指挥官骑马前往西莫莱斯南端。我骑马，带领骑单车的卫兵，去确定敌人是否真的已经撤退，同时侦察山口公路两侧敌军阵地前方的攻击地形。天边刚露出第一抹曙光，我们就从西莫莱斯的南部出口出发。公路缓行向上，单车兵领先我们 50—100 码。

我们抵达了西莫莱斯以西 160 码处的拉克罗塞特教堂，此时，我们前方的山坡出现了火光。敌人用机枪和炮火击中了公路，枪炮声在我们的耳边轰鸣。在短短的几秒钟之内，单车兵就掉下了单车，骑马的军官则摔下了马，然后，马儿开始向我们来的西莫莱斯方向狂奔。侦察参谋迅速聚集在拉克罗塞特教堂里。没有人受伤。此时，猛烈的炮火都袭向我们的避难所，小礼拜堂的四壁为我们提供了保护。没过多久，在意军的机枪火力下，屋顶瓦片便开始四分五裂，碎片纷飞。随着时间的推移，敌人看我们的视野越发清晰，他们最近的阵地距离我们只有 200 码之遥。敌人只消用一发炮弹，就能要了我们的小命。如果我们再不采取行动，肯定就要把命留到这里了。

图 64　敌军使用机枪突袭我军外出侦察的参谋官（东侧视野）

等到步枪和机枪的火力稍缓，我确定我们要按照一定的顺序，逐个儿找掩护奔跑回撤西莫莱斯。布拉克纳军士第一个走，我跟在他后面。敌人猛烈攻击我们，但我们是朝着不同的方向跑，而且一直躲在掩护物后面，因此，我们得以毫发无伤地返回西莫莱斯。此次侦察，只有几匹马受伤。如果意军待我们再往前走 100 码再开火，我们肯定命殒当场。

天亮了。在这次的攻击中，特遣队参谋侦察班在技术军士多贝尔曼的领导下，使用特遣队的观察望远镜（一架在塔利亚门托河战事中缴获的 40 倍望远镜），确认了西莫莱斯以西敌军阵地的范围，敌人在曙光中发出的炮火为他们

第六章 1917—1918年穿越塔利亚门托河和皮亚韦河追击敌军 283

的侦察提供了便利。多贝尔曼带我来到西莫莱斯教堂塔楼，为我指出敌人大约有一个营的兵力，处在西莫莱斯—艾尔托公路两侧的战壕里，他们的阵地筑防坚固，准备完备，位于西莫莱斯西北半英里处罗迪纳山的垂直岩壁上。敌军防线遍及整个陡峭的岩坡，与西莫莱斯以西600码的主干道相交而过。在主干道以南，敌军阵地沿一道向东急转弯的岩石山脊延伸。敌军这一工事完备且互相呼应的阵地在主干道以南160码处告一段落。从此处开始，大约一个连队的敌军占领了科尔内托山的东北坡，他们有几挺机枪。最左边是敌军步兵，位于谷底上方大约600码处。步兵巧妙地挖掘了一条面冲西莫莱斯的战壕，但下土层中含有岩石，不可能把战壕挖得很深。他们的阵地主要由堆在一起的岩石组成。罗迪纳山山坡上和公路两侧的敌军阵地都安装有带刺铁丝网。科尔内托山山坡上的阵地则无需铁丝网保护，因为该阵地毗邻垂直或陡峭的岩壁，根本无法攀爬。（图65）

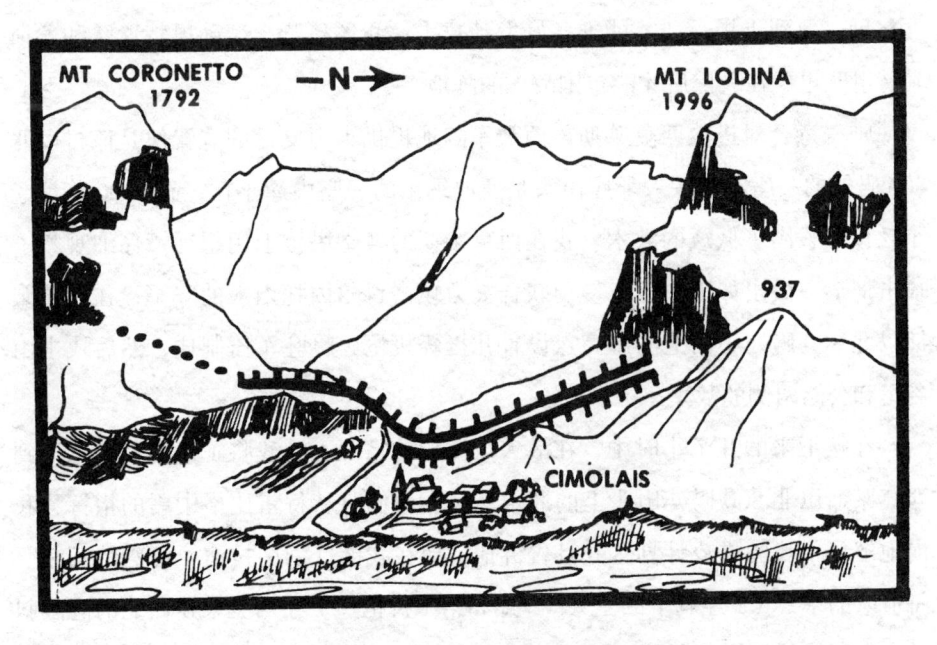

图65 西莫莱斯以西的敌军阵地（东侧视野）
MT CORONETTO 科尔内托山 MT LODINA 罗迪纳山 CIMOLAIS 西莫莱斯

夜里，我曾向斯普罗瑟少校保证从正面向这些阵地发动攻击。我能否说到做到？我原以为从正面攻击并不难。现在，面对重重困难，我们必须拼尽全力。对公路前方和两侧的广阔阵地展开正面攻击，只适用于罗迪纳山上有铁丝网的阵地。但这样一来，我们的侧翼就会暴露在科尔内托山上敌人的炮火下。当然了，要是在西莫莱斯以北800码的罗迪纳山上找一个山头，在其上的制高点设置机枪点，或许可以在一定程度上抵消敌人的攻击，敌人并没有在那个位置上设立阵地，但是，我们不太可能为针对铁丝网阵地的攻击提供充足的火力支援。对科尔内托山上的阵地发动进攻，似乎毫无希望可言。敌人根本不用求助于罗迪纳山上的侧翼火力支援，只消推下大石，就足以击退攻击。此刻天光大亮，经由罗迪纳山包抄敌人阵地不可行，经由科尔内托山包围敌人同样没有成功的可能性。大山东坡是垂直的峭壁，没人能爬上去。

2连连夜攀登罗迪纳山，但此时还看不到他们的影子，我估摸他们正在向北移动，要到天黑后，才能准备好发动攻击。我还猜测，席勒恩特遣队和戈斯勒特遣队也要在天黑后才能包围敌人的阵地。

唯一适合对进攻西莫莱斯以西敌军阵地提供火力支援的位置便是该村以北800码处的一座小山头。那座山头是罗迪纳山的一座山麓小丘，高3000英尺，小丘顶上长满了低矮的灌木。我在西莫莱斯的教堂塔楼上用望远镜仔细观察了攻击地形，做出如下决定：使用联合火力攻击科尔内托山上的守军，在西莫莱斯以北800码处小山上的制高点设置几挺轻机枪，将驻军压制住，然后攻击山谷里和公路两侧的敌军。

在接下来的几个小时中，在敌人没注意的情况下，我将1连的轻机枪调到西莫莱斯以北800码处山头上的灌木丛里。他们听从特雷比格中尉的指挥，我向他解释了我的进攻计划，并且告诉他，他在我的计划中扮演了特殊的角色。特遣队的余部（1连剩下的士兵、3连和第1机枪连）在西莫莱斯西北的隐蔽斜坡上集结，各部都有自己的任务。暂时还没有部队与敌人交火。指挥所位于第1机枪连附近；通信连接通了与使用轻机枪的火力支援小分队、1连和3连的电话联系。

在做这些准备工作期间,第26帝国皇家步兵团1营使用四门山地榴弹炮和几挺机枪从西莫莱斯教堂附近对意军在山口的阵地开火,甚至都没有预先知会隆美尔特遣队,也没有制订任何联合作战计划。他们擅自开火,与我的计划相悖,于是我亲自前往斯普罗瑟少校在西莫莱斯的指挥所,要他们停止开火。

上午9点,我命令1连的火力支援小分队开火。按照命令,四挺轻机枪压制住了科尔内托山坡最左端的敌军步兵部队,而两挺轻机枪压制住了科尔内托山上的其余部队。当然了,射击距离对于轻机枪而言太远了(超过了1500码),但收效奇佳。我们用望远镜从不同地点观察到了这一战况。意军步兵的东南一翼虽然暴露在我方制高点的火力之下,但未遭到重创,仅仅受到了压制,他们却很快就放弃了战壕,向左侧没有危险的区域撤退。山地部队用轻机枪继续射击,很快,意军士兵在新的藏身之地也待不下去了。他们迅速向山口公路以南准备充足的阵地移动,希望能去那里躲避我们的炮火。(图66)

图66 对西莫莱斯以西展开攻击(东侧视野)

一开始，只有少数意军转移，很快整个排都开始撤退。我等的就是这个时机。第1机枪连奉命从西莫莱斯以西的山头上发起攻击。截至此时，我们都没能攻占那一阵地，因为那里暴露在科尔内托山敌人的火力下。现在科尔内托山上的守军被击退了。重机枪刚一加入战斗，700码开外的一群意军（至少有一个连队）就惊慌失措地逃向山口公路以南160码悬崖上完备阵地的南端。我们的武器收效这下大大提升了。我们的重机枪接连投入战斗。此外，我们还有六挺轻机枪从制高点上开火。在我们对面，意军向着狭窄的战壕惊逃。很快，那里就挤满了士兵，我们的轻机枪俯射效果奇佳，敌人就算在战壕里，也是伤亡惨重。

3连奉命攻击公路两侧的敌人。科尔内托山坡上的敌人不足为惧，机枪连压制住了其他的意军。机枪手出色地完成了任务。3连摆成纵深梯队队形，冒着罗迪纳山坡上驻军的枪炮子弹，向前推进，与此同时，来自前方和上方的自动化武器压制了公路以南挤满意军士兵的敌军阵地。他们压制住了公路以北的敌人，牵制住了敌军的火力。公路以南的意军开始放弃阵地。敌人向后方撤退。德军在550码开外用机枪扫射，敌军要想穿过这么密集的火力网逃脱，并不容易。在短短几分钟之内，大部分逃跑的敌军纷纷倒地。我和机枪连在一起，并且可以通过电话联系后方上坡处的轻机枪小分队，因此，我方的火力都在我的控制之下。

3连来到敌军的铁丝网栅栏前，突破栅栏，进入山口的阵地，轻、重机枪为他们提供了大力支援。我们赢了！

我命令火力支援小分队继续开火。然后，我带着其余部队，沿着3连的路径，迅速进入已被我军占领的山口阵地。罗迪纳山坡上的敌军依然在坚守。我派人向营部报告我军取得了攻击的胜利，与此同时，单车兵、骑马通信员和马匹都奉命向前推进。我来到我方占领的敌军阵地，包括2名军官和200名士兵在内的罗迪纳山驻军也放下了武器。我军的伤亡并不多，士兵只是受了轻伤，这一点尤为令人高兴。我没想到只用了这么轻微的代价，就拿下了敌人的阵地。

意军向西逃窜。我接下来的任务便是追击敌人,尽快占领皮亚韦河谷。

> **战地观察**
> 　　11月8日—9日夜,如果我们对西莫莱斯以西敌军的战斗侦察能够更为深入,那么,就可以避免敌人对侦察班的火力攻击。从另一方面来说,他们的火力攻击也使得我们能够确定他们的准确位置。特遣队独立观察员技术军士多贝尔曼尤为擅长在火力攻击之际定位敌方阵地。
> 　　从技术角度而言,对西莫莱斯的攻击非常棘手,除非能找到万无一失的进攻办法。即便是在远距离使用,轻机枪火力也会造成强烈的心理效果:率先逃离科尔内托山的敌军给他们的同伴带来了恐慌。
> 　　在针对西莫莱斯以西敌军的攻击中,各种武器配合默契。在3连发动攻击之前,猛烈火力都集中在突破点上。有了预先架设好的电话网,我才可以严密控制进攻。

## 经由艾尔托和瓦依昂峡谷追击敌军

我们没有时间重组阵营,如果我们任由敌军逃窜,哪怕只是几分钟,敌军的指挥官也可能趁机重新控制部队。我将手下的军队都派去追击。殿后部队和火力援助小分队奉命全速沿公路向前移动。

在我军占领的阵地以西300码处的罗迪纳山坡上,有人用机枪朝我军开火,阻碍了我们的追击。开枪的是我军的2连,他们所处位置很高,分辨不出我们是敌是友,把我们当成了意军。我们找不到掩体来躲开他们的攻击,接下来的几分钟令人很不愉快。幸好他们意识到犯了错,便掉转了枪口。因为这个意外事件,我们失去了敌人的踪迹,不得不加快速度,将失去的时间补回来,因为我们不愿意在抵达隆加罗内之前再有任何延误。上午10点10分，我和施特莱切中尉带领3连的先头部队抵达圣马蒂诺。与此同时，单车兵和骑马通信员带着参谋的马匹，也从西莫莱斯来到了此地。

公路上出现了一个向北的大弯，并在圣马蒂诺以西半英里处的艾尔托—耶—卡索村变宽。两侧山势渐缓，小股排成紧密纵队的意军在我们前方600英尺处沿公路撤退。我迅速布置了一挺轻机枪作为火力支援，并命令他们只在我们控制不住局面之际才能开枪。然后，我们沿公路去追击敌人。我们有的骑马，有的骑单车，很快，我们就追上了最近的逃窜意军。我们没有打一枪一炮，只是高喊让他们投降，做手势让他们缴械，又指指战俘前往的方向，就足矣了。我们飞快地抵达并穿过艾尔托。系着缰绳的驮马站在街上，但没人冲我们开火。我们追上的敌军没有抵抗就投降了。

从前方看，追逐似乎成为了马和单车的比赛；而从后面看，像是部队后勤列车的尾部。士兵们气喘吁吁地扛着轻、重机枪。隆美尔特遣队绵延数英里。所有步枪兵都很清楚我们是在追击敌人，能否成功，就看我们的速度是否够快。

我们离开艾尔托后，山谷逐渐变窄，公路延伸进了瓦依昂峡谷。我们和目的地皮亚韦河谷之间依然有2.5英里的距离，而且，这片区域内最难走的一段路瓦依昂峡谷仍在我们前方。那道峡谷长2英里，异常狭窄，而且很深。进入峡谷之初，有一条在400～600英尺高的北侧垂直峭壁上开凿出的山路。一座130英尺长、500英尺高的步行桥横跨峡谷，桥下是一条水流湍急的山涧。从这座步行桥开始，山路向峡谷以南延伸。有多条横向山沟与这条峡谷相交，其上也架起了步行桥，公路沿线有几条很长的隧道。只要精心设计一场爆炸，就能将这条通往隆加罗内的公路堵住数日之久。事实上，在一条隧道入口安排一挺机枪，就能拖住我们很长时间。看看地图就能想到如此布置，但我没有时间仔细研究地图。

经过艾尔托后，前方的道路是下坡，这样一来，单车就比马匹快了很多。在这条路的一个转弯处，单车兵和骑马通信员抓获了更多意军；然后，他们就消失在了我们的视线中。不久之后就响起了枪声。我们继续向前,就看到一辆意大利汽车正向西驶去。我们策马飞快地向山下奔驰,进入了第一条漆黑的隧道,但我们前方100码处发生了巨大的爆炸,我们差一点摔到马下。我们摸黑穿过漆黑的隧道,后来,我们才知道隧道里都是正向出口走去的意军。就在50码开外,我们看到了爆炸的结果:我们前面被炸出了一条大沟。敌人成功地炸毁了一条与瓦依昂峡谷相交的横向山沟上方的步行桥。

我们的单车兵在哪里?远处西边的战斗为我的问题提供了答案。我们下马,我命令骑马通信员沃恩传令特遣队各部,让他们尽快向前移动。然后,我们向

插图 瓦依昂峡谷中被炸毁的桥

右爬下山沟，越过被炸毁的步行桥废墟，随后从对面往上爬回公路，向枪炮声依然大作的地方跑步行进。

我们发现单车兵在横跨瓦依昂峡谷的一座单跨桥北端的护桥警卫室后面，正朝一辆意大利卡车上的士兵射击，而这辆车刚刚驶入单跨桥另一端的隧道。显而易见，车上的意军是一个爆破班，要炸毁所有的桥梁和隧道，可见意军早就准备好要把这些地方都炸掉。单车兵告诉我，他们在爆炸前几秒钟通过了刚才被炸毁的步行桥，而费舍尔军士本想拔掉炸药包上已经冒烟的导火索，却和那座桥一起，被炸成了碎片。

插图　瓦依昂峡谷上方埋设了地雷的桥梁

现在，我们前方还有一座桥。这座桥长 130 英尺，高 500 英尺，下方是咆哮的山涧。据说这里是意大利最高的桥。一眼就能看到桥两端都埋设了炸药包，炸药就放在桥梁中央位置挖出来的四方深洞里。导火索是否已经点燃？桥梁远端的敌人已经停火，隧道入口也不见了敌人的踪迹。他们真的撤退了？如果这座桥在我们面前爆炸，那虽然皮亚韦河谷就在我们眼前，我们却要好几天方能抵达。我们必须果断行动。

我知道 2 连的布拉克纳中士是一名特别勇敢和可信的军人，于是，我向他发出了如下命令："拿上一把斧子，跑过大桥，砍断从那一面连接大桥的所有电线。完成后，我们所有人将以紧密队形上桥，沿途扯断所有导火索。"

数根低悬的线缆连通大桥，我很怕意军会使用电雷管。布拉克纳中士表现优异，完成了这项任务，随着最后一根线缆被切断，单车兵向前狂奔，沿途扯断了导火索。就这样，我们控制了这座完好无损的大桥。

我们迅速向皮亚韦河谷行军。我们必须阻止敌军的爆破班炸毁公路。我派布拉克纳中士带着几名单车兵去前面开路。然后，我命令殿后部队以最快速度行进。我军又穿过了几条隧道，道路下行，峡谷出口近在眼前。这条山路是从垂直的岩壁上开凿出来的，高 1500 英尺。布拉克纳小队没有开枪，我猜测他们已经抵达了峡谷出口。

上午 11 点，我抵达峡谷出口，与我一同行军至此的有 3 连和特遣队参谋部的一些单车兵和步兵，我们总共有十支卡宾枪。此时，我们距离隆加罗内不到一英里。四周山景秀美。正午阳光灿烂明媚，皮亚韦河谷铺展在我们面前。在我们下方 500 英尺处，翠绿的山涧缓缓流淌，这条河很宽，河床里布满岩石，有多条支流。远处就是隆加罗内，这个村子呈现出狭长的布局；村庄后面是一座高耸入云的 6000 英尺峭壁。意军爆破班正驱车穿过皮亚韦桥。一支由各个军种组成的敌军纵队正在西岸的河谷主路上行军，队列很长，一眼望不到边。这支军队是从北边的白云石山脉过来的，正穿过隆加罗内向南行进。隆加罗内、隆加罗内火车站和里瓦尔塔都挤满了意军和停滞不前的纵队。（图 67）

图 67　隆加罗内附近的皮亚韦河（东侧视野）

LONGARONE 隆加罗内　RIVALTA 里瓦尔塔　PIAVE 皮亚韦　PIRAGO 皮拉格

## 隆加罗内之战

我们此时面对的情况是在一战中许多士兵都没碰到过的。数以千计的敌人整齐划一地沿一条狭窄山谷撤退，他们左右是 6600 英尺高、难以攀爬的巍峨山峰，对于从他们两翼逼近的危险茫然无知。

我手下的山地兵欢呼雀跃。不能再次让意军继续撤退，这一点毋庸置疑。

我迅速将十名持卡宾枪的士兵派到公路以南 100 码处的一片浓密灌木丛中，我们向 1400 码开外里瓦尔塔—皮拉格公路上的意军纵队开火。我们集中火力射击一个敌人无从躲避的地方：右边是岩壁，左边则是皮亚韦河！3 连的先头部队上气不接下气地抵达了山隘出口，他们的到来让我们如虎添翼。（图 68）

图 68　瓦依昂峡谷入口以南灌木丛中的阵地（西侧视野）

CP　指挥所

在短短几分钟内，我们的迅猛火力便将敌军的纵队打散了，纵队分成两列。北边的半支纵队退向隆加罗内，而南边的半支纵队则加速向前。数分钟后，敌人调集大批机枪手向我们射击。他们的子弹没起任何作用，因为我们占据着正前山坡上的有利阵地，并且已经离开了瓦依昂峡谷的入口。意军只是向瓦依昂峡谷的公路和上方开火，但他们的行动确实阻碍了我方增援部队的行军速度。

此时，隆加罗内的小股敌军试图向南撤退。3 连的一个排带着两挺轻机枪埋伏在瓦依昂峡谷以南的阵地里，很快就打破了这些敌军的如意算盘。

忽然之间，我的一个通信兵注意到，一个意军步兵连正从我们后方的岩壁下山（从 854 高地的方向）。我调遣几名步枪兵带着一挺轻机枪去解决掉这个新威胁。敌人继续呈纵队队形爬下陡峭的山壁，距离我们只有不到 300 码。情况看起来还不错，因为我们每次击中一个人，他们就会扯下几个同伴。我很肯定我们能成功，但我没有立即开火，而是大喊叫敌人投降。敌军看到大势已去，便举手投降。要是我们晚五分钟发现他们，他们肯定就已经下了陡坡，给我们造成惨重的损失。

在皮亚韦河谷里，敌人炸毁了隆加罗内以东的步行桥。敌军尝试以密集纵队队形向姆杜方向转移，但被我军击退。敌人只有三五成群，才可能沿姆杜—贝卢诺公路或是沿向南延伸的铁路线逃跑。敌军的几个营从隆加罗内以南的山头向我方展开攻击，但整体战局没有多大改变。他们也没有发现我们在瓦依昂峡谷以南的阵地。几十枚炮弹击中了瓦依昂峡谷腹地和前方的山道，还打中了公路上方的悬崖。敌军的机枪和炮火对我军造成了困扰，坠落的岩石更是让我们狼狈不堪，但到了 11 点 45 分，3 连的其余部队、1 连和第 1 机枪连的一个排顺利抵达了瓦依昂峡谷山路入口以南 100 码处的高地。

为了封锁皮亚韦河西岸通往贝卢诺的公路和铁路，并俘虏所有从北方来的敌军，我派 1 连带上重机枪排穿过多格纳，前往皮拉格附近的皮亚韦河西岸。3 连全连为这一行动提供火力支援，并阻止敌人以密集队形向别处转移。

1 连排成间隔很小的纵队，迅速向多格纳方向移动。沿途有一个长满杂草的陡坡，那里没有掩护物，他们完全暴露在敌军的视线之下。敌军使用机枪和火炮向 1 连开火，但 1 连依然进入多格纳，找房屋隐蔽，几乎没有伤亡。敌军机枪和炮火越来越猛烈，但大部分都命中了瓦依昂峡谷。

然后，我们看到多格纳以西的 1 连正在穿过皮亚韦河。但大河没有任何掩护物，更不能为他们阻挡敌人的炮火。很快，隆加罗内周围的意军便向 1 连发动猛烈攻击，只有快速撤退到多格纳，才能避免重大伤亡。与此同时，我则带着特遣队的参谋官迅速前往多格纳。与 3 连的电话线已经接通，我们由此得知

第六章　1917—1918年穿越塔利亚门托河和皮亚韦河追击敌军　295

他们依然在之前的阵地上。在敌人的炮弹和机枪的火力下，我们加快速度。敌人的枪炮向我们每一个人袭来。

在多格纳，我遇到了刚刚从皮亚韦河返回的1连。此次行动虽然失败，但我没有泄气。一个连队没能穿过皮亚韦河的敌军火力区，并不意味着这个计策不可行，或许可以派几个士兵利用地形，向南边远处穿越封锁线。

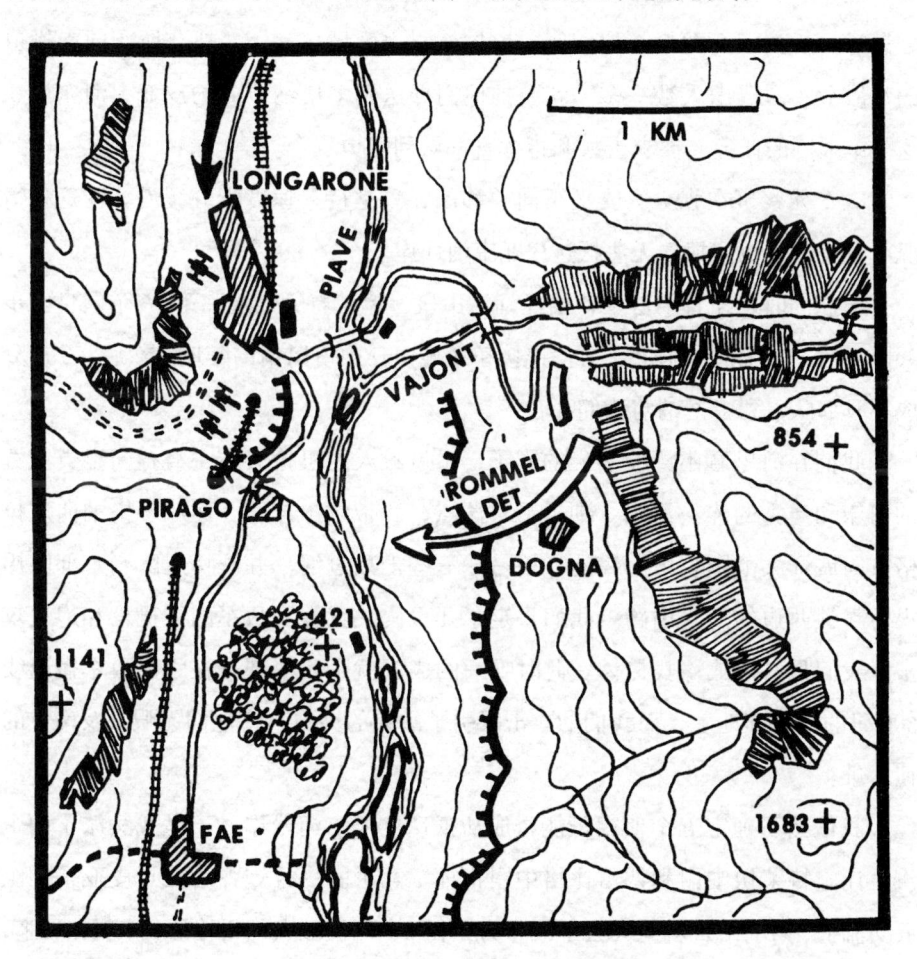

图69　在皮拉格和法伊横渡皮亚韦河

LONGARONE 隆加罗内　PIAVE 皮亚韦河　VAJONT 瓦依昂峡谷　ROMMEL DET 隆美尔特遣队
DOGNA 多格纳　PIRAGO 皮拉格　FAE 法伊

重机枪排布置在一栋房子的顶楼，他们的火力覆盖了皮拉格的铁路和公路桥；在1000码开外，小股意军正在向南移动。重机枪排的任务是不让敌军大部队上这条公路。我们每挺机枪只剩下不到一千发子弹，也就是说，我们必须节省弹药消耗。

然后，我让几位能力卓绝的指挥官带着几个侦察班穿越皮亚韦河。他们将分散过河，到了河西岸，他们要向皮拉格周边区域移动，并抓获所有向南撤退的小股敌军。俘虏人数一多，就要把他们押送到多格纳方向的皮亚韦河东岸。这是个艰巨的任务，要求士兵和指挥官都做到智勇双全。

五个侦察班在强火力支援下向前移动，只是行军速度十分缓慢。在这种情况下，我怀疑他们根本无法抵达皮亚韦河西岸。

与此同时，斯普罗瑟少校已经到达山口，他带着通信连和第26帝国皇家步兵团1营。在我的要求下，通信连接替3连镇守山口以南的阵地。然后，3连分成小股部队，到多格纳与我们会合。

我们在河里看不到侦察班的影子，不过敌人的机枪火力一直扫向半英里宽的河床和光秃的碎石河岸。到了下午两点，我带领1连和3连从多格纳向皮拉格方向展开大范围攻击。我的计划是让一些士兵过河，并派特遣队剩余部队用火力封锁西边的河谷山路。我们只走了几百码，就遭到敌军的重机枪和炮火攻击，我们只好挖战壕找掩体。此时唯一的成就就是我军部署在距离敌军撤退线600码的宽阔阵地上，而我们的攻击吸引了敌人的火力，让他们无暇顾及南方的侦察班。

我依然不确定五个侦察班能否成功抵达皮亚韦河西岸，于是我又派了两个班，让施特莱切中尉和特雷比格中尉指挥。意军的一枚炮弹落在了皮亚韦的主要支流上，第一个班就此失去了战斗力，第二个班被敌人的机枪所伤。现在看来，连一个人过河都不可能。意军的炮火从两侧攻向我们所在的区域。敌人位于隆加罗内以南和德里佳农山周边（西南）的阵地里，看起来弹药充足。

特遣队参谋官在皮亚韦河床的一面小石壁后面挖了战壕。那里是意军炮火最喜欢攻击的目标。石壁被炸得四分五裂，可见敌人的炮火有多猛烈，但我们利用了这些弹坑。

技术军士多贝尔曼用高倍望远镜研究了隆加罗内以南地区；我的副官去执行侦察任务了，于是，我向接受过书记员培训的布莱特曼军士口述了西莫莱斯的战报。敌人的炮火依然十分猛烈，没有丝毫减弱，3 连遭遇重创。在西岸，我们时不时能看到小股敌军和少数车辆穿过我们的火力区，向南疾驰。

快到下午两点半，3 连和第 26 帝国皇家步兵连下辖第 1 机枪连抵达多格纳。他们是来增援我们的。这两支部队的指挥官到我的指挥所来报到。我不愿意让更多部队过河，进而暴露在敌军的火力下，于是，我让来增援的部队留在多格纳待命，只命令一个重机枪排加入战斗，加强符腾堡山地营在隆加罗内—贝卢诺公路和铁路上的攻击力。我希望能在天黑前渡河。

七个侦察班正在前往皮亚韦河远处的河岸，他们已经走了好几个钟头，都没有回来报告。他们都没能过河吗？在河对岸，我们依旧能看到敌军悄悄向南撤退，但我们没有办法去阻止他们。我们的弹药不多了，机枪子弹消耗尤为大，我们必须节约使用。时间一下变得非常慢，敌人一刻不停地攻击，我们的伤亡很大。

快到下午三点的时候，技术军士多贝尔曼报告称，他认为自己看到山地部队到了河对岸，正向西南行进。他说，我方一个士兵躲在铁路附近的一所房子后面，抓了个从法伊以西一座小山上过来的意军士兵。我一把拿过望远镜，让自己相信一切都已进入正轨。没有意军士兵能从法伊逃脱。

我们等待侦察班按照约定将战俘送回皮亚韦河东岸，但等了半天也不见人。我原本希望能充分利用他们送战俘过河的路径，将我的军队送到河对岸。

最后，快到三点半的时候，我们看到在我军以南 1.5 英里处，一大批意军俘虏出现在皮亚韦河的宽阔河床上。他们大多数人都已到了东岸，正向多格纳移动。我很生气，因为我们现在没机会向河对岸转移了，这时候，驻扎在隆加罗内的意军炮兵部队向这一大批战俘开炮。显然，意军的炮兵部队把他们当成德国人了。炮火猛烈，战俘只能退回法伊附近的西岸。虽然碰到了这个意外，但我们的情况并没有改变；和从前一样，敌人用火炮和机枪火力牢牢压制住了我们。

就在快天黑的时候，一大批意军战俘出现在一个旧堤坝附近，并开始穿越皮亚韦河。这个堤坝建在皮亚韦河最西边的支流上，距离431高地不远，在法伊以北1英里处。我期待了一整天的事终于发生了。我让我的特遣队主力向那个堤坝行军。敌军依然向我们之前的阵地和多格纳西部边缘开火，但他们已经不足为惧。

在皮亚韦河的干流上，数百名战俘成为了我们的盾牌，让我们躲过了敌人的持续攻击。特遣队只用了很短的时间便渡河成功。这条大河水流湍急，拥有多条支流，有些地方足有齐胸深。战俘给我们展示了渡过这条河的最佳办法；若是单兵行动，即便是个出色的游泳健将，也很难抵达远端的河岸，奔腾的水流会把他冲走。意大利人抓住彼此的手腕，斜着走入河中，根据水流的力量，或是幅度大或是幅度小地向前弯曲身体，面对河上游。我们照猫画虎，很快就过了河。然而，一到河对岸，我们就要向法伊开拔。我们刚刚下过皮亚韦河，浑身湿透，感觉很冷，这正好有助于我们快速行进。

我们很高兴在法伊碰到了侦察特遣小队。他们立即向我们讲述了他们的行动。副官胡贝尔和技术军士霍奈克带领1连的16个人，顶着隆加罗内敌军的强烈机枪火力，成功地在皮拉格以南一英里处涉水，游过了皮亚韦河，并且攻占了法伊堡。二等兵希尔德布兰特阵亡。在法伊，侦察特遣小队封锁了通往贝卢诺的公路和铁路，并俘虏了从隆加罗内过来的小股意军，那些敌军原以为他们来到了安全地带。肖菲尔中尉随即抵达。下午，1连各部在法伊俘虏了50名意军军官和780名士兵，还缴获了大量各种类型的车辆。

他们很高兴看到这些增援部队。有些时候，我们只有很少的人，却要押送大量战俘，真可谓捉襟见肘。毕竟，必须对意军军官严加看守。我们不可能将他们转移走，只好将其关押在城堡的上层，并由两个山地兵看管。我有很多重要的事要处理，不可能把心思都放在他们身上。

我们的侦察小队切断了连接隆加罗内和贝卢诺的所有电话线。然而，我相信，援军很快就会来支援被困在隆加罗内的意军，至少驻扎在德贡峰的炮兵连很清楚隆加罗内的战况。因此，我派遣第 26 帝国皇家步枪团的 3 连，在符腾堡山地营一个重机枪排的支援下，在南面执行安全警戒和侦察任务，他们是处在最前面的警戒部队，位于法伊以南大约半英里处，加强部队则在法伊附近。

我并不指望能得到增援。符腾堡山地营负责包抄的特遣队（戈斯勒特遣队、席勒恩特遣队和 2 连）即便没有遭遇敌人，也不可能在午夜之前抵达隆加罗内以东 1100 码处瓦依昂峡谷的山口。斯普罗瑟少校派第 26 帝国皇家步枪团下辖 1 营的余部、符腾堡山地营的通信连、第 377 帝国皇家山地榴弹炮特遣队驻扎在那里，他们已经弹尽粮绝。

在河西岸封锁皮亚韦河谷通往北边和南边的通路，我就该满足了吗？我是否应该等待敌人展开进攻？绝不，这并不符合我的性格。为了迅速取得在隆加罗内的胜利，我决定利用现有部队（符腾堡山地营的 1 连和 3 连，第 26 帝国皇家步枪团第 1 机枪连），对隆加罗内展开夜袭。

夜幕降临，在我们渡河后没多久，敌人便不再从隆加罗内向法伊撤退。意军炮兵部队在我们横渡皮亚韦河的时候向我们附近猛烈开火。敌人可能知道，通往贝卢诺的路已经被切断了。他们肯定看到八百名战俘和隆美尔特遣队在黄昏时分渡河了。他们有什么计策？打算在夜里突破封锁？我必须先发制人。

重机枪排镇守多格纳，时不时依然会向皮拉格附近的公路和铁路桥以及村子以北 100 码处的开阔路堑实施火力干扰。我用电话命令他们停火，因为特遣队很快就要开始沿公路向隆加罗内挺进了。

我们向北方行军。我走在部队的最前面。我方纵队的排序是这样的：轻机枪手在公路右边行军，他们的武器都已上膛，随时准备开火；步枪兵排成纵队在左边的战壕里前进，每人之间相隔十码。各连跟在纵队后面。特遣队参谋官走在前面。我们尽可能悄无声息地行军，毕竟夜里四下寂静无声，天气晴朗，只要有一点动静，敌人的哨岗都能听得很清楚。

尽管采取了各种预防办法，我们的先头部队还是遭到了皮拉格以南300码处一个敌人哨岗的阻击。夜色漆黑，我们看到几发子弹发出的亮光，然后，我方位于右边的轻机枪开始反击。从公路、朝向右边的房屋墙壁、公路左边的陡峭岩石上，机枪子弹带着火光射出。敌人岗哨被消灭，没有还击。

我们继续向前推进，一直到了皮拉格，都没有再与敌军相遇，然后，我们穿过白天使用火力封锁住的那座桥。我们设置在多格纳的机枪手可能是听从了我用电话传达的命令，一直没有开火。

我们沿着公路一路向前。从左边几百码之外的悬崖上，意军接连向我军横渡皮亚韦河的渡口方向发动炮击。炮弹引信在黑夜中留下了奇特的发光尾迹，真像是一场精彩的烟火表演，而且还是免费的。

我们距离隆加罗内边缘的房屋只有大约100码。我们缓慢向前移动，借着炮火的火光，我们看到明亮的公路上有一面黑色墙壁。那面墙在大约100码开外。我们并不清楚那是路上的一个弯道还是路障。我们来到70码的距离内，我很肯定那是一道路障。看来敌人早有防备。

我命令部队停下，把机枪连调了过来。该连指挥官（一名中尉）奉命携带几挺重机枪悄无声息地进入公路两边的阵地，准备对路障发动攻击。我的计划是，让机枪连先攻击一会儿，给敌人一个下马威，然后我带着1连和3连发动进攻，从南边入口进入隆加罗内。

为了这次攻击，我们做好了各种准备工作。机枪连正准备带着四挺重机枪进入路障前方80码开外的阵地，突然有人用机枪攻击了我们的侧翼。开火的竟然是我们布置在多格纳的机枪手！看来他们并没有收到停火的命令。一时间，到处都是火光。我们试着找掩体，结果我们的机枪零件砰砰散落在地上，闹出了很大的乱子。路障打开，敌人的机枪在80码开外向我们所在的区域扫射，我们找不到掩体，简直就要发疯了！此时，我们距离死亡只有一步之遥。我们连还击的机会都没有，重机枪没有组装好。我们在交叉火力下苦苦支撑了几分钟。

我们本打算用手榴弹压制住路障后方的敌人，却无功而返。距离太远了。这条公路这么窄，要想端掉敌人的几挺机枪，简直难如登天。我们藏身在路边墙壁上的半圆形凹陷下方，当子弹从侧翼击中这里，我们就躲进左边的阴沟里。我们丢出手榴弹，只会让路障后面的敌人更加猛烈地射击。我军人员伤亡持续增加！第26步枪团下辖机枪连的指挥官在左边的阴沟里受了重伤。天黑了，意军

插图　被困在路障的交叉火力之间

的炮火就失去了准星，这真是好事一桩。

　　此次行动彻底失败，我们现在必须尽快撤离，不然准会伤亡惨重。敌人的枪炮打得我都抬不起头。我口头下令，让部队撤到皮拉格附近的桥上。殿后的部队已经轻松撤出了战斗，但前面的部队处境艰难。敌人的子弹很少有放缓的时候。但每当敌人的火力减弱，我们就趁机飞快地短距离冲刺。我们每次只跑出几码，敌人的机枪就再次开火，我们则不得不再次趴在地上。

就这样猛冲了几次后，我们毫发无伤地躲到了公路上一个安全的弯道后面，至少可以暂时躲开敌人的火力。不幸的是，就算是在这里，多格纳的机枪排也造成了很多麻烦。他们封锁了皮拉格的公路桥。我带在身边的山地部队又很少。一部分山地部队已经向皮拉格方向撤退了，但还有很多仍在前面的路障附近。

说来也怪，敌人竟然停火了。在那之后没多久，就有说话声从敌人所在的方向传来，而且说话声迅速向我们靠近。不是山地部队的人。奇怪的是，特遣队的人并没有回来。我匆匆返回皮拉格。在路上，我赶上了几名山地兵，其中一个拿着一把信号枪。我在皮拉格的桥上连个人影都没看到。我本来下令部队在那里停下，看来部队并没有收到我的命令。

一群大喊大叫的意军士兵从公路走了过来，我不知道他们是要发动攻击还是想投降。我也不知道我的先头部队此时怎么样了（3连、第26步枪团的机枪连）。我决定发射几发照明弹，把战况弄清楚。

我冲磨坊矮墙附近的公路桥右侧发射了照明弹，借着光亮，我看到密密麻麻的士兵一边挥着手帕，一边匆匆向皮拉格走过来。走在最前面的士兵距离我们还不到100码，这下，照明弹的光亮让我成了显眼的目标。

尖声叫喊的意军士兵走到近处，并没有开枪，我依旧搞不清楚他们的身份。我只带着四五个步枪兵，根本不足以控制这些人，而特遣队的其余人似乎都返回了法伊方向。我沿着公路狂奔起来，希望能赶上大部队，让他们向后转，去押送那一大群俘虏。

几分钟后，我在一片房子附近召集起了大约50名士兵，那个地方位于皮拉格以南300～600码。施特莱切中尉带领其中一半人占领了公路右侧的一所房屋，其余人则去封锁公路。士兵们把卡宾枪上膛，严阵以待。肖菲尔中尉在左侧，以石壁为依托；我和技术军士多贝尔曼在右侧，以我们占领的房屋为依托。我命令步枪兵，只有听到我的命令，才可以开枪。我们没有信号枪，也没有照明弹。大批敌军不可能向左转，天太黑，时间又很紧迫，我们只是估计此处是皮亚韦河，但不可能查清楚周边的地形。我们只有很短的时间来完成准备工作。那群大喊

**插图　试图封锁皮拉格以南的公路（南侧视野）**

大叫的士兵距离我们更近了。

月黑风高，我们只能看到公路上五十码之内的情况，而我们左右两边都是漆黑一片。当敌人来到距离我们五十码的范围内，我大喊"站住"，并要求他们投降。听敌人的呼喊声，无法确定他们是答应投降了，还是一口否定。没人开火，大批敌军叫喊着越走越近。我再次要求他们投降，得到的答复还是一样。意军在来到 10 码距离的时候开火了。与此同时，我们的一侧枪炮齐鸣，但我们还来不及重新填装弹药（很不幸，我们的轻重机枪都丢了），大批敌军就来到了我们跟前。我方在公路上的士兵都落入了敌人的手中。我们大部分人都在房子里，那栋房子顶层上的玻璃都刷成了黑色，极不适合进行防御，只得趁夜穿过皮亚韦河撤退。意军继续沿公路向南行进。

我跳过公路边的围墙，在最后一刻逃过了被俘的命运，而且，我飞奔起来，只希望能比沿公路移动的意军快。我一路穿过田野里的耕地、小溪、树篱和栅栏。第 26 帝国皇家步枪团 3 连和符腾堡山地营下辖的一支重机枪排仍然在一英里外的法伊。他们面朝南方，尚不清楚危险正在追近。一想到我会失去仅余的部队，我就好像拥有了超人的力量。我一路摸索着向法伊奔去。

我成功地在敌军之前抵达法伊，一切都已齐备，我立即组织士兵组成了一条面北的新防线。我早已打定主意，要战斗到最后一兵一卒。第26帝国皇家步枪团3连刚刚占据法伊的北部边缘，就听到意军沿公路走了过来。在我军与敌军相距还有两三百码的时候，我就开火了。敌人立即放缓前进速度，并开始用机枪扫射，猛击施蒂里亚的部队躲避的墙壁。敌人像是在对公路的左右两侧展开攻击。成百上千士兵同时喊道："前进！前进！"

如果我想阻止敌人向南突破，那我的加强连就必须守住一条防线：从法伊城堡以东400码皮亚韦河上的锯木厂开始，横贯法伊的北部边缘，到法伊以西300码的德贡峰悬崖，这条防线全长将近700码。在这条防线的中央，第26帝国皇家步枪团第3加强连已经在公路两侧和敌军交火了。法伊、皮亚韦河和德贡峰之间有巨大的缺口。我仅余的后备部队包括1连和3连的一两个班，是攻

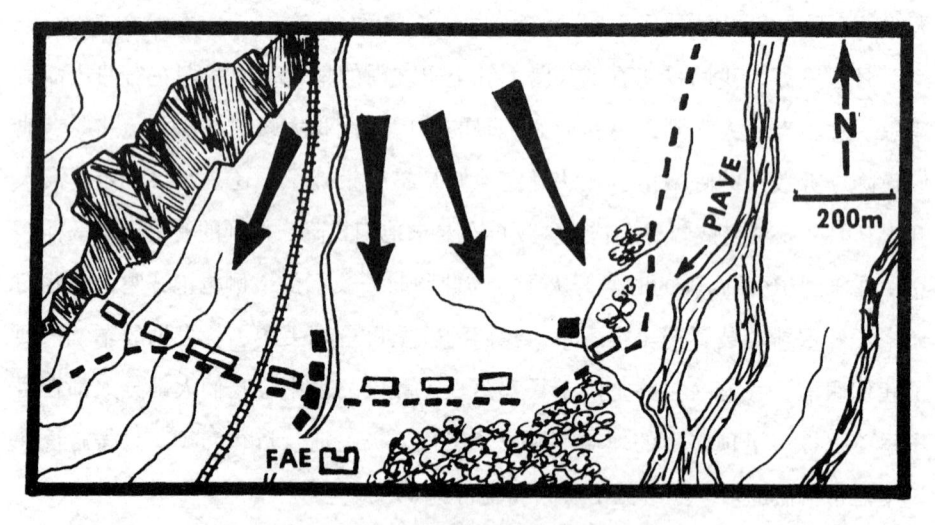

图70　敌人夜袭前我军在法伊的阵地

PIAVE　皮亚韦河　　FAE　法伊

击隆加罗内那支部队剩下的人。（图70）

为了能够确定敌人是否有意包围我们，并且获得更好的视角，我命令一个班的山地兵在从皮亚韦河到德贡峰的整个阵线上点火。步枪兵很清楚，现在就

是紧急关头。很快,皮亚韦河上的锯木厂就燃烧起来,公路右侧50码处的一大堆干草和公路左侧的几栋房屋和谷仓都升腾起了火焰。

我让第26帝国皇家步枪团3连从战线上撤下来,他们虽然人数不多,但我还是把他们组成了一条连续的防线。敌人火力猛烈,我们还是成功地弥补了所有缺口。我的通信员昂格尔非常英勇,他提出去皮亚韦河东岸求援。他水性很好,有很大的机会可以游过河。与此同时,数十挺敌人的机枪对着城堡的墙壁进行扫射。就在我们所处的战壕和犁沟前方大约100码处,密密麻麻的敌方步兵已经准备好发动攻击。在步枪和机枪的突突声中,我们听到敌军一次次地大喊:"前进,前进!"施蒂里亚的部队和符腾堡山地营的迅猛火力灭了敌人的气焰,让他们不敢起来进军。敌人的枪火战线延长了。

在这次战斗中,技术军士多贝尔曼受了重伤,却还是忍痛穿过锯木厂周围的田野,来到我们的阵线。在法伊以北一英里处公路上的夜间战斗中,这个杰出的军人胸部中弹,但依然在黑暗中免于被俘,并且成功归队。

我让几个步枪兵做好战斗准备,以防火力强大的敌人成功地在某个地方攻破我们的脆弱防线。在城堡的楼上,两个士兵正在看守50名意军军官;后者知道他们自己的部队就在附近,就变得非常好斗,但不敢攻击我们的两个士兵。

子弹像是冰雹一样,击中城堡的北面。施蒂里亚部队的大部分人都在法伊北部边缘一面墙壁处的阵地里,正依托墙壁向敌人射击,虽然他们根本打不准。只要敌人一大喊战斗口号,我们就加强火力。这样的战斗自然需要大量弹药。要是没能拿到城堡场院里的充足武器和弹药,我们的弹药很快就会用完,那些武器弹药都是胡贝尔—霍奈克下午去侦察时缴获的战利品。在战斗期间,我手下为数不多的山地部队帮忙向前线部队运送缴获来的意军枪支弹药。遗憾的是,位于公路两侧阵地里的重机枪排每挺机枪只拥有50发子弹。

此时,只剩下第26帝国皇家步枪团3连的指挥官和副指挥官胡贝尔。其他人好像都被敌人俘虏了。我非常想念施特莱切中尉。我们和敌军激战了几个钟头,战斗没有丝毫缓和。皮亚韦河和德贡峰之间的阵线到处都是敌军,他们反复尝试凭借人数优势压制住我们。我们的迅猛火力从未间断，阻止敌人从各个点突破我们的防线。我们在南边的警戒由第26帝国皇家步枪团3连的三个士兵负责。其他人都在战斗。此时已经快到午夜了。之前点起的火堆就快熄灭，我们赶紧在阵线上重新点火。我们急需援军，却苦等他们不来。我们相信，第22帝国皇家步兵师的部队肯定会从皮亚韦河东岸前来增援，符腾堡山地营的其他特遣队也会从那里赶到。我们无法通过电话与斯普罗瑟少校的指挥所取得联系。

午夜过后，敌人的火力有所减弱，我们终于得到了喘息之机。我军伤亡并不算严重，这都要归功于我们善于利用为数不多的掩体。我们奋力加固阵地。据哨岗报告，敌人正在撤退，枪炮声刚一停止，我们就派出巡逻队联系友军。其中一个巡逻队的能力卓绝的指挥官在与敌人短兵相接时中弹身亡。另一个巡逻队在凌晨一点返回，并且带回来600名俘虏，他们在距离我军阵线不远的地方投降。大股敌军撤向隆加罗内。

增援部队于凌晨两点抵达。派尔中尉带领2连绕过罗迪纳山，3连和1连的部队在皮拉格以南的夜战后撤退到了皮亚韦河东岸。第1机枪连的余部带着充足的弹药前来增援，克莱姆林上尉带领第26帝国皇家步枪团的1连和2连也来支援我们。

我们重组整个防线，把城堡当成了战略要塞。现在我们弹药充足。第26步枪团的一个连负责南边的警戒和侦察。此外，50名被俘意军军官一直默默见证着法伊之战，此时，我派人押送他们去了皮亚韦河东岸。河水冰冷刺骨，在押送士兵的再三催促下，他们才肯过河。

大约在凌晨3点，敌人近距离使用密集的重型火炮，再次发起猛烈的攻击，我们早有防备，因此不会措手不及。几十枚炮弹击中我们的防线，墙壁纷纷坍塌。火炮轰炸刚一结束，敌人便如同暴风骤雨一般，冲向我们的阵地，敌我双方展开了肉搏战。但是，我们总是成功地将兵力调集到关键点，因此力保阵地不失。事实上，我们无须时刻派遣预备队，整场战斗只持续了十五分钟就结束了。敌人是否会再次攻击？（图71）

图 71　意军在凌晨三点展开夜袭 南侧视野（南侧视野）

然而，这最后一次进攻对意军的指挥官而言已经是最后一根稻草了。他们伤亡惨重，不得不退出战斗，撤回隆加罗内。不幸的是，我们也有几个人在意军的炮火下身亡。

我们坐在那里等待天亮，身上的衣服都湿透了，冻得浑身发抖。我们和来自施蒂里亚的战友一起，喝了几瓶基安蒂红葡萄酒，借此保暖。天亮之前，1 连从铁路以北的公路一直侦察到了皮拉格的大桥。据 2 连和 3 连的侦察班报告，在皮亚韦河与隆加罗内公路之间以及北至皮拉格，都没有敌军的踪迹。和往常一样，侦察班抓回了很多俘虏。

到了清晨 6 点 30 分，第 26 帝国皇家步枪团的另一个营抵达法伊城堡，我派这支部队去南面执行警戒任务。与此同时，隆美尔特遣队再次向隆加罗内进军。第 2 和第 3 步枪连、第 1 机枪连沿公路行军，1 连则攀登铁路边的山坡。我们的目的是不让隆加罗内的敌人逃脱。

我们在路上碰到了施特莱切中尉。在皮拉格以南的战斗中，他幸免被俘，但在横渡皮亚韦河之际，不幸被冲到下游半英里之外，昏迷之后被冲上了岸。

就在我们快到皮拉格的几座步行桥之际，敌人将这些桥梁纷纷炸毁。1连在左侧的山坡上为我们提供火力掩护，我们趁机很快抵达了被炸桥梁现场，发现一个身受重伤的山地步枪兵被半埋在废墟之下。另一边看不到敌人的踪迹。

我们把重机枪布置在被炸大桥以南的陡峭斜坡上，在其掩护下，我们爬过了铁桥废墟。我们来到前一天夜里设有路障的地方，只见肖菲尔中尉骑着一头骡子从隆加罗内方向向我们走过来。他身后是数百名挥动着手帕的意军。肖菲尔中尉在皮拉格以南的夜战中抓获了俘虏，他带来了令人开心的好消息，隆加罗内周围的全部意军都已投降，敌军指挥官写下了降书：

隆加罗内要塞指挥部致奥德联军指挥官：

  隆加罗内的部队在任何情况下都不会继续抵抗。本指挥部听凭贵方处置，等待贵方对我军部队安置问题的决定。

莱少校

经过了数日的艰苦奋战，这个大好结局叫我们感觉良好，特别是我们知道在皮拉格被俘的战友此时都已重获自由。意军在公路两边站成一队，我们听着他们高喊"德国万岁"，向隆加罗内进军。第26步枪团下辖第1机枪连的指挥官受重伤后，与其连队大部分士兵一起在隆加罗内被意军俘虏，此时，一辆救护车载着他向我们驶来。大街小巷十分拥堵，我们的前进速度十分缓慢。我乘坐救护车来到前面，在隆加罗内的市集，我找到了之前被俘的隆美尔特遣队。他们已经找回了武器和装备，并控制整个村庄，等待我们的到来。我的特遣队是最早进入隆加罗内的德军。我们开进隆加罗内，驻扎在教堂以南的数栋房屋里。这时下起了雨。意军俘虏有数千人，将他们从隆加罗内押送到东边的皮亚韦平原，速度十分缓慢。符腾堡山地营的余部在第22帝国皇家步兵师之后，开出了瓦依昂峡谷。

在我们追击敌人和在皮亚韦河西岸的激战期间，符腾堡山地营的其他部队曾试图来支援我们。在西莫莱斯以西攻克敌人阵地之后，斯普罗瑟少校便率领符腾堡山地营的通信连和第26帝国皇家步兵师1营展开追击。他们的行动有违第43步兵旅的命令。受地形限制，再加上我们参与的战斗比较特殊，不太可能让其他部队来增援我们。来到圣马蒂诺后，斯普罗瑟少校再次收到第43步兵旅的命令："符腾堡山地营停止行进，就地扎营，在艾尔托的磨坊过夜。第26步枪团担任先头部队。"

斯普罗瑟少校这样回复："符腾堡山地营在等到增援后，正在隆加罗内作战，需要步兵到山口公路支援，并让第377帝国皇家山地榴弹炮特遣队向前成为先头部队。"

斯普罗瑟少校不屈不挠，坚持执行任务，拒绝了第43步兵旅要求转移的命令，因此，第26帝国皇家步枪团1营的指挥官克莱姆林上尉这样评价："我不知道我应该钦佩你的哪一点，是面对敌军的不凡勇气，还是面对上级的胆大妄为。"

快到中午的时候，斯普罗瑟少校抵达隆加罗内以东1100码处瓦依昂峡谷出口。在敌人的强火力下，通信连和第26帝国皇家步枪团1营的部分部队花了一段时间，才走出峡谷。然后，通信连联系上了正向多格纳推进的3连，并向从瓦依昂峡谷公路出口以南的高地撤出的敌人开枪。

第26帝国皇家步枪团1营的先头连队于下午两点清除了瓦依昂峡谷里的敌军，这之后，他们就被派去多格纳，增援隆美尔特遣队。没有其他部队可供斯普罗瑟少校调遣。戈斯勒特遣队（5连，第3机枪连）从博托经由克拉费罗纳山（955）翻越了弗塞拉·西蒙山（1483）。现在来说说出色的部队指挥官戈斯勒上尉，他是一名经验丰富的山地兵，但是，他在带领部队翻越一道冰坡之际坠崖而亡。席勒恩特遣队（4、6连，第2机枪连）从弗梅斯车站翻越加尔林努特山（1303），通过克拉·费罗纳山（955）抵达瓦依昂峡谷。派尔中尉带领2连从弗蒂纳峰下山，向艾尔托方向挺进。

隆美尔特遣队在皮亚韦河西岸发动夜袭却以失败告终，这之后，令人难以置信的战报送达了斯普罗瑟少校在山口出口的指挥所:"敌军突破了隆加罗内以南,包括指挥官在内,隆美尔特遣队的大部分人都已被俘。"在这之后不久,法伊之战的枪炮声和燃烧的大火就打破了这些谣传。

我们的通信员二等兵昂格尔去了营部指挥所。斯普罗瑟少校派遣第 26 步枪团下辖的几支部队穿过多格纳前往法伊,后来,2 连在包围弗蒂纳山后来和我们会合。第 26 步兵团 1 营开始在多格纳以西搭建一座横跨皮亚韦河的步行桥。

11 月 10 日,斯普罗瑟少校命令现有部队在里瓦尔塔以东 1000 码处的高地上做好战斗准备。这些部队包括:席勒恩特遣队(4、6 连,第 2 机枪连)、符腾堡山地营通信连、第 26 步兵团 1 营的四门步兵炮、第 377 帝国皇家山地榴弹炮特遣队。格劳特遣队(5 连、第 3 机枪连)正从艾尔托赶来。

在夜间,斯普罗瑟少校派遣一名意军战俘返回隆加罗内,送去斯特梅尔医生用意大利语写的信息:

"隆加罗内已被德奥联军的一个师包围,不要做无谓的抵抗。"

黎明时分,斯普罗瑟少校发现隆美尔特遣队已经再次向隆加罗内进军,隆加罗内的敌军已然投降,他就率领位于里瓦尔塔以东 1000 码的符腾堡山地营向隆加罗内进发,第 22 帝国皇家步枪师 43 旅紧随其后。

11 月 10 日是个阴雨天,我们花了很长时间,才把隆加罗内大街小巷里的意军士兵都集结起来。大批武器堆在公共广场,就连意军的火炮也被送到了那里。隆加罗内以东的洼地里住满了战俘。总而言之,一个师一万多名意军都向我方投降了。我们的战利品包括 200 挺机枪、18 门山地炮、2 门半自动火炮、600 多匹驮马、250 辆满载物资的车、10 辆卡车和 2 辆救护车。

在皮拉格、多格纳、瓦依昂峡谷、西莫莱斯和法伊的战斗中,我的特遣队共有 6 人死亡、2 人受重伤、19 人受轻伤、1 人失踪。第 26 帝国皇家步枪团 1 营的伤亡数字不祥。

肖菲尔中尉在试图阻止里瓦尔塔南部意军之际被俘。一开始,他遭到了意军的毒打。他提出抗议,随即被带到一个意军指挥官面前,此人甚至都没有为了意军施虐而道歉,却想从这名德国军官身上得到一些"纪念品"。然后,肖菲尔中尉被强逼沿火线前往法伊。当这里爆发战斗之后,肖菲尔趴在公路边缘,他旁边的一个意军军官几次三番阻止他逃脱。肖菲尔觉得德军的火力让他尤为不愉快。意军在午夜时分撤出在法伊的战斗,肖菲尔被带回了隆加罗内,他在那里碰到了其他被俘的山地兵和施蒂里亚的部队。邻近上午,俘虏在警卫的森严押送下再次向南进发。但他们很快就停下了,因为意军又一次没能突破我军的防线。战俘随后被押送回隆加罗内。上午,意军军官对肖菲尔非常友好,而肖菲尔在他们面前吹嘘了一番我军的实力。最后,敌人让他带着隆加罗内意军的降书来找我们。

快到11月10日中午的时候,隆加罗内到处都是德国和奥地利的军队,哨兵必须带上刺刀,才能守住我们在抵达后占领的驻扎地。我的士兵大都脱下了湿衣服,在舒适的兵营中好好休息了一番,他们早就该休息了。到了晚上,山地部队坚持为他们的指挥官摆起火炬长龙。

### 战地观察

在我军成功突破西莫莱斯以西的敌军阵地后,机动部队(骑马和骑单车)继续追击撤退的敌人。他们成功地追上了敌人,并且阻止意军爆破班造成巨大破坏(只炸毁了一座桥)。有了这支机动部队,我们才可以继续追击。

在峡谷出口让步枪兵加入战斗,足以阻止整个师。意军使用重机枪和炮火展开还击。这几个步枪兵在战壕中,敌人的炮火也奈何不了他们。敌军采取的防御战术并不适合。敌军只要派出一部分部队对瓦依昂峡谷的西侧出口展开攻击,就能挽回败局。

隆美尔特遣队冒着敌军的猛烈火力,穿越没有敌人占领的多格纳以西皮亚韦河谷展开攻击。部队快速使用铁锹挖战壕。与此同时,小股侦察班在西岸俘虏了被我特遣队火力打得向南逃窜的敌军。

> 在法伊夜战期间，我们点起了巨大的火堆，借此照明。我们虽然弹药不足，但缴获了大量意军的枪支弹药。这些都是在敌人猛烈的炮火下完成的，是山地兵的一项成就。

## 格拉帕山区之战

按照第 22 帝国皇家步兵师的命令，符腾堡山地营进入第二战线，并在 1917 年 11 月 11 日休整一天，趁这个时间，我们在隆加罗内公墓中埋葬了死去的战友。

攻势开始放缓。敌人没有誓死抵抗，但我们的追击速度还是降了下来。

在接下来的几天，山地部队穿过贝卢诺来到费尔特雷，在这里编入德国猎兵师。11 月 17 日，我们从费尔特雷转移到皮亚韦河。在奎罗和托姆巴山附近，我们与敌方展开激战，很快，在穿越狭窄的皮亚韦河谷之际，我们就碰到了麻烦，因为那里挤满了军队。我们进入了意军炮火的射程内，敌军时不时向山谷公路上发射猛烈的炮火，阻断我们的行军。我们收到消息，带头的奥地利部队在托姆巴山遇到了劲敌。

在西拉登，我们接到师部指派的任务，要通过格拉帕山突破敌军在巴萨诺的阵线。

下午，我军奉命进入奎罗以北的区域，意军正用超强炮火在当地展开攻击。意军在帕隆山和托姆巴山上拥有视野开阔的观察哨，所以他们才可以准确地确定奎罗山山间狭道和其他重要地点的位置，并将其纳入射程。

斯普罗瑟少校派遣隆美尔特遣队（2 连、4 连、第 3 机枪连，三分之一的通信连，两个山地连和一个无线电通信连）翻越奎罗、坎波、尤胜、斯皮努西亚峰、1208 高地和 1193 高地，前往 1306 高地，并派遣符腾堡山地营的主力部队穿越斯切温尼、罗卡西亚和 1193 高地，前往 1306 高地。（图 72）

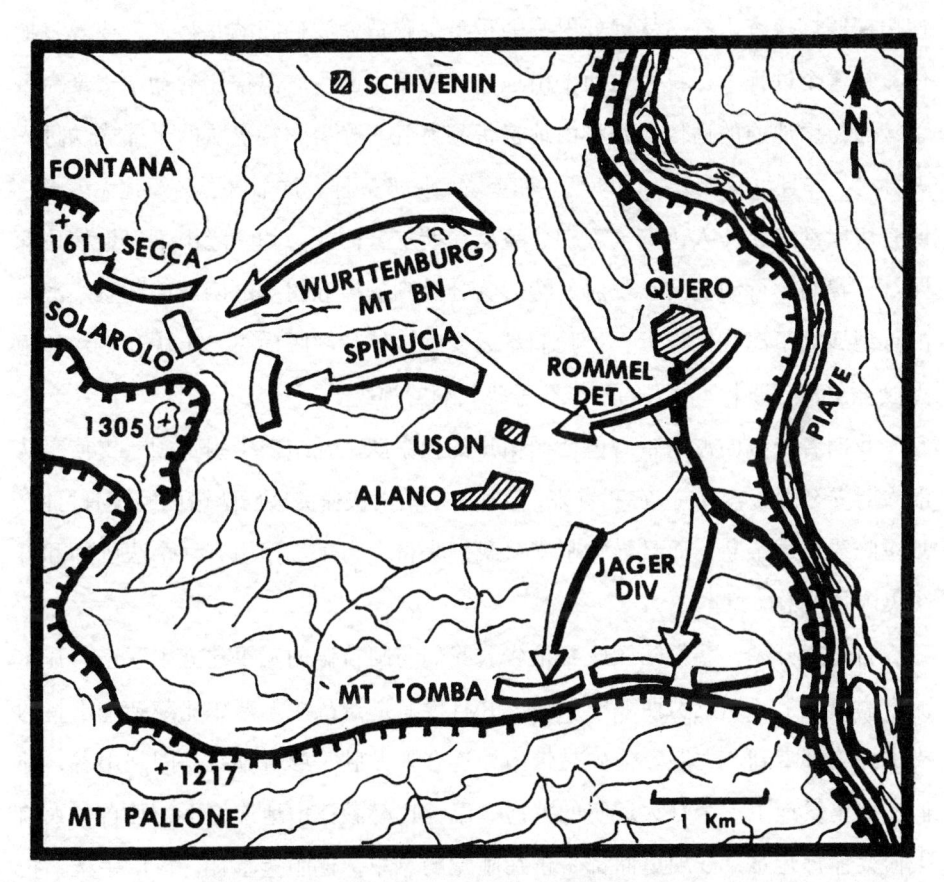

第六章　1917—1918 年穿越塔利亚门托河和皮亚韦河追击敌军　313

图 72　向冯塔纳塞卡、斯皮努西亚峰和托姆巴山进军

SCHIVENIN 斯切温尼　　FONTANA SECCA 冯塔纳·塞卡　　SALAROLO 索拉罗洛山
WURTTEMBURG MT BN 符腾堡山地营　　SPINUCIA 斯皮努西亚峰　　ROMMEL DET 隆美尔特遣队
Quero 奎罗　USON 尤胜　ALANO 阿拉诺　JAGER DIV 猎兵师　PIAVE 皮亚韦　MT TOMBA 托姆巴山
MT PALLONE 帕隆山

　　黑暗开始笼罩大地，我们排成细长的纵队，全速穿过奎罗。这个村庄遭到了敌人的强火力射击，意军的炮火虽然猛烈，却没有将其彻底摧毁。有很多直径为五到十码的弹坑。我们一路上看到很多死伤的猎兵倒在地上。意军使用了大量探照灯，将黑夜变成了白日。意军同时还向奎罗、坎波、尤胜和阿拉诺等地展开了十分猛烈的炮击。意军不间断地从斯皮努西亚峰、帕隆和托姆巴方向

使用探照灯探查山谷，从远处射来的重型炮弹迫使我们间隔几秒钟就要寻找掩体。在这个过程中，我们与两个山地连的联系中断了。温德比赫勒中士奉命重新接通与山地连的通信，并将山地连带到尤胜。隆美尔特遣队的余部成功进入尤胜村，并且没有损失一兵一卒。和奎罗、坎波一样，这个村子已经荒无人烟，所有房屋都空无一人，鬼气森森。敌人在斯皮努西亚峰和帕隆山不停地使用探照灯，我们的行动受到了掣肘。特遣队分散到房屋和树木的阴影中休息。敌军的重型炮火距离我们很近，让我们难以安眠。碎片呼呼横飞，土块和石块如雨点般落在我们身上，敌人的炮击在考验我们的神经。

我向各个方向派出带着电话通信班的侦察队。瓦尔茨中尉带领一支侦察队潜入斯皮努西亚峰方向。在我看来，穿过格拉帕山快速突破巴萨诺已经没有可能。敌军阵线连绵不断，而且异常坚固，我们来得太迟了。据说有六个法国师和五个英国师来增援意军。

自午夜开始，我们陆续收到报告。我们与阿拉诺的友军建立了联系。瓦尔茨中尉攀登上了斯皮努西亚峰东坡，并且没有遭遇敌军。温德比赫勒中士将两支山地连都带到了尤胜。他先是带山地连登上尤胜—彭特德拉—图阿山谷，他们在那里发现了一个灯火通明的营房。温德比赫勒让山地连停下，独自一人前去侦察那栋建筑，发现里面都是正在睡觉的意军。他胆量不凡，拔出手枪，把敌人叫醒，俘虏了150个士兵，缴获了两挺机枪。

1917年11月17日—18日后半夜，隆美尔特遣队爬上斯皮努西亚山东坡，11月18日清晨，在从斯皮努西亚山峰东边的陡峭山脊上，我们的先头部队遇到了占领完备阵地的敌人。敌人的阵地在山峰以东半英里处。若是没有大炮和迫击炮的支援，根本不可能从正面展开攻势。敌军呈纵深梯队在陡峭的岩脊上布置了大量机枪，还在冯塔纳·塞卡和帕隆山上安插了山地连。我们不可能包围敌人。我们已经山穷水尽了。

在1917年11月23日之前，我们一直努力登上斯皮努西亚山的山坡。我们没有大炮和迫击炮的支援，一切努力都是徒劳。11月21日，6连的保罗·马丁中士在探查时被意军山炮弹片击中，就死在我的身边。与此同时，一名匈牙利炮兵少尉也受了重伤。1917 年 11 月 23 日，隆美尔特遣队转移到罗卡西亚，与营部会合。11 月 21 日，费切纳特遣队与来自奥地利和波斯尼亚的步兵对冯塔纳·塞卡和 1222 高地上的意军阵地展开攻击，并取得胜利。

1917 年 11 月 24 日，符腾堡山地营全军听我指挥，并被调遣到冯塔纳·塞卡东北坡的第二防线。我们是斯普罗瑟山地营的后备队，第 1 帝国步枪团在我们前面。第 1 帝国步枪团成功地对索拉罗洛山上的敌军发起攻击，这之后，符腾堡山地营向格拉帕山方向发起冲击。我们在冰天雪地的冯塔纳·塞卡站了好几个钟头，忍着严寒，冒着意军山地连的恼人炮火，等待奥地利军队的成功。对索拉罗洛山的攻击毫无进展。我们的火炮支援太弱，敌人的火炮却很猛烈。中午左右，斯普罗瑟山地营传来报告，第 25 帝国皇家山地旅从西边攻占了索拉罗洛山。

冯塔纳·塞卡南坡上的战况始终没有变化，帝国步枪团一直无法向前移动，而且，我预计白天不会有任何改变，于是我请求上级准许我率部转移到第 25 山地旅的右侧，即索拉罗洛周边，向格拉帕山方向展开攻击。斯普罗瑟少校同意了我的请求。很快，符腾堡山地营全部开拔。事实证明不可能抄近路，因为冯塔纳·塞卡西坡的岩壁几近垂直，无法攀爬。我们只好改道斯蒂琼恩山谷。我们迅速前进，但刚到达希尔瓦斯蒂，天就黑了。符腾堡山地营的官兵已然筋疲力尽，我允许他们在此休息，并派遣阿曼中尉（隶属 6 连）前去索拉罗洛山周边探查我军的情况。我预期是一早出发，这样一来，得到休息的符腾堡山地营将可以抵达索拉罗洛山，并准备好在 11 月 25 日天亮展开攻击。阿曼中尉成功完成侦察任务返回，这时候，战况发生了改变。符腾堡山地营进入了战绩不俗的山地旅的战斗区域，因此遭到了批评。斯普罗瑟少校面对如潮的批评无计可施，只好要求立即脱离第 22 帝国皇家步兵师。少校的请求得到了批准。符腾堡山地营在费尔特雷以东休整了几天，然后，在 12 月 10 日，全营前往皮亚韦河下游，向冯塔纳·塞卡山的前线进军。

12月15日—16日夜，我的特遣队在海拔4300英尺的冰雪高山上驻扎。12月16日，我们对皮勒米德·多姆、索拉罗洛山（1672）、斯达·多姆等地的阵地进行了侦察。敌人依旧顽强地盘踞在最重要的高地。12月16日—17日夜，天降大雪，我们进入帐篷。第二天，斯普罗瑟山地营发动了攻击。我军成功突破斯达·多姆的敌军阵地，俘虏了120名拉文纳旅的狙击兵，击退了敌人的疯狂反击。然而，我们自己的伤亡也很大。出色的2连中士奎德特出去侦察，再也没有回来。我们怀疑他受伤后牺牲了。

1917年12月18日夜，我们冒着严寒，坚守斯达·多姆的陡坡，意军的猛烈炮火不断地向我们攻击，这之后，符腾堡山地营开始向山谷和斯切温尼进军。我们在那里收到了邮包，其中有两个小盒。里面是给我和斯普罗瑟少校的功勋勋章。一个营同时获得两枚功勋勋章，可是前所未有的荣誉。

我们在费尔特雷以北的几个小村庄里度过了平安夜。在圣诞节那天，山地兵在老意大利高山兵（少校的外号）的带领下，再次穿越狭窄的皮亚韦河谷，向前线挺进。我的特遣队分布在帕隆山防区，部队左翼位于托姆巴山。我们是来接替普鲁士步兵的。这里的阵地只是徒有虚名而已。机枪点和步枪点其实只是陡峭光秃斜坡上的小坑，根本没有掩护物。到处都是积雪！但是，天气虽冷，却在可以忍受的范围内。白天，士兵只能躺在帐篷里防护，因为敌军能看到整个区域。我们不能点火，只能趁夜把食物送上来。必须小心地把在雪地上留下的脚印清理干净。敌人的大炮或迫击炮不时击中我们的机枪堡垒，简直惨绝人寰！几个连队只剩下25～35个人。虽然如此，他们还是满怀信心地执行艰苦危险的任务。

1917年12月28日，符腾堡山地营击退了意军向其前线发动的攻击。第二天，我们遭到了敌军的重型火炮和迫击炮的打击。意军使用重型迫击炮在3300码开外冲我军开火，这样的打击最棘手。在这一天，敌军还使用火炮打击了阿拉诺附近的我军后方区域，斯普罗瑟少校的参谋部就设在那里。敌军频频使用毒气弹。

1917年12月30日，敌人加大对托姆巴山的炮火打击力度。敌军的飞机俯冲到我军阵地上方几英尺处，用机枪扫射。经过了几个小时的战斗，法国阿尔卑斯军团成功攻占我们左侧第3帝国皇家山地旅的阵地。我们坚守住了自己的阵地，但左翼危在旦夕。如果敌军从托姆巴向阿拉诺方向继续进军，就会切断我们的后路，并且迫使我们趁夜放弃阵地。又下雪了，天气变得更冷了！

12月31日清晨，后备部队进入我们左侧的巨大裂口。但是，他们遭遇了帕隆山敌人火炮的猛烈攻击，伤亡惨重。因此，指挥官决定将前线向北回撤大约1.5英里。我们坚守帕隆山和托姆巴山上的阵地，一直守到1918年1月1日夜。天寒地冻。两个最勇敢的士兵在前沿机枪点坚守到最后时刻，随即倒地而亡。他们是莫洛克中士和二等兵沙伊德尔。在面对敌人一支30人的突袭队时，我们的一挺重机枪没能开火，结果只能展开肉搏战。部分守军使用手枪和手榴弹阻击人数上占据明显优势的敌人，莫洛克和沙伊德尔则拼命想要让被冻住的机枪重新运转起来。一颗意军的卵形手榴弹落在他们二人之间，将他们炸出了致命伤。敌人被击败了。

午夜前不久，身为符腾堡山地营殿后部队的隆美尔特遣队带着两人的遗体来到阿拉诺，然后悄无声息地穿过坎波和奎罗遍地死尸的田野，攀上皮亚韦河谷。

一个星期后，我和斯普罗瑟少校途经特兰托回家休假。让我非常难过的是，我再也没有返回山地部队。我接到上级命令，被派到了第64突击队，成为一名副官和参谋。我怀着沉重的心情，关注着符腾堡山地营和各团在战争最后一年的战斗经历：在法国大战中，攻占贵妇小径，攻击康德堡、沙泽勒和巴黎的阵线，在维莱科特雷的森林里进行了数场战斗，横渡马恩河，从马恩河撤退，在凡尔登进行了数场战斗。对于这些曾在科什纳山、科洛夫拉特、马塔杰尔、西莫莱斯和隆加罗内取得大捷的部队，后来的这些战斗对他们造成了重大伤亡。只有很少的人能有幸活着再见到故土。

在东边、西边和南边，到处都有这些德国士兵的长眠之地，为了保护山河家园，他们履行了职责，最终只能马革裹尸。对我们这些幸存者和子孙后代而言，他们在不断地提醒我们，我们要为德国献出一切乃至生命，绝不可让他们失望。

图书在版编目（CIP）数据

步兵攻击 /（德）埃尔温·隆美尔著；刘勇军译.
— 北京：北京联合出版公司，2018.3（2024.11重印）

ISBN 978-7-5596-1626-5

Ⅰ. ①步… Ⅱ. ①埃… ②刘… Ⅲ. ①陆军－战术学
Ⅳ. ① E841

中国版本图书馆 CIP 数据核字（2018）第 021329 号

## 步兵攻击

作　　者：（德）埃尔温·隆美尔
译　　者：刘勇军
策　　划：好读文化
监　　制：姚常伟
责任编辑：牛炜征
产品经理：程　斌
装帧设计：仙　境

北京联合出版公司出版
（北京市西城区德外大街 83 号楼 9 层　100088）
北京联合天畅发行公司发行
北京美图印务有限公司印刷　新华书店经销
字数 290 千字　710 毫米 ×1000 毫米　1/16　21 印张
2018 年 3 月第 1 版　2024 年 11 月第 7 次印刷
ISBN 978-7-5596-1626-5
定价：45.00 元

版权所有，侵权必究
未经许可，不得以任何方式复制或抄袭本书部分或全部内容
本书若有质量问题，请与本公司图书销售中心联系调换。电话：（010）64243832